Schriftenreihe

Studien zum
bayerischen, nationalen und supranationalen
Öffentlichen Recht

Herausgegeben von

Professor Dr. Heinrich Amadeus Wolff

Band 34

ISSN 1860-8728 (Print)

Verlag Dr. Kovač

Hannah Kadner

Die Privilegierung der Landwirtschaft im Naturschutzrecht

Eine steuerungs- und rechtswissenschaftliche Analyse vor dem Hintergrund des EU-Agrarbeihilfenrechts, der Privilegierung der Landwirtschaft im nationalen Umweltrecht und dem Bayerischen Naturschutzrecht

Verlag Dr. Kovač

Hamburg
2024

VERLAG DR. KOVAČ GMBH

FACHVERLAG FÜR WISSENSCHAFTLICHE LITERATUR

Leverkusenstr. 13 · 22761 Hamburg · Tel. 040 - 39 88 80-0 · Fax 040 - 39 88 80-55

E-Mail info@verlagdrkovac.de · Internet www.verlagdrkovac.de

Bibliografische Information der Deutschen Nationalbibliothek
Die Deutsche Nationalbibliothek verzeichnet diese Publikation
in der Deutschen Nationalbibliografie;
detaillierte bibliografische Daten sind im Internet
über http://dnb.d-nb.de abrufbar.

ISSN: 1860-8728 (Print)

ISBN: 978-3-339-13972-6
eISBN: 978-3-339-13973-3

Zugl.: Dissertation, Universität Bayreuth, 2024

© VERLAG DR. KOVAČ GmbH, Hamburg 2024

Vorwort

Die vorliegende Arbeit wurde Anfang März 2023 eingereicht und Ende 2023 von der Juristischen Fakultät der Universität Bayreuth als Dissertation angenommen. Die Literatur konnte bis Ende Januar 2023 berücksichtigt werden.

Ohne an dieser Stelle jeden Einzelnen namentlich nennen zu können, möchte ich mich bei all denjenigen bedanken, die zum Gelingen meiner Arbeit beigetragen haben. Mein besonderer Dank gilt meinem Doktorvater Herrn Prof. Dr. Heinrich Amadeus Wolff für die Betreuung der Dissertation sowie die schnelle Erstbegutachtung. Frau Prof. Dr. Eva Lohse danke ich für die Übernahme der Zweitbegutachtung. Außerdem möchte ich mich bei meinen beiden Freundinnen Ass. iur. Eva Höhn und Ass. iur. Sina Lang für die kritische Durchsicht des Manuskripts bedanken. Emotional haben mich vor allem meine Eltern und mein Freund unterstützt, wofür ich ihnen großen Dank schulde.

Den Grundstein und die Idee für das Thema der Promotion legte jedoch meine mittlerweile verstorbene Oma Marie Mayer. Sie kam selbst aus einem kleinbäuerlichen Betrieb und hat mir schon früh von den Veränderungen, die die Landwirtschaft seit dem Zweiten Weltkrieg erfahren hat, erzählt. Hierfür und für ihr jederzeit entgegengebrachtes Interesse an meiner akademischen Ausbildung und am Fortgang meiner Dissertation widme ich ihr diese Arbeit.

Bamberg, März 2024

Inhaltsverzeichnis

9

13

Abkürzungsverzeichnis

a. A.	andere Auffassung
ABl.	Amtsblatt
Abs.	Absatz
AEUV	Vertrag über die Arbeitsweise der Europäischen Union
AgrarR	Agrarrecht (Zeitschrift)
ÄndRL	Änderungsrichtlinie
Anh.	Anhang
Art.	Artikel
AUR	Agrar- und Umweltrecht (Zeitschrift)
BAnz	Bundesanzeiger
BayVbl	Bayerische Verwaltungsblätter
BayVGH	Bayerischer Verwaltungsgerichtshof
Bd.	Band
Banz	Bundesanzeiger
Bearb.	Bearbeiter
BeckRS	Beck´sche Rechtsprechungssammlung
Begr.	Begründer
Beschl.	Beschluss
BfN	Bundesamt für Naturschutz
BGBl.	Bundesgesetzblatt
BMEL	Bundesamt für Ernährung und Landwirtschaft
BMELV	Bundesamt für Ernährung, Landwirtschaft und Verbraucherschutz
BMU	Bundesministerium für Umwelt, Naturschutz und nukleare Sicherheit (bis 16.12.2013)
BRD	Bundesrepublik Deutschland

BR-Drs.	Bundesratsdrucksache
BT-Drs.	Bundestagsdrucksache
BVerfG	Bundesverfassungsgericht
BVerfGE	Entscheidung des Bundesverfassungsgerichts
BVerwG	Bundesverwaltungsgericht
BVerwGE	Entscheidung des Bundesverwaltungsgerichts
bzgl.	bezüglich
bzw.	beziehungsweise
CH_4	Methan
CO_2	Kohlenstoffdioxid
d. h.	das heißt
ders.	derselben
DESTATIS	Statistisches Bundesamt
Diss.	Dissertation
DNR	Deutscher Naturschutzring (Dachverband der deutschen Natur-, Tier- und Umweltschutzverbände)
DÖV	Die Öffentliche Verwaltung – Zeitschrift für Öffentliches Recht und Verwaltungswissenschaften
DS	Der Sachverständige (Zeitschrift)
DUH	Deutsche Umwelthilfe e. V.
DVbl	Deutsche Verwaltungsblätter
DVS	Deutsche Vernetzungsstelle Ländliche Räume
EG	Europäische Gemeinschaften
EGFL	Europäischer Garantiefonds für Landwirtschaft
ELER	Europäischer Landwirtschaftsfonds für die Entwicklung des ländlichen Raumes
EnZW	Zeitschrift für das gesamte Recht der Energiewirtschaft

etc.	et cetera
EuG	Gericht erster Instanz des EuGH
EuGH	Europäischer Gerichtshof
EuZW	Europäische Zeitschrift für Wirtschaftsrecht
EWG	Europäische Wirtschaftsgemeinschaft
f.	folgende
ff.	fortfolgende
FS	Festschrift
GAK	Gemeinschaftsaufgabe „Verbesserung der Agrarstruktur und des Küstenschutzes"
GAP	Gemeinsame Agrarpolitik
GATT	General Agreement on Tariffs and Trade (Vorläufer der WTO – bis 1995)
GBl. DDR	Gesetzblatt der Deutschen Demokratischen Republik
gem.	gemäß
GewArch	Gewerbearchiv (Zeitschrift)
GfP	Gute fachliche Praxis
GMBl.	Gemeinsames Ministerialblatt
GK-BNatSchG	Gemeinschaftskommentar zum Bundesnaturschutzgesetz
GLÖZ	Guter landwirtschaftlicher und ökologischer Zustand
GVbl.	Gesetz- und Verordnungsblatt
ha	Hektar
HdUR	Handbuch des Umweltrechts
HessVGH	Hessischer Verwaltungsgerichtshof
Hrsg.	Herausgeber
i. d. R.	in der Regel
i. S. d.	im Sinne des

i. S. v.	im Sinne von
InVeKoS	Integriertes Verwaltungs- und Kontrollsystem
i. V. m.	in Verbindung mit
JuS	Die Juristische Schulung
Kap.	Kapitel
KOM	Dokumente der Kommission für die anderen Organe (Legislativvorschläge, Mitteilungen, Berichte usw.)
KULAP	Kulturlandschaftsprogramm
LfU	Bayerisches Landesamt für Umwelt
LT-Drs.	Landtagsdrucksachen
Mio.	Millionen
MittBayNot	Mitteilungen des Bayerischen Notarvereins, der Notarkasse und der Landesnotarkammer Bayern
Mrd.	Milliarden
m. w. N.	mit weiteren Nachweisen
NABU	Naturschutzbund Deutschland e. V.
NJW	Neue Juristische Wochenschrift
NuR	Natur und Recht (Zeitschrift)
NVwZ	Neue Zeitschrift für Verwaltungsrecht
NVwZ-RR	Neue Zeitschrift für Verwaltungsrecht Rechtsprechungs-Report
OLG	Oberlandesgericht
OVG	Oberverwaltungsgericht
RGBl.	Reichsgesetzblatt
RL	Richtlinie
Rn.	Randnummer
Rs.	Rechtssache
S.	Seite/Satz

Slg.	Sammlung
sog.	sogenannte/-r/-s
SRU	Sachverständigenrat für Umweltfragen
StMELF	Bayerisches Staatsministerium für Ernährung, Landwirtschaft und Forsten
StMUV	Bayerisches Staatsministerium für Umwelt und Verbraucherschutz
StuKo	Studienkommentar
t	Tonnen
Tz.	Teilziffer
u. a.	unter anderem
UAbs.	Unterabsatz
UBA	Umweltbundesamt
UGB	Umweltgesetzbuch
Univ.	Universität
UPR	Umwelt- und Planungsrecht (Zeitschrift)
Urt.	Urteil
UTR	Jahrbuch des Umwelt- und Technikrechts
v.	vom/von
VG	Verwaltungsgericht
VGH	Verwaltungsgerichtshof
vgl.	vergleiche
VNP	Vertragsnaturschutzprogramm
VO	Verordnung
VR	Verwaltungsrundschaut (Zeitschrift)
WBAE	Wissenschaftlicher Beirat für Agrarpolitik, Ernährung und gesundheitlichen Verbraucherschutz
WTO	World Trade Organization

WWF	World Wide Fund For Nature (Naturschutzorganisation)
z. B.	zum Beispiel
ZfBR	Zeitschrift für deutsches und internationals Bau- und Vergaberecht
ZNER	Zeitschrift für Neues Energierecht
z. T.	zum Teil
ZUR	Zeitschrift für Umweltrecht

Einleitung

§ 1 Die Rolle der Landwirtschaft in der Gesellschaft und im Recht

„Umweltschutz zugunsten des Weizenanbaus zurückgestellt"[1], „Dürre in Deutschland: Wie Mensch, Tier und Landwirtschaft unter der Trockenheit leiden"[2]. Ohne näher auf den Inhalt der aus der aktuellen Tagespresse herausgegriffenen Schlagzeilen eingehen zu müssen, wird deutlich, dass die Landwirtschaft täglich Teil der gesellschaftspolitischen Debatte ist. Sie steht im Zwiespalt zwischen eigenen ökonomischen Interessen und ökologisch drängenden Problemen. Während durch die „Ukraine-Krise" die Rolle der Landwirtschaft als „Volksernährer"[3] in den Fokus gerückt hat, hat das Bundesverfassungsgericht mit seinem Beschluss zum Klimaschutz[4] die Pflicht des Gesetzgebers zu effektivem Umweltschutz bestärkt. Wenngleich die Entscheidung nicht auf den Naturschutz bezogen war, zeigt sie doch allgemein, dass Belange des Umweltschutzes im Hinblick auf eine Schutzverpflichtung gegenüber künftigen Generationen in einer Abwägung mehr Gewicht erhalten sollen bzw. in die Abwägung miteinbezogen werden müssen.[5]

A. Status der Landwirtschaft in der Umwelt und Gesellschaft

Die Landwirtschaft hat sich v. a. seit dem Ende des Zweiten Weltkrieges strukturell verändert. Immer mehr landwirtschaftliche Nutzflächen müssen Flächen für Siedlung und Infrastruktur weichen, sodass im Jahr 2020 nur noch 50,6 % der Gesamtfläche Deutschlands der Landwirtschaft zur Verfügung standen.[6] Während 1975 noch 904.700 landwirtschaftliche Betriebe gezählt wurden, waren es 2021 nur noch 262.776 Betriebe, die 938.000 Arbeitskräfte beschäftigten.[7] Es be-

---

[1] https://www.sueddeutsche.de/politik/landwirtschaft-cem-oezdemir-weizenanbau-artenschutz-die-gruenen-1.5635497?reduced=true (zuletzt aufgerufen am 28.01.2023).

[2] https://www.focus.de/wissen/natur/deutschland-im-duerresommer-wie-mensch-tier-undlandwirtschaft-unter-der-trockenheit-leiden_id_115676104.html (zuletzt aufgerufen am 28.01.2023).

[3] BVerfGE 67, 348 [367]; BVerfGE 15, 337 [346].

[4] BVerfGE 157, 30.

[5] BVerfG, Beschl. v. 24.03.2021 – 1 BvR 2656/18, 1 BvR 78/20, 1 BvR 96/20, 1 BvR 288/20 (m. Anm. Kahl), EnZW 2021, 268 [274].

[6] https://www.umweltbundesamt.de/daten/flaeche-boden-land-oekosysteme/flaeche/struktur-der-flaechennutzung#die-landwirtschaftlich-genutzte-flaeche-schrumpft (zuletzt aufgerufen am 28.01.2023).

[7] https://de.statista.com/statistik/daten/studie/36094/umfrage/landwirtschaft---anzahl-derbetriebe-in-deutschland/ (zuletzt aufgerufen am 28.01.2023); die jährliche Zahl von in der Landwirtschaft beschäftigten Arbeitskräften nimmt pro Jahr um ca. 1,5% ab, vgl.

wirtschaften immer weniger Landwirte immer größere Flächen. Die durchschnittliche landwirtschaftliche Betriebsfläche ist allein zwischen 2010 und 2020 um 13 % von 56 auf 63 ha gestiegen. Besonders auffallend an dieser Statistik ist, dass 14 % der Betriebe 62 % der landwirtschaftlichen Nutzfläche bewirtschaften.[8] Gerade bei den durchschnittlich bewirtschafteten landwirtschaftlichen Nutzflächen gibt es in Deutschland ein signifikantes Ost-West-Gefälle zwischen den Bundesländern. Während in Baden-Württemberg 2021 im Durschnitt 36,56 ha pro Betrieb bewirtschaftet wurden, waren es in Mecklenburg-Vorpommern 279,19 ha.[9] Der Anteil der landwirtschaftlichen Betriebe an der Bruttowertschöpfung machte europaweit 2018 nur 0,9 % bzw. deutschlandweit nur 0,4 % aus und der Anteil an Beschäftigten lag bei rund 1,4 %, weshalb man von einer nur geringen ökonomischen Bedeutung der Landwirtschaft ausgehen könnte. Allerdings beträgt der Umsatz mit landwirtschaftlichen Produkten allein in Deutschland rund 58,8 Milliarden Euro, sodass nur die Metallindustrie in Deutschland prozentual mehr Umsatz macht.[10] Der Strukturwandel in der Landwirtschaft zeigt sich gerade an der veränderten Anbaukultur. Die Landwirtschaft ist als Teil des marktpolitischen Gefüges einem erheblichen Markt- und Wettbewerbsdruck unterworfen.[11] Dies hat u. a. zu intensiverer, hochintegrierter und spezialisierter landwirtschaftlicher Produktion geführt mit der Folge eines erheblichen Ungleichgewichts von Nahrungsangebot und -nachfrage.[12] Auch ist die Rolle der Landwirtschaft als „Volksernährer" immer mehr in den Hintergrund getreten, indem diese heute in erster Linie Futtermittel (52,8 %), an zweiter Stelle nachwachsende Rohstoffe für die Energiegewinnung (20 %) und erst an dritter Stelle Nahrungsmittel produziert.[13]

https://www.destatis.de/DE/Presse/Pressemitteilungen/2021/09/PD21_N053_13.html (zuletzt aufgerufen am 28.01.2023).

[8] https://www.destatis.de/DE/Presse/Pressemitteilungen/2021/01/PD21_028_412.html (zuletzt aufgerufen am 28.01.2023).

[9] https://de.statista.com/statistik/daten/studie/173089/umfrage/betriebsgroesse-von-agrarbetrieben-2010/ (zuletzt aufgerufen am 28.01.2023).

[10] *Martinez*, in: Calliess/Ruffert, AEUV, Art. 38 Rn. 9; *BMU*, Umwelt und Landwirtschaft, S. 12.

[11] *Hogenmüller/Smeddinck/Tils*, in: ders., Landwirtschaft im Spektrum der Umweltwissenschaften, S. 19; zum Umfang der Teilnahme der Landwirtschaft an Markt und Wettbewerb, vgl. *Norer/Bloch*, in: Dauses/Ludwigs, Handbuch des EU-Wirtschaftsrechts, G. Agrarrecht Rn. 273 ff.

[12] Vgl. ausführlich dazu 3. Kapitel § 2; *Kloepfer*, Umweltrecht (3. Aufl.), § 11 Rn. 379.

[13] *Czybulka et al.*, NuR 2021, 227 [234].

Damit einher geht, dass die Arten- und Sortenvielfalt auf deutschen Äckern seit 1920 um 75 % gesunken ist.[14]

Die dargestellten Strukturveränderungen in der Landwirtschaft wirken sich nicht nur positiv auf die Natur aus. Der Sachverständigenrat für Umweltfragen stellte dies bereits in seinem Sondergutachten „Umweltprobleme der Landwirtschaft" im März 1985 fest.[15] Als „ökologische Schwachstellen" hervorzuheben ist die intensive Bodennutzung als Ursache für den Rückgang der Vielfalt an wildwachsenden Pflanzen- und wildlebenden Tierarten sowie als Beitrag zur Bodenerosion. Hinzu kommen die übermäßige oder fehlerhafte Anwendung von Pflanzenbehandlungsmitteln als mögliche Beeinträchtigung der Bodenfruchtbarkeit und der damit verbundene Rückgang der Artenvielfalt sowie von Gewässerbelastungen. Ebenso sind die übermäßige oder fehlerhafte Anwendung von Düngemitteln mit der Folge der Verschmutzung des Grundwassers, v. a. mit Nitrat und zuletzt die intensivierte Tierhaltung, die zu Belastungen des Bodens, des Wassers und der Luft sowie Lärmbelästigungen führt, zu betonen. Die Landwirtschaft trägt durch intensive Tierhaltung, Überdüngung, die landwirtschaftliche Nutzung von Mooren, die konzentrierte Ausbringung von Pflanzenschutzmitteln und frequentierter Bodenbearbeitung maßgeblich zur Entstehung von Luftschadstoffen bei.[16] Gleichzeitig bekommt sie selbst die negativen Auswirkungen von Luftschadstoffen zu spüren, indem z. B. Ammoniak in der Luft auch zu Schäden an den Pflanzen führen kann. Noch globalere Auswirkungen als die Freisetzung von Luftschadstoffen hat die Freisetzung der Treibhausgase Kohlendioxid (CO_2), Methan (CH_4), Lachgas (N_2O) und den halogenierten Kohlenwasserstoffen. Die Freisetzung von Treibhausgasen in der Landwirtschaft ist so groß, dass sie nach den Verursachergruppen „Energie" und „Industrieprozesse" die drittgrößte Quelle von Treibhausgasen ist.[17] Neben der Bildung von Methan bei der Verdauung von Wiederkäuern, ist dies vor allem auf die Bewirtschaftung von Mooren zurückzuführen.[18] Folgerichtig setzt die Bundesregierung im „Klimaschutzplan 2050" ambitionierte Reduktionsziele für die Landwirtschaft. Während die Treibhaus-

---

[14] *BfN*, Agrarreport-2017, S. 7.

[15] *SRU*, Umweltprobleme der Landwirtschaft.

[16] So lassen sich etwa 17 % der Stickstoffbelastungen in der Luft auf landwirtschaftliche Böden zurückführen, vgl. *Feindt et al.*, Ein neuer Gesellschaftsvertrag für eine nachhaltige Landwirtschaft, S. 33.

[17] *UBA*, Berichterstattung unter der Klimarahmenkonvention der Vereinten Nationen und dem Kyoto-Protokoll 2021, S. 961; *Ekardt*, Agrarprivileg im Umweltrecht – noch zeitgemäß?, S. 112, in: Kloepfer, Umweltschutz als Rechtsprivileg, S. 112.

[18] *Feindt et al.*, Ein neuer Gesellschaftsvertrag für eine nachhaltige Landwirtschaft, S. 30.

gasemissionen der Landwirtschaft im Jahr 1990 noch 88 Millionen Tonnen CO_2-Äquivalent[19] betrugen, waren diese 2014 bereits auf 72 Millionen Tonnen reduziert und sollen bis zum nächsten Zwischenziel 2030 nur noch 58 – 61 Millionen Tonnen betragen.[20]

Dieser Überblick zeigt, dass die Landwirtschaft selbst zwar Verursacher von Umweltbelastungen ist, aber gleichzeitig auch Leidtragende, da einige durch die Landwirtschaft hervorgerufenen Umweltprobleme aus ökonomischen Zwängen heraus entstehen.

B. Status der Landwirtschaft im Recht

Effektiver Naturschutz lässt sich durch verschiedene Instrumente erreichen. Dem Staat bzw. seiner Verwaltung stehen einerseits (naturschutz-) rechtliche Instrumente andererseits Rechtsinstrumente außerhalb des Naturschutzrechts, ökonomische Instrumente, kooperative Instrumente, indikative Instrumente und Instrumente der Kapazitätsbildung zur Verfügung.[21] Vorab stellt sich allerdings die Frage, warum der Gesetzgeber überhaupt in das Verhältnis zwischen Landwirtschaft und Naturschutz regulierend eingreifen muss. So ist in anderen Berufen, beispielsweise dem Friseurhandwerk, nicht durch den Gesetzgeber geregelt, wie Haare korrekt zu schneiden sind. Vielmehr begnügt er sich in der Handwerksordnung damit, allgemeine Anforderungen für die Zulassung eines Betriebes (§§ 1 ff. HwO) oder das Prüfungswesen (§§ 31 ff. HwO) zu regeln. Die landwirtschaftliche Bodennutzung hingegen wird durch ein auf sie besonders zugeschnittenes Umweltrecht (z. B. dem Pflanzenschutzmittel- und Düngerecht), aber auch durch allgemeine umweltrechtliche Gesetze, zu denen auch das Bundesnaturschutzgesetz gehört, reguliert. Die Notwendigkeit dieser Regulierung im Naturschutzrecht rührt daher, dass die Landwirtschaft mit dem Boden ein Naturgut bewirtschaftet, welches schlicht nicht ersetzt werden kann, wenn es durch falsche Bewirtschaftung zerstört worden ist. Es besteht daher ein enges Abhängigkeitsverhältnis zwischen der aus ökonomischen Gesichtspunkten erfolgenden landwirtschaftlichen Bodennutzung und den ökologischen Belangen der Natur.[22] Die Ausgestaltung

---

[19] Ein CO_2-Äquivalent beschreibt, wie viel eine genau definierte Masse eines Treibhausgases über einen festgelegten Zeitraum im Vergleich zu Kohlendioxid (CO_2) zum Treibhausgaseffekt beiträgt, vgl. https://www.umweltbundesamt.de/service/glossar/k?tag=Kohlendioxid-quivalente#alphabar (zuletzt aufgerufen am 28.01.2023).

[20] *UBA*, Klimaschutzplan 2050 der Bundesregierung - Diskussionsbeitrag, S. 48 ff.

[21] *Köck*, NuR 2010, 530 [532].

[22] *Werner*, Die Landwirtschaftsklauseln im Naturschutzrecht, S. 1.

dieser Verknüpfung muss in gesetzlicher Form zwingend geregelt werden.[23] Welche gesetzlichen Instrumente allerdings dazu geeignet sind, ist von den jeweils vorherrschenden Strukturen der Landwirtschaft – vermehrt extensiv oder intensiv, kleinflächig oder großflächig – abhängig und ggf. anzupassen.

C. Untersuchungsgegenstand – Die Privilegierung der Landwirtschaft im Naturschutzrecht

Bereits das Römische Recht kannte die Rechtsfigur Privileg bzw. „privilegium", worunter so viel wie „Vorrecht" oder „Ausnahmegesetz" zu verstehen war.[24] Ihre größte Beliebtheit erfuhren Privilegien im frühen Mittelalter, wo sie ein normaler Bestandteil der Rechtsordnung waren.[25] Der Beginn des modernen Verfassungsstaates in Deutschland (1919) läutete das Ende der Rechtsprivilegien im klassischen Sinne ein.[26] Das Gesetz kennt dennoch einige „Privilegien", die durch das Völkerrecht, Verfassungsrecht oder dem einfachen Recht bestimmten Berufsgruppen zugestanden werden.[27] Zu den modernen Privilegien gehört neben den bekannten Abgeordnetenprivilegien[28] (Indemnität, Immunität) auch die Privilegierungen der Land-, Forst- und Fischereiwirtschaft im Bundesnaturschutzgesetz (§§ 14 Abs. 2, 44 Abs. 4 BNatSchG). Unglücklich gewählt in diesem Zusammenhang ist die Bezeichnung als „Privileg" bzw. „Privilegierung", lassen sie doch vom Wortlaut her keine klare Abgrenzung zum ursprünglichen Verständnis des Privilegs zu. Das wirft die Frage auf, was genau eine Privilegierung in Abgrenzung zu einem ursprünglichen Privileg ist, haben das doch weder der Gesetzgeber noch die Rechtsprechung allgemeinverbindlich festgelegt. Klassische Privilegien werden auch als „Sondergesetze" bezeichnet, da sie einem oder mehreren Einzelnen im Gegensatz zur Allgemeinheit Sonderrechte einräumen.[29] Während dies in einem absoluten Staat die Regel ist, lassen sich „echte" Privilegien nicht mit modernen westlichen Verfassungsordnungen in Einklang bringen, da in diesen ein materielles Verständnis des allgemeinen Gleichheitssatzes vorherrschend ist, wel-

---

[23] BNatSchG/*Meßerschmidt*, § 5 Rn. 10.
[24] *Rodi*, Das Rechtsprivileg als Steuerungsmittel im Umweltschutz, S. 14, in: Kloepfer, Umweltschutz als Rechtsprivileg.
[25] *Tilch/Arloth*, Dt. Rechtslexikon – Bd. II, Privileg; *Rodi*, Das Rechtsprivileg als Steuerungsmittel im Umweltschutz, S. 14, in: Kloepfer, Umweltschutz als Rechtsprivileg.
[26] *Rodi*, Das Rechtsprivileg als Steuerungsmittel im Umweltschutz, S. 20, in: Kloepfer, Umweltschutz als Rechtsprivileg.
[27] *Rodi*, Das Rechtsprivileg als Steuerungsmittel im Umweltschutz, S. 28, in: Kloepfer, Umweltschutz als Rechtsprivileg.
[28] *Müller-Terpitz*, in: Dürig/Herzog/Scholz, GG, Art. 51 Rn. 45 ff.
[29] *Tilch/Arloth*, Dt. Rechtslexikon – Bd. II, Privileg.

ches Vorzugsrechte abhängig von besonderen Verdiensten macht.[30] Privilegien im engeren Sinne werden daher als gleichheitswidrig abgelehnt.[31] Allerdings können gewisse Sonderrechte in Form von Privilegierungen zulässig sein, wenn diese zur „sinnvollen und effektiven Ausübung einer bestimmten Rechtsstellung erforderlich sind".[32] Als solche allgemein anerkannt sind beispielsweise das Bauen im Außenbereich nach § 35 Abs. 1 BauGB[33] und die Tötung auf Verlangen nach § 216 StGB[34]. Eine Privilegierung lässt sich damit grundsätzlich von einem „echten" Privileg dadurch unterscheiden, dass sie nicht bedingungslos einen Sonderstatus bzw. ein Sonderrecht gewährt. Ausnahmen vom allgemeinen Gesetz sind im Hinblick auf Art. 3 Abs. 1 GG stark rechtfertigungsbedürftig.[35]

Die Privilegierungen der Landwirtschaft im Naturschutzrecht, normiert in § 14 Abs. 2 und § 44 Abs. 4 BNatSchG, räumen der Landwirtschaft einen Sonderstatus ein. Nach § 14 Abs. 2 S. 1 BNatSchG ist die landwirtschaftliche Bodennutzung nicht als Eingriff in Natur und Landschaft anzusehen, soweit dabei die Ziele des Naturschutzes und der Landschaftspflege berücksichtigt werden. § 44 Abs. 4 BNatSchG enthält die Vermutung, dass die landwirtschaftliche Bodennutzung bei der Einhaltung bestimmter Bedingungen, z. B. den Grundsätzen der guten fachlichen Praxis nach § 5 Abs. 2 BNatSchG, nicht gegen Zugriffs-, Besitz- und Vermarktungsverbote verstößt. Es gilt daher in einem ersten Schritt zu analysieren, warum eine Privilegierung der Landwirtschaft im Naturschutzrecht notwendig ist. Argumente dafür lassen sich u. a. der Rechtsprechung entnehmen. Diese hält eine Privilegierung für notwendig, da die Erhaltung der Leistungsfähigkeit landwirtschaftlicher Betriebe im öffentlichen Interesse liegt (Stichwort: „Volksernährung") und auf die Eigenheiten landwirtschaftlicher Betriebe im Vergleich zum Gewerbe Rücksicht genommen werden muss.[36] Ebenso soll eine Privilegierung den Landwirten die Teilnahme an der allgemeinen Einkommens- und Wohlstandsentwicklung sowie die Verbesserung der Wettbewerbsfähigkeit ermögli-

---

[30] *Tilch/Arloth*, Dt. Rechtslexikon – Bd. II, Privilegienstaat; *Rodi*, Das Rechtsprivileg als Steuerungsmittel im Umweltschutz, S. 25, in: Kloepfer, Umweltschutz als Rechtsprivileg.

[31] *Lieb*, Privileg und Verwaltungsakt, S. 202 f.

[32] *Tilch/Arloth*, Dt. Rechtslexikon – Bd. II, Privilegienstaat.

[33] Für die privilegierten Vorhaben des Bauens im Außenbereich hat der Gesetzgeber generell mit einem positivem Ergebnis geplant, vgl. BVerwGE 28, 148 [150].

[34] Die Vorschrift privilegiert die Tötung auf Verlangen gegenüber § 212 StGB, vgl. *Hegerl*, in: Lackner/Kühl/Heger, StGB, § 216 Rn. 1.

[35] BVerfG, NJW 1989, 3211; NJW 1970, 1539 [1540]; *Rodi*, Das Rechtsprivileg als Steuerungsmittel im Umweltschutz, S. 27, in: Kloepfer, Umweltschutz als Rechtsprivileg.

[36] BVerfGE 67, 348 [367]; BVerfGE 15, 337 [346].

chen.[37] Dass jegliche Privilegierungen der Landwirtschaft im Kern auf einer ökonomischen Notwendigkeit basieren, wird auch durch § 1 LwG deutlich. Demgemäß ist „die Landwirtschaft mit den Mitteln der allgemeinen Wirtschafts- und Agrarpolitik [...] in den Stand zu setzen, die für sie bestehenden naturbedingten und wirtschaftlichen Nachteile gegenüber anderen Wirtschaftsbereichen auszugleichen und ihre Produktivität zu steigern", „um der Landwirtschaft die Teilnahme an der fortschreitenden Entwicklung der deutschen Volkswirtschaft und um der Bevölkerung die bestmögliche Versorgung mit Ernährungsgütern zu sichern". Angesichts der durch die Landwirtschaft hervorgerufenen Umweltbelastungen in Bezug auf den Boden, das Wasser und das Landschaftsbild, ist eine Sonderstellung der Landwirtschaft im Naturschutzrecht im Hinblick auf Art. 3 Abs. 1 GG dennoch stark rechtfertigungsbedürftig. Selbst als „Volksernährer" kann die Landwirtschaft nicht bedingungslos vom Verursacherprinzip befreit bzw. privilegiert werden. Zwar basieren die Grundsätze der guten fachlichen Praxis auf der Kernidee „Umweltbelastungen, im Rahmen der ökonomischen Notwendigkeiten, soweit es geht zu reduzieren, wenn nicht gar zu vermeiden"[38] und damit die Privilegierungen im Naturschutzrecht im Hinblick auf Art. 3 Abs. 1 GG auf ein zulässiges Maß zu begrenzen. Es stellt sich dennoch die Frage, ob der Ausgleich zwischen ökonomischen und ökologischen Erfordernissen durch die Ausgestaltung der gegenwärtigen Privilegierungen gelingt, d. h. ob § 14 Abs. 2 und § 44 Abs. 4 BNatSchG nicht vielmehr „echte" Privilegien im Gewand von Privilegierungen und damit als solche verfassungswidrig sind.

D. Kernfragen und Ziele der Untersuchung

Die vorliegende Arbeit nimmt eine ausführliche Untersuchung der Privilegierung der Landwirtschaft im Naturschutzrecht vor. Sie geht der soeben aufgeworfenen Frage auf den Grund, ob die durch die Landwirtschaft hervorgerufenen Umweltbelastungen im Verhältnis zu den ökonomischen Interessen der Landwirte durch die Privilegierungen in einen angemessenen Ausgleich gebracht werden. Die vorausgehende Charakterisierung der Probleme dient als Grundlage, warum der Staat überhaupt das Verhältnis von Landwirtschaft und Ökologie regulieren muss. Die sich anschließende Untersuchung soll dazu dienen herauszufinden, ob die Privilegierung der Landwirtschaft im Naturschutzrecht den Wandel von einem Agrarprivileg hin zu einer Privilegierung, die die ökonomischen Belange der Land-

---

[37] BGH, Beschl. v. 06.07.1990, BLw 8/88, MittBayNot 1991, 24 [24 f.].
[38] *Pitschel*, Die gute fachliche Praxis, S. 35.

wirtschaft berücksichtigt, aber auch dem Naturschutz entsprechend Gewicht gibt, vollzogen hat. Sie wird daher von folgenden Leitfragen geprägt:

1. Ist § 14 Abs. 2 BNatSchG mit Art. 3 Abs. 1 GG vereinbar? Ein Schwerpunkt wird hier auf der Rechtfertigungsebene liegen, wo insbesondere die Fragen beantwortet werden sollen, ob es einer Regelvermutung i. S. d. § 14 Abs. 2 BNatSchG überhaupt noch braucht oder nicht allein das europäische Agrarbeihilfenrecht eine ausreichende Begrenzung der Privilegierung darstellt.

2. Ist § 44 Abs. 4 S. 2 BNatSchG mit dem Bestimmtheitsgebot vereinbar und für die praktische Anwendung geeignet? Ebenso stellt sich die Frage, ob § 44 Abs. 4 S. 2 BNatSchG mit der FFH- und Vogelschutzrichtlinie vereinbar ist.

3. Welchen Einfluss haben die normativen Defizite des § 5 Abs. 2 BNatSchG auf die Privilegierungen? Können die Grundsätze in ihrer aktuellen Ausgestaltung eine ausreichende Steuerungswirkung entfalten? Welchen Einfluss hat die Ausgestaltung des § 5 Abs. 2 BNatSchG auf die Verfassungsmäßigkeit/-widrigkeit der Privilegierungen?

Primäres Ziel der Untersuchung ist es, die Privilegierungen der Landwirtschaft im Naturschutzrecht in ihrem Regelungskontext darzustellen, zu analysieren und zu bewerten. Die Privilegierungen der Landwirtschaft im Naturschutzrecht waren seit deren Einführung von Seiten der Literatur umstritten, insbesondere die Steuerungswirkung der Grundsätze der guten fachlichen Praxis nach § 5 Abs. 2 BNatSchG i. R. d. Privilegierungen. Auf dieser Diskussion liegt ein Hauptaugenmerk der Arbeit. Sie befasst sich mit verschiedenen Steuerungsmöglichkeiten der Privilegierungen und macht insofern konkrete Verbesserungsvorschläge.

Ziel der Arbeit ist es jedoch nicht, die ökonomischen Belange der Landwirtschaft herabzuwürdigen. Sie versucht aus einer rechtswissenschaftlichen Perspektive Ökonomie und Ökologie einem gerechten Ausgleich zuzuführen. Dabei wird die aktuelle Entwicklung des Umweltrechts nicht außer Acht gelassen, sondern die aktuelle Rechtsprechung des Bundesverfassungsgerichts („Klimabeschluss") so miteinbezogen, dass auch die durch die Landwirtschaft hervorgerufenen Umweltprobleme in der Abwägung umfassend berücksichtigt werden. Am Ende wird es darauf ankommen: Können auch Privilegierungen zu einem ökologischen Wandel der Landwirtschaft beitragen?

E. Gang der Untersuchung

Die Arbeit gliedert sich in sechs Kapitel. In einem einleitenden Grundlagenkapitel werden zunächst die Arbeit prägenden Begrifflichkeiten definiert und die die Privilegierung der Landwirtschaft im Naturschutzrecht betreffenden Rechtsprinzipien charakterisiert. Der Schwerpunkt liegt auf den unbestimmten Rechtsbegriffen des Naturschutzrechts. Hier wird zunächst auf den Grund für deren Verwendung eingegangen und die für die Untersuchung relevanten Grundsätze der guten fachlichen Praxis näher erläutert.

Das zweite Kapitel der Arbeit bildet auch gleichzeitig deren Schwerpunkt. Hier werden umfassend die Privilegierungen der Landwirtschaft im Naturschutzrecht dargestellt. Begonnen wird mit den historischen Entwicklungen des Naturschutzrechts im Allgemeinen sowie dem Wandel von einem Agrarprivileg hin zu Privilegierungen. Nachdem die Ziele und der Anwendungsbereich des Bundesnaturschutzgesetzes (§ 1 BNatSchG) dargestellt worden sind, widmet sich die Arbeit den Grundsätzen der guten fachlichen Praxis der Landwirtschaft. Deren konkrete Ausgestaltung und die Diskussion über die Ausgestaltung bildet die Grundlage, um zu verstehen, warum die derzeitige Form der Privilegierungen Anlass zu Änderungsvorschlägen geben. Im Anschluss widmet sich die Arbeit den angesprochenen Privilegierungen des § 14 Abs. 2 und § 44 Abs. 4 BNatSchG. Im Rahmen der Privilegierung gem. § 14 Abs. 2 BNatSchG liegt der Schwerpunkt auf der Verfassungskonformität der Regelung. Probleme ergeben sich insbesondere in Bezug auf Art. 3 Abs. 1 GG und Art. 20a GG. Die Privilegierung des § 44 Abs. 4 BNatSchG wird aufgrund ihres Bezuges zur FFH- und Vogelschutzrichtlinie hingegen v. a. auf seine Europarechtskonformität untersucht. Die in § 14 Abs. 2 und § 44 Abs. 4 BNatSchG herausgearbeiteten problematischen Aspekte werden als Ausgangspunkt für die weitere Untersuchung genommen.

Die beiden nachfolgenden Kapitel zur Agrarpolitik der Europäischen Union und der Privilegierung der Landwirtschaft im nationalen Umweltrecht – abseits des Bundesnaturschutzgesetzes – analysieren, wie dort die vorhandenen Privilegierungen der Landwirtschaft gesteuert werden. Abschließend wird jeweils ein Fazit gebildet, ob die dort vorhandenen Steuerungsinstrumente auf die Privilegierungen der Landwirtschaft im Naturschutzrecht übertragbar sind.

Das vorletzte Kapitel widmet sich der Privilegierung der Landwirtschaft in den Landesnaturschutzgesetzen bzw. schwerpunktmäßig dem Bayerischen Naturschutzgesetz. In diesem wurde umfassend von der den Landesgesetzgebern im Bereich des Naturschutzes gewährten Abweichungskompetenz nach Art. 72

Abs. 3 S. 1 Nr. 2 GG Gebrauch gemacht. Das letzte Kapitel dient einer zusammenfassenden Darstellung der Thematik und möchte einen Ausblick auf denkbare zukünftige Entwicklungen geben.

1. Kapitel: Grundlagen

§ 2 Begrifflichkeiten

Bei einer Untersuchung der Privilegierung der Landwirtschaft im Naturschutzrecht begegnet man immer wieder zwei Begriffen. Der erste ist – selbsterklärend – die Landwirtschaft. Gleichsam kommt auch dem Grünland in der die Landwirtschaft betreffenden Naturschutzgesetzgebung eine entscheidende Rolle zu. Zuletzt wird noch auf die im Bundesnaturschutzgesetz vorherrschenden unbestimmten Rechtsbegriffe eingegangen.

A. Landwirtschaft

I. Landwirtschaft im allgemeinen Sinne

Unter Landwirtschaft ist im Allgemeinen die „Land-Bewirtschaftung, d. h. die wirtschaftliche Nutzung der Bodenfruchtbarkeit zur Erzeugung pflanzlicher Produkte (Nahrungsmittel, Futtermittel, technische Rohstoffe = Primärproduktion) und tierischer Produkte (=Sekundär- oder „Veredelungsproduktion")"[39] zu verstehen. Die Primärproduktion unterteilt sich dabei in die Produktionsbereiche Grünlandwirtschaft, Ackerbau – inklusive der Erzeugung nachwachsender Rohstoffe zur Energieerzeugung – und den Anbau von Sonderkulturen. Zur tierischen Erzeugung gehören die Tierhaltung und die Tierzucht, jeweils auf überwiegend eigener Futtergrundlage.[40] Landwirtschaft im Allgemeinen Sinne ist insofern nur die landwirtschaftliche Urproduktion.[41] Nicht mehr unter den Landwirtschaftsbegriff gefasst, werden dementsprechend eine von der Bodennutzung unabhängige Massentierhaltung oder die Verpachtung von Grundstücken zur landwirtschaftlichen Nutzung.[42] Auch die Errichtung und der Betrieb von Wind- und Sonnenenergie auf landwirtschaftlichen Flächen wird mangels bodengebundener Erzeugung nicht unter Landwirtschaft gefasst.[43] Von einem landwirtschaftlichen Betrieb wird

---

[39] *Grimm*, in: Grimm/Norer, Agrarrecht, S. 2, mit Verweis auf *Hötzel*, in: HAR II, Sp. 120, dessen Definition mit Verweis auf die vorausgesetzte „pflegliche Nutzung" abgelehnt wird; ebenso BVerwG v. 18.06.1997 – 6 C 3.97, BayVBl. 1998, 440 [441]; Düsing/Martinez/*Schäfer/Keller* [BNatSchG] § 5 Rn. 4.

[40] *Grimm*, in: Grimm/Norer, Agrarrecht, S. 2.

[41] *Hötzel*, in: HAR II, Sp. 120; *Guckelberger*, in: Frenz/Müggenborg, BNatSchG, § 14 Rn. 57; *Lütkes*, in: Lütkes/Ewer, BNatSchG, § 14 Rn. 30.

[42] HessVGH, Beschl. v. 28.06.1989 – 3 TG 1866/89, NuR 1990, 129 [130]; OVG NRW, Beschl. v. 02.03.1989 – 21 B 1861/88, NuR 1990, 134 [135].

[43] Etwas anderes gilt dann, wenn die Wind- oder Photovoltaikanlage unmittelbar für die Betriebsführung vorgesehen ist, vgl. u. a. BVerwGE 96, 95; Nieders. OVG, Urt. v. 29.10.2015 – 12 LC 73/15, ZfBR 2016, 57.

eine Mindestgröße und ein gewisses Maß an betrieblicher Organisation verlangt.[44] Es treten daher verschiedene Formen der Landwirtschaft auf, die sich nach dem Erwerbseinkommen richten. Beträgt das Erwerbseinkommen aus dem landwirtschaftlichen Betrieb mehr als 50 %, spricht man von hauptberuflichen Landwirten. Macht das Erwerbseinkommen weniger als 50 % aus, wird aber noch mindestens 2 ha landwirtschaftliche Nutzfläche bewirtschaftet oder so viel erzeugt, wie dem Wert der Markterzeugung von 2 ha landwirtschaftlicher Nutzfläche entspricht, wird eine Nebenerwerbslandwirtschaft betrieben. Alles, was unter dieser Grenze liegt, wird rechtlich nicht als Landwirtschaft bezeichnet, sondern ist „Liebhaberei-", „Hobby-" oder „Feierabendlandwirtschaft".[45]

II.   Landwirtschaft im rechtlichen Kontext

Problematischer ist die Definition der Landwirtschaft im rechtlichen Sinne, da zumindest das Bundesnaturschutzgesetz keine Legaldefinition der Landwirtschaft enthält. Das Bundesverfassungsgericht betont hierbei die Bedeutung des Bodens als nicht vermehrbares Gut, die bei der Zuordnung in rechtliche Kontexte beachtet werden müsse.[46] Im Bereich des Bundesnaturschutzgesetzes kann auf die Begriffsbestimmung in § 201 BauGB zurückgegriffen werden, wonach Landwirtschaft die Acker-, Wiesen- und Weidewirtschaft, die garten-, obst- und weinbauliche Erzeugung, die Tierhaltung mit eigener Futtergrundlage sowie die Imkerei umfasst.[47] Unerheblich ist, ob die Landwirtschaft als Haupt- oder Nebenerwerb ausgeübt wird, solange die Schwelle einer rein hobbymäßigen Ausübung überschritten ist.[48]

Ganz anders stellt sich die Situation im Agrarbeihilfenrecht dar, wo eine Definition zur „landwirtschaftlichen Tätigkeit" in Art. 4 Abs. 1 lit. c) VO (EU) Nr.

---

[44]   *Krohn*, in: Schlacke, GK-BNatSchG, § 5 Rn. 10; *Brinktine*, in: Giesberts/Reinhardt, Umweltrecht, BNatSchG, § 5 Rn. 8.

[45]   BVerwG, NuR 1998, 37 [41]; OLG Hamm, NuR 1982, 195 [196] zur fischereiwirtschaftlichen Bodennutzung; OLG Köln, AgrarR 1987, 86 [87]; *Endres*, in: Frenz/Müggenborg, BNatSchG, § 5 Rn. 7; *Vagedes*, in: Lütkes/Ewer, BNatSchG, § 5 Rn. 9; einen umfassenden Überblick gibt *Grimm*, in: Grimm/Norer, Agrarrecht, S. 10 f., der die einzelnen Formen der Landwirtschaft noch weiter unterteilt.

[46]   BVerfGE 21, 73 [82 f.].

[47]   *Hagemann*, AgrarR 1987, 261 [262 ff.]; *Krohn*, in: Schlacke, GK-BNatSchG, § 5 Rn. 10; Düsing/Martinez/*Schäfer/Keller* [BNatSchG] § 5 Rn. 4; außerhalb des Naturschutzrechts bestehen verschiedene andere Versuche einen einheitlichen Begriffskern für die Landwirtschaft zu finden, so bedient sich *Grimm*, in: Grimm/Norer, Agrarrecht, S. 8 der sog. Zwiebeltheorie; dem zustimmend *Baumgarten*, Rechtliche Rahmenbedingungen einer naturverträglichen Landnutzung, S. 48.

[48]   Siehe dazu schon oben.

1307/2013[49] enthalten ist. Diese wird definiert als die Erzeugung, einschließlich Tätigkeiten wie Anbau, auch mittels Paludikultur oder in einem Agroforstsystem, Ernten, Melken, Zucht oder Aufzucht von Tieren oder Haltung von Tieren für landwirtschaftliche Zwecke (lit. i), die Erhaltung einer landwirtschaftlichen Fläche in einem Zustand, der sie ohne über die in der Landwirtschaft üblichen Methoden und Maschinen hinausgehende Vorbereitungsmaßnahmen für die Beweidung oder den Anbau geeignet macht, auf der Grundlage von Kriterien, die von den Mitgliedstaaten anhand eines von der Kommission vorgegebenen Rahmens festgelegt werden (lit. ii), oder die Ausübung einer von den Mitgliedstaaten festgelegten Mindesttätigkeit auf landwirtschaftlichen Flächen, die auf natürliche Weise in einem für die Beweidung oder den Anbau geeigneten Zustand erhalten werden (lit. iii). Die seit dem 07.12.2021 geltende VO (EU) Nr. 2021/2115[50] enthält in Art. 3 auch eine Begriffsbestimmung für den „Landwirt", verweist für den Begriff „landwirtschaftliche Fläche" aber auf die durch die Mitgliedstaaten zu entwerfenden GAP-Strategiepläne (vgl. Art. 4 GAP-Strategiepläne-VO). Von dieser „Anordnung" hat Deutschland durch § 3 GAPDZV[51] Gebrauch gemacht. Der Begriff landwirtschaftliche Tätigkeit, die zur Bereitstellung privater und öffentlicher Güter beitragen kann, umfasst demnach die Erzeugung, einschließlich Tätigkeiten wie Anbau, auch mittels Paludikultur oder in einem Agroforstsystem, Ernten, Melken, Zucht oder Aufzucht von Tieren oder Haltung von Tieren für landwirtschaftliche Zwecke, von in Anhang I des Vertrags über die Arbeitsweise

---

[49] Verordnung (EU) Nr. 1307/2013 des Europäischen Parlaments und des Rates vom 17. Dezember 2013 mit Vorschriften über Direktzahlungen an Inhaber landwirtschaftlicher Betriebe im Rahmen von Stützungsregelungen der Gemeinsamen Agrarpolitik und zur Aufhebung der Verordnung (EG)) Nr. 637/2008 des Rates und der Verordnung (EG) Nr. 73/2009 des Rates (ABl. L 347 S. 608, ber. ABl. 2016 L 130 S. 14), zuletzt geändert durch Art. 1 VO (EU) 2022/42 vom 8.11.2021 (ABl. 2022 L 9 S. 3); im Folgenden Agrar-DirektZahlVO 2013.

[50] Verordnung (EU) 2021/2115 des Europäischen Parlaments und des Rates vom 02.12.2021 mit Vorschriften für die Unterstützung der von den Mitgliedstaaten im Rahmen der Gemeinsamen Agrarpolitik zu erstellenden und durch den Europäischen Garantiefonds für die Landwirtschaft (EGFL) und den Europäischen Landwirtschaftsfonds für die Entwicklung des ländlichen Raumes (ELER) zu finanzierenden Strategiepläne (GAP-Strategiepläne) und zur Aufhebung der Verordnung (EU) Nr. 1305/2013 sowie der Verordnung (EU) Nr. 1307/2013 (ABl. L 435 S. 1, ber. 2022 ABl. L 181 S. 35), zuletzt geändert durch Art. 1 VO (EU) 2022/648 v. 15.02.2022 (ABl. L 119 S. 1).

[51] Verordnung zur Durchführung der GAP-Direktzahlungen (GAP-Direktzahlungen-Verordnung – GAPDZV) vom 24.01.2022 (BGBl. I S. 139), zuletzt geändert durch Art. 1 Erste ÄndVO vom 30.11.2022 (Banz AT 01.12.2022 V1). Die entsprechende Bestimmung der AgrarZahlVerpflV wird durch § 3 GAPDZV weiterentwickelt und ergänzt, vgl. BR-Drs. 816/21, S: 56.

der Europäischen Union aufgeführten landwirtschaftlichen Erzeugnissen, ausgenommen Fischereierzeugnisse (Nummer 1). Ebenso ist der Betrieb von Niederwald mit Kurzumtrieb im Sinne des § 6 Abs. 3 GAPDZV[52] umfasst (Nummer 2). Zuletzt beinhaltet die landwirtschaftliche Tätigkeit nach Maßgabe der Absätze 2 bis 6 die Erhaltung einer landwirtschaftlichen Fläche, die während des gesamten Jahres nicht für eine landwirtschaftliche Tätigkeit im Sinne der Nummer 1 oder 2 genutzt wird, in einem Zustand, der sie ohne über die Anwendung von in der Landwirtschaft üblichen Methoden und Maschinen hinausgehende Vorbereitungsmaßnahmen für die Beweidung oder den Anbau geeignet macht (Nummer 3). Gemäß § 4 Abs. 1, 2 GAPDZV gehört zum Begriff der landwirtschaftlichen Fläche Ackerland, Dauerkulturen und Dauergrünland, und das auch, wenn diese ein Agroforstsystem nach Absatz 2 bilden, d. h. wenn auf einer Fläche mit dem vorrangigen Ziel der Rohstoffgewinnung oder Nahrungsmittelproduktion [...] Gehölzpflanzen [...] angebaut werden. Außerdem definiert § 12 Abs. 1 GAPDZV, wann eine landwirtschaftliche Fläche, die auch für eine nichtlandwirtschaftliche Tätigkeit genutzt wird, hauptsächlich für eine landwirtschaftliche Tätigkeit genutzt wird. Die hauptsächliche landwirtschaftliche Nutzung einer landwirtschaftlichen Fläche ist erforderlich, damit sie überhaupt förderfähig ist, vgl. § 11 Abs. 2 GAPDZV. Dafür muss die landwirtschaftliche Tätigkeit noch ohne starke Einschränkungen durch die nichtlandwirtschaftliche Tätigkeit ausgeübt werden können. Eine starke Einschränkung ist nach Absatz 3 Nummer 1 lit. a) – c) etwa dann gegeben, wenn die nichtlandwirtschaftliche Tätigkeit zu einer Zerstörung der Kulturpflanze oder Grasnarbe, einer wesentlichen Beeinträchtigung des Bewuchses oder einer wesentlichen Minderung des Ertrags führt.

B. Dauergrünland
Ein Drittel der in Deutschland genutzten landwirtschaftlichen Fläche (5 Mio. ha) besteht aus Grünland. Dieses besitzt einen (oft unterschätzten) ökonomischen Wert[53] als landwirtschaftliche Nutzfläche und leistet darüber hinaus einen wichtigen Beitrag zur Erhaltung der biologischen Vielfalt. Auch der Gesetzgeber hat

---

[52] Unter Niederwald mit Kurzumtrieb ist eine Fläche zu verstehen, die mit Gehölzpflanzen der in Anlage 2 genannten Arten bestockt ist, deren Wurzelstock oder Baumstumpf nach der Ernte im Boden verbleibt und wieder austreibt.
[53] Dieser wird gleichwohl häufig nicht erkannt, da sich dieser nicht als unmittelbar zu sehender Gewinn, sondern als Kostenersparnis errechnet, vgl. dazu *BfN*, Grünland-Report 2014, S. 9.

den Wert des Dauergrünlandes für den Naturschutz mittlerweile erkannt und schützt dieses auf verschiedenen Gesetzesebenen.[54]

I. Bedeutung des Grünlandes für den Naturschutz

Dauergrünland ist nicht nur in geschützten Gebieten (Natura 2000-Gebieten, Vogelschutz- und FFH-Lebensraumgebieten[55]) Lebensraum für viele (geschützte) Arten, seien es Wiesenbrüter oder Schmetterlingsarten. Ebenso kommen auf Dauergrünland FFH-Lebensraumtypen wie Flachland-Mähwiesen, Kalkmagerrasen oder Streuwiesen vor.[56] Mehr als ein Drittel der heimischen Farn- und Blütenpflanzen und gar 40 % der in Deutschland gefährdeten heimischen Farn- und Blütenpflanzen haben ihr Hauptvorkommen im Grünland.[57] Gerade sehr mobile Arten, wie Wiesenbrüter, Rotmilan oder Ameisen-Bläuling, nutzen je nach Jahreszeit, Witterung und Nutzung unterschiedliche Grünlandflächen zur Brut, Aufzucht, zur Deckung oder zur Nahrungssuche.[58] Nicht zu vernachlässigen ist die Bedeutung als Puffer- und Arrondierungsfläche, um die Lebensräume und Arten zu schützen.[59] Zusammenfassend hat das Dauergrünland aus Umweltsicht im Vergleich zum Ackerland grundsätzliche Vorteile für den Natur-, Wasser-, Klima-, Boden- und Landschaftsschutz.[60] Je intensiver Dauergrünland jedoch genutzt wird – etwa durch häufigere Schnitte – desto mehr nimmt die Artenvielfalt ab, da vergleichsweise artenarme Pflanzengesellschaften wie eine Weidelgras-Weißklee-Wiese wachsen.[61] Eine extensive landwirtschaftliche Nutzung des Dauergrünlandes kann allerdings für die Artenvielfalt zuträglich sein, da so eine Verbuschung und Wiederbewaldung der Fläche verhindert wird.[62] Allerdings gehen vor allem die artenreichen Dauergrünlandstandorte aufgrund ihrer geringen ökonomi-

---

[54] So ist der Schutz des Dauergrünlandes beispielsweise eine Komponente des Greenings im Agrarbeihilfenrecht, vgl. Art. 45 Abs. 1 VO (EU) Nr. 1307/2013, im Bundesrecht gehört das Grünlandumbruchverbot zu den Grundsätzen der guten fachlichen Praxis nach § 5 Abs. 2 Nr. 5 BNatSchG; im Landesrecht enthält Art. 3 Abs. 4 BayNatSchG diverse Verbote in Bezug auf das Dauergrünland.

[55] Richtlinie 92/43/EWG des Rates vom 21. Mai 1992 zur Erhaltung der natürlichen Lebensräume sowie der wildlebenden Tiere und Pflanzen (ABl. L 206 S. 7), zuletzt geändert durch Art. 1 ÄndRL 2013/17/EU vom 13.05.2013 (ABl. L 158 S. 193).

[56] Diese gehören damit auch zu den unterschiedlichen Arten von Dauergrünland, vgl. BR-Drs. 82/14, S. 35; BT-Drs. 18/908, S. 28.

[57] *BfN*, Grünland-Report 2014, S. 5.

[58] BR-Drs. 82/14, S. 35; BT-Drs. 18/908, S. 28.

[59] BR-Drs. 82/14, S. 35; BT-Drs. 18/908, S. 28.

[60] BR-Drs. 82/14, S. 35; BT-Drs. 18/908, S. 28.

[61] *BfN*, Grünlandreport, S. 4.

[62] *BfN*, Grünlandreport, S. 4; vgl. dazu ebenfalls das Beispiel aus der Fränkischen Schweiz.

schen Rentabilität zurück. So gingen beispielsweise die zum Kalkmagerrasen gehörenden Wacholderheiden in der Fränkischen Schweiz bei Bayreuth um 95 % zurück und wurden aufgeforstet, verbuschten bzw. wurden in Freizeitgrundstücke umgewandelt. Grund dafür ist die sich aufgrund des globalen Wettbewerbs nicht mehr lohnende Wanderschäferei, die die Wacholderheiden beweidete.[63] Letztendlich spiegelt dies jedoch nur den bundesweiten Trend wider. Gab es in den 1960er-Jahren noch 7 Mio. Hektar Grünland, waren es 2019 nur noch 4,75 Mio. Hektar mit einem leichten Zugewinn zwischen 2014 und 2019.[64]

II. Definition des Dauergrünlandes

Art. 4 Abs. 3 S. 2 lit. c) GAP-Strategiepläne-VO definiert Dauergrünland bzw. Dauerweideland als „Flächen, die auf natürliche Weise (Selbstaussaat) oder durch Einsaat zum Anbau von Gras oder anderen Grünfutterpflanzen genutzt werden und seit mindestens fünf Jahren nicht Bestandteil der Fruchtfolge des Betriebs sind und – wenn die Mitgliedstaaten dies beschließen – Flächen, die seit mindestens fünf Jahren nicht umgepflügt wurden oder auf denen keine Bodenbearbeitung durchgeführt wurde oder die nicht mit anderen Typen von Gras oder anderen Grünfutterpflanzen neu gesät wurden. Es kann auch andere Arten wie Sträucher oder Bäume, die abgeweidet werden können, und – wenn die Mitgliedsstaaten dies beschließen – andere Arten wie Sträucher oder Bäume umfassen, die der Erzeugung von Futtermitteln dienen, sofern Gras und andere Grünfutterpflanzen weiterhin vorherrschen. Darüber hinaus können die Mitgliedsstaaten auch beschließen, dass Flächentypen als Dauergrünland anzusehen sind, die nicht notwendigerweise dem allgemeinen Verständnis von Dauergrünland entsprechen, d. h. Gras und andere Grünfutterpflanzen nicht vorherrschend sind oder vorkommen, aber Teil etablierter lokaler Bewirtschaftungsverfahren oder von Weidegebieten sind, vgl. Art. 4 Abs. 3 S. 2 lit. c) i), ii) GAP-Strategiepläne-VO. Diese Regelung entspricht nunmehr der Rechtsprechung des EuGH[65], der für die Einordnung von Dauergrünland die Art der Vegetation als unerheblich ansieht, sondern vielmehr darauf abstellt, ob die tatsächliche landwirtschaftliche Nutzung der Fläche für Dauergrünland typisch ist. Daher handelt es sich beim Wechsel zwischen zwei Grünfutterpflanzen nicht notwendigerweise um eine Fruchtfolge bzw.

---

[63] *Rebhan*, Wacholderheiden – Vielfalt trotz/wegen Armut, https://www.fsvf.de/upload/downloads/pdfs/natur/natur_wacholderheiden.pdf (zuletzt aufgerufen am 28.01.2023).
[64] WD 5 – 3000 – 086/20, S. 14 ff.
[65] EuGH, Urt. v. 15.05.2019, C-341/17 P, Rn. 49 f., 54 – *Griechenland/Kommission*.

schließt das Entstehen von Dauergrünland nicht aus.[66] Kein Dauergrünland liegt – zumindest in Deutschland – vor, wenn Gras oder andere Grünfutterpflanzen angebaut werden und diese Fläche in Zeitabständen von weniger als fünf Jahren umgepflügt werden. Von dieser sog. „Pflugregelung" hat Deutschland durch § 7 Abs. 1 Nr. 3 GAPDZV Gebrauch gemacht.[67] Im Gegensatz zu der bereits im alten Recht geltenden Regelung (§ 2a DirektZahlDurchfV[68]), wurde in Absatz 5 entsprechend der Auslegung des „Pflügens" durch die EU-Kommission[69] neu normiert, was unter Pflügen[70] zu verstehen ist. Insgesamt lässt sich daher feststellen, dass Deutschland in der neuen Förderperiode umfassend von der durch Art. 4 Abs. 3 S. 2 lit. c) GAP-Strategiepläne-VO ermöglichten Spezifikation des europäischen Rechts in Bezug auf das Dauergrünland Gebrauch gemacht hat, was im Hinblick auf die Bedeutung des Dauergrünlandes für den Naturschutz auch notwendig war.[71]

Auch einige Landesgesetze enthalten eine Definition des Dauergrünlandes. So wird dieses etwa in Art. 3 Abs. 4 S. 2 BayNatSchG definiert als „alle auf natürliche Weise entstandenen Grünlandflächen sowie angelegte und dauerhaft als Wiese, Mähweide oder Weide genutzte Grünlandflächen und deren Brachen." Der Bayerische Landesgesetzgeber hat damit einen vom Agrarförderrecht unabhängigen, rein naturschutzrechtlichen Dauergrünlandbegriff geschaffen. Dieser beruht auf dem inhaltsgleichen § 4 NatSchG-NRW[72]. § 4 NatSchG-NRW unterscheidet sich insofern von den Vorgaben über das sog. Greening im Rahmen der gemeinsamen Agrarförderpolitik, dass mehrjähriger Ackerfutterbau (z. B. der Anbau von Ackergras, Kleegras) nicht als Dauergrünland angesehen wird.[73] Konkreter als die Bayerische oder Nordrhein-Westfälische Definition ist § 2a Abs. 1 Nr. 1 NAGB-

---

[66] EuGH, Urt. v. 02.10.2014, C-47/13, Rn. 40 – Martin Grund/ Landesamt für Landwirtschaft, Umwelt und ländliche Räume des Landes Schleswig-Holstein.

[67] Die Vorschrift dient vor allem dazu, dass Landwirte auf mit Gräsern bewachsenen Flächen nicht mehr vor Ablauf des fünften Jahres eine andere Dauerkultur anbauen, um die Entstehung von Dauergrünland zu vermeiden, vgl. BR-Drs. 61/18, S. 18.

[68] Verordnung zur Durchführung der Direktzahlungen an Inhaber landwirtschaftlicher Betriebe im Rahmen von Stützungsregelungen der Gemeinsamen Agrarpolitik (Direktzahlungen-Durchführungsverordnung – DirektZahlDurchfV) vom 03.11.2014 (BGBl. I S. 1690), zuletzt geändert durch Art. 1 Dritte VO zur Änd. der Direktzahlungen-DurchführungsVO vom 11.04.2022 (BAnz AT 13.04.2022 V1).

[69] BR-Drs. 816/21, S. 58.

[70] Pflügen ist demnach jede mechanische Bodenbearbeitung, die die Narbe zerstört.

[71] Siehe dazu in I.

[72] LT-Drs. 18/1736, S. 7.

[73] NRW-LT-Drs. 16/11154, S. 16.

NatSchG, welcher mit dem Gesetz zur Umsetzung des „Niedersächsischen Weges" in Natur- und Gewässerschutz- und Waldrecht, das am 01.01.2021 in Kraft getreten ist, eingeführt wurde.[74] Demnach ist Dauergrünland eine Fläche, die durch Einsaat oder auf natürliche Weise zum Anbau von Gras oder anderen Grünfutterpflanzen genutzt wird, seit mindestens fünf Jahren nicht Bestandteil der Fruchtfolge eines landwirtschaftlichen Betriebes und seit mindestens fünf Jahren nicht umgepflügt worden ist. Abzugrenzen ist das Dauergrünland vom Wechselgrünland, welches „nur wenige Jahre als Weide oder zur Gewinnung von Heu und im Wechsel mit Ackerfrüchten genutzt" wird.[75] Als Parameter für eine dauerhafte Nutzung kann der Fünfjahreszeitraum aus dem Förderrecht (§ 2a DirektZahl-DurchfV, ab 22.11.2022 § 7 Abs. 1 GAPDZV) herangezogen werden.[76]

C. Unbestimmte Rechtsbegriffe im Naturschutzrecht

I. Problematik der Standardisierung im Naturschutzrecht

Das Naturschutzrecht liegt in einem Spannungsfeld zwischen politischen Zielsetzungen, rechtlichen Vorgaben und fachlichen Erfordernissen. Bei den fachlichen Erfordernissen besteht zumindest dahingehend Einigkeit, *dass* der Status quo erhalten bleiben soll.[77] *Wie* dieser Status quo erhalten werden soll, stellt jedoch selbst Fachleute für Natur- und Landschaftsschutz vor Schwierigkeiten. Ein einfaches Beispiel aus der Landwirtschaft soll dies verdeutlichen: Ein Landwirt nutzt sein Ackerland bisher für den intensiven Anbau – inklusive intensiver Düngung und des Einsatzes von Pflanzenschutzmitteln – der Monokultur Mais und möchte stattdessen nun mit der gleichen Anbaumethode Weizen – ebenfalls eine Monokultur – anbauen. Bereits bisher beeinträchtigt der Landwirt durch den Anbau von Mais gem. § 14 Abs. 1 BNatSchG die Leistungs- und Funktionsfähigkeit des Na-

---

[74] Gesetz zur Umsetzung des „Niedersächsischen Weges" in Natur- und Gewässerschutz- und Waldrecht vom 11.11.2020 (Nds. GVBl. Nr. 43/2020, S. 451 ff.).

[75] *Rademacher*, BayVbl. 2019, 728 [729].

[76] A. A.: Landtag Nordrhein-Westfalen, LT-Drs. 16/11154, der neu geschaffene (z. B. durch Ausgleichsmaßnahmen) Grünlandflächen ab dem Abschluss der Maßnahmeumsetzung (d. h. der erfolgten Neuschaffung von Grünland) als Dauergrünland ansieht, soweit die Zweckbestimmung auf eine unabsehbare Dauer der Nutzung als Grünland gerichtet ist; dieser Ansicht hat sich auch der BayVGH (Urt. v. 23.07.2020, Az. 14 B 18.1472) angeschlossen.

[77] Dies kommt insbesondere durch die Formulierung in § 1 Abs. 1 BNatSchG „Natur und Landschaft sind […] so zu schützen" zum Ausdruck, vgl. *A. Schumacher/J. Schumacher*, in: Schumacher/Fischer-Hüftle, BNatSchG, § 1 Rn. 24.

turhaushalts erheblich.[78] Es stellt sich daher die Frage, ob die Änderung der Nutzung ebenfalls als erheblich einzustufen ist, da der Boden bereits vorbelastet ist.[79] Daraus ergibt sich, dass Naturschutz nicht durch feste Wertgrenzen, schematische oder mathematische Bewertungsverfahren erreicht werden kann. Mit anderen Worten kann das Naturschutzrecht (meist) nicht standardisiert werden.[80] Das macht es für politische Entscheidungsträger, aber auch im Fall der Landwirtschaft für die betroffenen Landwirte, oftmals schwierig naturschutzfachliche Forderungen zu akzeptieren. Dieser Konflikt wird durch Recht neben den Möglichkeiten von Abwägungsentscheidungen und Ermessenermächtigungen durch die Verwendung von unbestimmten Rechtsbegriffen gelöst. Im Gegensatz zu bestimmbaren Rechtsbegriffen, kann bei diesen selbst ein geschulter Jurist nicht mit Sicherheit sagen, wann deren Voraussetzungen erfüllt sind.[81] Zur besseren Anwendbarkeit unbestimmter Rechtsbegriffe für die Verwaltung werden diese gerade im Bereich des Umweltrechts durch das Instrument der Verwaltungsvorschrift ausgefüllt (Standardisierung).[82] Mit deren Hilfe werden für den verwaltungsinternen Bereich Umweltstandards festgelegt, z. B. TA Luft[83],[84] und dadurch fachwissenschaftliche Inhalte in das Recht transportiert.[85] Der Vorteil unbestimmter Rechtsbegriffe liegt damit auf der Hand: Durch die Ausgestaltung mittels einfacher Verwaltungsvorschriften, können diese dynamisch dem aktuellen Stand der Wissenschaft angepasst werden. Problematisch ist deren Verwendung hingegen, wenn die fachwissenschaftlichen Erkenntnisse noch nicht ausreichen, um ein standardisiertes Vorgehen zu erlauben oder wie im obigen Beispiel ausgeführt, einem standardisierten Vorgehen überhaupt nicht zugänglich sind. Ergeht gegenüber einem Bürger eine Verwaltungsentscheidung in Form eines Verwaltungsaktes unter An-

---

[78] Dies liegt daran, dass Mais besonders stark auf Düngung und Pflanzenschutz reagiert und daher mit vergleichsweise hoher Intensität angebaut wird, siehe *Osterburg*, Schutz der Natur im Rahmen der ersten Säule der Gemeinsamen Agrarpolitik, in: Czybulka/Köck, Landwirtschaft und Naturschutzrecht, S. 71.

[79] Eingehend zu diesem Problem *Burmeister*, Bd. 2 - Der Schutz von Natur und Landschaft vor Zerstörung, S. 69 f.

[80] Zu diesem Ergebnis kommt etwas *Louis*, NuR 1996, 485 [486]; das Gegenteil beweist jedoch mittlerweile die am 14.05.2020 in Kraft getretene Bundeskompensationsverordnung (ausführlich dazu im 2. Kapitel § 7 A. I. und im 5. Kapitel § 16 C. III.)

[81] *Detterbeck*, S. 108.

[82] Vgl. *Schlacke*, Umweltrecht, S. 161 f.; *Kloepfer/Rehbinder/Schmidt-Aßmann*, Umweltgesetzbuch AT, S. 98, 478 ff.

[83] Technische Anleitung zur Reinhaltung der Luft, Allgemeine Verwaltungsvorschrift zum Bundesimmissionsschutzgesetz vom 18.08.2021 (GMBl S. 1050).

[84] *Breuer*, NVwZ 1988, 104 [106]; *SRU*, Umweltgutachten 1987, S. 249 ff.

[85] *Strothmann*, Bewerten im Naturschutzrecht, S. 1.

wendung eines unbestimmten Rechtsbegriffs, ist es im Falle einer Anfechtung der Entscheidung durch den betroffenen Bürger Sache der Gerichte den unbestimmten Rechtsbegriff zu konkretisieren.[86] Diese Verpflichtung der Gerichte, Verwaltungsakte in rechtlicher und tatsächlicher Hinsicht zu überprüfen, ergibt sich aus der Garantie des effektiven Rechtsschutzes gem. Art. 19 Abs. 4 S. 1 GG. Nichts anderes geht aus der Überprüfung unbestimmter Rechtsbegriffe des Unionsrechts hervor, soweit diese den Behörden Entscheidungsfreiräume zugestehen.[87] Dies gilt beispielsweise für den unionsrechtlichen Dauergrünlandbegriff, der den Mitgliedsstaaten Gestaltungsspielräume lässt, damit diese auf ihre jeweils tatsächlichen Gegebenheiten (Vorhandensein bestimmter Landschaftselemente etc.) eingehen können.[88] Durch die Garantie des effektiven Rechtsschutzes, ist eine Letztentscheidungsbefugnis der Behörden und eine damit ausgeschlossene bzw. nur eingeschränkt mögliche Kontrolle der vollziehenden Gewalt jedoch nicht ausgeschlossen.[89] Eine behördliche Letztentscheidungsbefugnis kann sich ausdrücklich jedoch nur aus dem Gesetz oder durch eine eindeutige Auslegung des Gesetzes ergeben. Auch die Privilegierung der Landwirtschaft im Naturschutzrecht wird durch unbestimmte Rechtsbegriffe geprägt, vgl. etwa § 5 Abs. 2 Nr. 1 BNatSchG „standortangepasste Bewirtschaftung" als Basis für die Privilegierungen §§ 14 Abs. 2, 44 Abs. 4 BNatSchG. Die Ausgestaltung und Möglichkeiten der Konkretisierung der i. R. d. Privilegierungen der Landwirtschaft im Naturschutzrecht verwendeten unbestimmten Rechtsbegriffe wird in den folgenden Kapiteln eingehend untersucht.

II.   Festlegung eines naturschutzrechtlichen Anforderungsniveaus durch die Grundsätze der guten fachlichen Praxis

In den 1980er-Jahren wurde der Schlüsselbegriff „gute fachliche Praxis" für die Festlegung von umweltrechtlichen Anforderungen erstmals im Dünge- und Pflanzenschutzmittelrecht implementiert.[90] Diese Grundsätze stellen den Versuch dar, ein einheitliches Referenzniveau fachspezifischer Anforderungen an die Land-

---

[86]   BVerfGE 129, 1 [21].
[87]   BVerwG, Urt. v. 17.09.2015 – 1 C 37.14 -, NVwZ 2016, 161 [20 f.].
[88]   BVerwG, Urt. v. 30.03.2021 – 3 C 7.20 -, AUR 2021, 379 [382].
[89]   BVerfGE 15, 275 [282]; 61, 82 [111]; 84, 34 [50 ff.]; 88, 40 [56]; 103, 142 [157]; 113, 273 [310].
[90]   Gesetz zum Schutz der Kulturpflanzen (Pflanzenschutzgesetz – PflSchG) vom 15.09.1986 (BGBl. I S. 1505); § 11 des Gesetzes zur Förderung bäuerlicher Landwirtschaft (LaFG) vom 12.07.1989 (BGBl. I S. 1435).

wirtschaft zu definieren.[91] Entgegen der weit verbreiteten Annahme ist deren primäres Ziel aber nicht – wovon man im Naturschutzrecht ausgehen könnte – die Berücksichtigung von Naturschutzbelangen, sondern der Erhalt der Natur als Produktionsfaktor.[92] Gleichzeitig ist sie Grundlage für die Privilegierung der Landwirtschaft im Naturschutzrecht (§§ 14 Abs. 2, 44 Abs. 4 BNatSchG), welche nachfolgend Gegenstand der Untersuchung ist.

1.   Charakter der guten fachlichen Praxis

Zentraler Rechtsbegriff des deutschen, aber auch internationalen Umwelt(agrar)rechts bzw. des Naturschutzrechts ist die gute fachliche Praxis.[93] Kerngehalt ist die *Praxis*, worunter im Umwelt- bzw. Naturschutzrecht die durch praktische Tätigkeit gewonnene Erfahrung oder Berufserfahrung zu verstehen ist.[94] *Fachlich* bringt zum Ausdruck, dass Regelungen im Zusammenhang mit dem Gebiet des Wissens einer praktischen Tätigkeit stehen sollen. *Gut* ist die Praxis, wenn diese nach fachmännischen Erkenntnissen ein gewisses Anspruchsniveau erreicht.[95]

Die gute fachliche Praxis gehört zu den Rezeptionsbegriffen, worunter man Gesetzesbegriffe versteht, die darauf angelegt sind, bestimmte Vorgaben in sich aufzunehmen. Die Vorgaben können selbst normativer Natur sein, ebenso ist es aber möglich, dass sie sich schon in Fakten niedergeschlagen haben und so eine „natürliche" Unverfügbarkeit erlangt haben.[96] Im Gegensatz zu konkreten technischen Regeln, zu denen die Normung von Erzeugnissen, Qualitäts- oder Sicherheitsregeln gehören, steht bei der Praxis das Verhalten bzw. die Regelung bestimmter Verhaltensweisen im Vordergrund.[97] Verhalten lässt sich allgemein durch verschiedene Formen regeln. Dazu zählt der Befehl, die Bitte oder die Anregung. Welche Regelungsform die Richtige ist, hängt ebenso wie die Durchsetzung der Vorgaben – möglich sind das Anbieten von Anreizen oder Sanktionen –

---

[91]   BT-Drs. 13/6441, S. 51; ebenso *Burkhard*, Die Landwirtschaftsklauseln im Naturschutzrecht; Entstehungsbedingungen, Kritik und Fortentwicklung, S. 126 f.

[92]   *Axer*, DVbl. 1999, 1533 [1534]; *Deselaers*, AgrarR 1988, 241 [244]; a. A. *Hentschke*, in: Dombert/Witt, Agrarrecht, § 14 Rn. 39.

[93]   Zur Good Practice im englischen Umweltrecht im Vergleich zur deutschen Regelung *Smeddinck*, NuR 2005, 634 ff.

[94]   *Agena*, NuR 2012, 297.

[95]   Vgl. *Smeddinck,* Gute fachliche Praxis – zur Standardisierung von Verhalten, in: Brandt/Smeddinck, Gute fachliche Praxis, S. 25 [42].

[96]   *Schmidt-Aßmann*, in: Dürig/Herzog/Scholz, GG-Kommentar, Art. 19 Abs. 4 Rn. 202.

[97]   *Smeddinck,* Gute fachliche Praxis – zur Standardisierung von Verhalten, in: Brandt/Smeddinck, Gute fachliche Praxis, S. 25 [36, 42].

vom Adressaten der Regelung ab.[98] Bei dem „Wie" der Durchsetzung der Vorgaben hat sich der Gesetzgeber im Umweltrecht für keine einheitliche Art und Weise entschieden. So ist die Nichteinhaltung der guten fachlichen Praxis im Düngerecht sanktionsbewehrt,[99] wohingegen die gute fachliche Praxis im Bundesnaturschutzgesetz bzw. Bundes-Bodenschutzgesetz nur als Grundsätze ausgestaltet und per se unverbindlich sind.[100] Die unterschiedlichen Regelungsformen des Rechtsbegriffs sind häufig Anlass für Diskussionen, was im Rahmen dieser Arbeit unter anderem untersucht wird. Was hingegen sowohl technischen Regeln als auch Verhaltensregeln gemein ist, ist, dass diese Standards zur Operationalisierung und des Vollzugs von Rechtsnormen verwenden. Dadurch sollen „Unsicherheiten in der Anwendung reduziert und die administrative Praktikabilität erhöht werden".[101] Während Standards im Technikrecht meist durch Obergrenzen oder Mindeststandards[102] festgelegt werden, wird im naturschutzbezogenen Landwirtschaftsrecht eine Optimierungsstrategie mit dynamischen Anforderungen (Zielen) verfolgt. Die gute fachliche Praxis befindet sich daher in einem Spannungsfeld zwischen gesellschaftlicher Selbstregulierung – im Fall der Landwirtschaft der gelehrten Bewirtschaftungspraxis durch die Landwirtschaftskammer – und staatlicher Steuerung.[103] Man spricht deshalb auch von „regulierter Selbstregulierung".[104] Demzufolge ist die gute fachliche Praxis ein unbestimmter Rechtsbegriff, der je nach Regelungskontext eine unterschiedliche spezifische Bedeutungsaufladung enthält.

2. Die Notwendigkeit der Regulierung der guten fachlichen Praxis im
    naturschutzrechtlichen Kontext

Mit zunehmender Intensivierung der landwirtschaftlichen Bodenbewirtschaftung sah sich der Gesetzgeber dazu gezwungen die Vermutung der Naturschutzkonformität der landwirtschaftlichen Bodennutzung aufzugeben und diese an die Ein-

---

[98] *Smeddinck,* Gute fachliche Praxis – zur Standardisierung von Verhalten, in: Brandt/Smeddinck, Gute fachliche Praxis, S. 25 [37].

[99] Vgl. § 3 DüngeG iVm. § 3 DüV, näheres unter 3. Kapitel § 13 B.

[100] Vgl. § 5 Abs. 2 BNatSchG und § 17 Abs. 2 BBodSchG, näheres unter 2. Kapitel § 6 B. bzw. 4. Kapitel § 12 B. V.

[101] *Smeddinck,* Gute fachliche Praxis – zur Standardisierung von Verhalten, in: Brandt/Smeddinck, Gute fachliche Praxis, S. 25 [38].

[102] Vgl. Etwa § 48 Abs. 1 S. 1 BImSchG i. V. m. der Technischen Anleitung zur Reinhaltung der Luft (TA Luft).

[103] *Smeddinck,* NuR 2005, 634.

[104] *Smeddinck,* Gute fachliche Praxis – zur Standardisierung von Verhalten, in: Brandt/Smeddinck, Gute fachliche Praxis, S. 25 [39 f.].

haltung der guten fachlichen Praxis zu koppeln.[105] Zugegebenermaßen lässt sich zwischen landwirtschaftlicher Bodennutzung und Umweltrecht streng gesehen nie Zielkonformität herstellen, da diese immer in die natürlichen Ressourcen eingreift.[106] Mit dieser Argumentation ließe sich allerdings jedwede Nutzung der natürlichen Umweltressourcen verbieten, weshalb die landwirtschaftliche Bodennutzung aus umweltrechtlicher Sicht so lange als zulässig erachtet wird, wie ein ausgeglichenes Verhältnis zwischen ökonomischen und ökologischen Interessen besteht.[107] Nachdem dieser Ausgleich mittlerweile durch die Landwirtschaft zugunsten von ökonomischen Belangen aufgegeben worden ist, definiert die gute fachliche Praxis das als unterste Grenze zulässig zu bewertende landwirtschaftliche Tätigwerden und fungiert als Auslegungsmaßstab für die Landwirtschaftsbehörden und Betriebsinhaber zur Bewertung landwirtschaftlichen Handelns.[108] Gleichzeitig bildet die gute fachliche Praxis die Grenze zwischen dem Verursacherprinzip und Gemeinlastprinzip, indem sie bestimmt, wann der Landwirt als Verursacher von Umweltgefährdungen die Kosten dafür selbst zu tragen hat.[109] Die gute fachliche Praxis, die im Naturschutzrecht in § 5 Abs. 2 BNatSchG normiert ist, enthält insofern Bewirtschaftungsweisen, die von wissenschaftlicher Seite als naturverträglich eingestuft werden und aufgrund von praktischen Erfahrungen der Landwirtschaft als geeignet und angemessen angesehen werden.[110] Es wird daher bereits an dieser Stelle deutlich, dass der guten fachlichen Praxis im Naturschutzrecht eine entscheidende Bedeutung als Steuerungsinstrument für die landwirtschaftliche Bodennutzung zukommt.

§ 3   Prinzipien des Umwelt-/Naturschutzrechts

Rechtsprinzipien sind klar abzugrenzen von politischen Prinzipien. Beanspruchen erstere rechtliche Geltung, sind letztere für die Politik eine bloße Leitschnur und Orientierungshilfe.[111] Aber selbst aus Rechtsprinzipien lassen sich keine unmittelbaren Ansprüche ableiten. Vielmehr sind diese bei der Auslegung von einfach-

---

[105] BT-Drs. 13/10186, S. 5; ausführlich dazu im nächsten Kapitel unter § 6.

[106] *Deselaers*, AgrarR 1988, 241 [244].

[107] *Pitschel*, Die gute fachliche Praxis, S. 41, 553 ff.

[108] *Hogenmüller*, Die gute fachliche Praxis, S. 1; *Gerling*, Cross Compliance und gute fachliche Praxis, in: Brandt/Smeddinck, Gute fachliche Praxis, S. 63 [79].

[109] BT-Drs. 14/9852, S. 135 f.; Dänicke, Energiepflanzenanbau im Umwelt- und Agrarrecht, S. 332 f; *Gerling*, Cross Compliance und gute fachliche Praxis, in: Brandt/Smeddinck, Gute fachliche Praxis, S. 63 [74]; *Meyer-Bolte*, Agrarrechtliche Cross-Compliance, S. 255.

[110] BT-Drs. 14/9852, S. 132 f.; *Gerling*, Cross Compliance und gute fachliche Praxis, in: Brandt/Smeddinck, Gute fachliche Praxis, S. 63 [74].

[111] *Di Fabio*, in: FS Ritter, S. 815.

gesetzlichen Normen, denen die Prinzipien zugrunde liegen, zu berücksichtigen. Rechtsprinzipien sind dementsprechend keine „Regeln".[112] In der vorliegenden Arbeit sollen eingangs das Verursacher- und Vorsorgeprinzip näher betrachtet werden.

A. Verursacherprinzip

Das umweltrechtliche Verursacherprinzip ist sowohl im Recht der europäischen Union als auch im deutschen Umweltrecht wiederzufinden.

I. Verursacherprinzip im Unionsrecht

Art. 191 Abs. 2 UAbs. 1 S. 2 AEUV erhebt das Verursacherprinzip zu einem Grundsatz der Umweltpolitik. Auch wenn primärrechtlich keine Definition niedergelegt ist, ist allgemein anerkannt, dass es besagt, dass derjenige, dem die Umweltbeeinträchtigungen zuzurechnen sind, für ihre Beseitigung, Verminderung oder ihren Ausgleich herangezogen werden soll.[113] Das Verursacherprinzip erlaubt somit die Zurechnung von Beeinträchtigungen und eine entsprechende Inanspruchnahme.[114] Der EuGH hat auf Grundlage des Verursacherprinzips entschieden, dass die Inhaber landwirtschaftlicher Betriebe nicht verpflichtet sind, Belastungen zu tragen, die mit der Beseitigung einer Verunreinigung verbunden sind, zu der sie nicht beigetragen haben.[115] Daraus lässt sich schließen, dass ein Verursacher nur sein kann, wer einen räumlichen Bezug zur Umweltbeeinträchtigung hat und wo Kausalität für einzelne Tätigkeiten und deren Umweltauswirkungen nachgewiesen werden kann.[116] Als Beispiel für eine Normierung des Verursacherprinzips im EU-Umweltrecht, kann Art. 1 EU-Nitratrichtlinie herangezogen werden, nach der Gewässer vor Verunreinigungen durch Nitrat „aus landwirtschaftlichen Quellen" geschützt werden sollen.

Ausnahmen vom Verursacherprinzip enthalten sowohl Art. 192 Abs. 5 AEUV[117] als auch die Leitlinien zu staatlichen Umweltschutzbeihilfen[118]. Diese werden da-

---

[112] *Kloepfer*, Umweltrecht, § 4 Rn. 17 f.; *Kahl/Gärditz*, Umweltrecht, S. 33 f.

[113] *Scherer/Heselhaus*, in: Dauses/Ludwigs, Handbuch des EU-Wirtschaftsrechts, O. Umweltrecht Rn. 45; *Kahl*, in: Streinz, AEUV, Art. 191 Rn. 96.

[114] *Asernissen*, AUR 2021, 162 [164].

[115] EuGH, Urt. v. 29.04.1999, C-293/97, Slg. 1999, I-2603 Rn. 51 f. – *Standley u. a.* (EU-Nitratrichtlinie).

[116] *Calliess*, in: Calliess/Ruffert, AEUV, Art. 191 Rn. 36.

[117] Dies ist dann der Fall, wenn eine Maßnahme nach Art. 192 Abs. 1 AEUV mit unverhältnismäßigen Kosten verbunden ist, vgl. *Nettesheim*, in: Grabitz/Hilf/Nettesheim, AEUV, Art. 192 Rn. 105.

[118] *Europäische Kommission*, Leitlinien für Klima-, Umweltschutz- und Energiebeihilfen 2022 (2022/C 80/01).

mit gerechtfertigt, dass Wettbewerbsverzerrungen[119] und finanzielle Überlastungen beim Vollzug der Umweltpolitik[120] vermieden werden müssen. Eine bekannte Ausnahme vom Verursacherprinzip, die in der zugrundeliegenden Arbeit noch thematisiert wird, stellen die Unionsbeihilfen i. R. d. Gemeinsamen Agrarpolitik dar. Die Agrarsubventionen als Ausnahme vom Verursacherprinzip werden jedoch durch die Ziele der gemeinsamen Agrarpolitik nach Art. 39 Abs. 1 AEUV legitimiert.[121]

II. Verursacherprinzip im deutschen Recht

Ausprägungen des Verursacherprinzips enthalten in Deutschland nicht nur umweltrechtliche Vorschriften, wie die bodenschutzrechtlichen Sanierungspflichten, sondern auch das Polizei- und Ordnungsrecht. Das BVerwG hat das Verursacherprinzip als allgemeinen Grundsatz des Umweltrechts anerkannt.[122] Verfassungsrechtlich verankert ist das Verursacherprinzip in Art. 20a GG, wonach der Staat verpflichtet ist, die natürlichen Lebensgrundlagen zu schützen. Erst recht darf der Staat daher nicht die Zerstörung der natürlichen Lebensgrundlagen fördern.[123] Der Staat darf insbesondere nicht die Inanspruchnahme von Umweltgütern (Verunreinigung von Wasser, Verdichtung von Böden etc.) indirekt subventionieren, indem er sie zulässt und gar der Allgemeinheit die Kosten aufbürdet.[124] Das Gegenstück zum Verursacherprinzip bildet das Gemeinlastprinzip, das der Allgemeinheit die Kosten zur Bereinigung oder Verminderung von Umweltschäden auferlegt.[125] Im einfachen Recht kommt das Verursacherprinzip speziell in der naturschutzrechtlichen Eingriffsregelung nach §§ 13, 14 ff. BNatSchG zum Ausdruck. Verursacher ist demzufolge, wer die Umwelt direkt oder indirekt belastet oder eine Bedingung für die Umweltbelastung setzt, wobei es auf die Legalität nicht

---

[119] Vgl. Erklärung des Rates der Europäischen Gemeinschaften und der im Rat vereinigten Vertreter der Regierungen der Mitgliedsstaaten vom 22.11.1973 über ein Aktionsprogramm der Europäischen Gemeinschaften für den Umweltschutz, Abl. C 112/1 v. 20.12.1973, Titel II Rn. 5.

[120] *Calliess*, in: Calliess/Ruffert, AEUV, Art. 192 Rn. 46.

[121] Dazu *Purps*, Umweltpolitik und Verursacherprinzip im europäischen Gemeinschaftsrecht, S. 100 ff.

[122] BVerwG, Urt. v. 28.06.2007 – 7 C 5/07, Rn. 19.

[123] *Murswiek*, in: Sachs, Grundgesetz, Art. 20a Rn. 34.

[124] *Murswiek*, in: Sachs, Grundgesetz, Art. 20a Rn. 34; a. A. *Heselhaus*, in: Rehbinder/Schink, Grundzüge des Umweltrechts, Kap. 1 Rn. 62, der die Subvention von Umweltbeeinträchtigungen teilweise als vom Sozialstaatsprinzip (sozialer Ausgleich) gedeckt sieht.

[125] *Kloepfer*, Umweltrecht, § 4 Rn. 117 ff.; *Kahl/Gärditz*, Umweltrecht, S. 105; a. A. *Murswiek*, in: Sachs, Grundgesetz, Art. 20a Rn. 35, der das Gemeinlastprinzip für verfassungswidrig hält.

ankommt.[126] Entscheidend ist – allgemein ausgedrückt – die individuelle Verantwortung des einzelnen Bürgers.[127] Zugerechnet werden kann dem Verursacher nach der politischen Praxis eine Umweltbelastung nur, wenn nach Maßgabe staatlicher Qualitätsziele, geforderter Umweltmaßnahmen oder Haftpflichtregelungen, Vermeidungs- bzw. Kompensationsmaßnahmen zufallen.[128] Damit basiert das Verursacherprinzip – anders als der Wortlaut dies vermuten lässt – darauf, dass Umweltbelastungen primär vermieden werden sollten. Ist dies nicht möglich, müssen diese zumindest vom Verursacher beseitigt werden. Unterlässt der Verursacher die Beseitigung, hat er die ersparten Aufwendungen zu tragen bzw. im Falle verbleibender, von der Rechtsordnung hingenommener Umweltbelastungen, diese auszugleichen.[129]

B. Vorsorgeprinzip

Das Vorsorgeprinzip, welches als aus Deutschland stammendes Prinzip betrachtet wird,[130] ist sowohl im europäischen Primärrecht[131] als auch im nationalen Ordnungsrecht verankert.[132]

I. Das Vorsorgeprinzip im Unionsrecht

Einen Schadeneintritt oder gesicherte Beweise für dessen Eintreten setzt das Vorsorgeprinzip nicht voraus, vielmehr eine Situation wissenschaftlicher Unsicherheit.[133] Das spiegelt sich auch in der Definition des Vorsorgeprinzips durch den EuGH wider, wonach die Unionsorgane „wenn wissenschaftliche Ungewissheiten bezüglich der Existenz oder des Umfangs von Risiken für die menschliche Gesundheit bestehen, nach dem Vorsorgegrundsatz Schutzmaßnahmen treffen [können], ohne abwarten zu müssen, bis das tatsächliche Vorliegen und die Schwere

---

[126] *Kahl/Gärditz*, Umweltrecht, S. 35; zu einer differenzierten Betrachtung, vgl. *Schlacke*, Umweltrecht, S. 57.
[127] *Möckel*, DVbl. 2003, 488 [493].
[128] *Rehbinder*, in: ders./Schink, Grundzüge des Umweltrechts, Kap. 3 Rn. 157 ff.
[129] Das Verursacherprinzip wird daher inhaltlich auch als Kostentragungsprinzip verstanden, vgl. *Kahl/Gärditz*, Umweltrecht, S. 35; zu den verschiedenen Varianten des Verursacherprinzips, vgl. *Schlacke*, Umweltrecht, S. 57.
[130] *Di Fabio*, in: FS Ritter, S. 810.
[131] Vgl. etwa Art. 191 Abs. 2 UAbs. 1 S. 2 AEUV.
[132] Eine besondere Ausprägung ist im Naturschutzrecht z.B. das Verschlechterungsverbot des § 1 Abs. 3 BNatSchG.
[133] EuGH, Urt. v. 05.05.1998, Rs. C 157/96, Slg. 1998, I-2211, Rn. 63 – National Farmers Unions; Urt. v. 04.07.2000, Rs. C-352/98 P, Slg. 2000, I-5291, Rn. 66 – Bergaderm; EuG, Urt. v. 11.09.2022, Rs. T-13/99, Slg. 2002, II-3305, Rn. 139-140 – Pfizer Animal Health.

dieser Risiken in vollem Umfang nachgewiesen sind."[134] Das rein theoretische Vorliegen eines Risikos genügt jedoch nicht. Vielmehr muss durch die zuständigen Unionsorgane ein akzeptables Schutzniveau festgelegt werden und die Risiken wissenschaftlich bewertet werden.[135]

Primärrechtlich verankert ist das Vorsorgeprinzip in Art. 191 Abs. 2 UAbs. 1 S. 2 AEUV, wo ausdrücklich normiert ist, dass die Umweltpolitik der Union u. a. auf den Grundsätzen der Vorsorge beruht. Vorgaben für die Anwendung des Vorsorgeprinzips stellt Art. 191 Abs. 3 AEUV mit den darin enthaltenen Berücksichtigungsgeboten auf, nach denen beispielsweise die Vorteile und die Belastung aufgrund des Tätigwerden bzw. eines Nichttätigwerdens in die Risikobewertung miteinbezogen werden müssen (Spiegelstrich 3). Letztendlich ist also eine Kosten-Nutzen-Abwägung vorzunehmen.[136] In Bezug auf alle primärrechtlichen Vorgaben ist daher festzustellen, dass diese verlangen, dass alle vorhandenen Daten berücksichtigt werden, sodass eine umfassende Bewertung des Risikos vorgenommen werden kann.[137]

II. Das Vorsorgeprinzip im deutschen Recht

Ebenso wie das europäische Vorsorgeprinzip, zielt das Vorsorgeprinzip im deutschen Recht darauf ab, eine bloße Schadensmöglichkeit (Risiko) auszuschließen (Risikovorsorge). Daneben tritt allerdings noch die Ressourcenvorsorge, die einen schonenden Umgang mit den zur Verfügung stehenden Ressourcen verlangt, um die ökologischen Grundlagen langfristig zu sichern.[138] Die Grenze des Rechtsprinzips[139] bildet die Verhältnismäßigkeit.[140] Verfassungsrechtlich verankert ist das Vorsorgeprinzip in Art. 20a GG. Im Bereich des Klimaschutzes hat das Bundesverfassungsgericht dazu entschieden, dass dem Gesetzgeber trotz wissenschaftlicher Ungewissheit über die umweltrelevanten Ursachenzusammenhänge

---

[134] EuG, Urt. v. 11.09.2022, Rs. T-13/99, Slg. 2002, II-3305, Rn. 4 – Pfizer Animal Health; sowie die ständige Rspr. des EuGH, Urt. v. 05.05.1998, Rs. C-180/96, Slg. 1998, I-2265, Rn. 100 – Vereinigtes Königreich/Kommission; EuGH, Urt. v. 05.05.1998, Rs. C 157/96, Slg. 1998, I-2211, Rn. 64 – National Farmers Unions.

[135] EuG, Urt. v. 11.09.2022, Rs. T-13/99, Slg. 2002, II-3305, Rn. 149 – Pfizer Animal Health; *Monien*, Prinzipien als Wegbereiter eines globalen Umweltrechts?, S. 291.

[136] *Kotzur*, in: Geiger/Khan/Kotzur, EUV/AEUV, Art. 191 Rn. 23.

[137] *Monien*, Prinzipien als Wegbereiter eines globalen Umweltrechts?, S. 295.

[138] *Calliess*, UTR 2006, 89 [93 f.]; *Fischer*, in: Steiner/Brinktrine, Besonderes Verwaltungsrecht, § 7 Rn. 35; *Schlacke*, Umweltrecht, S. 51 ff.

[139] *Kloepfer*, Umweltrecht (3. Aufl.), § 4 Rn. 6.

[140] *Di Fabio*, in: FS Ritter, S. 828 ff.; Konkretisierungen der Grenze der Verhältnismäßigkeit enthalten der „Stand der Wissenschaft und Technik" (§ 6 Abs. 2 Nr. 2, § 7 Abs. 2 Nr. 3 AtG) bzw. der „Stand der Technik" (§ 5 Abs. 1 Nr. 2 BImSchG).

auch zugunsten künftiger Generationen eine „besondere Sorgfaltspflicht obliegt, bereits belastbare Hinweise auf die Möglichkeit gravierender oder irreversibler Beeinträchtigungen zu berücksichtigen."[141] Nicht zwingend notwendig für das Eingreifen des Schutzauftrags nach Art. 20a GG ist die erwiesene oder wahrscheinliche Gefährdung der natürlichen Lebensgrundlagen, sondern es genügt ein gewisses Risiko.[142] Früher wurde anhand dieses Ziels des Vorsorgeprinzips – Vorbeugung potenzieller Umweltbelastungen – die Abgrenzung des Umweltrechts zum allgemeinen Gefahrenabwehrrecht vorgenommen.[143] Aber auch im herkömmlichen Gefahrenabwehrrecht ist der Vorsorgegedanke mittlerweile anerkannt.[144] Einfachgesetzlich verankert ist das Vorsorgeprinzip etwa in § 1 S. 1, § 7 BBodSchG, § 1 Abs. 3 BNatSchG. Aus einer Auslegung des Schutzzwecks des jeweiligen Gesetzes geht hervor, wie weit das Vorsorgeprinzip im Einzelfall reicht. So resultiert etwa aus einer Auslegung von § 40 BNatSchG, dass bereits das Einbringen gebietsfremder Arten in die Natur verhindert werden sollte.[145]

Theoretisch begründet wird das Vorsorgeprinzip durch zwei verschiedene Ansätze: Die „Freiraumthese" und die sog. Ignoranztheorie. Erstere möchte die Belastbarkeit der Natur nicht völlig ausschöpfen, um ein weiteres Wachstum der menschlichen Gesellschaft und Wirtschaft zu ermöglichen und um wenig belastete Freiräume zur Regeneration des Umweltsystems zu erhalten.[146] Letztere hingegen geht davon aus, dass Umweltbelastungen immer auftreten und deshalb langfristige Wirkungen von umweltrelevanten Maßnahmen nie genau vorhergesagt werden können, sodass Eingriffe in die Umwelt auf das technisch mögliche und zumutbare Maß zu reduzieren sind.[147]

---

[141] BVerfG, Beschl. v. 24.03.2021 – BvR 2656/18 Ls. 2b, ferner Rn. 229.
[142] *Epiney*, in: v. Mangoldt/Klein/Starck, Bd. 2, Art. 20a Rn. 69 f.
[143] *Kloepfer*, Umweltrecht (3. Aufl.), § 4 Rn. 16 ff.
[144] So etwa polizeiliche Maßnahmen vor Beginn einer Versammlung, siehe *Trurnit*, NVwZ 2012, 1079 ff.
[145] *BfN*, Gebietsfremde Arten, S. 19.
[146] *Feldhaus*, DVbl. 1980, 133 [135]; *Sellner*, NJW 1980, 1255 [1257].
[147] Zu dieser Errichtung einer „Sicherheits- bzw. Pufferzone" *Kahl/Gärditz*, Umweltrecht, S. 102; allgemein: *Schmidt/Müller*, JuS 1985, 694 [696]; OVG Lüneburg, Urt. v. 03.10.1979 – VII OVG A 39/78, GewArch 1980, 203 [204]; OVG Berlin, Urt. v. 17.07.1978 – OVG I B 157.25, DVBl. 1979, 159 [160].

2. Kapitel: Die Privilegierung der Landwirtschaft im Naturschutzrecht

Circa 51 % der Fläche in Deutschland wird landwirtschaftlich genutzt.[148] Aufgrund dieses großen Anteils sind an die Landwirtschaft besondere Anforderungen hinsichtlich des Biodiversitätsschutzes zu stellen. Gleichzeitig sind landwirtschaftliche Nutzflächen auch Lebensraum für die an Agrarlandschaften angepassten Tier- und Pflanzenarten, die besonders im artenreichen Grünland vorkommen. Seit mehreren Jahren ist jedoch eine Abnahme landwirtschaftlich genutzter Flächen zu beobachten. Diese betrug zwischen 1992 und 2014 eine Million Hektar (ca. 6 % der Landwirtschaftsfläche).[149] Eine Nutzungsabnahme ist aufgrund ungünstiger Produktionsbedingungen insbesondere in Deutschlands Mittelgebirgslagen sowie im Umland von städtischen Verdichtungsräumen anzutreffen.[150] Auf den aufgegebenen Flächen kommt es häufig zu Sukzessionsprozessen[151], sodass Offenlandlebensräume für viele Arten verloren gehen. Daher muss einer Nutzungsaufgabe entgegengewirkt werden. Für diese verschiedenen Aspekte, versucht das Bundesnaturschutzgesetz einen Ausgleich zu finden. An die Pflicht zur Einhaltung der „Anforderungen" an die Landwirtschaft, konkret die Pflicht zur Einhaltung der Grundsätze der guten fachlichen Praxis (§ 5 Abs. 2 BNatSchG), knüpft im Bundesnaturschutzgesetz unmittelbar eine Reihe privilegierender Rechtsfolgen (§§ 14 Abs. 2, 44 Abs. 4 BNatSchG) an. Fraglich ist, ob die „Anforderungen" an die Landwirtschaft ausreichend sind, um die privilegierenden Rechtsfolgen zu rechtfertigen. Auch geht die Untersuchung der Frage nach, ob die privilegierenden Rechtsfolgen den „Anforderungen" gerecht werden.

---

[148] *UBA*, Struktur der Flächennutzung, https://www.umweltbundesamt.de/daten/flaeche-boden-land-oekosysteme/flaeche/struktur-der-flaechennutzung#die-wichtigsten-flachennutzungen (zuletzt aufgerufen am 28.01.2023).

[149] *BfN*, Daten zur Natur 2016, S. 51.

[150] *BfN*, Grünlandreport 2014, S. 20; Flächen für Siedlung und Verkehr beanspruchen immer mehr Raum, vgl. *UBA*, Struktur der Flächennutzung, https://www.umweltbundesamt.de/daten/flaeche-boden-land-oekosysteme/flaeche/struktur-der-flaechennutzung#die-wichtigsten-flachennutzungen (zuletzt aufgerufen am 28.01.2023).

[151] Ein Sukzessionsprozess ist die gesetzmäßige zeitliche Abfolge von Lebensgemeinschaften innerhalb eines Lebensraumes. Es wird zwischen primärer Sukzession – der Erstbesiedlung eines neues Lebensraumes – und der sekundären Sukzession – welche hier einschlägig ist – , d. h. Wiederherstellungsprozessen nach der Zerstörung der ursprünglichen Lebensgemeinschaften durch natürliche Faktoren, unterschieden, vgl. *Kratochwil*, Ökologie der Lebensgemeinschaften, S. 509 ff.

§ 4   Überblick über die geschichtliche Entwicklung des
Bundesnaturschutzgesetzes im Hinblick auf die Privilegierung
der Landwirtschaft im Naturschutzrecht

Das Naturschutzrecht kann in der jüngeren Gesetzgebungsgeschichte auf eine positive Entwicklung zurückblicken. Dabei zeigt die geschichtliche Entwicklung
des Bundesnaturschutzgesetzes wie sich die Wahrnehmung des Gesetzgebers hinsichtlich des Zielkonflikts zwischen landwirtschaftlicher Bodennutzung und Naturschutz und damit auch die Privilegierung der Landwirtschaft im Naturschutzrecht geändert hat.

A.   Die Rechtslage während der Zeit des Nationalsozialismus

Als erste, einheitliche Kodifizierung des Naturschutzrechts, trat am 26.06.1935[152]
das Reichsnaturschutzgesetz (RNatSchG) in Kraft und beendete zusammen
mit der Verordnung zur Durchführung des Reichsnaturschutzgesetzes vom
31.10.1935[153], der Verordnung zum Schutz wildwachsender Pflanzen und nicht
jagdbaren wildlebenden Tieren vom 18.03.1936[154] sowie der Verordnung über die
wissenschaftliche Vogelberingung vom 17.03.1937[155] die vorher währende
Rechtszersplitterung.[156] Der Schutzansatz des Reichsnaturschutzgesetzes verfolgte ein „Reservatprinzip", d. h. das Reichsnaturschutzgesetz galt nicht flächendeckend, sondern beschränkte sich darauf, besonders wertvolle oder seltene Na-
tur- und Landschaftsbestandteile, Tiere und Pflanzen, deren Erhaltung im allgemeinen Interesse liegt, zu schützen.[157] Neuerungen im Vergleich zu vorherigen
Regelungen enthielt das Reichsnaturschutzgesetz vor allem hinsichtlich der Erweiterung der materiellen und verfahrensrechtlichen Grundlagen, der Organisation der Naturschutzverwaltungen (§§ 7 ff. RNatSchG) sowie der Ausweisung

---

[152] RGBl. S. 1275.
[153] RGBl. S. 1275.
[154] RGBl. S. 181.
[155] RGBl. S. 331.
[156] Zwar enthielt Art. 150 I WRV die gesellschaftliche Aufgabe des „Schutz[es] und die Pflege
von Denkmalen der Natur und Landschaft" in der Form eines Programmsatzes, die einfachgesetzliche Umsetzung erfolgte jedoch durch die Länder in unterschiedlichster Art und
Weise, vgl. *Buchwald*, in: Buchwald/Engelhard, Bd. I S. 106 ff.
[157] Dieser Schutzansatz rührt daher, dass das RNatSchG nur die „heimatliche Natur" schützen
wollte, vgl. *Weber*, in: Weber/Schoenichen, RNatSchG, § 1 Rn. 1; *Von Mutius/Henneke*,
BayVBl. 1983, 545; *Burmeister*, Bd. 2 - Der Schutz von Natur und Landschaft vor Zerstörung, S. 7; BNatSchG/*Meßerschmidt*, Einf. Rn. 82.

von Schutzgebieten, Naturdenkmälern und Landschaftsschutzgebieten.[158] Nicht durch das Reichsnaturschutzgesetz aufgegriffen wurde hingegen eine mögliche Interessenkollision zwischen landwirtschaftlicher Bodennutzung und den Zielen des Natur- und Landschaftsschutzes. Gefahren für Natur und Landschaft wurden vielmehr im Straßenbau, Eisenbahnbau, Bergbau (Steinbrüche, Kiesgruben, Torfstiche), für Flußbegradigungen, bei der Entwässerung und der Errichtung von Bauten (Zeltplätzen, Lagerplätzen, Müllplätzen, Wochenendhäusern, Sport und Badeanstalten, Reklametafeln) und bei Maßnahmen der Bodengewinnung, erkannt.[159] Die Zuständigkeit für den Naturschutz wurde vielmehr auf das Forstressort („Reichsforstamt") übertragen, welches zwar für den Bereich der Landnutzung zuständig war, auf diese jedoch keinen Einfluss ausübte.[160] Dies mag auch daran liegen, dass zum Zeitpunkt des Erlasses des Reichsnaturschutzgesetzes noch bäuerliche Familienbetriebe das Landschaftsbild bestimmten, mithin noch eine naturverträgliche Landbewirtschaftung betrieben wurde.[161]

B. Die Rechtslage nach der Zeit des Nationalsozialismus bis zum Erlass des Bundesnaturschutzgesetzes

Das Reichsnaturschutzgesetz galt auch nach 1945 fort. Verfassungsrechtlichen Bedenken, dass dieses Ausdruck nationalsozialistischer Ideologie sei, wurde mit der Begründung begegnet, dass durch dieses nur die vor 1933 bestehenden Rechtsgrundlagen vereinheitlicht und verbessert worden sind und insofern kein neues Gedankengut darstellt.[162] Durch das neu eingeführte föderale Staatsprinzip und die damit einhergehende Rahmenkompetenz des Bundes gem. Art. 75 Abs. 1 Nr. 3 GG a. F.[163] auf dem Gebiet des Naturschutzes und der Landschaftspflege, erhielten die Länder Spielraum für eigene Rechtsentwicklungen.[164] Von diesem machten die Länder aber zunächst keinen Gebrauch. Strittig war im Anschluss

---

[158] BNatSchG/*Meßerschmidt*, Einf. Rn. 81; so bestanden 1940 800 Naturschutzgebiete, über 50000 Naturdenkmale und mehrere tausend (geschätzte) Landschaftsschutzgebiete auf Grundlage des RNatSchG, vgl. *Stich*, in: HdUR, Bd. II, Sp. 1445.

[159] Vgl. §§ 15, 16 RNatSchG sowie § 10 Durchführungsverordnung; zum Verbot von Veränderungen gehörte bspw. das Anbringen von Aufschriften, das Errichten von Verkaufsbuden oder das Zelten, vgl. *Weber*, in: Reichsnaturschutzgesetz, § 16 Rn. 1.

[160] *Haber*, Landwirtschaft und Naturschutz, S. 81.

[161] Jedoch besaßen bereits 1927 Großagrarier mit Betrieben über 100 hA 20 % der landwirtschaftlichen Nutzfläche, vgl. *Haber*, Landwirtschaft und Naturschutzrecht, S. 80 f.

[162] So BVerwG, DÖV 1955, 186 [187]; zu Art. 14 GG, BVerwG Urt. v. 26.3.1955 – 1 C 101.53 = BVerwGE 2, 35 [35 f.].

[163] Aufgehoben mit Wirkung vom 1.9.2006 durch Art. 1 Nr. 8 i. V. m. Art. 2 des Gesetzes zur Änderung des GG vom 28.08.2006 (BGBl. I S. 2034).

[164] BNatSchG/*Meßerschmidt*, Einf. Rn. 88; *Lorz*, Vorbemerkung Nr. 2 b.

daran die Frage, ob das Reichsnaturschutzgesetz als Bundesgesetz fortgelten soll. Das BVerwG[165] nahm dies mit Ausnahme der Zuständigkeits- und Verfahrensregeln an, wohingegen das Bundesverfassungsgericht[166] der Ansicht war, dass dem Reichsnaturschutzgesetz die typischen Merkmale eines Rahmengesetzes fehlen und nur die Fortgeltung als Landesrecht zulässig sei. Erst in den siebziger Jahren erließen die Länder mit Ausnahme von Berlin, Bremen, Hamburg, Niedersachsen und dem Saarland eigene Naturschutzgesetze.[167] In der DDR gab es bereits 1954[168] eine eigenständige gesetzliche Grundlage für den Naturschutz.[169]

C. Das Bundesnaturschutzgesetz von 1976

Im Zuge des Wirtschaftsaufschwungs der Nachkriegszeit nahmen Lärmbelastung, die Verschmutzung von Luft und Wasser, die Schadstoffbelastung der Böden sowie der Verbrauch von naturnaher Landschaft durch die forcierten Prozesse der Suburbanisierung und des Strukturwandels in der Landwirtschaft – weg von einem selbstständigen Bereich der Urproduktion hin zu einem Glied der industrialisierten Verwertungskette – zu. Trotz eines gestiegenen Umweltbewusstseins seit Ende der sechziger Jahre, wurde das Bundesnaturschutzgesetz erst 1976 als eine der letzten Rechtsmaterien des Umweltrechts als Rahmenrecht erlassen.[170] Das Gesetz ging zurück auf die Gesetzesinitiative des Bundesrats[171] mit der Intention in einem gewissen Umfang Bundeseinheitlichkeit aufgrund der in den Ländern unterschiedlichen Rechtslage herzustellen. Ein Schwerpunkt des neuen Naturschutzgesetzes war der Vollzug eines Wandels von einem „ehemals bewahrenden Naturschutz zum aktiven Naturschutz", umgesetzt in § 1 Abs. 1 BNatSchG 1976.[172] Vor diesem Hintergrund wurde für Eingriffe in Natur und Landschaft das Verursacherprinzip eingeführt (§§ 8 bis 11 BNatSchG 1976), welches einen flächendeckenden Mindestschutz gewährleisten sollte.[173] Der Land- und Forstwirtschaft wurde eine zentrale Bedeutung für die Erhaltung der Kultur- und Erholungslandschaft im Gesetz (§§ 1 Abs. 3, 8 Abs. 7 BNatSchG 1976) zuerkannt.

---

[165] BVerwGE 2, 35 [35 f.]; BVerwG Urt. v. 21.06.1956 – 1 C 202.54 = BVerwGE 3. 335 [339]; Urt. v. 12.07.1956 – 1 C 91.54 = BVerwGE 4, 57 [58]; Urt. v. 27.06.1957 – 1 C 3.56 = BVerwGE 5. 143 [144].
[166] BVerfG, Beschl. v. 14.10.1958 – 2 BvO 2/57 = BVerfGE 8, 186 [192].
[167] BNatSchG/*Meßerschmidt*, Einf. Rn. 88.
[168] GBl. DDR 1954 I S. 695.
[169] GBl. DDR 1970 I S. 67.
[170] BGBl. 1976 I S. 3574.
[171] BT-Drs. 7/3879, S. 17.
[172] BT-Drs. 7/3879, S. 17.
[173] BT-Drs. 7/5251, S. 4.

Der als allgemeines Agrarprivileg bekannte § 1 Abs. 3 BNatSchG 1976 enthielt die gesetzliche Vermutung, dass die ordnungsgemäße Land- und Fortwirtschaft in der Regel den Zielen des Naturschutzes und der Landschaftspflege dient. § 8 Abs. 7 BNatSchG 1976 beschränkte die Eingriffsregelung auf bauliche und infrastrukturelle Vorhaben, indem die naturbeeinträchtigenden Maßnahmen der ordnungsgemäßen landwirtschaftlichen Bodennutzung von den Rechtsfolgen der Eingriffsregelung freigestellt wurden. Dies schloss einen Nutzen der Eingriffsregelung für den Arten- und Biotopschutz aus.[174] Dass dem Gesetz noch das Verständnis der durch kleinbäuerliche Strukturen geprägte, naturverträgliche Landwirtschaft zugrunde lag, zeigt sich daran, dass selbst in Naturschutzgebieten (§ 13 BNatSchG 1976) als strengste Schutzkategorie, die ordnungsgemäße Ausübung der Landwirtschaft von den Schutzanforderungen freigestellt wurde. Erst ab den neunziger Jahren gab es Bestrebungen, das Naturschutzrecht umfassend zu novellieren. Im Hinblick auf die Landwirtschaft ergab sich jedoch erst durch das dritte Änderungsgesetz 1998[175] eine wichtige Änderung, indem der Begriff der ordnungsgemäßen Landwirtschaft durch den Begriff der guten fachlichen Praxis (§ 8 Abs. 7 BNatSchG 1998) ersetzt wurde.

D. Naturschutznovelle 2002

Die erste große Novellierung[176] des Bundesnaturschutzgesetzes erfolgte 2002 mit dem Ziel, die natürlichen Lebensgrundlagen für die nachfolgenden Generationen zu sichern.[177] In Bezug auf die Landwirtschaft sollte durch die Implementierung der guten fachlichen Praxis in § 5 Abs. 3 – 4 BNatSchG a. F. ein einheitliches Anforderungsniveau im Hinblick auf die nichtstofflichen Aspekte der Bodennutzung geschaffen werden.[178] Zudem wurde eine widerlegliche Vermutung zu Gunsten der die gute fachliche Praxis einhaltenden Landwirtschaft ausgesprochen. Dies hatte zur Folge, dass die landwirtschaftliche Bodennutzung in der Regel nicht als Eingriff i. S. d. § 18 Abs. 2 BNatSchG a. F. anzusehen ist und nicht

---

[174] *Wolf*, NuR 2013, 1 [6].

[175] BGBl. I 1998 I S. 2481.

[176] Art. 1 des Gesetzes zur Neuregelung des Rechts des Naturschutzes und der Landschaftspflege zur Anpassung anderer Rechtsvorschriften (BNatSchGNeuregG) vom 25. März 2000, BGBl. I S. 1193.

[177] BT-Drs. 14/6378, S. 28.

[178] *Müller*, Die gute fachliche Praxis im Pflanzenschutz-, Düngemittel- und Bundes-Bodenschutzgesetz, S. 35 f.; ein solches bestand bereits in den anderen stofflichen Umweltgesetzen, wie dem Düngemittel- oder Pflanzenschutzgesetz.

den daran anknüpfenden Rechtsfolgen[179] unterworfen werden kann.[180] Allerdings ist zu beachten, dass es sich bei den Vorschriften zur guten fachlichen Praxis lediglich um Rahmenregelungen nach Art. 75 Abs. 1 Nr. 3 GG a. F. handelte, weshalb sie mit Inkrafttreten des Bundesnaturschutzgesetzes 2002 noch keine unmittelbare Geltung erlangt haben. Vielmehr bedurften diese noch der Umsetzung in das jeweilige Landesrecht.

E. Naturschutznovelle 2009 bis zur aktuellen Fassung des Bundesnaturschutzgesetzes

I. Auswirkungen der Föderalismusreform

Am 01.09.2006 ist das als „Föderalismusreform" bekannte Gesetz zur Änderung des Grundgesetzes (GG-ÄndG[181]) vom 28.08.2006 in Kraft getreten, das die Kompetenzverteilung im deutschen Bundesstaat neu regelte. Ein Ziel dieser Reform war u. a. die Grundlage für ein Umweltgesetzbuch mit bundeseinheitlichen Regelungen des Umweltrechts zu schaffen.[182] Seither sind die Gesetzgebungskompetenzen nach Art. 70 Abs. 1 GG zwischen Bund und Ländern so aufgeteilt, dass das Recht zur Gesetzgebung grundsätzlich den Ländern zusteht, soweit das Grundgesetz dem Bund nicht Gesetzgebungsbefugnisse verleiht. Anstelle der in Art. 71 – 75 GG a. F. enthaltenen Dreiteilung von ausschließlicher, konkurrierender und Rahmengesetzgebungskompetenz, sind die Bundeszuständigkeiten auf die Ausschließliche und Konkurrierende reduziert worden. Die Fortgeltung des vor dem Inkrafttreten des GG-ÄndG erlassenen, noch auf Art. 75 GG a. F. gestützten Bundesrahmenrechts, bestimmt sich nach Art. 125b Abs. 1 GG. Danach gelten alle Regelungen, die weiterhin als Bundesrecht erlassen werden können, wie das Bundesnaturschutzgesetz, als Bundesrecht fort. Im Verhältnis zu den Ländern legt Art. 72 Abs. 3 S. 3 GG fest, dass im Verhältnis von Bundes- zu Landesrecht, das jeweilige spätere Gesetz vorgeht. Der Naturschutz ist nach Art. 72 Abs. 1, 74 Abs. 1 Nr. 29 GG der konkurrierenden Gesetzgebungskompetenz des Bundes zuzuordnen. Hat der Bund von seiner konkurrierenden Gesetzgebungskompetenz abschließend Gebrauch gemacht, steht den Ländern aufgrund der mit Art. 72 Abs. 1 GG verbundenen Sperrwirkung grundsätzlich kein eigenes Recht zur Gesetzgebung mehr zu. Die Länder können über Art. 72 Abs. 1 GG nur

---

[179] Siehe dazu § 4 B.
[180] *Schmidt*, Einführung in das Umweltrecht, S. 174.
[181] BGBl. I, S. 2034.
[182] BT-Drs. 16/813, S. 21; *Sangenstedt*, Der Referentenentwurf für ein UGB, in: Köck, UGB, S. 25 ff.

noch ergänzende oder konkretisierende Regelungen zum Bundesnaturschutzgesetz erlassen, was die Bundesländer in unterschiedlicher Dimension in Anspruch genommen haben.[183] Eine Einschränkung nach Art. 72 Abs. 2 GG durch das Erforderlichkeitskriterium erfolgt im Rahmen des Naturschutzes nicht, da Art. 74 Abs. 1 Nr. 29 GG nicht in Art. 72 Abs. 2 GG aufgeführt ist. Allerdings räumt Art. 72 Abs. 3 S. 1 GG den Ländern für bestimmte, in Art. 74 Abs. 1 GG aufgeführte Sachmaterien eine vom Bundesrecht abweichende Regelungsbefugnis ein (sog. Abweichungskompetenz). Dazu gehört nach Art. 72 Abs. 3 S. 1 Nr. 2 GG der Naturschutz und die Landschaftspflege mit der Ausnahme der allgemeinen Grundsätze des Naturschutzes bzw. das Recht des Artenschutzes, welche länderseitig nicht zur Disposition stehen. Landschaftspflege bezieht sich auf alle Maßnahmen zur Sicherung der nachhaltigen Funktionsfähigkeit der Naturgüter sowie der Vielfalt, Eigenart und Schönheit von Natur und Landschaft.[184] Grundsätzlich ist im Rahmen des Art. 72 Abs. 3 S. 1 Nr. 2 GG jedoch davon auszugehen, dass das Bundesnaturschutzgesetz abschließende Regelungen enthält. Machen die Länder von ihrer Abweichungskompetenz Gebrauch, ist eine bloße Negativgesetzgebung unzulässig.[185] Zudem haben die Länder infolge des föderalen Missbrauchsverbots, welches sich aus dem Grundsatz des bundesfreundlichen Verhaltens (Art. 20 Abs. 1 GG) ableitet, insbesondere alles zu unterlassen, was die Bundespflicht zur Umsetzung europäischen Unionsrechts erschwert oder unmöglich macht.

II.   Das Bundesnaturschutzgesetz 2009 bis heute

Nachdem Bestrebungen zur Schaffung eines bundeseinheitlichen Umweltgesetzbuches 2009 endgültig gescheitert sind, hat der Bund seine konkurrierende Gesetzgebungskompetenz ausgeschöpft und das neue, zum 01.03.2010 in Kraft getretene, Bundesnaturschutzgesetz 2009[186] geschaffen.[187] Wesentliche Neuerungen für die Landwirtschaft enthielt das neue Gesetz jedoch nicht. § 14 Abs. 2 BNatSchG (Eingriff in Natur und Landschaft) vermutet nach wie vor eine Ziel-

---

[183] Darauf wird im 5. Kapitel näher eingegangen.

[184] *Uhle*, in: Dürig/Herzog/Scholz, GG-Kommentar, Art. 72 Rn. 212.

[185] *Hendrischke*, NuR 2007, 454 [455]; *Louis*, NuR 2010, 77 [78].

[186] In der Fassung vom 29.07.2009 (BGBl. I S. 2542), zuletzt geändert durch Art. 3 G Erstes G zur Änd. Des Elektro- und ElektronikgeräteG, der EntsorgungsfachbetriebeVO und des BundesnaturschutzG vom 08.12.2022 (BGBl. I S. 2240).

[187] Das Umweltgesetzbuch sollte alle wesentlichen Regelungsbereiche des Umweltrechts in einem Gesetz vereinen und vereinheitlichen; nachdem ein erster Entwurf aus den 1990er Jahren (sog. Professoren-Entwurf) nicht realisiert wurde, scheiterte auch der zweite Anlauf am 01.02.2009, vgl. *Pape*, in: Landmann/Rohmer, Wasserhaushaltsrecht, Rn. 4 ff.

konformität der landwirtschaftlichen Bodennutzung mit den Grundsätzen des Naturschutzes, soweit die Grundsätze der guten fachlichen Praxis – die ebenfalls nahezu unverändert blieben – eingehalten werden. Das ist im Hinblick auf die Zielsetzungen des Gesetzentwurfs – Ersetzung des geltenden Rahmenrechts des Bundes durch Vollregelungen, Vereinfachung und Vereinheitlichung des Naturschutzrechts sowie die ausdrückliche Benennung der allgemeinen Grundsätze des Naturschutzes – auch nicht weiter verwunderlich.[188] Als wichtigste Neuerung wurde § 1 BNatSchG als unmittelbar geltende Vorschrift umgeformt, die nunmehr neben der allgemeinen Zielbestimmung auch die zur Konkretisierung der Ziele dienenden allgemeinen Grundsätze des Natur- und Landschaftsschutzes (§ 2 BNatSchG 2002) enthält. Auch die folgenden Änderungen brachten bis zur gegenwärtigen Fassung vom 18.08.2021 kaum Änderungen in Bezug auf die Privilegierung der Landwirtschaft im Naturschutzrecht mit sich.[189]

F. Konsequenzen für die nachfolgende Untersuchung

Während sich die Produktionsweisen in der Landwirtschaft erheblich geändert haben, hat das Bundesnaturschutzgesetz an seinem traditionellen Verständnis von der Landwirtschaft (Bodenpfleger, natur- und landschaftsverträglich) festgehalten. Allerdings haben sich nicht nur die tatsächlichen Verhältnisse der Bodenbewirtschaftung gewandelt, sondern auch die Rechtlichen. Wurde anfangs noch von einer Zielkonformität zwischen landwirtschaftlicher Bodennutzung und Naturschutz ausgegangen, wird diese nunmehr nur bei Einhaltung der Grundsätze der guten fachlichen Praxis (§ 5 Abs. 2 BNatSchG) vermutet. Ob dadurch aus Naturschutzsicht ein anderes Anforderungsniveau an die landwirtschaftliche Bodennutzung geschaffen wurde, wird die nachfolgende Untersuchung zeigen. Des Weiteren steht dem Bundesgesetzgeber nicht mehr nur eine Rahmenkompetenz nach Art. 75 Abs. 1 Nr. 3 GG, sondern eine Vollregelung ermöglichende konkurrierende Gesetzgebungskompetenz gem. Art. 74 Abs. 1 Nr. 29 GG zu. Nichtsdestotrotz hat er von der Möglichkeit einer Vollregelung – so viel sei vorweggenommen – keinen Gebrauch gemacht. Regelungen des Bundes im Bereich des Naturschutzes können von den Ländern im Rahmen ihrer Abweichungskompetenz nach Art. 72 Abs. 3 S. 1 Nr. 2 GG weiter ausgefüllt werden, müssen dies aber nicht. Diese rechtliche „Freiheit der Länder" führt vor allem im Rahmen der Privilegierung

---

[188] BT-Drs. 16/12274, S. 41.
[189] So wird etwa § 5 Abs. 2 Nr. 6 BNatSchG fortlaufend an die aktuellen Bestimmungen der Düngeverordnung und der Verordnung EG Nr. 1107/2009 angepasst.

der Landwirtschaft im Naturschutzrecht zu Problemen, wie die weitere Untersuchung noch zeigen wird.

§ 5 Ziele und Anwendungsbereich des Bundesnaturschutzgesetzes, § 1 BNatSchG

§ 1 BNatSchG beschreibt die Ziele und Aufgaben des Naturschutzes und präzisiert den Zweck des Naturschutzes. Nach der Zielbestimmung des § 1 Abs. 1 BNatSchG sind Natur und Landschaft so zu schützen, dass die biologische Vielfalt (Nummer 1), die Leistungs- und Funktionsfähigkeit des Naturhaushalts einschließlich der Regenerationsfähigkeit und nachhaltigen Nutzungsfähigkeit der Naturgüter (Nummer 2) sowie die Vielfalt, Eigenart und Schönheit und auch der Erholungswert von Natur und Landschaft (Nummer 3) auf Dauer gesichert sind. Zudem umfasst der Schutz auch die Pflege, die Entwicklung und, soweit erforderlich, die Wiederherstellung von Natur und Landschaft (allgemeiner Grundsatz). Wie der Formulierung „auf Grund ihres eigenen Wertes" zu entnehmen ist, ist ein Wandel von einem primär nutzungsbezogenen, anthropozentrischen gesetzgeberischen Verständnis des Naturschutzes, bei dem der Mensch alleiniger Maßstab für den Umgang mit der Natur und Landschaft ist[190], hin zu einer physiozentrischen bzw. ökozentrischen Begründungsstrategie eingetreten, nach der die Natur um ihrer selbst willen geschützt wird.[191] Die durch das Bundesnaturschutzgesetz 2002 eingetretene Neufassung orientiert sich in ihrem Eingangsteil an Art. 20a GG, um klarzustellen, dass nicht allein die Nutzungsinteressen des Menschen im Vordergrund stehen, sondern dieser sich bei seinem Handeln von seiner sittlichen Verantwortung für Natur und Umwelt leiten lassen soll.[192]

A. Überblick über die Schutzziele des § 1 BNatSchG

In Umsetzung der Verpflichtungen aus dem Übereinkommen zum Schutz der biologischen Vielfalt vom 05.06.1992 und der 2007 beschlossenen „Nationalen Strategie zur biologischen Vielfalt", wurde das Ziel zum Erhalt der biologischen Vielfalt (Nummer 1) formuliert. Biologische Vielfalt wird durch § 7 Abs. 1 Nr. 1

---

[190] So noch *Lorz*, § 1 Nr. 4 d).
[191] Der Bundesrat sieht in der Abkehr von einem rein anthropozentrischen Ansatz einen Wandel hin zu einem modernen und zukunftsorientierten Naturschutzverständnis, vgl. BR-Drs. 411/01, Anlage, S. 1; BT-Drs. 14/9852, S. 16 (SRU-Sondergutachten); *Kloepfer*, Umweltrecht, § 12 Rn. 122 m. W. n.; die Bundesregierung in ihrer Gegenäußerung wie auch die Fraktionen SPD und BÜNDNIS 90/DIE GRÜNEN in ihrem Gesetzentwurf, bringen hingegen zum Ausdruck, dass sie in der Formulierung keine Abkehr vom anthropozentrischen Ansatz sehen, vgl. BT-Drs. 14/6878, S. 7, 20 und BT-Drs. 14/6378, S. 34.
[192] BT-Drs. 14/6378, S. 28, 34.

BNatSchG definiert als die Vielfalt der Pflanzen- und Tierarten einschließlich der innerartlichen Vielfalt sowie die Vielfalt an Formen von Lebensgemeinschaften. Eine Beschränkung auf wildlebende Tiere und Pflanzen lässt sich der Norm nicht entnehmen.[193] Die Zielsetzung adressiert daher gerade auch die Landwirte, die Nutzpflanzen anbauen und Nutztiere halten. Der Anbau von Monokulturen ist damit ebenso wenig vereinbar wie der Umbruch von Dauergrünland, da diese den mit der Zielsetzung bezweckten Artenreichtum minimieren und der Vielfalt von Ökosystemen schaden. Das Ökosystem besteht nach einem allgemeinen Begriffsverständnis aus einer Lebensgemeinschaft von Organismen mehrerer Arten und ihrer unbelebten Umwelt, die als Lebensraum, Habitat oder Biotop bezeichnet wird.[194] Nummer 2 des Zielkatalogs bringt dessen zukunftsorientierte Ansatz zum Ausdruck. Anstelle von kurzfristigen „Nützlichkeitserwägungen", stehen die Sicherung der Leistungs- und Funktionsfähigkeit des Naturhaushalts einschließlich der Regenerationsfähigkeit und der nachhaltigen Nutzungsfähigkeit der Naturgüter im Vordergrund.[195] Insofern wird eine langfristige ökologische Funktionsfähigkeit des Naturhaushalts angestrebt.[196] Der Naturhaushalt umfasst ein aus den Faktoren Boden, Wasser, Luft, Tier- und Pflanzenwelt gebildetes (§ 7 Abs. 1 Nr. 2 BNatSchG) und räumlich abgrenzbares Wirkungsgefüge. Der abstrakt formulierte Mindeststandard des Absatz 1, wird durch die Grundsätze des § 1 Abs. 2 bis 6 BNatSchG konkretisiert. Dadurch, dass nur § 1 Abs. 1 BNatSchG als allgemeiner Grundsatz abweichungsfest i. S. d. Art. 72 Abs. 3 S. 1 Nr. 2 GG ist, wird es jedenfalls als zulässig erachtet, dass die Länder Ergänzungen vornehmen bzw. eine „Akzentverschiebung" in Form einer Umschreibung der allgemeinen Grundsätze herbeiführen dürfen.[197] Auch an die Zieltrias und deren Umschreibungen in den Absätzen 2 bis 4 sind die Länder gebunden.[198] Der Freistaat Bayern durch die Normierung des Alpenschutzes in Art. 2 BayNatSchG von dieser Möglichkeit Gebrauch gemacht hat.[199]

---

[193] Düsing/Martinez/*Keller* [BNatSchG] § 7 Rn. 2.

[194] *Schäfer*, S. 198.

[195] Für § 1 Abs. 1 Nr. 1, 2 a. F., nunmehr § 1 Abs. 1 Nr. 2 BNatSchG, BR-Drs. 411/01, S. 59 f.; BT-Drs. 14/6378, S. 34.

[196] *A. Schumacher/J. Schumacher*, in: Schumacher/Fischer-Hüftle, BNatSchG, § 1 Rn. 49.

[197] siehe Hinweis in BGBl. 2011 I S. 365; *Lütkes*, in: Lütkes/Ewer, § 1 Rn. 5; *Kerkmann*, in: Schlacke, GK-BNatSchG, § 1 Rn. 3.

[198] *Lütkes*, in: Lütkes/Ewer, § 1 Rn. 5

[199] Der Bayerische Gesetzgeber wollte mit der Normierung des Art. 2 BayNatSchG die herausragende Bedeutung der Alpen als Naturraum über § 1 Abs. 2 – 4 BNatSchG hinaus betonen, vgl. LT-Drs. 16/5872, S. 22.

B. Natur und Landschaft – räumlicher und sachlicher Schutzbereich

Gegenstand des Schutzansatzes des Bundesnaturschutzgesetzes sind Natur und Landschaft, deren Zustand nach § 6 Abs. 1 und 2 BNatSchG fortlaufend durch Bund und Länder im Rahmen ihrer Zuständigkeit zu beobachten ist. Die Beobachtung von Natur und Landschaft ist an sich eine gemeinsame Staatsaufgabe, deren Durchführung ist jedoch in der Hauptsache Sache der Länder.[200] Eine begriffliche Legaldefinition enthält das Gesetz nicht. Ganz allgemein ist Natur jedoch ein Landschaftsbestandteil, der nicht vom Menschen geschaffen wurde und auf dessen physische Erscheinungsform der Mensch nur begrenzten Einfluss hat. Eine Naturlandschaft, ist folglich ein vom Menschen unbeeinflusster Zustand der Landschaft.[201] Reine Naturlandschaften existieren in Deutschland außerhalb von Schutzgebieten nur noch in Restbeständen (z. B. Felsen, Moore). Großräumig sind sie in Nationalparken und Naturschutzgebieten vorhanden.[202] Unter Landschaft ist ein als Einheit abgrenzbarer Teilraum der Erdoberfläche zu verstehen, der sich durch seine geschichtliche Entwicklung, das äußere Erscheinungsbild, die inneren Strukturen und das (gegenwärtige) Wirkungsgefüge von anderen Teilräumen unterscheidet.[203] In einem engen Zusammenhang steht damit der Begriff Kulturlandschaft, d. h. eine vom Menschen in Jahrhunderten mitgestaltete Landschaft.[204] Dazu gehören auch für die Landwirtschaft charakteristische jahreszeitbedingte Pflegemaßnahmen wie die Wiesenmahd, der Viehumtrieb, Be- und Entwässerung und der Heckenschnitt, da die typische Kulturlandschaft seit Jahrhunderten durch die bäuerliche Nutzung geprägt wird.[205] Das Besondere am Bundesnaturschutzgesetz ist, dass dieses die Natur räumlich – Naturschutz umfasst auch den Schutz von Kulturlandschaften – und sachlich – Schutz von Natur und

---

[200] *Krohn*, in: GK-BNatSchG, § 6 Rn. 8; BNatSchG/*Meßerschmidt*, § 6 Rn. 14; *Heugel*, in: Landmann/Rohmer, BNatSchG, § 6 Rn. 5 ff.; *A. Schumacher/J. Schumacher*, in: Schumacher/Fischer-Hüftle, § 6 Rn. 6 f.

[201] *Kerkmann*, in: Schlacke, GK-BNatSchG, § 1 Rn. 5 f.; *Mengel*, in: Frenz/Müggenborg, BNatSchG, § 1 Rn. 13.

[202] Naturschutzgebiete und Nationalparks hatten 2016 immerhin einen Anteil von 4,4 % der Landesfläche, vgl. Umweltbundesamt: https://www.umweltbundesamt.de/bd-r-2-das-indikator#bd-r-2-gebietsschutz (zuletzt aufgerufen am 28.01.2023).

[203] *Beringer* bezeichnet diese Definition der Landschaft als geographischen Landschaftsbegriff, der auf Alexander v. Humboldt zurückgeht (Landschaft als „Totalcharakter einer Erdgegend"), vgl. *Beringer*, in: Buchwald/Engelhardt, Bd. I, S. 2 f.; *A. Schumacher/J. Schumacher*, in: Schumacher/Fischer-Hüftle, BNatSchG, § 1 Rn. 9.

[204] *Kerkmann*, in: Schlacke, GK-BNatSchG, § 1 Rn. 5 f.; *Mengel*, in: Frenz/Müggenborg, BNatSchG, § 1 Rn. 13.

[205] Lexikon der Geographie, S. 286; *StMELF*, KULAP, S. 7.

Landschaft als komplexes Wirkungsgefüge („Naturhaushalt") und nicht nur einzelner Naturgüter (Boden, Wasser etc.) – umfassend schützt.[206] Primäre Handlungsform des Naturschutzes ist der „Schutz", zu dem nach § 1 Abs. 1 BNatSchG auch die „Pflege" gehört, welche teilweise durch die landwirtschaftliche Bodennutzung geleistet wird. Dass der Naturschutz hingegen nicht nur eine konservierende, sondern auch regenerierende und kultivierende Funktion hat, zeigen die darüber hinaus in Absatz 1 enthaltenen Handlungsformen der „Entwicklung" und, soweit erforderlich, der „Wiederherstellung" von Natur und Landschaft.[207]

C. Durchsetzung der Schutzziele

Eine Durchsetzung der Ziele des § 1 BNatSchG durch die Behörden des Bundes und der Länder ist nicht möglich. § 1 Abs. 1 BNatSchG ist eine normative Zielbestimmung und ordnet aufgrund ihrer Eigenschaft als sog. Finalnorm keine selbstständige Rechtsfolge an.[208] Auch entfaltet § 1 Abs. 1 BNatSchG keine unmittelbare Rechtswirkung gegenüber jedermann.[209] Vielmehr soll jeder Einzelne durch sein Verhalten dazu beitragen, dass die Ziele des Naturschutzes und der Landschaftspflege verwirklicht werden (§ 2 Abs. 1 BNatSchG). Die sich aus § 1 Abs. 1 BNatSchG ergebenden Anforderungen sollen im Rahmen einer Abwägung berücksichtigt werden, soweit dies im Einzelfall möglich, erforderlich und angemessen ist, um die Ziele des Naturschutzes und der Landschaftspflege zu verwirklichen (§ 2 Abs. 3 BNatSchG). § 2 Abs. 1 BNatSchG kann daher, ohne unmittelbare Handlungs- und Unterlassungspflichten zu begründen, als Verhaltensmaßstab bei der Auslegung und Anwendung anderer Vorschriften herangezogen werden.[210] § 2 Abs. 3 BNatSchG als Ausfluss des rechtsstaatlichen Abwägungsgebots nach Art. 20 Abs. 3 GG bringt zum Ausdruck, dass Naturschutzbelange keinen absoluten Vorrang gegenüber anderen öffentlichen Belangen innehaben, sondern eine Einzelfallabwägung zwischen den Zielen des Naturschutzes

[206] *Kloepfer*, Umweltrecht, § 12 Rn. 122; BT-Drs. 7/886, S. 25.

[207] *Lorz*, § 1 Anm. 2; *Kloepfer*, Umweltrecht, § 12 Rn. 122; BT-Drs. 7/886, S. 25.

[208] BNatSchG/*Meßerschmidt*, § 1Rn. 2 ff., 21; *A. Schumacher/J. Schumacher*, in: Schumacher/Fischer-Hüftle, § 1 Rn. 1 f.; vgl. allg. zu gesetzlichen Zielbestimmungen bzw. Finalnormen *Maurer/Waldhoff*, Allgemeines Verwaltungsrecht, § 7 Rn. 64; *Reimer*, Juristische Methodenlehre, S. 136.

[209] vgl. BNatSchG/*Meßerschmidt*, Rn. 4; *A. Schumacher/J. Schumacher*, in: Schumacher/Fischer-Hüftle, § 1 Rn. 5; zu den Zielbestimmungen des §§ 1, 2 BadWürttNatSchG vgl. VGH Mannheim, Urt. v. 16.04.1991 – 5 S 2613/89 = NVwZ-RR 1991, 544 [545].

[210] BT-Drs. 16/12274, S. 50 f.

und dem damit abzuwägenden Belang stattzufinden hat.[211] Dennoch ist bei der Auslegung zu berücksichtigen ist, dass § 1 BNatSchG eine einfachgesetzliche Ausgestaltung des Art. 20a GG ist und in dessen Lichte auszulegen ist.[212]

D. Fazit

An den Schutzzielen des § 1 BNatSchG lässt sich die Entwicklung des Naturschutzverständnisses in Deutschland nachvollziehen. Erfolgte Naturschutz lange Zeit nur als „Selbstschutz des Menschen" vor den Folgen seiner eigenen Nutzungen, steht nunmehr der Schutz der Natur „um der Natur selbst Willen" im Vordergrund. Wie bei den im Bundesnaturschutzgesetz enthaltenen Grundsätzen üblich sind diese nicht selbstständig durchsetzbar, was jedoch nicht von Nachteil sein muss, wenn diese konsequent als Verhaltensmaßstab bei der Auslegung und Anwendung der Vorschriften herangezogen werden. Positiv hervorzuheben an der gesetzgeberischen Ausgestaltung der Norm sind die Konkretisierungen der allgemeinen Grundsätze des Absatz 1 in den Absätzen 2 – 4. Diese sind auf verschiedene Sachverhalte zugeschnitten und erleichtern es daher § 1 Abs. 1 BNatSchG als Verhaltensmaßstab heranzuziehen. So gehört beispielsweise nach § 1 Abs. 3 Nr. 2 BNatSchG zur dauerhaften Sicherung der Leistungs- und Funktionsfähigkeit des Naturhaushalts, dass Böden so zu erhalten sind, dass sie ihre Funktion im Naturhaushalt erfüllen können. Diese normative Zielsetzung ist bei einer landwirtschaftlichen Bodennutzung zu berücksichtigen, wenn etwa bei ungünstigen Witterungsbedingungen (z. B. viel Regen) mit zu hohen Radlasten landwirtschaftliche Nutzflächen befahren werden und es insofern zu einer Bodenverdichtung des Unter- und Oberbodens kommt. Ist in der Folge zu beurteilen, ob diese Art der landwirtschaftlichen Bodennutzung noch den Grundsätzen der guten fachlichen Praxis gem. § 5 Abs. 2 BNatSchG entsprach, ist in die Auslegung § 1 Abs. 1, Abs. 3 Nr. 2 BNatSchG, aber auch § 2 Abs. 3 BNatSchG miteinzubeziehen. Eine Auslegung von Sachverhalten einseitig zugunsten von Naturschutzbelangen darf daher ebenso wenig stattfinden wie die zugunsten von ökonomischen Belangen. Insofern kommt den Zielen des § 1 BNatSchG auch im Rahmen der nachfolgenden Untersuchung der guten fachlichen Praxis in der Landwirtschaft Bedeutung zu.

---

[211] *Schlacke*, Umweltrecht, S. 264; *Lütkes*, in: Lütkes/Ewer, § 2 Rn. 11; *Kloepfer*, Umweltrecht, § 12 Rn. 132; a. A. *Gassner*, in: Gassner/Bendomir-Kahlo/Schmidt-Räntsch, BNatSchG, § 2 Rn. 21 ff., 37 (Optimierungsgebot).

[212] *Hendrischke*, in: Frenz/Müggenborg, BNatSchG, § 2 Rn. 34; *A. Schumacher/J. Schumacher*, in: Schumacher/Fischer-Hüftle, BNatSchG, § 2 Rn. 19.

§ 6   Die gute fachliche Praxis in der Landwirtschaft – Regelvermutung
zugunsten einer natur- und landschaftsverträglichen Bodennutzung

A.   § 5 Abs. 1 BNatSchG - Zielkonflikt zwischen Naturschutz und
Landschaftspflege sowie landwirtschaftlicher Bodennutzung

Der als „allgemeine Landwirtschaftsklausel" bezeichnete § 5 Abs. 1 BNatSchG, ist eine Grundregel über das Verhältnis von Landwirtschaft und dem Schutz von Natur und Landschaft durch Maßnahmen des Naturschutzes und der Landschaftspflege.[213] Die Norm enthält eine Berücksichtigungspflicht beim Erlass und der Anwendung von Maßnahmen des Naturschutzes und Landschaftspflege in Bezug auf die natur- und landschaftsverträgliche Landwirtschaft, welcher eine besondere Bedeutung für die Erhaltung der Kultur- und Erholungslandschaft zukommt.

I.   Entstehungsgeschichte des § 5 Abs. 1 BNatSchG

§ 5 Abs. 1 BNatSchG hat im Laufe der Zeit einen erheblichen Wandel erfahren. Ursprung der Regelung ist § 1 Abs. 3 BNatSchG 1976,[214] dem die Annahme zugrunde lag, dass Landschaft nicht die unberührte Natur, sondern die land- und forstwirtschaftlich geprägte Kulturlandschaft ist und Naturschutz und Landschaftspflege die gleichen Ziele verfolgen.[215] Dem ist grundsätzlich auch zuzustimmen. Zwar stellen produktionsfördernde Maßnahmen wie Pflügen, Düngen, Unkraut- oder Schädlingsbekämpfung Eingriffe in die Agrar-Ökosysteme dar. Gleichzeitig sind diese ohne die genannten Störungen nicht existenzfähig.[216] Das Problem dieser Vermutung liegt jedoch darin, dass die Kulturlandschaft im Sinn einer land- und forstwirtschaftlich geprägten Landschaft nicht mehr als solche den Zielen des Naturschutzes entspricht, da die ehemals kleinparzellige landwirtschaftliche Nutzung mit artenreicher Feldflur optisch und ökologisch verarmten Landschaften und Monokulturen gewichen ist.[217] Auch die Einschränkung, dass dies nur „in der Regel" gelte, half nicht darüber hinweg, dass die Landwirtschaft sich mehr auf ihre ökologischen Grundlagen besinnen musste, um der Regelvermutung gerecht zu werden.[218] Die Folgen der Vermutung des § 1 Abs. 3 BNatSchG 1976 zeigten sich besonders im Rahmen der Abwägung nach

---

[213] *Krohn*, in: Schlacke, GK-BNatSchG, § 5 Rn. 9; *Brinktine*, in: Giesberts/Reinhardt, Umweltrecht, BNatSchG, § 5 Rn. 4.

[214] Gesetz über Naturschutz und Landschaftspflege (Bundesnaturschutzgesetz – BNatSchG) vom 10.11.1976, BGBl. I, S. 3574.

[215] Vermutung der ordnungsgemäßen Land- und Forstwirtschaft, vgl. BT-Drs. 7/3879, S. 19.

[216] *Haber*, Landwirtschaft und Naturschutz, S. 1.

[217] BNatSchG/*Meßerschmidt*, § 5 Rn. 10; SRU, Umweltprobleme der Landwirtschaft, S. 16 f.

[218] *Fischer-Hüftle*, NuR 1981, 21 m. w. N.

§ 1 Abs. 2 BNatSchG 1976. Ging diese nicht zugunsten der Land- und Forstwirtschaft aus, musste die Naturschutzbehörde im konkreten Einzelfall nachweisen, warum die ordnungsgemäße landwirtschaftliche Bodennutzung die Ziele des § 1 Abs. 1 BNatSchG 1976 beeinträchtigte. Bloße Zweifel an der Vereinbarkeit mit den Zielen des Naturschutzes und der Landschaftspflege sprachen noch zugunsten der Land- und Forstwirtschaft.[219] Infolge der nicht mehr bestehenden Zielkonformität zwischen Landwirtschaft und Naturschutz strich der Gesetzgeber 1998 § 1 Abs. 3 BNatSchG 1976 und bestimmte das Verhältnis zwischen Landwirtschaft sowie Natur- und Landschaftspflege neu.[220] Nichtsdestotrotz sollte die (unbestrittene) besondere Bedeutung der Land- und Forstwirtschaft für die Erhaltung der Kultur- und Erholungslandschaft hervorgehoben werden, sodass in § 2 Abs. 3 BNatSchG 1998[221] eine Berücksichtigungspflicht bei Maßnahmen des Naturschutzes, vor allem durch die Naturschutzbehörden, im Hinblick auf die Landwirtschaft eingeführt wurde.[222] Die Vorschrift wurde inhaltlich und wortlautgleich durch § 5 Abs. 1 BNatSchG 2002 und 2009 übernommen.[223]

II. Inhalt des § 5 Abs. 1 BNatSchG

Der nunmehr seit dem Bundesnaturschutzgesetz 2009 geltende § 5 Abs. 1 BNatSchG – bekannt als sog. allgemeine Landwirtschaftsklausel[224] – verlangt inhaltlich eine natur- und landschaftsverträgliche landwirtschaftliche Bodennutzung. Eine allgemeine Definition enthält das Bundesnaturschutzgesetz nicht.[225] Fest steht, dass die natur- und landschaftsverträgliche Landwirtschaft jedenfalls die Anforderungen der guten fachlichen Praxis nach § 5 Abs. 2 BNatSchG beachten muss.[226] Die Belange der natur- und landschaftsverträglichen Landwirtschaft müssen mithin in naturschutzrechtliche Planungen und Entscheidungen einbezo-

---

[219] BT-Drs. 7/5251, S. 6, *Fischer-Hüftle*, NuR 1981, 21 [22 f.]; *Krohn*, in: Schlacke, GK-BNatSchG, § 5 Rn. 2.

[220] BT-Drs. 13/10186, S. 3, 7.

[221] BNatSchG 1998 in der Fassung und Bekanntmachung vom 21. September 1998 (BGBl. S. 2995).

[222] BVerwGE 156, 94 [98 f.] = BVerwG, NVwZ-RR 2017, 187 [189]; BT-Drs. 13/10186, S. 2 f.; *Ekhardt/Heym/Seidel*, ZUR 2008, 169 [171]; vgl. *Gassner*, in: Gassner/Bendomir-Kahlo/Schmidt-Räntsch, BNatSchG, § 5 Rn. 12; *Heugel*, in: Landmann/Rohmer, BNatSchG, § 5 Rn. 4.

[223] Vgl. dazu die Gegenüberstellung in BNatSchG/*Meßerschmidt*, § 5 Rn. 9.

[224] BVerwGE 156, 94 [99] = BVerwG, NVwZ-RR 2017, 187 [189]

[225] Auch die Gesetzesbegründung gibt hierüber keine Auskunft, vgl. BT-Drs. 14/6378, S. 39.

[226] *Heugel*, in: Landmann/Rohmer, BNatSchG, § 5 Rn. 8.

gen werden.[227] Ob darüber hinaus die Einhaltung der Ziele des § 1 BNatSchG von § 5 Abs. 1 BNatSchG vorausgesetzt ist, wird nicht einheitlich beurteilt.[228] Der Wortlaut von § 5 Abs. 1 BNatSchG ist insofern nicht eindeutig, da dieser nur verlangt, dass die besondere Bedeutung einer natur- und landschaftsverträglichen Landwirtschaft zu berücksichtigen ist. Jedoch ist aus systematischen Gründen zwingend davon auszugehen, da § 1 BNatSchG als allgemeiner Grundsatz an erster Stelle des Bundesnaturschutzgesetzes steht und daher als Verhaltens- bzw. Auslegungsmaßstab für *alle* nachfolgenden Normen des Gesetzes gilt. Auch schließt der Telos des § 5 Abs. 1 BNatSchG eine zwingende Berücksichtigung der Ziele des § 1 BNatSchG nicht aus. Vielmehr intendiert die Formulierung „natur- und landschaftsverträgliche Landwirtschaft", dass die Ziele des Natur- und Landschaftsschutzes des § 1 BNatSchG eingehalten werden. Dazu kommt, dass allein die Voraussetzung der Einhaltung der Grundsätze der guten fachlichen Praxis nach § 5 Abs. 2 BNatSchG nicht ausreichend ist, da sie lückenhaft und insgesamt wenig konkret sind.[229] Zuletzt spricht die historische Auslegung unter Berücksichtigung der Entstehungsgeschichte des § 5 Abs. 1 BNatSchG für eine vorausgesetzte, zwingende Berücksichtigung der Ziele des § 1 BNatSchG. Durch die Aufgabe der gesetzlichen Vermutung, dass Naturschutz und (landwirtschaftliche) Landschaftspflege die gleichen Ziele verfolgen, ist es konsequent anzunehmen, dass eine natur- und landschaftsverträgliche Landwirtschaft sich an die Ziele des § 1 BNatSchG zu halten hat.

Vom Landwirtschaftsbegriff des § 5 Abs. 1 BNatSchG wird nur die tägliche Wirtschaftsweise eines Landwirts erfasst. Die erstmalige Aufnahme einer landwirtschaftlichen Bodennutzung oder der Nutzungswechsel sind nicht begünstigt.[230] So gehören Pflegemaßnahmen an Bäumen, etwa bei dem Betrieb eines Erwerbsobstanbaus von Walnussbäumen, zur täglichen Wirtschaftsweise, nicht aber deren Rodung und die Umstellung der landwirtschaftlichen Nutzungsart auf intensiven

---

[227] *Müller-Walther*, in: Lorz/Konrad/Mühlbauer/Müller-Walter/Stöckel, BNatSchG, § 5 Rn. 6; *Vagedes*, in: Lütkes/Ewer, BNatSchG, § 5 Rn. 12.

[228] Dafür war noch *Ekardt/Heym/Seidel*, ZUR 2008, 169 [173 f.] mit Verweis auf *Gellermann*, in: Landmann/Rohmer, BNatSchG, § 5 a. F. Rn. 4; dagegen vgl. *Krohn*, in: Schlacke, BNatSchG, § 5 Rn. 14 m. w. N.

[229] Vgl. *Fischer-Hüftle*, in: Schumacher/Fischer-Hüftle, BNatSchG, § 5 Rn. 7 bzw. 2. Kapitel § 3 B I.

[230] Zum Nutzungswechsel vgl. BVerwG, Beschl. v. 29.11.1985 – 4 B 213.85 –, UPR 1986, 266 [267]; grundlegend zur erstmaligen Aufnahme der landwirtschaftlichen Nutzung BVerwG, Beschl. v. 14.4.1988 – 4 B 55/88 –, NVwZ-RR 1989, 179; zusammenfassend Düsing/Martinez/*Schäfer/Keller* [BNatSchG], § 5 Rn. 4.

Ackerbau.[231] § 5 Abs. 1 BNatSchG verlangt, dass die Bedeutung der natur- und landschaftsverträglichen Landwirtschaft für die Erhaltung der Kultur- und Erholungslandschaft zu berücksichtigen ist. Kulturlandschaft ist die durch menschliche Nutzung in Form der land-, forst- und fischereiwirtschaftlichen Urproduktion geprägte Landschaft. Die Erholungslandschaft baut auf der Kulturlandschaft auf und muss darüber hinaus in besonderem Maß zur Erholung geeignet sein, d. h. Naturgenuss ermöglichen.[232] Beide Landschaftstypen setzen ein gewisses Maß an natürlicher Flora und Fauna voraus, sodass rein ökonomisch gestaltete Produktionslandschaften – wie diese bei intensiver landwirtschaftlicher Bodennutzung anzutreffen sind – die Voraussetzungen nicht erfüllen.[233]

Entspricht die Landwirtschaft diesen Voraussetzungen, ist als Rechtsfolge deren besondere Bedeutung zu berücksichtigen. Das bedeutet, dass die natur- und landschaftsverträgliche Landwirtschaft sämtlichen behördlichen Beurteilungs-, Entscheidungs- oder Gestaltungsspielräumen ein besonderes Gewicht besitzt, d. h. die „positive gesetzgeberische Vorabbewertung zu berücksichtigen ist".[234]

III. Fazit

§ 5 Abs. 1 BNatSchG ist vor seinem historischen Hintergrund zu bewerten. So ist zunächst positiv hervorzuheben, dass der Gesetzgeber das Agrarprivileg des § 1 Abs. 3 BNatSchG 1976 abgeschafft hat und durch eine reine Berücksichtigungspflicht ersetzt hat, die an eine natur- und landschaftsverträgliche Landwirtschaft anknüpft. Dennoch lässt § 5 Abs. 1 BNatSchG eine wichtige Frage offen. Nämlich, was unter einer natur- und landschaftsverträglichen Landwirtschaft zu verstehen ist. Lässt man dafür die Einhaltung der Grundsätze der guten fachlichen Praxis nach § 5 Abs. 2 BNatSchG genügen, kommt § 5 Abs. 1 BNatSchG weiterhin einem Agrarprivileg gleich. Dafür spricht die Systematik des Gesetzes. § 5 Abs. 1 BNatSchG steht unmittelbar vor Absatz 2 und trägt die einheitliche Überschrift „Land-, Forst- und Fischereiwirtschaft". Hinzu kommt, dass § 5 Abs. 1

---

[231] Das OVG Koblenz verneinte in der Folge mit der gleichen Begründung die Einschlägigkeit der Privilegierung des § 14 Abs. 2 BNatSchG, vgl. OVG Koblenz, NVwZ-RR 2020, 431 [433 Rn. 38].

[232] Letzteres ergibt sich aus dem Zusammenhang mit § 1 Abs. 1 Nr. 3 BNatSchG, der auf die dauerhafte Sicherung des „Erholungswerts von Natur und Landschaft" abzielt, vgl. *Fischer-Hüftle*, in: Schumacher/Fischer-Hüftle, BNatSchG, § 5 Rn. 7.

[233] *Fischer-Hüftle*, in: Schumacher/Fischer-Hüftle, BNatSchG, § 5 Rn. 6.

[234] *Endres*, in: Frenz/Müggenborg, BNatSchG, § 5 Rn. 11; Düsing/Martinez/*Schäfer/Keller* [BNatSchG] § 5 Rn. 9; *Müller-Walter*, in: Lorz/Konrad/Mühlbauer/Müller-Walter/Stöckel, BNatSchG, § 5 Rn. 6.

BNatSchG keinen Verweis auf § 1 BNatSchG enthält.[235] Müssten darüber hinaus die Ziele des § 1 BNatSchG eingehalten werden, würde dies vielmehr einer natur- und landschaftsverträglichen Landwirtschaft entsprechen. Für diese Auslegung spricht, dass die Ziele des § 1 Abs. 1 BNatSchG als allgemeiner Grundsatz immer beachtet werden müssen, sodass ein Verweis in § 5 Abs. 1 BNatSchG nicht notwendig ist.[236] Eine natur- und landschaftsverträgliche Landwirtschaft wird daher sowohl durch die Einhaltung der allgemeinen Ziele des Natur- und Landschaftsschutzes nach § 1 BNatSchG als auch die Beachtung der Grundsätze der guten fachlichen Praxis bedingt. Zumindest § 5 Abs. 1 BNatSchG ist mittlerweile keine echte Privilegierung der Landwirtschaft mehr, sondern betont im Gegenteil die Notwendigkeit einer natur- und landschaftsverträglichen Bodenbewirtschaftung.

B.   § 5 Abs. 2 BNatSchG – Grundsätze der guten fachlichen Praxis

Das „Herzstück" des § 5 BNatSchG stellt dessen Absatz 2 dar.[237] Dieser verlangt, dass bei der landwirtschaftlichen Nutzung neben den Anforderungen, die sich aus den für die Landwirtschaft geltenden Vorschriften[238] und aus § 17 Absatz 2 des Bundes-Bodenschutzgesetzes (BBodSchG) ergeben, noch weitere, als Regelbeispiele normierte Grundsätze der guten fachlichen Praxis zu beachten sind. Wie sich bereits aus dem Wortlaut von § 5 Abs. 2 BNatSchG ergibt, ist die Norm nur als Ergänzung in Bezug auf Belange des Natur- und Landschaftsschutzes im Verhältnis zu den sonstigen im Agrarumweltrecht geregelten Grundsätzen, etwa im Dünge-, Pflanzen- und Bodenschutzrecht, zu sehen.[239]

I.   Charakter der Norm

Seit dem Erlass des § 5 Abs. 2 BNatSchG umstritten, ist die Frage, ob ihr ein Ge- oder Verbotscharakter entnommen werden kann. Zumindest auf Grund des Wortlauts des Einleitungssatzes („insbesondere") lässt sich dieser nicht entnehmen.[240] Zu einem anderen Ergebnis kommt jedoch *Rehbinder*, der auf die Formulierung

---

[235] So *Endres*, in: Frenz/Müggenborg, BNatSchG, § 5 Rn. 10.

[236] *Ekardt/Heym/Seidel*, ZUR 2008, 169 [171] mit Verweis auf *Gellermann*, in: Landmann/Rohmer, BNatSchG, § 5 a. F. Rn. 4; krit. *Endres*, in: Frenz/Müggenborg, BNatSchG, § 5 Rn. 10.

[237] *Krohn*, in: Schlacke, GK-BNatSchG, § 5 Rn. 19.

[238] Zu diesen gehört beispielsweise § 11a DüngeG mit den Grundsätzen der guten fachlichen Praxis der Düngemittelanwendung i. V. m. den Vorgaben der Düngeverordnung zur Dokumentation eines Düngemitteleinsatzes oder die Grundsätze der guten fachlichen Praxis im Umgang mit Pflanzenschutzmitteln in § 3 PflSchG.

[239] BR-Drs. 411/01, S. 69; BT-Drs. 14/6378, S. 39.

[240] BVerwGE 156, 94 [98] = BVerwG, NVwZ-RR 2017, 187 [189]; *Brinktine*, in: Giesberts/Reinhardt, Umweltrecht, BNatSchG, § 5 Rn. 23.

„sind [...] zu beachten" abstellt, was für ihn für die Verbindlichkeit der Grundsätze spricht.[241] An dieser Auffassung ist zu kritisieren, dass das Wort „beachten" nur ein schwaches Verb ist, welches synonym zu „berücksichtigen" verwendet werden kann.[242] Nachdem für das Wort „berücksichtigen" im Kontext des § 5 BNatSchG allerdings anerkannt ist, dass dieses keinen Ge- oder Verbotscharakter für den betroffenen Landwirt entfaltet, wäre es widersprüchlich dies für „beachten" anzunehmen.

Ebenso ist gegen die Verbindlichkeit des § 5 Abs. 2 BNatSchG die Intention des Gesetzgebers anzubringen. Dieser wollte mit der Änderung des Bundesnaturschutzgesetzes vom 29.07.2009[243] nur einen bundesrechtlichen Mindeststandard festschreiben, der durch die Länder im Rahmen ihrer Abweichungsbefugnis nach Art. 72 Abs. 3 S. 1 Nr. 2 GG weiter ausgefüllt, aber nicht eingeschränkt werden kann.[244] Auch die Stellung der Norm in den „Allgemeinen Vorschriften" lässt auf eine Einordnung von § 5 Abs. 2 BNatSchG als Handlungsdirektive schließen. Eine Regelung als Ge- bzw. Verbotsnorm im ersten Kapitel des Bundesnaturschutzgesetzes wäre ein Unikat unter den umweltrechtlichen Gesetzen.[245] Darüber hinaus hatte der Gesetzgeber im Bundesnaturschutzgesetz 2002 zwar die Intention den Begriff der guten fachlichen Praxis zu konkretisieren und verknüpfte die landwirtschaftlichen Privilegierungsregelungen mit der Einhaltung der guten fachlichen Praxis. Allerdings machte der Gesetzgeber gerade nicht von der in Art. 72 Abs. 2 GG a. F. eröffneten Möglichkeit Gebrauch unmittelbare Ge- oder Verbote zu normieren, welche für die Rahmengesetzgebung des Bundes in Ausnahmefällen möglich gewesen wäre. Indem der Gesetzgeber die Regelung nach der Föderalismusreform im Bundesnaturschutzgesetz 2009 nahezu wortgleich übernahm, ist somit nicht davon auszugehen, dass § 5 Abs. 2 BNatSchG eine gegenüber den Privilegierungen §§ 14 Abs. 2, 44 Abs. 4 S. 1 BNatSchG (Eingriffsregelung und Artenschutzrecht) eigenständige Bedeutung erhalten sollte.[246]

---

[241] *Rehbinder*, Entwicklungslinien im rechtlichen Verhältnis von Landwirtschaft(srecht) und Naturschutzrecht, in: Czybulka/Köck, Landwirtschaft und Naturschutzrecht, S. 82.

[242] https://www.duden.de/rechtschreibung/beachten (zuletzt aufgerufen am 28.01.2023).

[243] BGBl. I S. 2542.

[244] BVerwGE 156, 94 [98 f.] = BVerwG, NVwZ-RR 2017, 187 [189]; OVG Lüneburg, ZUR 2015, 555 [557]; BT-Drs. 14/6378 S. 33.

[245] OVG Lüneburg, ZUR 2015, 555 [557]; vgl. dazu das BBodSchG, WHG oder BImSchG, welche in den Allgemeinen Vorschriften im Wesentlichen nur den Zweck und die Grundsätze des Gesetzes, Begriffsbestimmungen und den Anwendungsbereich enthalten.

[246] OVG Lüneburg, ZUR 2015, 555 [557].

Vielmehr hat der Bundesgesetzgeber den Naturschutzbehörden über die Eingriffsregelungen (§§ 14 ff. BNatSchG) ein Instrumentarium zur Hand gegeben, um effektiv eine landwirtschaftliche Bodennutzung zu untersagen, die nicht den Grundsätzen der guten fachlichen Praxis i. S. d. § 5 Abs. 2 BNatSchG entspricht und nicht gem. § 17 Abs. 1 und 3 BNatSchG zugelassen ist.[247] Die gute fachliche Praxis ist folglich allein relevant für den Anwendungsbereich der Eingriffs- und Artenschutzregelung. Diese gehen bei einer die gute fachliche Praxis einhaltenden Landwirtschaft regelmäßig von deren Naturschutzkonformität aus.[248] Zudem würde ein Ge- oder Verbotscharakter dem Regelungszweck des § 5 Abs. 1 BNatSchG, der gerade einen Ausgleich zwischen landwirtschaftlicher Bodenertragsnutzung und den widerstreitenden Interessen zwischen Naturschutz und Landschaftspflege anstrebt, widersprechen.[249]

Ebenso ist eine Durchsetzung der Grundsätze der guten fachlichen Praxis nicht nach § 3 Abs. 2 BNatSchG möglich. Demgemäß haben die für Naturschutz und Landschaftspflege zuständigen Behörden die Einhaltung der Vorschriften des Bundesnaturschutzgesetzes zu überwachen und nach pflichtgemäßem Ermessen die im Einzelfall erforderlichen Maßnahmen zu treffen, um deren Einhaltung sicherzustellen, soweit nichts anderes bestimmt ist. Hier gelten aus „kompetenzrechtlichen Gründen" (Art. 84 Abs. 1 GG) die Landesnaturschutzgesetze, wenn diese von ihrer Abweichungskompetenz Gebrauch gemacht haben, was bei einigen Bundesländern in Bezug auf die landwirtschaftliche Bodennutzung der Fall ist.[250]

Wie bereits eingangs angesprochen, ist diese Unbestimmtheit bzw. Unverbindlichkeit der Norm seit deren Einführung vermehrt auf Kritik gestoßen.[251] Eine Änderung durch die Bundesregierung ist dennoch bisher nicht geplant.[252] Dies ist

---

[247] BVerwGE 156, 94 [99] = BVerwG, NVwZ-RR 2017, 187 [189].

[248] Zum Anwendungsbereich der Eingriffs- bzw. Artenschutzregelung siehe ausführlich unter § 7 und § 8.

[249] BVerwGE 156, 94 [99] = BVerwG, NVwZ-RR 2017, 187 [189].

[250] BT-Drs. 16/12274, S. 51; *Hendrischke*, in: Frenz/Müggenborg, BNaSchG, § 3 Rn. 25; *Lütkes*, in: Lütkes/Ewer, BNatSchG, § 3 Rn. 8; *Krohn*, in: Schlacke, GK-BNatSchG, § 3 Rn. 9, 41; *Müller-Walter*, in: Lorz/Konrad/Mühlbauer/Müller-Walter/Stöckel, BNatSchG, § 3 Rn. 6 f.; zu den Abweichungen der Bundesländer siehe 5. Kapitel.

[251] *Möckel*, ZUR 2017, 195 [196]; dagegen jedoch Begriff der „guten fachlichen Praxis" genügt dem rechtsstaatlichen Bestimmtheitsgebot, BVerfGE 128, 1 [60]; *Hentschke*, in: Dombert/Witt, Agrarrecht, § 14 Rn. 40 ff.

[252] Der Koalitionsvertrag (https://www.bundesregierung.de/breg-de/service/gesetzesvorhaben/koalitionsvertrag-2021-1990800, zuletzt aufgerufen am 28.01.2023) der am 26.09.2021 gewählten Bundesregierung von SPD, Bündnis 90/Die Grünen und FDP stellt zwar fest,

vor allem deshalb verwunderlich, weil der Gesetzgeber die Auslegungs- und Anwendungsschwierigkeiten, die sich durch die gesetzliche Vermutung, dass die landwirtschaftliche Bodennutzung ordnungsgemäß sei, durch die Aufnahme einer „neuen, klarstellenden Formulierung" beseitigen wollte.[253]

II. Die einzelnen Anforderungen der Grundsätze der guten fachlichen Praxis

1. Nr. 1 – Standortangepasste Bewirtschaftung, nachhaltige Bodenfruchtbarkeit, langfristige Flächennutzbarkeit

Gem. § 5 Abs. 1 Nr. 1 BNatSchG ist neben einer standortangepassten Bewirtschaftung erforderlich, dass die nachhaltige Bodenfruchtbarkeit und die langfristige Nutzbarkeit der Flächen gewährleistet wird. Ziel dieses Grundsatzes ist, dass sich die Bewirtschaftung nicht nur, unter Abkopplung von natürlichen Standortbedingungen, an Ertragsgesichtspunkten orientiert – wie dies seit Mitte des letzten Jahrhunderts maßgeblich durch die EU-Agrarpolitik gefördert wurde – , sondern auch Ertragsgesichtspunkte mit ökologischen Erwägungen verbunden werden.[254] Eine nicht standortangepasste bzw. übermäßige Bewirtschaftung hat erfahrungsgemäß zur Folge, dass sowohl die Gefahr einer Bodendegradation als auch einer übermäßigen Nährstoffanreicherung oder -verarmung oder einer Entwicklung zu ungünstigen Bodenstrukturen oder -verfestigungen besteht. Dies wirkt sich vor allem negativ auf gewisse Tiere und Pflanzen aus, die ihren besonderen Standort und Lebensraum verlieren können.[255] Zu den Erfordernissen des Standorts gehören neben den natürlichen Rahmenbedingungen, wie die Gegebenheiten bei den Böden, dem Wasser und Klima, auch die Eigenschaften und Erfordernisse des Naturhaushalts am Standort.[256] Bodenfruchtbarkeit ist die Grundbedingung für einen ertragreichen Anbau in der Landwirtschaft. Diese kann jedoch nicht kurzfristig grundlegend geändert werden, sodass bei der Bewirtschaftung mittel- und langfristige Gefahrenpotentiale durch etwa Bodenerosion berücksichtigt werden müssen, damit die Bodenfruchtbarkeit nachhaltig ist. Mögliche Maßnahmen zum Erreichen dieses Ziels, sind der Einsatz von Zwischen- oder Untersaaten, das An-

---

dass „das Artensterben [und] der Verlust der Biodiversität eine weitere ökologische Krise" (S. 46) ist, die vorgeschlagenen Maßnahmen zielen jedoch hauptsächlich auf den Pflanzenschutz ab. Insbesondere im Kapitel „Naturschutz" wird keinerlei Bezug zu verbesserten Anforderungen an die landwirtschaftliche Bodennutzung im BNatSchG genommen (S. 37 f.).

[253] So der Gesetzgeber zur Neufassung der Eingriffsregelung (§ 8 Abs. 7 BNatSchG 1998), vgl. BT-Drs. 13/10186, S. 8.

[254] BR-Drs. 411/01, S. 70.

[255] BR-Drs. 411/01, S. 71.

[256] BT-Drs. 14/6378, S. 39.

legen von Dauergrünland bzw. eine großzügige Fruchtfolge.[257] Unter einer Fruchtfolge ist die geordnete, sinnvolle zeitliche Abfolge des Anbaus verschiedener Kulturpflanzen auf demselben Feldstück unter Beachtung der biologischen Grenzen der Anbaukonzentration, der Vorfruchtwirkungen sowie der Vorfruchtansprüche zu verstehen.[258] Zu den Veränderungen der Landbewirtschaftung gehört die Beschränkung der Fruchtfolge auf nur noch wenige Arten. Mittlerweile werden auf 85 % der landwirtschaftlichen Nutzflächen gerade mal neun Fruchtglieder angebaut, wobei das Sortenspektrum immer geringer wird. Hinzu tritt häufig eine regionale Spezialisierung, die negative Effekte wie Fruchtfolge-Krankheiten, Resistenzprobleme, einen verstärkten Humusabbau und ein (notwendigen) erhöhten Einsatz von Pflanzenschutzmitteln mit sich bringt.[259] Der Grundsatz entspricht damit dem Gebot der Sicherung der Leistungsfähigkeit des Bodens nach § 17 Abs. 2 S. 1 BBodSchG, sodass dem § 5 Abs. 2 Nr. 1 BNatSchG gegenüber dem Bundesbodenschutzgesetz kaum ein eigener Regelungsgehalt zukommt.[260]

2. Nr. 2 – Natürliche Ausstattung der Nutzflächen

§ 5 Abs. 2 Nr. 2 BNatSchG verlangt, dass die natürliche Ausstattung der Nutzfläche (Boden, Wasser, Flora, Fauna) nicht stärker beeinträchtigt werden darf, als dies zur Erzielung eines nachhaltigen Ertrags erforderlich ist. Dem liegt die Tatsache zugrunde, dass jede Bewirtschaftung zwangsläufig den Naturhaushalt auf diesen Flächen beeinträchtigt.[261] Ein nachhaltiger Ertrag wird erzielt, wenn bei Flächen, auf denen dauerhaft landwirtschaftliche Produkte erzeugt werden, die Folgen der Bodenbewirtschaftung auf wildlebende Tier- und Pflanzenarten miteinbezogen werden.[262] Insofern kann der nachhaltige Ertrag nicht nur nach wirtschaftlichen Kriterien bemessen werden, sondern berücksichtigt im Rahmen einer langfristigen Perspektive „ebenso und gleichgewichtig Belange des Umwelt- und Naturschutzes und insbesondere die Ziele des § 1 BNatSchG".[263] Dies hat bei der Wahl der Bewirtschaftungsverfahren Auswirkungen auf die Art der Bodenbearbeitung, die Fruchtfolgen einschließlich der Zwischenfrüchte sowie bei der Art

---

[257] *Knickel/Janßen/Schramek/Käppel*, Kriterienkatalog GfP, S. 48 f.

[258] *Diepenbrock/Ellmer/Léon*, Ackerbau, Pflanzenbau und Pflanzenzüchtung, S. 36.

[259] *Feindt et al.*, Gesellschaftsvertrag für eine nachhaltige Landwirtschaft, S. 53.

[260] *Agena/Dreesmann*, NuR 2009, 594 [597]; *Müller*, NuR 2002, 530 [532].

[261] BT-Drs. 14/6378, S. 39.

[262] *Vagedes*, in: Lütkes/Ewer, BNatSchG, § 5 Rn. 26; *Krohn*, in: Schlacke, GK-BNatSchG, § 5 Rn. 24.

[263] BT-Drs. 14/6378, S. 39; BR-Drs. 411/01, S. 71; *Douhaire*, Rechtsfragen der Düngung, S. 259.

und Menge von Dünge- und Pflanzenschutzmittelaufwendungen, wobei der ökologische Landbau diese Anforderungen in besonderem Maße bereits erfüllt.[264] Es ist möglich den integrierten Pflanzenschutz i. S. d. § 2 Nr. 3 PflSchG mit dem Ziel der bestmöglichen Integration pflanzenbaulicher (Fruchtfolge, Sortenwahl, Anbautechnik), biotechnischer (z. B. Pheromonfallen[265]) und biologischer Maßnahmen als fachliche Orientierung heranzuziehen. Darüber hinaus kann ein nachhaltiger Ertrag nur erzielt werden, wenn die verschiedenen Nutzungen sowohl landschaftlich verteilt als auch insgesamt diverse Nutzungen eingesetzt werden.[266] Die traditionelle Landwirtschaft, die auch die Interessen der nächsten Generation im Auge hatte, war noch auf die Erzielung eines nachhaltigen Ertrages ausgerichtet, in der modernen Landwirtschaft hingegen wird die langfristige Erhaltung der Bodenfruchtbarkeit teils kurzfristigen ökonomischen Vorteilen geopfert.[267] Das liegt daran, dass die Landwirtschaft in einer Konkurrenzsituation steht. Muss sie sich lokal hinsichtlich der konkret angebauten Produkte durchsetzen[268], sind es international die zu erzielenden Preise und das (Über-)Angebot an Produkten. Länder, wie die USA oder Brasilien können landwirtschaftliche Produkte aufgrund billiger Arbeitskräfte und niedrigen ökologischen Vorgaben zu günstigen Preisen auf dem Weltmarkt anbieten.[269] Vor diesem Hintergrund fällt es dem (konventionellen) Landwirt schwer einen nachhaltigen Ertrag zu erwirtschaften.[270]

3. Nr. 3 – Erhalt und Vermehrung der zur Vernetzung von Biotopen erforderlichen Landschaftselemente

Gem. § 5 Abs. 2 Nr. 3 BNatSchG sind die zur Vernetzung von Biotopen erforderlichen Landschaftselemente zu erhalten und nach Möglichkeit zu vermehren. Die Norm verdeutlicht, dass auch die Landwirtschaft einen Beitrag zum Aufbau des in § 21 BNatSchG anvisierten Biotopverbundes leisten muss.[271] Der hohe Fragmentierungsgrad von intensiv genutzten Agrarflächen verringert die Überlebenswahrscheinlichkeit von Tier- und Pflanzenpopulationen. Durch die Schaffung von

---

[264] *Kloepfer*, Umweltrecht, § 12 Rn. 152; BT-Drs. 14/6378, S. 39 f.; BR-Drs. 411/01, S. 71.
[265] Lockstofffallen, die zur Schädlingsbekämpfung und zur Ermittlung der Größe einer Schädlingspopulation, hauptsächlich bei Insekten, verwendet werden.
[266] *Knickel/Janßen/Schramek/Käppel*, Kriterienkatalog GfP, S. 48 ff.
[267] *Louis*, NuR 2010, 77 [79].
[268] Häufig werden gewisse landwirtschaftliche Produkte lokal konzentriert angebaut. Der Anbau von Meerrettich beschränkt sich in Bayern etwa auf ein Gebiet zwischen Nürnberg und Bamberg, sodass in diesen Gegenden eine besondere Konkurrenzsituation entsteht.
[269] *Atlantik-Brücke*, Die neue Gewinnzone, S. 36 f.,40 f.
[270] *Louis*, NuR 2010, 77 [79].
[271] *Kloepfer*, Umweltrecht, § 12 Rn. 152.

ökologischen Ausgleichsflächen – d. h. Flächen, die nur mit sehr geringer Intensität oder gar nicht genutzt werden – und zusammenhängenden Biotopverbundsystemen, werden Tier- und Pflanzenarten Teillebensräume, Rückzugsgebiete, Überwinterungshabitate bzw. Wuchsorte mit geringer Störungstoleranz geboten. Mögliche Maßnahmen dafür sind vorhandene landschaftstypische Flächen, wie zum Beispiel Hecken, Gräben und Raine, zunächst einmal zu erhalten und zusätzlich als punkt- und linienförmige Flächen zu verbinden, sodass größere ökologische Vorranggebiete entstehen.[272] Es besteht hingegen keine Verpflichtung solche Elemente neu zu errichten, falls die von den Ländern festgesetzte regionale Mindestdichte von Biotopen unterschritten ist, was durch die Formulierung „nach Möglichkeit zu vermehren" im Gesetz zum Ausdruck gebracht wird.[273] § 5 Abs. 2 Nr. 3 BNatSchG geht weiter als der verwandte § 17 Abs. 2 Nr. 5 BBodSchG, indem nicht nur die zum Schutz des Bodens notwendigen naturbetonten Strukturelemente der Feldflur, sondern auch weitere aus naturschutzfachlicher Sicht bedeutsame Biotope Gegenstand der Vorschrift sind.[274]

4.   Nr. 4 – Ausgewogenes Verhältnis zwischen Tierhaltung und Pflanzenbau

§ 5 Abs. 2 Nr. 4 BNatSchG fordert, dass die Tierhaltung in einem ausgewogenen Verhältnis zum Pflanzenbau zu stehen hat und schädliche Umweltauswirkungen zu vermeiden sind. Dadurch soll die Gefahr gemindert werden, dass durch übermäßige, flächenunabhängige Tierhaltung immense Umweltbelastungen, z. B. Ammoniakemissionen und erhöhter Anfall tierischer Exkremente, im Umfeld des Betriebs auf natürlichen oder naturnahen Flächen die Lebensbedingungen von wildlebenden Tieren und Pflanzenarten nachteilig verändern.[275] Ein ausgewogenes Verhältnis zwischen Betriebsfläche, Tierhaltung und Pflanzenbau, mindert diese Gefahren erheblich, da unter diesen Bedingungen davon auszugehen ist, dass die anfallenden tierischen Exkremente zielgerichteter und umweltschonender als Wirtschaftsdünger genutzt werden.[276] Das Ziel optimaler betrieblicher Stoffkreisläufe kann auch durch auf Dauer angelegte zwischenbetriebliche Vereinbarungen erreicht werden, die eine bessere Verteilung der tierischen Exkre-

---

[272] *Knickel/Janßen/Schramek/Käppel*, Kriterienkatalog GfP, S. 48, 57.
[273] Frühere Entwürfe zum BNatSchG 2002 enthielten noch diese Verpflichtung, vgl. BT-Drs. 14/6378; im weiteren Gesetzgebungsverfahren wurde dies aus beihilferechtlichen Gesichtspunkten für die Landwirte jedoch nicht weiterverfolgt, vgl. Begründung in BT-Drs. 14/7490, S. 50.
[274] BT-Drs. 14/6378, S. 69.
[275] BT-Drs. 14/6378, S. 40; BR-Drs. 411/01, S. 71 f.
[276] BR-Drs. 411/01, S. 71 f.

mente und deren Nutzung als Wirtschaftsdünger, zum Ziel haben. Die Vereinbarungen müssen auf einem abgestimmten Bewirtschaftungskonzept basieren und deren Teilnehmer in einem räumlichen Zusammenhang stehen.[277] Eine spezifische Begrenzung der vom einzelnen Betrieb gehaltenen Tierzahlen – etwa die Einführung einer Viehbesatzdichte von max. 2,0 Großvieheinheiten[278] je Hektar landwirtschaftlich genutzter Fläche – kann der Norm hingegen nicht entnommen werden, auch wenn dies aus naturschutzfachlicher Sicht geboten wäre.[279] Im Schrifttum wird ein ausgewogenes Verhältnis verneint, soweit der Tierbestand nicht mehr durch die eigenen Futterbauflächen ernährt werden kann und Futtermittel zugekauft werden muss.[280] Dieses Kriterium bietet innerhalb des Wortlauts von § 5 Abs. 2 Nr. 4 BNatSchG die Möglichkeit konkret zu bestimmen, ob ein ausgewogenes Verhältnis zwischen Tierhaltung und Pflanzenbau vorliegt. Aus der Perspektive des Naturschutzes bietet dieser Grundsatz jedoch keine Vorteile. Sogenannte Tierfabriken sind im gesellschaftlichen Landschaftsbild zwar unerwünscht, können aber aufgrund strenger immissionsschutzrechtlicher Vorschriften (Nummer 7.1 Anh. Zur 4. BImSchV) und modernster Technik (Filter, Abluftanlagen etc.) Emissionen geringer halten als mehrere kleinere Betriebe.[281] Der eigentliche Nutzen der Vorschrift besteht daher in der Erhaltung kleinbäuerlicher Strukturen.

5.   Nr. 5 – Grünlandumbruch

Keinem der Regelbeispiele des § 5 Abs. 2 BNatSchG wurde wohl so viel Aufmerksamkeit geschenkt wie dem Grünlandumbruchverbot nach Nummer 5.[282] Gemäß diesem Regelbeispiel ist auf erosionsgefährdeten Hängen, in Überschwemmungsgebieten, auf Standorten mit hohem Grundwasserstand sowie auf

---

[277] BR-Drs. 411/01, S. 71 f.

[278] Großvieheinheiten sind eine Referenzeinheit, die Viehbestände unterschiedlicher Arten und unterschiedlichen Alters versucht zu einem einzelnen Objekt zusammenzufassen und so vergleichbar zu machen. Grundlage sind spezifische Koeffizienten, die sich nach dem Futterbedarf der verschiedenen Tierarten richten, vgl. https://ec.europa.eu/eurostat/statistics-explained/index.php?title=Glossary:Livestock_unit_(LSU)/de (zuletzt aufgerufen am 28.01.2023), wo auch konkrete Beispiele für Koeffizienten aufgeführt sind.

[279] *Douhaire*, Rechtsfragen der Düngung, S. 259; Düsing/Martinez/*Schäfer/Keller* [BNatSchG] § 5 Rn. 17; *Knickel* et al., Kriterienkatalog GfP, S. 69.

[280] *Douhaire*, Rechtsfragen der Düngung, S. 260.

[281] *Müller-Walter*, in: Lorz/Konrad/Mühlbauer/Müller-Walter/Stöckel, BNatSchG, § 5 Rn. 15.

[282] Vgl. dazu die richtungsweisende Entscheidung des BVerwG, BVerwGE 156, 94 [98 f.] = BVerwG, NVwZ-RR 2017, 187; die ähnliche Begründung der Vorinstanz, OVG Lüneburg, ZUR 2015, 555; zur Diskussion der Entscheidung, vgl. z. B. *Möckel*, ZUR 2017, 195 [196 f.]; zum Grünlandumbruch allgemein u. a. *Möckel*, NuR 2016, 814; *Vagedes*, in: Lütkes/Ewer,

Moorstandorten ein Grünlandumbruch zu unterlassen. Unter Grünland versteht man nach ökologischen Kriterien „alle dauerhaften Pflanzengemeinschaften aus Kräutern und Gräsern, die natürlich oder durch Nutzung des Menschen entstanden sind. Zum Grünland gehören gedüngte und ungedüngte Wiesen und Weiden zur Futtergewinnung, aber auch Mähwiesen zur Biomasse und Einstreugewinnung, sowie Naturschutzflächen wie Feuchtgrünland, Magerrasen und Streuobstwiesen".[283] Charakteristisch für das Grünland ist für gewöhnlich das Fehlen einer jährlichen Bodenbearbeitungs- und Ansaatnotwendigkeit, ganz im Gegensatz zum Ackerland.[284] Grünlandumbruch ist „das Unterpflügen der Grasnarbe mit dem Ziel der Umwandlung von Moor- und Weideflächen in Ackerland."[285] Ackernutzung führt an den genannten Standorten oftmals zu irreversiblen Schäden der betroffenen Böden und zur Zerstörung besonders artenreicher Lebensräume.[286] Aus Naturschutzsicht ist der Grünlandumbruch vor allem deshalb bedauerlich, da gerade Grünlandflächen für den Natur- und Landschaftsschutz eine besondere Bedeutung haben. Denn über ein Drittel aller heimischen Farn- und Blütenpflanzen haben ihr Hauptvorkommen im Grünland. Von den in Deutschland gefährdeten Arten der Farn- und Blütenpflanzen haben sogar 40 % ihr Hauptvorkommen im Grünland.[287] Der Bedarf an neuer Ackerfläche für den Anbau von Energiepflanzen ist als Folge der Energiewende unbegrenzt, was dazu geführt hat, dass wiederum noch mehr Grünlandflächen umgebrochen worden sind.[288] Allerdings kann der Naturwert von Grünland auch dann geringer sein, wenn dessen Nutzung durch häufigere und frühere Schnitte und höhere Düngeabgaben intensiviert wird.[289] Sinn und Zweck der Vorschrift ist hauptsächlich der Schutz vor Bodenerosion, Nitrataustägen und Treibhausgasemissionen und der Artenschutz. Entscheidend für den Schutz von Grünland ist demnach der ganzjährige Boden-

---

BNatSchG, § 5 Rn. 15; *P. Fischer-Hüftle* in *Schumacher/Fischer-Hüftle*, BNatSchG, § 5 Rn. 21 f.; *Endres*, in: Frenz/Müggenborg, BNatSchG, § 5 Rn. 21.

[283] *BfN*, Grünland-Report 2014, S. 4 f.

[284] In Abgrenzung zum Begriff des „Dauergrünlands" im EU-agrarförderrechtlichen Sinne, vgl. F, BeckRS 2020, 3677.

[285] *Martinez*, NuR 2013, 690 [693]; dazu zuletzt beispielhaft das OVG Lüneburg, Beschl. v. 02.02.2022 – 4 ME 231/21 –, NuR 2022, 645 [649], das entsprechend des § 2a Abs. 2 S. 1 NAGBNatSchG von einem Grünlandumbruch bei der Schaffung von „Mulchen mit Forstmulcher" mit einer Tiefe > 10 cm ausgeht.

[286] BR-Drs. 411/01, S. 71; *Kloepfer*, Umweltrecht, § 12 Rn. 152; *SRU*, Umweltgutachten 1981, Tz. 660.

[287] Konkret haben 1250 der 2997 nach Gefährdung bewerteten Arten ihr Hauptvorkommen im Grünland, vgl. *BfN*, Grünland-Report 2014, S. 4 f.

[288] *Martinez*, NuR 2013, 690 [693].

[289] *Feindt et al.*, Ein neuer Gesellschaftsvertrag für eine nachhaltige Landwirtschaft, S. 47.

bewuchs.[290] Bodenerosion erschwert nicht nur die natürliche Bodenentwicklung, sondern beeinträchtigt auch wichtige Bodenfunktionen wie die Ertragsfähigkeit und das Sorptionsvermögen und benachbarte Ökosysteme, auf die der erodierte Boden verfrachtet wird.[291] Als positive Umweltauswirkung bewirkt Dauergrünland die Bindung von Kohlenstoff und dient als Speicher klimaschädlichen Treibhausgases.[292]

Ein Grünlandumbruchverbot gilt nur auf bestimmten Standorten wie erosionsgefährdeten Hängen, Überschwemmungsgebieten, auf Standorten mit hohem Grundwasserstand sowie auf Moorstandorten. Der Bewuchs von erosionsgefährdeten Hängen mit Dauergrünland verhindert die Bodenerosion, die wichtige Bodenfunktionen, vornehmlich die Ertragsfähigkeit, aber auch das Sorptionsvermögen des Bodens beeinträchtigt.[293] Einen hohen Grundwasserstand weisen Standorte auf, deren mittlerer Grundwasserhochstand durchschnittlich nicht tiefer als 40cm unter der Geländeoberfläche liegt. Diese Standorte beherbergen meist spezielle Pflanzengemeinschaften.[294] Ein Grünlandumbruchverbot dient folglich dem Schutz von verfassungsrechtlichen Gütern von hohem Wert (Art. 20a GG).[295] Dieser Grundsatz der guten fachlichen Praxis, ist durch das *BVerwG*[296] mit seinem Urteil vom 01.09.2016, welches beispielhaft an § 5 Abs. 2 Nr. 5 BNatSchG entschied, dass einzelnen (oder allen) Tatbeständen des § 5 Abs. 2 BNatSchG weder ein Gebots- noch ein Verbotscharakter zuzuerkennen ist, in den Fokus der in § 5 Abs. 2 BNatSchG enthaltenen Grundsätze gerückt. Folge dieses Urteils war eine Grundsatzdiskussion über den Novellierungsbedarf des Bundesnaturschutzgesetzes.[297]

6. Nr. 6 – Anwendung von Dünge- und Pflanzenschutzmitteln nach Maßgabe des landwirtschaftlichen Fachrechts

§ 5 Abs. 2 Nr. 6 BNatSchG enthält seit der BNatSchG-Novelle 2009 einen (deklaratorischen) Hinweis, dass die Anwendung von Dünge- und Pflanzenschutzmitteln nach Maßgabe des landwirtschaftlichen Fachrechts zu erfolgen hat.[298]

---

[290] *Möckel*, NuR 2016, 814 [815].
[291] LT-Drs. 15/3477, S. 20.
[292] BT-Drs. 16/13430, S. 32; BT-Drs. 13/13490, S. 8.
[293] LT-Drs. 15/3477, S. 20.
[294] LT-Drs. 15/3477, S. 20.
[295] BVerwG (3. Senat), Beschl. v. 13.12.2018 – 3 B 37.17 – Rn. 7.
[296] BVerwGE 156, 94 [98 f.] = BVerwG, NVwZ-RR 2017, 187.
[297] Auf die bereits vorhandene Diskussion sowie eigene Anregungen dazu wird näher unter III eingegangen.
[298] BT-Drs. 16/12274, S. 52.

Folge davon ist, dass die Einhaltung des Düngerechts in den Aufgabenbereich der Naturschutzbehörden fällt.[299] Demnach hat eine Dokumentation über die Anwendung von Düngemitteln nach Maßgabe des § 10 der Düngeverordnung[300] vom 26.05.2017 (BGBl. I S. 1305) in der jeweils geltenden Fassung sowie eine Dokumentation über die Anwendung von Pflanzenschutzmitteln nach Maßgabe des Art. 67 Abs. 1 S. 2 der Verordnung (EG) Nr. 1107/2009 des Europäischen Parlaments und des Rates vom 21.10.2009 über das Inverkehrbringen von Pflanzenschutzmitteln und zur Aufhebung der Richtlinien 79/117/EWG und 91/414/EWG des Rates (ABl. L 309 vom 24.11.2009, S. 1) zu führen. Insofern verlangt die Nummer 6 seit der BNatSchG-Novelle 2002 die schlagspezifische Dokumentation von Dünge- und Pflanzenschutzmitteln. Die Aufzeichnung der Bewirtschaftungsmaßnahmen auf der Fläche (Schlagkartei) ist sowohl unter Umwelt- als auch Wirtschaftlichkeitsaspekten unerlässlich, um negative Entwicklungen zu vermeiden und effektiv die Einhaltung der der guten fachlichen Praxis entsprechenden Bewirtschaftungsmaßnahmen zu kontrollieren.[301] Ebenso ist die Aufzeichnung zur Kontrolle über den Einsatz von Dünge- und Pflanzenschutzmitteln und die Einführung einer schlagspezifischen Dokumentation nach Maßgabe der Düngeverordnung in der jeweils geltenden Fassung und des Europäischen Fachrechts unerlässlich. Ziel dieses Grundsatzes, der in einem gewissen Regelungswiderspruch zu § 5 Abs. 2 Nr. 2 BNatSchG steht,[302] ist, mittels Selbstkontrolle der Landwirte die Einhaltung der guten fachlichen Praxis zu fördern und gleichzeitig einen Beleg für die kontrollierenden Behörden für diese Anforderungen entsprechende Bewirtschaftungsmaßnahmen zu erbringen.[303]

7. Fazit

Letztendlich enthalten die Grundsätze der guten fachlichen Praxis „selbstverständliche" Bewirtschaftungsvorgaben der landwirtschaftlichen Bodennutzung.

---

[299] *Agena*, NuR 2012, 297 [306].

[300] Verordnung über die Anwendung von Düngemitteln, Bodenhilfsstoffen, Kultursubstraten und Pflanzenhilfsmitteln nach den Grundsätzen der guten fachlichen Praxis beim Düngen (Düngeverordnung – DüV) vom 26.05.2017 (BGBl. S. 1305), zuletzt geändert durch Art. 97 MoPeG vom 10.08.2021 (BGBl. I S. 3436).

[301] BR-Drs. 411/01, S. 72.

[302] Die Erzielung eines nachhaltigen Ertrages (Nr. 2) ist u. a. abhängig von der Art und Menge von Dünge- und Pflanzenschutzmittelaufwendungen und hat damit das gleiche Ziel wie Nr. 6; ist bei deren Anwendung ausschließlich das Fachrecht einschlägig, läuft Nr. 6 letztendlich leer, vgl. BT-Drs. 16/12274, S. 52; *Vagedes*, in: Lütkes/Ewer, BNatSchG, § 5 Rn, 26, 30.

[303] BT-Drs. 14/6378, S. 40.

So stand es für einen Landwirt im 18. Jahrhundert außer Frage, dass eine standortangepasste Bewirtschaftung vorgenommen wird, da andernfalls mangels vorhandener Düngemittel kein bzw. nicht ein der standortangepassten Bewirtschaftung gleichwertiger Ertrag erzielt worden wäre. Dasselbe gilt für die anderen Grundsätze des § 5 Abs. 2 BNatSchG. Zudem überschneiden sich einige Grundsätze mit den Vorgaben des Fachrechts (Nummer 1, 6). Übereinstimmungen sind jedoch so lange unproblematisch, wie die Grundsätze nicht denen des Fachrechts widersprechen, was nicht der Fall ist.[304] Vielmehr können Nummer 1 und 6 anhand der fachrechtlichen Anforderungen ausgelegt werden und wären so bestimmt genug für den Vollzug. Letztendlich spricht der ganze Charakter des § 5 Abs. 2 BNatSchG dafür, dass die Norm als „Rückbesinnungsregel" für die Landwirte auf ihre selbstverständlichen naturschutzrechtlichen Werte dienen soll.

III. § 5 Abs. 2 BNatSchG als „Schlüsselnorm" für die Privilegierung der Landwirtschaft im Naturschutzrecht – Kritische Würdigung

1. Einordnung der Grundsätze als schlichte Handlungsdirektiven

Den in § 5 Abs. 2 BNatSchG aufgeführten Grundsätzen ist gemein, dass sie aus einer Vielzahl von unbestimmten Rechtsbegriffen bestehen, die ohne Konkretisierung nicht vollzugsfähig sind. Allgemein anerkannt war dies bis 2016 für Nummer 1-4 und 6. So wurde an Nummer 1 kritisiert, dass dieser keinen eigenständigen Regelungsgehalt gegenüber § 17 Abs. 2 BBodSchG enthält sowie Nummer 6 gegenüber den Vorgaben des Düngerechts (Düngegesetz), zumal diese ohnehin zu beachten sind.[305] In der Literatur wurden einige Versuche unternommen, die einzelnen Grundsätze mittels Auslegung anhand von naturwissenschaftlichen Methoden so zu konkretisieren, dass diese letztendlich vollzugsfähig sind.[306] So legt *Agena* etwa die in § 5 Abs. 2 Nr. 2 BNatSchG enthaltenen unbestimmten Rechtsbegriffe anhand der in § 17 Abs. 2 Nr. 2-6 BBodSchG genannten Kriterien aus. Dagegen hat das BVerwG in einer viel kritisierten Entscheidung 2016 geurteilt, dass selbst für die verhältnismäßig konkret gefasste Nummer 5, die an bestimmten Standorten einen Grünlandumbruch untersagt, keine ausreichende Bestimmtheit für eine Vollzugsfähigkeit des Grundsatzes vorliegt. Im Ergebnis sind die Grundsätze der guten fachlichen Praxis nur i. R. d. Eingriffsregelung (§ 14 Abs. 2 BNatSchG) und dem besonderen Artenschutzrecht (§ 44 Abs. 4

---

[304] Zum Verhältnis von Fachrecht und Naturschutzrecht im 4. Kapitel.
[305] *Agena*, NuR 2012, 297 [304 ff.]; *Müller*, NuR 2002, 530 [535].
[306] Auf die einzelnen Grundsätze eingehend vgl. *Agena*, NuR 2012, 297 [301 ff.]; m. w. N.; *Müller*, NuR 2002, 530 [532 ff.] m. w. N.

BNatSchG) vollzugsfähig.[307] Die Frage, ob die Grundsätze der guten fachlichen Praxis nach § 5 Abs. 2 BNatSchG eigenständige Ge- oder Verbote ist deshalb so entscheidend, weil in diesem Fall die für den Naturschutz und Landschaftsschutz zuständigen Behörden gem. § 3 Abs. 2 BNatSchG Anordnungen erlassen können, um deren Einhaltung sicherzustellen. Die Naturschutzbehörden könnten dann rechtswidrige, gegen den § 5 Abs. 2 BNatSchG verstoßende Handlungen untersagen oder anordnen, den früheren Zustand wiederherzustellen, soweit nicht auf andere Weise ein rechtmäßiger Zustand wiederhergestellt werden kann.[308] Dafür spricht die Entstehungsgeschichte des § 5 Abs. 2 BNatSchG, der als ehemalige Rahmenvorschrift auf Grundlage der konkurrierenden Gesetzgebung erlassen worden ist und nahezu unverändert in das Bundesnaturschutzgesetz 2009 übernommen worden ist. Zweitens der Telos des § 5 Abs. 1, 2 BNatSchG, der einem Ge- oder Verbotscharakter entgegensteht. Sinn und Zweck des § 5 Abs. 1, 2 BNatSchG ist vielmehr, dass durch gegenseitige Berücksichtigungspflichten ein Ausgleich zwischen den widerstreitenden Interessen von Naturschutz und Landschaftspflege sowie landwirtschaftlicher Bodenertragsnutzung hergestellt wird.[309] Die Entscheidung war auf der einen Seite ein herber Rückschlag für die Literatur, die das Gesetz so ausgelegt hat, dass § 5 Abs. 2 BNatSchG ein Ge- oder Verbotscharakter entnommen werden kann, sodass nicht nur die Gemeinsame Agrarpolitik und das Landesrecht unmittelbar vollziehbare Anforderungen an die landwirtschaftliche Bodennutzung enthalten. Auf der anderen Seite war die Entscheidung des BVerwG konsequent. Eine den Wortlaut des Gesetzes und die Intention des Gesetzgebers missachtende Auslegung würde die Grenzen der Rechtsfortbildung überschreiten und wäre folglich unzulässig. Die Grundsätze der guten fachlichen Praxis sind – wie das auch das BVerwG festgestellt hat – in ihrer aktuellen Fassung schlichte Handlungsdirektiven.

2. Konkretisierung mittels Verordnung (-sermächtigung)

Auch eine Konkretisierung mittels Rechtsverordnung – wie dies etwa im Düngerecht durch die Düngeverordnung geschehen ist[310] – ist im Bundesnaturschutzgesetz nicht erfolgt. Dies liegt vor allem daran, dass es an einer Verordnungsermächtigung für die Regierung bzw. das Umweltministerium i. S. d. Art. 80 Abs. 1 GG

---

[307] BVerwGE 156, 94 [98 ff.] = BVerwG, NVwZ-RR 2017, 187 [189].
[308] *P. Fischer-Hüftle/J. Schumacher*, in: Schumacher/Fischer-Hüftle, BNatSchG, § 3 Rn. 18.
[309] BVerwGE 156, 94 [98 ff.] = BVerwG, NVwZ-RR 2017, 187 [189]; OVG Lüneburg, ZUR 2015, 555 [557 f.].
[310] Zur guten fachlichen Praxis im Düngerecht, vgl. 4. Kapitel § 13 B.

zur Erweiterung und Konkretisierung der Grundsätze der guten fachlichen Praxis im Bundesnaturschutzgesetz fehlt. Vorteil einer Verordnungsermächtigung bzw. einer konkretisierenden Rechtsverordnung ist, dass die gute fachliche Praxis mit dem Regelungsgegenstand des Naturschutzes vollzugsfähig ausgestaltet und regelmäßig neuen wissenschaftlichen Erkenntnissen angepasst werden könnte. Eine darauf abzielende Beschlussempfehlung im Gesetzgebungsverfahren zum Bundesnaturschutzgesetz 2009 durch den Ausschuss für Umwelt, Naturschutz und Reaktorsicherheit (16. Ausschuss) und ein Änderungsantrag einzelner Abgeordneter wurde ebenso wenig berücksichtigt wie die erneute Beschlussempfehlung des Ausschusses 2017.[311] Ebenso fehlt eine umfassende Kasuistik zu den unbestimmten Rechtsbegriffen in § 5 Abs. 2 BNatSchG, die eine Konkretisierung mittels Rechtsverordnung obsolet machen würde.[312] Eine solche wird sich bei unverändertem Fortbestand der Regelung wegen der Entscheidung des BVerwG 2016 auch nicht entwickeln, da es den Behörden laut dieser nicht möglich ist, Anordnungen zur Durchsetzung der Grundsätze gem. § 3 Abs. 2 BNatSchG zu treffen.[313] Konsequenterweise fehlen daher auch Sanktionen in Form von Bußgeldern oder Strafen gem. § 69 ff. BNatSchG für Verstöße gegen die gute fachliche Praxis. Die Vorschrift bleibt daher materiell auf einem rahmenrechtlichen Niveau, obwohl der Bund aufgrund seiner konkurrierenden Gesetzgebungskompetenz nach Art. 74 Abs. 1 Nr. 29 GG die Möglichkeit der Vollregelung gehabt hätte. Dies wäre vor allem deshalb geboten gewesen, da landesrechtliche Konkretisierungen nicht ausreichend erfolgt sind.[314] Vor diesem Hintergrund hätte spätestens mit Erlass des Bundesnaturschutzgesetzes 2009 Handlungsbedarf für den Bundesgesetzgeber bestanden, da er ab diesem Zeitpunkt im Rahmen der konkurrierenden Gesetzgebungskompetenz die Möglichkeit zur Vollregelung erhalten hat. Wenn die Länder die Grundsätze der guten fachlichen Praxis teilweise nicht ein-

---

[311] Diese enthielten eine Ermächtigung zum Erlass von Rechtsverordnungen durch das Bundesministerium für Umwelt, Naturschutz und Reaktorsicherheit durch § 5 Abs. 5 BNatSchG, vgl. BT-Drs. 16/13430, S. 34; BT-Drs. 16/13490, S. 8, 12; die Beschlussempfehlung des Ausschusses vom 21.06.2017 ist insofern inhaltsgleich, vgl. BT-Drs. 18/12845, S. 7, 13.

[312] *Martinez*, Jahrbuch des Agrarrechts 2013, 105.

[313] Für eine Anwendung des § 3 Abs. 2 BNatSchG *Agena*, NuR 2012, 297 [300]; *Möckel/Köck/Rutz/Schramek*, Rechtliche und andere Instrumente für vermehrten Umweltschutz in der Landwirtschaft, UBA-Texte 42/2014, S. 121 f.; dagegen *Möckel*, NuR 2018, 742 [743] m. w. N.; nicht eindeutig BVerwGE 156, 94 [98 f.] = BVerwG, NVwZ-RR 2017, 187 [189].

[314] Verweis auf Landesrecht im 5. Kapitel; *Koch/Krohn*, in: UBA – Naturschutz im Umweltgesetzbuch, S. 27; *Möckel*, NuR 2008, 831 [833] m. w. N.

mal als Handlungsdirektiven konkretisiert haben, ist es geboten, dass der Bundesgesetzgeber diese mittels einer Verordnung konkretisiert bzw. in einem ersten Schritt in § 5 Abs. 2 BNatSchG eine Verordnungsermächtigung schafft.

3. Bezug zu § 17 Abs. 2 BBodSchG

Die Formulierung des § 5 Abs. 2 Hs. 1 BNatSchG, der Bezug zu den Anforderungen der guten fachlichen Praxis nach § 17 Abs. 2 BBodSchG nimmt, hat den Anschein, dass § 17 Abs. 2 BBodSchG verbindlich einzuhaltende Vorschriften zur guten fachlichen Praxis in der Landwirtschaft enthält, was nicht der Fall ist.[315] Eine den Vollzug der guten fachlichen Praxis im Naturschutzrecht ermöglichende Konkretisierung, ist daher auch nicht im Verweis auf § 17 Abs. 2 BBodSchG zu erblicken.

4. Fazit

Bei aller Kritik an § 5 BNatSchG und vor allem dessen Absatz 2, ist zumindest dessen derzeitige Ausgestaltung im Hinblick auf die Entstehungsgeschichte positiv hervorzuheben. Immerhin enthält das Bundesnaturschutzgesetz keine pauschale, die Landwirtschaft privilegierende Landwirtschaftsklausel i. S. d. § 1 Abs. 3 BNatSchG a. F. mehr, ohne genauer darauf einzugehen, was unter einer ordnungsgemäßen Landwirtschaft zu verstehen ist. So ist der Gesetzgeber zumindest der Forderung in der Literatur[316] nachgekommen positiv zu bestimmen, was unter einer ordnungsgemäßen Landwirtschaft bzw. nunmehr der Einhaltung der guten fachlichen Praxis in der Landwirtschaft zu verstehen ist. Nichtsdestotrotz sind die Grundsätze der guten fachlichen Praxis in § 5 Abs. 2 BNatSchG selbst dafür zu unbestimmt, dass ihnen verbindliche Handlungsdirektiven entnommen werden können. In der derzeitigen Ausgestaltung können die Grundsätze der guten fachlichen Praxis daher – wie das BVerwG feststellte – nur im Rahmen der Privilegierungstatbestände des §§ 14 Abs. 2, 44 Abs. 4 BNatSchG Wirkung entfalten.

§ 7 Der Anwendungsbereich der naturschutzrechtlichen Eingriffsregelung bei landwirtschaftlicher Bodennutzung

Kapitel 3 des Bundesnaturschutzgesetzes beginnt einleitend mit dem allgemeinen Grundsatz des § 13 BNatSchG, wo nach Satz 1 erhebliche Beeinträchtigungen von Natur und Landschaft vom Verursacher vorrangig zu vermeiden sind. Von diesem gem. Art. 72 Abs. 3 Nr. 2 GG abweichungsfesten Grundsatz darf durch

---

[315] Siehe 4. Kapitel § 12 B. V.
[316] Siehe etwa *Fischer-Hüftle*, NuR 1981, 21 [23].

die Länder zumindest in seinem Kerngehalt nicht abgewichen werden.[317] § 14 BNatSchG enthält sowohl in Absatz 1 den legaldefinierten Eingriffstatbestand als auch in Absatz 2 und 3 dessen negativ formulierte Ausnahmen. Für die Untersuchung ist insbesondere die Privilegierung der Landwirtschaft in Absatz 2 relevant. Vervollständigt wird das 3. Kapitel durch die Normierung der Rechtsfolgen eines Eingriffs in § 15 BNatSchG und die Verfahrensregelungen des § 17 BNatSchG.

A. Der naturschutzrechtliche Eingriff

I. Der Eingriffstatbestand

§ 14 Abs. 1 BNatSchG enthält die Legaldefinition des naturschutzrechtlichen Eingriffsbegriffs i. S. d. Bundesnaturschutzgesetzes. Demnach sind Eingriffe in Natur und Landschaft Veränderungen der Gestalt oder Nutzung von Grundflächen oder Veränderungen des mit der belebten Bodenschicht in Verbindung stehenden Grundwasserspiegels, die die Leistungs- und Funktionsfähigkeit des Naturhaushalts oder das Landschaftsbild erheblich beeinträchtigen können. Eingriffsobjekte sind Natur und Landschaft, welche nach dem Schutzzweck von § 1 Abs. 1 BNatSchG[318] auszulegen sind.[319] Dem Wortlaut der Norm ist zu entnehmen, dass der naturschutzrechtliche Eingriff aus zwei Teilkomponenten besteht. Der erste Halbsatz widmet sich der Eingriffshandlung und der Zweite beschreibt die Eingriffswirkung.[320]

1. Die Eingriffshandlung

Für die Eingriffshandlung sind drei Alternativen möglich. Diese sind die Veränderung der Gestalt von Grundflächen (Alt. 1), die Veränderung der Nutzung von Grundflächen (Alt. 2) oder Veränderungen des mit der belebten Bodenschicht in Verbindung stehenden Grundwasserspiegels (Alt. 3).

Grundsätzlich versteht man unter einer Veränderung, eine Abweichung vom bisherigen Zustand. Um dem in § 13 BNatSchG zum Ausdruck kommenden Verursacherprinzip gerecht zu werden, muss die Veränderung Folge eines planmäßigen

---

[317] So die überwiegende Meinung in der Literatur, vgl. *Koch*, in: Schlacke, GK-BNatSchG, § 13 Rn. 15; *Guckelberger*, in: Frenz/Müggenborg, BNatSchG, § 13 Rn. 9; *Lau,* NuR 2011, 680 [681]; *Möckel*, NuR 2016, 814 [818]; auf Länderebene ist z. B. bei §§ 5, 7 NAGB-NatSchG unklar, ob diese verfassungsgemäß im Hinblick auf Art. 72 Abs. 3 Nr. 2 GG sind, vgl. VG Oldenburg, Urt. v. 30.08.2017 – 5 A 4483/16 = NuR 2017, 795 [796 f.].

[318] Vgl. dazu 2. Kapitel § 2 B.

[319] *Schrader*, in: Giesberts/Reinhardt, Umweltrecht, BNatSchG, § 14 Rn. 4.

[320] *Gellermann*, in: Landmann/Rohmer, BNatSchG, § 14 Rn. 3; *P. Fischer-Hüftle/D. Czybulka*, in: Schumacher/Fischer-Hüftle, BNatSchG, § 14 Rn. 2.

Handelns eines Menschen sein, d. h. dieses muss kausal für die Änderung sein.[321] Mit der Gestalt von Grundflächen ist deren äußeres Erscheinungsbild gemeint, das durch geomorphologische Erscheinungen, wie stehende oder fließende Gewässer, Berge, Hügel, Täler oder durch seine charakteristischen Pflanzenbestände geprägt wird.[322] Zu einer Veränderung der Gestalt von Grundflächen gehören Handlungen, Vorhaben und Maßnahmen, die eine Grundfläche in ihrem äußeren Erscheinungsbild verändern.[323] Dazu zählt etwa, die Rodung von Bäumen und Hecken[324] oder das Entfernen oder Setzen eines bestimmten Pflanzenbestandes[325] oder der Umbruch von Grünland in Ackerland.[326] Die zweite Alternative, die Nutzungsänderung von Grundflächen, liegt vor, wenn sich die tatsächlich ausgeübte, zweckgerichtete Verwendung der Fläche ändert.[327] Der Begriff der Nutzungen ist dabei nach überwiegender Meinung weit auszulegen.[328] Unstrittig gehört dazu die erstmalige Aufnahme einer wirtschaftlichen Nutzung.[329] In der Landwirtschaft erfüllen die Tatbestandsalternative der Nutzungsänderungen Bewirtschaftungsmaßnahmen zur Umwandlung von Dauerkulturen wie Dauergrünland, Streuobst oder Weinstöcke in Ackerland, aber nur soweit ein Grundstück nicht in einem gewis-

---

[321] *Guckelberger*, in: Frenz/Müggenborg, BNatSchG, § 14 Rn. 14 m. w. N.

[322] *P. Fischer-Hüftle/D. Czybulka*, in: *Schumacher/Fischer-Hüftle*, BNatSchG, § 14 Rn. 6; *Gellermann*, in: Landmann/Rohmer, BNatSchG, § 14 Rn. 5 m. W. n.

[323] OVG Lüneburg, Urt. v. 16.02.1995 – 1 L 6044/92, NVwZ-RR 1995, 556 [557]; VGH Mannheim, Urt. v. 15.12.2011 – 5 S 2100/11, NuR 2012, 130 [134]; *Schink*, NuR 2017, 585 [588]; *Gellermann*, in: Landmann/Rohmer, BNatSchG, § 14 BNatSchG Rn. 5; *Guckelberger*, in: Frenz/Müggenborg, BNatSchG, § 14 Rn. 18; strittig ist dennoch, ob der Begriff der Gestaltänderung eng oder weit ausgelegt werden muss, vgl. dazu schon BVerwGE 67, 93 [94] = NuR 1983, 272.

[324] BVerwG, Beschl. v. 26.02.1992 – 4 B 38.92, NuR 1992, 328 [328 f.]; VG Frankfurt (Oder), Urt. v. 22.04.2022 – 5 K 1786/18 –, NuR 2022, 732 [733]; *Berchter*, S. 44.

[325] *Berchter*, S. 45.

[326] *Gellermann*, in: Landmann/Rohmer, Umweltrecht, Bd. 2, § 14 BNatSchG Rn. 10; *Mühlbauer*, in: Lorz/Konrad/Mühlbauer/Müller-Walter/Stöckel, BNatSchG, § 14 Rn. 14 jew. m. w. N.

[327] OVG Lüneburg, NVwZ-RR 1995, 556, 557; *Guckelberger*, in: Frenz/Müggenborg, BNatSchG, § 14 Rn. 20.

[328] Streitig ist dies insbesondere bei landwirtschaftlichen Nutzungsänderungen, allerdings ist diese nach § 14 Abs. 2 BNatSchG (sog. Landwirtschaftsklausel) meist ohnehin von der Anwendung der naturschutzrechtlichen Eingriffsregelung befreit, sodass der Streit obsolet ist, vgl. *Prall*, in: GK-NatSchG, § 14 Rn. 32; die Gegenposition vertreten u.a. *Gellermann*, in: Landmann/Rohmer, BNatSchG, § 14 Rn. 9; *Gassner*, in: Gassner/Bendomir-Kahlo/Schmidt-Räntsch, BNatSchG, § 18 Rn. 6; *Gassner/Heugel*, Das neue Naturschutzrecht, S. 63.

[329] *Guckelberger*, in: Frenz/Müggenborg, BNatSchG, § 14 Rn. 20; *Schumacher/Fischer-Hüftle*, BNatSchG, § 14 Rn. 6.

sen Turnus abwechselnd als Ackerland und Grünland genutzt wird.[330] Wie hingegen mit bloßen Nutzungsintensivierungen, welche insbesondere in der Landwirtschaft eine Rolle spielen, umzugehen ist, ist nach wie vor höchstrichterlich nicht geklärt.[331] Der Wortlaut von § 14 Abs. 1 BNatSchG, der nur von einer „Änderung der Nutzung" spricht, schließt per se nicht aus, dass Nutzungsintensivierungen vom Tatbestand umfasst sind. Stellt man auf den Bezugspunkt der drei Tatbestandsalternativen, die „Veränderung" ab, benötigt es für eine solche nicht eine Änderung der Nutzungsart bzw. -gruppe[332], sondern lediglich eine Veränderung des geomorphologischen Erscheinungsbildes oder des Pflanzenbestandes. Eine Veränderung der Nutzungsart ist beispielsweise der Wechsel von Weidewirtschaft (etwa der Schafhaltung) zu Ackerbau oder die Wiederaufnahme der Weidenutzung auf einem Moorstandort.[333] Dennoch können die meisten Formen der landwirtschaftlichen Bodennutzung (z. B. Anwendung von Dünge- und Pflanzenschutzmitteln, Feldarbeiten, Säen, Ernten und Mähen sowie die Wiesen- und Weidenutzung) schon objektiv nicht unter den Eingriffstatbestand subsumiert werden, da sie die genannten Merkmale der Eingriffsdefinition nicht erfüllen.[334]

Die letzte Eingriffsmodalität der Veränderung des mit der belebten Bodenschicht in Verbindung stehenden Grundwasserspiegels, ist nur einschlägig, wenn das Grundwasser für die Leistungs- und Funktionsfähigkeit des Naturhaushalts von Bedeutung ist.[335] Dadurch bringt der Gesetzgeber die Bedeutung des Grundwasserspiegels für die Flora und Fauna zum Ausdruck, dessen Absinken beispielsweise zu einem Austrocknen oder der Versauerung des Bodens führen kann.[336]

---

[330] *P. Fischer-Hüftle/D. Czybulka*, in: Schuhmacher/Fischer-Hüftle, BNatSchG, § 14 Rn. 10 m. W. n.; *Möckel*, NuR 2012, 225 [226] m. w. N.

[331] Gegen eine Erfassung der Nutzungsintensivierung als Nutzungsänderung sind u. a. Rehbinder, NuR 2011, 241 [244]; *Gassner*, in: Gassner/Bendomir-Kahlo/Schmidt-Räntsch, BNatSchG, § 18 Rn. 6, 6a; *P. Fischer-Hüftle/D. Czybulka*, in: Schuhmacher/Fischer-Hüftle, BNatSchG, § 14 Rn. 10 nimmt eine differenzierende Betrachtung der Nutzungsintensivierung bei der Landwirtschaft vor.

[332] Diese Ansicht vertreten jedoch u.a. *Berchter*, S. 46; *Lau*, NuR 2011, 680 [682]; *Louis/Engelke*, BNatSchG, 2. Aufl. 2000, § 8 Rn. 8; *Wilrich*, in: Marzik/ders. (Hrsg.), BNatSchG, 2004, § 18 Rn. 13, die auf die Nutzungsintensivierung an sich und nicht auf die durch die Nutzungsintensivierung hervorgerufenen Folgen abstellen.

[333] BayVGH, Beschl. v. 02.02.2016, 14 ZB 15.147, BayVBl. 2016, 595 [597]; OVG Lüneburg, Beschl. v. 02.02.2022 – 4 ME 231/21 –, NuR 2022, 645 [650].

[334] BT-Drs. 13/6441, S. 51.

[335] BT-Drs. 14/6378, S. 48.

[336] *Mühlbauer*, in: Lorz/Konrad/Mühlbauer/Müller-Walter/Stöckel, BNatSchG, § 14 Rn. 17.

2. Die Eingriffswirkung

Zusätzlich zur Eingriffshandlung ist nach § 14 Abs. 1 Hs. 2 BNatSchG eine Eingriffswirkung erforderlich. Diese umfasst in Form der Beeinträchtigung nur mögliche negative Veränderungen[337] der Leistungs- und Funktionsfähigkeit des Naturhaushalts bzw. Landschaftsbildes nach ökologischen Maßstäben.[338], welche ihre rechtlichen Anknüpfungspunkte in § 1 Abs. 1 Nr. 2, 3, Abs. 4, § 7 Abs. 1 Nr. 2 BNatSchG haben. Eine Beeinträchtigung kann insbesondere dann angenommen werden, wenn Populationen von Tier- und Pflanzenarten die Lebensgrundlage entzogen wird, die Artenvielfalt abnimmt oder sich die Individuenzahl der Arten verringert.[339] Für das Landschaftsbild in Deutschland und Europa bestimmend war die letzten Jahrhunderte die landwirtschaftliche Bodennutzung. Diese schuf abwechslungsreiche Landschaften durch die wechselnde Bewirtschaftung von Grünland-, Acker- und Dauerkulturflächen. Insofern verschwinden gleichzeitig mit der vermehrten Nutzungsaufgabe von landwirtschaftlichen Flächen auch prägende Elemente des Landschaftsbildes.[340]

Die Beeinträchtigung muss erheblich sein. Der Gesetzgeber wollte dadurch Bagatellfälle von Anfang an von der Rechtsfolgenkaskade des § 15 BNatSchG ausnehmen.[341] Bis zur BNatSchG-Novelle 2002 wurde noch die Formulierung „erheblich oder nachhaltig" verwendet.[342] Nunmehr geht der Gesetzgeber davon aus, dass eine erhebliche Beeinträchtigung Nachhaltigkeit beinhaltet.[343] Bei dem Tatbestandsmerkmal „erheblich" handelt es sich um einen unbestimmten Rechtsbegriff,[344] was zur Folge hat, dass in der naturschutzfachlichen Praxis die Ansichten dazu, wann die Erheblichkeitsschwelle erreicht ist, divergieren. Jedenfalls muss die Beeinträchtigung ganz im Sinne eines vorsorgenden Umweltschutzes nach Art, Umfang und Schwere im Verhältnis zur ökologischen Qualität des betroffenen Naturhaushalts von Gewicht sein.[345] Je empfindlicher das jeweilige Ökosystem und je schutzwürdiger die betroffenen Bestandteile des Naturhaushalts sind,

---

[337] *Lütkes*, in: Lütkes/Ewer, BNatSchG, § 14 Rn. 13.

[338] *Gellermann*, in: Landmann/Rohmer, BNatSchG, § 14 Rn. 13.

[339] *Gellermann*, in: Landmann/Rohmer, BNatSchG, § 14 Rn. 13.

[340] Allein zwischen 2010 und 2021 haben ca. 40.000 Betriebe aufgegeben, sodass ca. 200.000 ha Nutzfläche verloren gegangen ist, vgl. https://www.destatis.de/DE/Themen/Branchen-Unternehmen/Landwirtschaft-Forstwirtschaft-Fischerei/Feldfruechte-Gruenland/Tabellen/flaechen-hauptnutzungsarten.html (zuletzt aufgerufen am 28.01.2023).

[341] *Gellermann*, in: Landmann/Rohmer, BNatSchG, § 14 Rn. 16.

[342] Vgl. § 8 Abs. 1 BNatSchG 1998.

[343] BT-Drs. 14/6378, S. 48.

[344] *Guckelberger*, in: Frenz/Müggenborg, BNatSchG, § 14 Rn. 28 m. w. N.

[345] OVG Magdeburg, Urt. v. 31.01.2018 – 2 L 56/16, NuR 2018, 566 [569].

desto schneller ist die Intensitätsschwelle überschritten.[346] Dies ist etwa bei der Umwandlung von Dauergrünland, auch bei der Umwandlung von artenarmen Intensivgrünland der Fall, da diese aufgrund ihrer vielfältigen ökologischen Funktionen – Dauergrünland dient als Erosionsschutz bzw. Kohlenstoffspeicher – in wichtigen Leistungen und Funktionen nach § 1 Abs. 3 Nr. 2 und 4 BNatSchG beeinträchtigt werden und folglich erheblich sind.[347] Als Maßstab für die Bewertung der Erheblichkeit einer Beeinträchtigung kann seit dem 03.06.2020 § 6 Abs. 1 und 2 i. V. m. Anlage 1 BKompV[348] herangezogen werden. Dort wurden für die Erfassung und Bewertung der Schutzgüter Tiere, Pflanzen, Boden, Wasser, Klima, Luft und Landschaftsbild jeweils eigene Anforderungen formuliert und die Bedeutung von Funktionen in sechs verschiedene Stufen (sehr gering bis hervorragend) unterteilt. So müssen für die Erfassung und Bewertung des Bodens vorhandene Bodenfunktionen/-daten und weitere Datengrundlagen im Hinblick auf die Eigenschaften von Böden zur Einschätzung der Bodenfunktionen, z. B. Bodenart, bestehende Versiegelungen/Überschüttungen oder bestehende Verdichtungen ausgewertet werden. Insofern wird den Böden eine sehr geringe Bedeutung zuerkannt, wenn die Fläche versiegelt oder befestigt ist, wohingegen Böden mit hervorragender Ausprägung der natürlichen Bodenfunktionen, Regler- und Speicherfunktion, Filter- und Pufferfunktion und der natürlichen Bodenfruchtbarkeit auch eine „hervorragende Bedeutung" haben, vgl. Anlage 1 BKompV.

3. Fazit

Der sich aus der Eingriffswirkung und Eingriffshandlung zusammensetzende Eingriffstatbestand ist von vielen unbestimmten Rechtsbegriffen geprägt. Dies kann in der Praxis einerseits von Vorteil sein, da so zum Beispiel das Überschreiten der Erheblichkeitsschwelle unter Würdigung der Gesamtumstände vor Ort bestimmt werden kann. Andererseits bietet dieser den unteren Naturschutzbehörden gewährte Ermessensspielraum Raum für Konflikte mit den Landwirten, die sich gerade bei „kleineren Eingriffen" – etwa die Erstaufforstung eines 0,74 ha großen

---

[346] Daher sind Beeinträchtigungen in Biotopen, gesetzlich oder durch Ausweisung geschützten Gebieten und auf FFH-Gebieten eher erheblich, vgl. *Gellermann*, in: Landmann/Rohmer, Umweltrecht, Bd. 2, BNatSchG, § 14 Rn. 17.

[347] *Möckel*, NuR 2016, 814 [816].

[348] Verordnung über die Vermeidung und Kompensation von Eingriffen in Natur und Landschaft im Zuständigkeitsbereich der Bundesverwaltung (Bundeskompensationsverordnung – BKompV) vom 14. Mai 2020 (BGBl. I S. 1088). Die BKompV findet gem. §1 Abs. 1 S. 1 BKompV nur Anwendung, soweit die Vorschriften der §§ 13 ff. BNatSchG betreffend Eingriffe in Natur und Landschaft ausschließlich durch die Bundesverwaltung durchgeführt werden.

als FFH-Gebiet eingestuften Gebiets[349] – gegen naturschutzrechtliche Anordnungen wehren, da unklar ist, wo die Erheblichkeitsschwelle überschritten wird, bzw. ab wann ein Eingriff erheblich ist. Bei den angesprochenen FFH-Lebensraumtypen ist meist eindeutig, wann die Schwelle überschritten ist, da sich die unteren Naturschutzbehörden an der Fachkonvention zur Bestimmung der Erheblichkeit für FFH-Lebensraumtypen[350] orientieren können. Demnach liegt beispielsweise eine erhebliche Beeinträchtigung eines natürlichen Lebensraumes nach Anhang I FFH-RL in der Regel vor, wenn aufgrund der projekt- oder planbedingten Wirkungen die Fläche, die der Lebensraum in dem FFH-Gebiet aktuell einnimmt, nicht mehr beständig ist, sich verkleinert oder sich nicht entsprechend den Erhaltungszielen ausdehnen oder entwickeln kann.[351] Eine vergleichbare Begriffsdefinition enthält die Fachkonvention etwa für die erhebliche Beeinträchtigung von Arten, wobei im Folgenden zu den Begriffsdefinitionen auch Vorschläge für die konkrete Anwendung im Einzelfall gemacht werden. Auch wenn die Fachkonvention nicht dazu in der Lage ist, Konflikte mit Landwirten bei deren Anwendung vollständig zu vermeiden, ist sie für die unteren Naturschutzbehörden doch eine Auslegungshilfe bei der Anwendung von unbestimmten Rechtsbegriffen sowie deren Überprüfung durch die Gerichte. Gleichzeitig kommen die „Schwellenwerte" der Natur zugute, da so einheitliche Mindeststandards für das Vorliegen des Eingriffstatbestands normiert sind, sodass die Intensität der Überprüfung unabhängiger von der Personalsituation oder „Einstellung" der unteren Naturschutzbehörde wird. Insofern ist es als positiv zu bewerten, dass der Gesetzgeber am 14.05.2020 die Bundeskompensationsverordnung zur Konkretisierung der unbestimmten Rechtsbegriffe der naturschutzrechtlichen Eingriffsregelung erlassen hat. Indem sie die wesentlichen Schlüsselbegriffe sowohl des Tatbestands als auch der Rechtsfolgenseite konkretisiert, erleichtert sie behördliche Entscheidungen auf Grundlage des Eingriffstatbestandes. Die Bundeskompensationsverordnung sollte daher als Vorbild für weitere Konkretisierungen von unbestimmten Rechtsbegriffen des Bundesnaturschutzgesetzes dienen.

---

[349] Im konkreten Fall wollte der Kläger die Erlaubnis für die Erstaufforstung für einen 0,74 ha großen Teil seines Grundstücks, das er bisher als Obstgarten bewirtschaftete, erreichen. Nachdem das streitige Gebiet als Lebensraumtyp i. S. d. Anhangs I der FFH-RL eingeordnet war, wurde die Erlaubnis mit der Begründung versagt, dass die Erstaufforstung eine erhebliche Beeinträchtigung des Erhaltungszustandes darstellt und damit gem. § 33 Abs. 1 S. 1 BNatSchG unzulässig ist, vgl. VG Bayreuth, Urteil v. 24.07.2018 – B 1 K 16.309, BeckRS 2018, 28265.
[350] *Lambrecht & Trautner*, Fachkonvention zur Bestimmung der Erheblichkeit.
[351] *Lambrecht & Trautner*, Fachkonvention zur Bestimmung der Erheblichkeit, S. 28.

II. Eingriffsfolgen

Liegen die Tatbestandsvoraussetzungen des § 14 Abs. 1 BNatSchG vor, schließt sich das durch §§ 13, 15 BNatSchG vorgegebene Prüfprogramm (Stufenverhältnis) an, welches die Rechtsfolgen des Eingriffs bestimmt.[352]

1. § 15 Abs. 1 BNatSchG – Die erste Stufe der Rechtsfolgenkaskade

§ 15 Abs. 1 BNatSchG konkretisiert den in § 13 S. 1 BNatSchG enthaltenen allgemeinen Grundsatz, dass erhebliche Beeinträchtigungen vorrangig zu vermeiden sind. Auf der 1. Stufe ist der Verursacher verpflichtet vermeidbare Beeinträchtigungen von Natur und Landschaft zu unterlassen, vgl. § 15 Abs. 1 S. 1 BNatSchG (sog. Vermeidungsgebot). Dies sind Beeinträchtigungen nach Satz 2 bzw. § 3 Abs. 2 S. 1 BKompV dann, wenn zumutbare Alternativen, den mit dem Eingriff verfolgten Zweck am gleichen Ort ohne oder mit geringeren Beeinträchtigungen von Natur und Landschaft zu erreichen, gegeben sind. Das Vermeidungsgebot ist Ausdruck des Bestandsschutzprinzips, welches wiederum ein Teil des Vorsorgeprinzips ist und darauf abzielt Umweltbelastungen primär zu vermeiden und erst sekundär eine Beseitigung der Folgen anstrebt.[353] Das Vermeidungsgebot ist als verpflichtende Regelung ausgestaltet, was dadurch belegt wird, dass nicht vermeidbare Beeinträchtigungen zu begründen sind (Satz 3).[354] Gleichzeitig ist das Vermeidungsgebot auch Ausdruck des Verursacherprinzips, indem der Verursacher des Eingriffs der Adressat des Vermeidungsgebots ist.[355] Das Vermeidungsgebot ist bisher vor allem in der Bauleitplanung relevant.[356]

2. § 15 Abs. 2 BNatSchG – Die zweite Stufe der Rechtsfolgenkaskade

Sind Beeinträchtigungen nicht vermeidbar, ist der Verursacher gem. § 15 Abs. 2 S. 1 BNatSchG verpflichtet, diese durch Maßnahmen des Naturschutzes und der Landschaftspflege entweder auszugleichen (Ausgleichsmaßnahmen) oder zu ersetzen (Ersatzmaßnahmen). Durch den eindeutigen Wortlaut der Norm („verpflichtet"), wird zum Ausdruck gebracht, dass es sich um striktes Recht handelt und die Norm nicht einer Abwägung zugänglich ist.[357] Ausgleichs- oder Er-

---

[352] *P. Fischer-Hüftle/A. Schumacher*, in: Schumacher/Fischer-Hüftle, BNatSchG, § 15 Rn. 3.
[353] Vgl. die Ausführungen zum Vorsorgeprinzip unter 1. Kapitel § 3 B.
[354] BVerwGE 75, 214 [257]; *Kloepfer*, Umweltrecht, § 12 Rn. 208 ff.
[355] Zum Verursacherprinzip, vgl. die Ausführungen unter § 3 A.
[356] Dieses ist über § 1a Abs. 3 S. 1 BauGB im Rahmen der Abwägung nach § 1 Abs. 7 BauGB zu berücksichtigen; zu diesem sind in jüngerer Vergangenheit einige Entscheidungen ergangen, vgl. etwa BVerwG, Beschl. v. 26.11.2020 – 4 BN 33.20; BVerwG, Beschl. v. 19.09.2014 – 7 B 6/14.
[357] *Berchter*, S. 93 m. w. N.

satzmaßnahmen können durch Maßnahmen des Naturschutzes und der Landschaftspflege erfolgen, sodass nur eine physisch-reale und keine finanzielle Kompensation möglich ist.[358] Geeignete Flächen für Kompensationsmaßnahmen können nur ökologisch minderwertige sein – bereits ökologisch wertvolle Flächen (Biotope etc.) scheiden aus[359] – bei denen Maßnahmen des Naturschutzes und der Landschaftspflege noch zu einer ökologischen Verbesserung führen können.[360]

a. Ausgleichsmaßnahmen

Ausgeglichen ist eine Beeinträchtigung, wenn und sobald die beeinträchtigten Funktionen des Naturhaushalts in gleichartiger Weise wiederhergestellt sind und das Landschaftsbild landschaftsgerecht wiederhergestellt oder neu gestaltet ist (§ 15 Abs. 2 S. 2 BNatSchG). Erreicht ist ein gleichartiger Zustand, wenn eine Fläche, die in unmittelbarer Nähe zum Eingriffsort liegt (räumlicher Bezug)[361], bei qualitativer Betrachtung so aufgewertet wurde, dass Pflanzen- und Tierarten mit dem vorherigen Zustand in vergleichbarer Population vorhanden sind (funktionaler Zusammenhang).[362] Liegt eine Beeinträchtigung des Landschaftsbildes vor, darf die Beeinträchtigung optisch nicht mehr wahrnehmbar sein oder zumindest die wesentlichen Funktionsparameter der optischen Wahrnehmung weitestgehend angenähert sein.[363] Außerdem bringt der Gesetzestext durch die Formulierung „sobald" zum Ausdruck, dass die Beeinträchtigung in angemessener Frist ausgeglichen werden muss.[364] Die Meinungen dazu, wie lange dieser Zeitparameter währt reichen von einem „schnellstmöglichen Handeln"[365] bis zu einem Überschreiten der Angemessenheitsgrenze, sobald so viel Zeit zwischen Eingriff und Ausgleichsmaßnahme vergangen ist, dass die Zielsetzung der Ausgleichsmaß-

---

[358] *Guckelberger*, in: Frenz/Müggenborg, BNatSchG, § 15 Rn. 38; *Berchter*, S. 93 m. w. N.

[359] Es ist ausreichend, dass höherwertige Biotope innerhalb von fünf Jahren infolge des Eingriffs entstehen, vgl. § 9 Abs. 2 S. 2 Nr. 2 BKompV; für weitere Ausnahmen von der Kompensationsverpflichtung siehe § 9 Abs. 2 S. 2 BKompV.

[360] Zuletzt bestätigt für Ausgleichsmaßnahmen durch BVerwG, Beschl. v. 16.09.2021 – 4 BN 6.21, ZfBR 2022, 68; generell für Ausgleichs- und Ersatzmaßnahmen *Kloepfer*, Umweltrecht, § 12 Rn. 216 ff. m. w. N.

[361] BVerwG, Urt. v. 19.09.2014 – 7 B 6.14, NuR 2015, 38 [41]; BVerwG, Gerichtsbescheid v. 10.09.1998 – 4 A 35.97, NuR 1999, 103 [104].

[362] *P. Fischer-Hüftle/A. Schumacher*, in: *Schumacher/Fischer-Hüftle*, BNatSchG, § 15 Rn. 34, 41 f.; *Guckelberger*, in: Frenz/Müggenborg, BNatSchG, § 15 Rn. 69.

[363] *Agena/Dreesmann*, NuR 2009, 594 [602].

[364] Zusätzlich kann auf § 15 Abs. 4 S. 1 BNatSchG verwiesen werden.

[365] *Sparwasser/Wöckel*, NVwZ 2004, 1189 [1193]; *de Witt/Geismann*, Die naturschutzrechtliche Eingriffsregelung, 2011, S. 31.

nahme nicht mehr erreicht werden kann.[366] Als mögliche Ausgleichsmaßnahmen in der Landwirtschaft kommen etwa die Extensivierung von Grünland, ein doppelter Reihenabstand im Getreide oder Blüh- bzw. Randstreifen in Betracht.[367]

b. Ersatzmaßnahmen

Im Gegensatz dazu genügt es bei einer Ersatzmaßnahme eine Kompensationsfläche zu schaffen, welche die durch den Eingriff betroffenen Funktionen des Naturhaushalts in gleichartiger Weise wiederherstellt, das Landschaftsbild landschaftsgerecht wiederherstellt oder neu gestaltet, vgl. § 15 Abs. 2 S. 3 BNatSchG. Die bis zur BNatSchG-Novelle 2002 geltende Rechtsfolgen-Devise Vermeidung-Ausgleich-Abwägung und ggf. festgelegte Ersatzmaßnahmen durch die Länder, wurde 2002 insofern geändert, dass die Ersatzmaßnahmen mit den Ausgleichsmaßnahmen gleichgestuft wurden. Dadurch soll die Eingriffsregelung praktikabler und vollzugsfreundlicher werden sowie die Akzeptanz verbessert werden.[368] Kompensationsmaßnahmen gehen inhaltlich über Ausgleichsmaßnahmen hinaus. Zwar muss die Kompensationsmaßnahme auch in einer räumlich-funktionalen Beziehung zum Eingriff stehen, allerdings genügt es, dass die Ersatzmaßnahme in dem betroffenen Naturraum erfolgt.[369] Klassisches Beispiel für eine Ersatzmaßnahme ist die Ersatzpflanzung.[370] Werden am Rande eines bebauten Grundstücks etwa mehrere Weiden und Nussbäume gefällt, da diese die Bausubstanz zu verletzen drohen, kommt als Ersatzmaßnahme die Pflanzung von ökologisch wertvollen Bäumen an einer Stelle des Grundstücks in Betracht, wo keine Verletzung der Bausubstanz droht. Ferner kommt die Umstellung auf eine ökologische landwirtschaftliche Erzeugung als Ersatzmaßnahme in Betracht. Diese trägt zur Verbesserung der ökologischen Gesamtbilanz bei, erfüllt behördlich kontrollierte Be-

---

[366] BVerwG, Beschl. v. 16.03.1999 – 4 BN 17.98, ZfBR 1999, 349 [350]; ebenso *Lau*, NuR 2011, 762 [765].

[367] *Hentschke*, in: Dombert/Witt, Agrarrecht, § 14 Rn. 80.

[368] Vgl. BT-Drs. 14/6378, S. 49.

[369] BVerwG, Beschl. v. 07.07.2010 – 7 VR 2.10 (7 A 3.10), NuR 2010, 646 [647]; *Berchter*, S. 103; eine Lockerung im räumlich-funktionalen Bereich verlangt das OVG Lüneburg, Urt. v. 16.12.2009 – 4 LC 730/07, NuR 2010, 133 [135].

[370] Dazu im Kontext einer Baumschutzsatzung zuletzt, OVG Magdeburg, Beschl. v. 15.10.2019 – 2 L 37/18, NuR 2020, 57; zu Ersatzpflanzungen auf Grundlage des § 15 Abs. 2 BNatSchG, VG Mainz, Urt. v. 14.03.2019 – 1 K 508/18.MZ, NuR 2019, 570 [571 ff.]; OVG Magdeburg, Beschl. v. 14.01.2019 – 2 M 114/18, NuR 2019, 413 [415 f.]; VG Ansbach, Urt. v. 20.03.2013 – AN 11 K 12.02077, NuR 2013, 595 [596 f.].

wirtschaftungsauflagen und stimmt daher mit den Zielen und Grundsätzen des Naturschutzes und der Landschaftspflege des § 1 BNatSchG überein.[371]

c. Kompensation auf land- und forstwirtschaftlich genutzten Flächen

§ 15 Abs. 3 BNatSchG enthält ein spezielles Rücksichtnahmegebot in Hinblick auf agrarstrukturelle Belange bei der Inanspruchnahme von land- und forstwirtschaftlichen Flächen für Ausgleichs- und Ersatzmaßnahmen (sog. Agrarklausel). Agrarstrukturelle Belange sind insbesondere betroffen, wenn eine erhebliche Verminderung der land- oder forstwirtschaftlich genutzten Gesamtfläche oder eine wesentliche Veränderung der für die Land- oder Forstwirtschaft erforderlichen Infrastruktureinrichtungen zu erwarten sind, vgl. § 10 Abs. 1 S. 1 BKompV. Sinn und Zweck der Regelung ist nicht etwa eine Umgehung der Kompensationsverpflichtung, sondern zu vermeiden, dass Flächen aus der Nutzung genommen werden (Satz 2), wenn das Aufwertungspotential erschöpft ist bzw. die Fläche bereits ökologisch hochwertig ist.[372] Daher soll bei landwirtschaftlich genutzten Böden primär geprüft werden, ob nicht Maßnahmen zur Entsiegelung von Böden, der Wiedervernetzung von Lebensräumen oder durch Bewirtschaftungs- oder Pflegemaßnahmen, die der dauerhaften Aufwertung des Naturhaushalts oder des Landschaftsbildes dienen, in Betracht kommen.[373]

3. § 15 Abs. 5 und 6 BNatSchG – Die dritte und vierte Stufe der Rechtsfolgenkaskade

Ist eine Kompensation des Eingriffs weder nach der ersten noch der zweiten Stufe der Rechtsfolgenkaskade möglich – ergo liegt ein nicht vermeidbarer Eingriff vor und es kommt keine Ausgleichs- oder Ersatzmaßnahme in Betracht, die den Eingriff vollständig kompensiert – hat die Behörde gem. § 15 Abs. 5 BNatSchG im Rahmen einer echten Abwägung[374] über die Zulassung des Eingriffs zu entscheiden. In die Abwägung mit einbezogen werden die öffentlichen Interessen von Natur und Landschaft auf der einen Seite und die grundrechtliche geschützten Interessen des Eingriffsverursachers.[375] Zu berücksichtigende öffentliche Interessen sind das gesamte Naturschutzrecht und die Staatszielbestimmung Art. 20a GG.[376]

---

[371] *Agena/Dreesmann*, NuR 2009, 594 [595 f., 607].

[372] *Ekhardt/Hennig*, NuR 2013, 694 [697].

[373] *Ekhardt/Hennig*, NuR 2013, 694 [697].

[374] Diese ist gerichtlich nur eingeschränkt überprüfbar auf etwaige vorliegende Abwägungsfehler, vgl. BVerwGE 85, 348 [362].

[375] Düsing/Martinez/*Keller*, [BNatSchG] § 15 Rn. 34 f.

[376] Düsing/Martinez/*Keller*, [BNatSchG] § 15 Rn. 34 f.

Die Bedeutung der betroffenen Natur- oder Landschaftsteile bemisst sich nach den Zielen des § 1 BNatSchG. Entscheidend ist, dass die „Funktionalität" des Ökosystems gewahrt wird.[377] Der Abwägungsmaßstab wird durch die Schwere des Eingriffs bestimmt. Je weitreichender die Eingriffsfolgen für Natur und Landschaft sind, desto tragender müssen die für einen Eingriff sprechenden Belange sein.[378] Wird das Vorhaben nach einer Abwägung zugelassen, ist gem. § 15 Abs. 6 BNatSchG durch den Verursacher eine Ersatzzahlung zu leisten. Ganz im Sinne des Verursacherprinzips soll „Ersatz in Geld" bewirkt werden. Dort, wo Ausgleichs- und Ersatzmaßnahmen nicht durchgeführt werden können, dem Verursacher zumindest die Kosten anzulasten sind.[379] Bis zu dieser Rechtsfolgenstufe kommt es bei der Landwirtschaft jedoch selten. Meist können bereits Ausgleichsmaßnahmen nach § 15 Abs. 2 S. 2 BNatSchG den Eingriff kompensieren, indem intensiv landwirtschaftlich genutzte Grün- und Ackerflächen angesichts ihres begrenzten ökologischen Wertes aufwertungsfähig sind.[380]

III. Formale Voraussetzungen der Eingriffsprüfung

Liegt ein Eingriff i. S. d. § 14 Abs. 1 BNatSchG vor, ist für das Verfahren zur Durchsetzung der Rechtsfolgen § 17 BNatSchG heranzuziehen. Dieser unterscheidet grundsätzlich zwischen Eingriffen, die einer behördlichen Zulassung oder Anzeige bedürfen (Absatz 1) und denen, die das nicht voraussetzen (Absatz 3). Der als „Huckepackverfahren" bekannte Absatz 1 bestimmt, dass ein Eingriff, der nach anderen Rechtsvorschriften einer behördlichen Zulassung oder einer Anzeige an eine Behörde bedarf oder von einer Behörde durchgeführt wird, dass diese Behörde zugleich die zur Durchführung des § 15 BNatSchG erforderlichen Entscheidungen und Maßnahmen im Benehmen mit der für Naturschutz und Landschaftspflege zuständigen Behörde zu treffen hat. Dies gilt nur, soweit nicht nach Bundes- oder Landesrecht eine weiter gehende Form der Beteiligung vorgeschrieben ist oder die für Naturschutz und Landschaftspflege zuständige Be-

---

[377] *Ballschmidt-Boog/Janssen*, NuR 1998, 362 [363]; für die hohe Funktionalität eines Ökosystems spricht eine hohe Biodiversität oder die Natürlichkeit der Naturnähe eines Gebiets.

[378] *Mühlbauer*, in: Lorz/Konrad/Mühlbauer/Müller-Walter/Stöckel, BNatSchG, § 15 Rn. 33.

[379] Auch wenn die Ersatzzahlung auf der letzten Stufe der Rechtsfolgenkaskade steht, wird diese teilweise kritisch gesehen, vgl. *Kloepfer*, Umweltrecht, § 12 Rn. 239 f.; *Ronellenfitsch*, NuR 1986, 284 [287 f.]; *Gassner* hält die Regelung gar sowohl im Hinblick auf den Gleichheitsgrundsatz als auch das rechtsstaatliche Bestimmtheitsgebot für verfassungswidrig, vgl. DVbl. 2011, 1268 [1273 f.].

[380] BVerwG, Urt. v. 24.03.2011 – 7 A 3.10, NuR 2011, 501 [502]; BVerwG, Beschl. v. 07.07.2010 – 7 VR 2.10 (7 A 3.10), NuR 2010, 646 [647]; *Guckelberger*, in: Frenz/Müggenborg, BNatSchG, § 15 Rn. 69.

hörde selbst entscheidet. Mit anderen Worten ist für die Feststellung von Rechtsfolgen bei Vorliegen eines Eingriffs die Behörde zuständig, die über die Zulassung von Vorhaben nach anderen Rechtsvorschriften (z. B. der Anspruch der Genehmigung von Anlagen nach §§ 4 ff. BImSchG[381]) entscheidet.[382] Daraus folgt, dass es für die Anwendung des Huckepackverfahrens einer sog. Eröffnungskontrolle durch die Naturschutzbehörde bedarf, aus der hervorgeht, dass ein zulassungs- und anzeigepflichtiger Eingriff i. S. d. § 14 Abs. 1 BNatSchG vorliegt.[383] Wird hingegen ein Eingriff in Natur und Landschaft nicht durch eine Behörde durchgeführt und ist für diesen nach anderen Rechtsvorschriften keine behördliche Zulassung oder Anzeige vorgeschrieben, muss der Eingriffsverursacher zumindest das Vorhaben ex post anzeigen oder dessen Zulassung beantragen, vgl. § 17 Abs. 3 S. 1, 2 BNatSchG. Soweit die Voraussetzungen des § 15 BNatSchG erfüllt sind, hat die Naturschutzbehörde oder die ggf. entscheidungsbefugte Fachbehörde gem. § 17 Abs. 3 S. 3 BNatSchG die Genehmigung zu erteilen. Allerdings ist die entscheidungsbefugte Behörde gem. § 17 Abs. 4 BNatSchG darauf angewiesen, dass der Verursacher des Eingriffs ihr die zur Beurteilung des Eingriffs erforderlichen Angaben macht. Folglich nimmt die Behörde ohne diese Angabe keine Eingriffsprüfung vor. Wird ein Eingriff ohne die erforderliche Zulassung oder Anzeige vorgenommen, steht der Behörde nach § 17 Abs. 8 S. 1 BNatSchG die Möglichkeit der Untersagung des vorgenommenen Eingriffs zu, welche bei Missachtung bußgeldbewehrt gem. § 69 Abs. 3 Nr. 2 BNatSchG ist. Sekundär ist auch eine Legalisierung des Eingriffs gem. § 17 Abs. 8 S. 2 BNatSchG mittels einer Anordnung von Maßnahmen nach § 15 BNatSchG oder die Wiederherstellung des früheren Zustandes möglich. Dies gehört „zu den typischen Maßnahmen, die bei einer rechtwidrigen Zerstörung, Beschädigung oder Veränderung von Natur oder Landschaft getroffen werden können".[384]

IV. Fazit

Insbesondere die Rechtsfolgenseite der naturschutzrechtlichen Eingriffsregelung lässt durch das dargestellte Stufensystem des § 15 BNatSchG eine klare Struktur erkennen. Vor allem vereint die Rechtsfolgenseite Vorsorge- und Verursacher-

---

[381] *Siegel*, in: Frenz/Müggenborg, BNatSchG, § 17 Rn. 8.
[382] BT-Drs. 16/12274 S. 59.
[383] *Guckelberger/Singler*, NuR 2016, 1 [2] m. W. n.
[384] OVG Lüneburg, Beschl. v. 02.02.2022 – 4 ME 231/21 –, NuR 2022, 645 [654]; unter den Begriff der Maßnahmen gem. § 15 BNatSchG gehört nicht die Ersatzzahlung nach § 15 Abs. 6 BNatSchG, dazu zuletzt VG Frankfurt (Oder), Urt. v. 22.04.2022 – 5 K 1786/18 –, NuR 2022, 732 [734].

prinzip in einer derartigen Art und Weise, dass für den Eingriffsverursacher erkennbar ist, dass er einen Eingriff begangen hat und welche Rechtsfolgen ihn aufgrund des Eingriffs erwarten. Auch das Verfahren zur Durchführung der Rechtsfolgen des § 15 BNatSchG ist vom Gedanken der „Verfahrensökonomie" geprägt und ist daher grundsätzlich nicht zu kritisieren. Weniger gelungen hingegen ist der Eingriffstatbestand. Während die Eingriffshandlungen noch hinreichend bestimmt formuliert sind, führt der unbestimmte Rechtsbegriff der „erheblichen Beeinträchtigung" letztendlich nur zu Konflikten zwischen anwendender Behörde und dem Betroffenen (Landwirt). In der Praxis kommt es trotz der genau festgelegten Kompensationsmaßnahmen zu Vollzugsdefiziten. So werden in der Landwirtschaft maximal drei Viertel der Maßnahmen umgesetzt und nur knapp die Hälfte der Maßnahmen weisen eine mittlere bis gute Qualität bei der Herstellung auf, zudem erfuhren nicht einmal ein Viertel der Maßnahmen eine ausreichende Pflege.[385]

B. Die Privilegierung der Landwirtschaft

Das beschriebene Eingriffs- bzw. Kompensationssystem gilt (meist) nicht für die Landwirtschaft. Dabei enthält § 14 Abs. 2 BNatSchG zwei eigenständige Aussagen. Gemäß Satz 1 stellt die land-, forst- und fischereiwirtschaftliche Bodennutzung keinen Eingriff dar, soweit die Ziele des Naturschutzes und der Landschaftspflege berücksichtigt werden und verhindert so ein Eingreifen des Rechtsfolgenregimes des § 15 BNatSchG (sog. Freistellungsklausel[386]). Satz 2 enthält die Vermutung, dass die landwirtschaftliche Bodennutzung in der Regel den Zielen des Naturschutzes und der Landschaftspflege nicht widerspricht, wenn die sich aus § 5 Abs. 2-4 BNatSchG ergebenden Anforderungen, die Anforderungen aus § 17 Abs. 2 BBodSchG und dem Recht der Land-, Forst- und Fischereiwirtschaft ergebenden Anforderungen an die gute fachliche Praxis eingehalten werden. Entspricht eine Maßnahme einer der genannten Anforderungen nicht, liegt ein Eingriff vor.[387]

---

[385] *SRU*, Sondergutachten Naturschutz, BT-Drs. 14/9852, S. 130.
[386] *Lau*, NuR 2011, 680 [683].
[387] BVerwGE 156, 94 [98 ff.]; eine Maßnahme kann aber auch dann schon Eingriffsqualität besitzen, wenn sie über die in § 5 Abs. 2 BNatSchG gestellten Anforderungen hinausgeht. Dies gilt etwa für einen Grünlandumbruch an anderen als den in § 5 Abs. 2 Nr. 5 BNatSchG aufgezählten Standorten. Ein den Umbruch durchführender Landwirt kann sich nicht auf die sog. Landwirtschaftsklausel § 14 Abs. 2 BNatSchG berufen, vgl. BayVGH, Beschl. v. 02.02.2016 – 14 ZB 15.147, ZUR 2016, 308.

I. Hintergrund und Inhalt der Privilegierung

Als Vorgängerregelung zu § 14 Abs. 2 BNatSchG enthielt § 8 Abs. 7 BNatSchG 1976[388] noch ein „echtes" Agrarprivileg, wonach die ordnungsgemäße landwirtschaftliche Bodennutzung[389] i. S. d. BNatSchG 1976 pauschal nicht als Eingriff in Natur und Landschaft anzusehen war. Seit der Neufassung durch das Dritte BNatSchÄndG von 1998 gibt es die Privilegierung nur noch in abgeschwächter Form, nunmehr normiert in § 14 Abs. 2 BNatSchG.

1. Landwirtschaftliche Bodennutzung

Notwendig für die Privilegierung ist zunächst eine landwirtschaftliche Bodennutzung. Diese begünstigt nur die „tägliche Wirtschaftsweise" des Landwirts,[390] worunter nicht der Wechsel zwischen den unterschiedlichen Arten der Bodennutzung, Maßnahmen der Bodengewinnung sowie die erstmalige Begründung einer landwirtschaftlichen Bodennutzung fallen.[391] Vielmehr soll die großflächige Urproduktion (Ackerbau, Wiesen- und Weidewirtschaft) erfasst werden. Diese ist nicht nur charakteristisch für die Landschaft, sondern auch flächendeckend von der Eingriffsregelung betroffen.[392] Was sich am Merkmal „tägliche Wirtschaftsweise" kritisieren lässt, ist, dass es sich dem Begriff der landwirtschaftlichen Bodennutzung nicht per se entnehmen lässt und für sich allein betrachtet auch zu unbestimmt ist.[393] Dies allein spricht aber nicht gegen die Beschränkung auf die „tägliche Wirtschaftsweise". Denn unbestimmte Rechtsbegriffe sind zulässig, soweit sie mit den gängigen Auslegungsmethoden konkretisierbar sind.[394] Die Rechtsprechung behilft sich dabei mit dem Katalog des § 201 BauGB und nimmt als Indiz für eine Nutzungsänderung einen Wechsel der in § 201 BauGB aufgezählten Nutzungsunterarten an.[395] Daraus lässt sich folgern, dass das Merkmal der „täglichen Wirtschaftsweise" hinreichend konkretisierbar ist und damit auch nur

---

[388] BGBl. I S. 3576.

[389] Zum Begriff der ordnungsgemäßen landwirtschaftlichen Bodennutzung siehe 2. Kapitel § 4 C I.

[390] So die Ansicht der Rspr., z. B. zuletzt BVerwG, Urt. v. 13.06.2019 – 4 C 4/18, NVwZ-RR, 896 und der überwiegenden Literatur, vgl. *Lütkes*, in: Lütkes/Ewer, BNatSchG, § 14 Rn. 30.; a. A. sind dagegen Insb. *Guckelberger*, in: Frenz/Müggenborg, BNatSchG, § 14 Rn. 59; *Werner*, Die Landwirtschaftsklauseln, S. 163 ff.

[391] Vgl. etwa BVerwGE 67, 93 [94]; BVerwGE 85, 348 [355 f.].

[392] *P. Fischer-Hüftle/D. Czybulka*, in: Schumacher/Fischer-Hüftle, BNatSchG, § 14 Rn. 59.

[393] Dies sind hauptsächlich die Gegenargumente der Literatur, vgl. *Guckelberger*, in: Frenz/Müggenborg, BNatSchG, § 14 Rn. 59; *Werner*, Die Landwirtschaftsklauseln, S. 163.

[394] Vgl. 1. Kapitel § 2 C.

[395] BVerwG, Urt. v. 13.06.2019 – 4 C 4/18, NVwZ-RR, 896 [897 Rn. 21].

diese als „Bodennutzung" i. S. d. § 14 Abs. 2 S. 1 BNatSchG zu verstehen ist. Eine tägliche Wirtschaftsweise bedeutet nicht, dass der Landwirt täglich die naturschutzrechtlich relevante Tätigkeit ausüben muss, sondern diese Tätigkeiten zu seiner alltäglichen, gewöhnlichen Wirtschaftsweise (z. B. Pflegearbeiten am natürlichen Bewuchs[396]) gehören.[397] Die Grenze ist etwa dort erreicht, wo eine Weidewirtschaft, die unmittelbar auf die Bodenertragsnutzung zur Schafhaltung ausgerichtet ist, zu Ackerland umgebrochen wird, da es nicht zur „täglichen Wirtschaftsweise" eines sog. Wanderschäfers gehört, Wiesen umzubrechen, die als Futtergrundlage für seine Schafe dienen.[398]

2. Berücksichtigung der Ziele des Naturschutzes

Zudem muss die landwirtschaftliche Bodennutzung die Ziele des Naturschutzes und der Landschaftspflege berücksichtigen. Das verlangt – anders als man nach dem Wortlaut vermuten könnte – keine verbindliche Einhaltung der Ziele des Naturschutzes und der Landschaftspflege im Sinne einer Berücksichtigungspflicht,[399] sondern nur deren Kenntnisnahme und Entscheidungseinbindung.[400] Deutlich werden die Folgen dieser Regelvermutung, wenn eine Maßnahme nicht den Anforderungen des § 5 Abs. 2 bis 4 BNatSchG entspricht. Daraus ergeben sich zwei problematische Folgen, welche zu erheblichen Diskussionen in der Literatur über die Ausgestaltung des § 14 Abs. 2 BNatSchG (bzw. des § 5 Abs. 2 BNatSchG) geführt haben.[401] Einerseits wirkt sich die schon unter der guten fachlichen Praxis des § 5 Abs. 2 BNatSchG diskutierte Unvollständigkeit der dort enthaltenen Grundsätze aus, wenn die dort enthaltenen Anforderungen (teilweise) keinen Bezug zum Tatbestand der Gestalt- oder Nutzungsänderung i. S. v. § 14 Abs. 1 BNatSchG haben. Andererseits muss durch die Behörde dargelegt werden, dass die Maßnahme zu einer erheblichen Beeinträchtigung von Naturhaushalt oder Landschaftsbild führen kann, was sich nicht notwendigerweise mit

---

[396] *Werner*, Die Landwirtschaftsklauseln, 2000, S. 164; das Verständnis von der täglichen Wirtschaftsweise hat sich im Laufe der Zeit gewandelt, so kann mittlerweile auch der Einsatz von Drohnen oder anderem technischen Gerät im Einzelfall der täglichen Wirtschaftsweise zugerechnet werden, vgl. VGH Mannheim, NuR 2021, 208 [211].

[397] BVerwG, Urteil vom 18. Juni 1997 – 6 C 3.97, BayVbl. 1998, 440; *Kerkmann/Koch*, in: ders./Fellenberg, Naturschutzrecht in der Praxis, § 5 Rn. 33.

[398] BayVGH, Beschl. v. 02.02.2016, 14 ZB 15.147, BayVbl. 2016, 595 [597].

[399] Zu diesen vgl. die Ausführungen zu § 1 BNatSchG.

[400] *Möckel*, NuR 2012, 225; siehe dazu ausführlich auch schon unter § 5 Abs. 1 BNatSchG.

[401] Zu dieser Diskussion ausführlich unter 2. Kapitel § 6 B. I/III.

der Nichterfüllung der Anforderungen des § 5 Abs. 2 bis 4 BNatSchG einhergeht.[402]

II. Normative Vollzugsprobleme der Privilegierung des § 14 Abs. 2 BNatSchG

1. Vereinbarkeit mit der Verfassung

Der naturschutzrechtlichen Eingriffsregelung des §§ 13, 14 BNatSchG liegt als tragende Säule das Verursacherprinzip[403] zugrunde. Gerade § 13 BNatSchG zeigt, dass das Verursacherprinzip nicht nur für nachträgliche Ausgleichs- oder Ersatzmaßnahmen oder die Kostenzurechnung relevant wird, wenn es bereits zu einer Umweltbelastung gekommen ist. Vielmehr sollen Umweltbelastungen primär vermieden bzw. vermindert werden und erst sekundär auf die materielle Verantwortlichkeit abgestellt werden.[404] § 14 Abs. 2 BNatSchG stellt allerdings eine Verursachergruppe – nämlich die der Land-, Forst- und Fischereiwirtschaft – vom Verursacherprinzip frei. Das lässt daran zweifeln, ob die Sonderregelung mit Art. 3 Abs. 1, 20a GG vereinbar ist.

a. Verstoß gegen Art. 3 Abs. 1 GG

Nach dem allgemeinen Gleichbehandlungsgrundsatz des Art. 3 Abs. 1 GG sind alle Menschen vor dem Gesetz gleich. Gerade im Umweltrecht wird bei der Berücksichtigung des Gleichheitssatzes nicht „Gleichmacherei" angestrebt, sondern – im Hinblick auf das Verursacherprinzip – „die gerechte Verteilung von Verantwortung, d. h. Rechten und Pflichten."[405] Indem § 14 Abs. 2 BNatSchG den Landwirten eine Sonderstellung gegenüber anderen Eingriffsverursachern zukommen lässt, könnte darin ein Verstoß gegen Art. 3 Abs. 1 GG begründet sein.

aa. Schutzgehalt des Art. 3 Abs. 1 GG

Im Gegensatz zu Freiheitsgrundrechten wie Art. 14 Abs. 1 GG gewährleistet Art. 3 Abs. 1 GG nicht einen bestimmten Gegenstand (z. B. Eigentum), sondern die Gleichbehandlungspflicht für alle Träger öffentlicher Gewalt in Bezug auf andere. Insofern ist ein Vergleichspaar zu bilden (eine Ausgangsgruppe und eine

---

[402] Diese Folge ist jedoch nicht unstrittig. Die hier vertretene Sichtweise wird v. a. in der Literatur vertreten, vgl. *P. Fischer-Hüftle/D. Czybulka*, in: Schumacher/Fischer-Hüftle, BNatSchG, § 14 Rn. 63; So ist das BVerwG der Ansicht, dass bei Nichterfüllung der Voraussetzung ein Eingriff vorliegt, vgl. BVerwGE 156, 94 [98 f.]; ebenso VG Oldenburg, Urt. v. 30.08.2017 – 5 A 2892/14 = NuR 2017, 795 [796].

[403] Zum Verursacherprinzip siehe 1. Kapitel § 3 A.

[404] Auf das Verursacherprinzip i. R. d. Eingriffsregelung eingehend *Schlacke*, Umweltrecht, S. 56 f.; *Berchter*, S. 27 f.

[405] *Möckel*, DVBl. 2003, 488 [489].

Bezugs- oder Referenzgruppe), das zwar vergleichbar, aber nicht identisch sein muss.[406] Bei § 14 Abs. 2 BNatSchG stellen die beiden Vergleichsgruppen die Landwirtschaft auf der einen und ein nicht der Landwirtschaft zuzuordnender Eingriffsverursacher – für den § 14 Abs. 1 BNatSchG gilt – auf der anderen Seite dar.

bb. Ungleichbehandlung der Vergleichsgruppen

Während § 14 Abs. 1 BNatSchG dazu dient Gefahren für die Leistungs- und Funktionsfähigkeit des Naturhaushalts zu verhindern und in der Folge den Verursacher des Eingriffs zur Folgenkompensation heranzieht (§ 15 BNatSchG), werden durch die Privilegierung der Landwirtschaft in § 14 Abs. 2 BNatSchG „Verursachergruppen" gebildet. Auf der einen Seite die der nicht in der Landwirtschaft tätigen Verursacher, auf der anderen Seite die der Landwirte, die unter bestimmten Voraussetzungen nicht mehr als Verursacher gewertet werden. Dementsprechend liegt eine Ungleichbehandlung der Vergleichsgruppen vor.

cc. Rechtfertigung

Ungleichbehandlungen sind nach Art. 3 Abs. 1 GG dann zulässig, wenn dafür ein „hinreichend gewichtiger Grund" (= Sachgrund, Differenzierungsgrund) vorhanden ist.[407] Dabei kommt dem Gesetzgeber ein Einschätzungsspielraum zu „welche Merkmale beim Vergleich von Lebenssachverhalten er als maßgebend ansieht, um sie im Recht gleich oder verschieden zu behandeln."[408] Welche Maßstäbe bei der Beurteilung anzulegen sind, war lange Zeit umstritten. Ursprünglich hat das BVerfG die Willkürformel herangezogen, wonach Art. 3 Abs. 1 GG nur verletzt war, „wenn sich [bei der Ungleichbehandlung von wesentlichem Gleichem] ein vernünftiger, sich aus der Natur der Sache ergebender oder sonstwie sachlich einleuchtender Grund für die gesetzliche Differenzierung nicht finden lässt, kurzum, wenn die Bestimmung als willkürlich bezeichnet werden muss".[409] Im Jahr 1980 verabschiedete sich das BVerfG von der Willkürformel und etablierte die Neue Formel. Diese behielt zwar bei sachbezogenen Ungleichbehandlungen ein bloßes Willkürverbot bei, verlangt jedoch bei einer persönlichkeitsbezogenen Ungleichbehandlung eine Bindung an das Verhältnismäßigkeitsprinzip.[410] Indem § 14 Abs. 2 BNatSchG eine Verursachergruppe vom allgemeinen, abweichungsfesten

---

[406] Der Gleichheitssatz verlangt also nicht, dass jeder Mensch in jeder Hinsicht gleich zu behandeln ist, vgl. *Nußberger*, in: Sachs, Grundgesetz, Art. 3 Rn. 1 ff.

[407] BVerfGE 100, 138 [174]; *Jarass*, in: Jarass/Pieroth, GG-Kommentar, Art. 3 Rn. 18 m. w. N.

[408] BVerfGE 103, 242 [258].

[409] BVerfGE 1, 14 [52].

[410] BVerfGE 88, 87 [96 f.]; st. Rspr., vgl. BVerfGE 138, 136 [181 Rn. 122].

Grundsatz des § 13 BNatSchG freistellt, bedarf es einer am Verhältnismäßigkeitsprinzip orientierten Verhältnismäßigkeitsprüfung. Die Ungleichbehandlung ist gerechtfertigt, wenn gewichtige Ziele von Verfassungsrang für die Freistellung sprechen, die Freistellung für das Erreichen der Ziele geeignet und erforderlich ist und das Gleichheitsgebot und andere Ziele von Verfassungsrang nicht unangemessen beeinträchtigt werden.[411]

(1) Notwendigkeit der Regelvermutung des § 14 Abs. 2 BNatSchG

Sinn und Zweck der Regelvermutung ist seit deren Einführung wirtschaftliche Entlastung der täglichen Urproduktion der Landwirte, indem von vornherein die Prüfung entfällt, ob überhaupt ein Eingriff vorliegt und damit auch nicht dessen Genehmigungs- und Anzeigepflicht geprüft werden muss.[412] Die Privilegierung der Landwirtschaft i. R. d. Eingriffsregelung wird durch die Grundrechte der Berufsfreiheit (Art. 12 Abs. 1 GG) sowie der Eigentumsfreiheit (Art. 14 Abs. 1 GG) geschützt und verfolgt insofern ein legitimes Ziel. Art. 12 Abs. 1 GG ermöglicht die freie Wahl des Arbeitsplatzes und der Ausbildungsstätte. Die Berufsfreiheit ist ein einheitliches Grundrecht, das sich aus der Berufswahlfreiheit und Berufsausübungsfreiheit zusammensetzt.[413] Ein Beruf ist anzunehmen bei jeder Tätigkeit, die „auf Dauer angelegt ist sowie der Schaffung und Aufrechterhaltung einer Lebensgrundlage dient".[414] Soweit landwirtschaftliche Betätigungen dauerhaft Erwerbszwecken dienen, sind sie daher von Art. 12 Abs. 1 GG geschützt.[415] Der verfassungsrechtliche Eigentumsschutz gewährleistet dem Grundrechtsträger Freiheit im vermögensrechtlichen Bereich und ermöglicht ihm daher eine eigenverantwortliche Gestaltung des Lebens.[416] Dies gilt nicht nur für die persönliche Freiheit, sondern auch für die wirtschaftliche Betätigungsfreiheit. Art. 14 GG enthält daher ein subjektiv-öffentliches Abwehrrecht gegen Eingriffe des Staates.[417] Die landwirtschaftliche Bodennutzung wird daher durch Art. 14 Abs. 1 GG geschützt, zumindest soweit landwirtschaftliches Bodeneigentum betroffen ist.[418] Die Privilegierung der Landwirtschaft nach § 14 Abs. 2 BNatSchG ist folglich

---

[411] BVerfGE 60, 123 [134]; 82, 126 [146]; 88, 87 [96]; 89, 15 [22]; 90, 46 [56]; 95, 267 [316 f.].
[412] BT-Drs. 13/6441, S. 51.
[413] BVerfGE 126, 112 [136].
[414] Siehe etwa BVerfGE 7, 377 [397]; 54, 301 [313]; 102, 197 [212]; 110, 304 [321]; 126, 112 [136].
[415] *Pitschel*, Die gute fachliche Praxis, S. 568; *Henneke*, Landwirtschaft und Naturschutz, S. 153; *Linden*, Gewässerschutz und landwirtschaftliche Bodennutzung, S. 87.
[416] Das Eigentumsgrundrecht enthält daher eine Institutsgarantie, vgl. BVerfGE 24, 367 [388].
[417] BVerfGE 30, 292 [344 f.]; 105, 17 [30]; 126, 112 [135 f.].
[418] *Axer*, AgrarR Beilage I/2000, 4.

Ausdruck der Eigentumsgarantie, indem diese die Ackernutzung von Anzeige- und Genehmigungspflichten freistellt und dem Landwirt eigenverantwortlich die Art und Weise der Bewirtschaftung überträgt. Zusammenfassend ist festzuhalten, dass gewichtige Ziele von Verfassungsrang für die Freistellung gem. § 14 Abs. 2 BNatSchG sprechen.

(2) Möglichkeit der Zielerreichung der Privilegierung allein durch das europäische Agrarbeihilfenrecht

Fraglich ist, ob die Regelung erforderlich ist, d. h. kein milderes, ebenso wirksames Mittel ersichtlich ist, das zumindest einen geringeren Eingriff in Art. 3 Abs. 1 GG darstellt.[419] Als milderes Mittel käme in Betracht die Freistellung der Landwirte in § 14 Abs. 2 BNatSchG abzuschaffen und die wirtschaftliche Entlastung der täglichen Urproduktion der Landwirte allein über die europäischen Agrarbeihilfen zu erreichen.[420] Diese Lösung wäre jedoch nicht gleich effektiv. Das Ziel der wirtschaftlichen Entlastung der Landwirte durch § 14 Abs. 2 BNatSchG ist nämlich nicht nur im Sinne einer finanziellen Entlastung zu verstehen – diese wird ja tatsächlich durch die europäischen Agrarbeihilfen erreicht – sondern auch, dass die Landwirte sich vollständig auf die Urproduktion konzentrieren können und ein übermäßiger behördlicher Vollzugsaufwand vermieden wird.[421] Die Erforderlichkeit der Regelung ist daher auch unter Berücksichtigung der gesetzgeberischen Einschätzungsprärogative zu bejahen.

(3) Angemessenheit des § 14 Abs. 2 BNatSchG – Einfluss einer naturverträglichen Landwirtschaft auf die Verhältnismäßigkeit

Entscheidend ist, ob § 14 Abs. 2 BNatSchG auch angemessen ist. An der Angemessenheit fehlt es, wenn die Gründe für die Freistellung und die damit verbundenen Vorteile für die Allgemeinheit nicht in einem angemessenen Verhältnis zu der nach Art. 3 Abs. 1 GG maßgeblichen Ungleichbehandlung stehen.[422] Argumente für ein angemessenes Verhältnis ergeben sich primär aus den grundrechtlichen Rechtspositionen der Landwirte, die sich ihrerseits auf Art. 12 Abs. 1 und Art. 14 Abs. 1 GG berufen können. Gegen ein angemessenes Verhältnis sprechen die bereits angesprochenen europäischen Agrarbeihilfen und anderen staatlichen

---

[419] *Jarass*, in: Jarass/Pieroth, GG-Kommentar, Art. 20 Rn. 119.

[420] Dazu ausführlich im 3. Kapitel.

[421] Vgl. insofern die Ausführungen in BT-Drs. 13/6441, S. 51: „entlastet damit das tägliche Wirtschaften des Land- und Forstwirts von behördlicher Reglementierung".

[422] BVerfGE 77, 84 [110 f.]; 81, 70 [91 f.]; 88, 145 [164]; kritisch zu dieser negativen Definition *Grzeszick*, in: Dürig/Herzog/Scholz, GG-Kommentar, Art. 20 Rn. 114 f.

Förderungen,[423] die im Vergleich zu anderen Berufsgruppen (z. B. Handwerk, Dienstleistung) einzigartig sind. Hinzukommt, dass der Gesetzgeber durch die Art und Weise der Ausgestaltung der Grundsätze der guten fachlichen Praxis nach § 5 Abs. 2 BNatSchG, welche letztendlich die Grundlage für die Privilegierung bilden, ein wirksames Steuerungsinstrument aus der Hand gegeben hat. Selbstverständlich ist es nachvollziehbar, dass die Landwirtschaft sich angesichts sinkender bewirtschafteter Flächen und der internationalen Konkurrenzsituation vollständig auf die Urproduktion konzentrieren sollte. Wenn jedoch andere Eingriffsverursacher einen Eingriff anzeigen und ggf. genehmigen lassen müssen, kann geringstenfalls erwartet werden, dass bei der landwirtschaftlichen Bodennutzung Grundsätze der guten fachlichen Praxis eingehalten werden, die so ausgestaltet sind, dass sie die Privilegierung auf eine naturverträgliche Landwirtschaft begrenzen können. Andernfalls ist eine Rechtfertigung des Eingriffs in Art. 3 Abs. 1 GG nicht möglich.

Dieser Annahme stehen auch nicht die Rechtspositionen der Landwirte aus Art. 12 Abs. 1, 14 Abs. 1 GG entgegen. Die Bindung der Privilegierung i. R. d. § 14 Abs. 2 BNatSchG an die Grundsätze der guten fachlichen Praxis wirkt sich jedenfalls nur mittelbar auf die berufliche Tätigkeit der Landwirte aus.[424] Die Grundsätze des § 5 Abs. 2 BNatSchG regulieren die Art und Weise der nichtstofflichen Bodennutzung. Diese erweisen sich lediglich als Berufsausübungsregeln, die zum einen mit der Verfassung im Einklang stehen müssen und zum anderen den Verhältnismäßigkeitsgrundsatz, der bei Eingriffen in die Berufsfreiheit durch die Drei-Stufen-Theorie[425] differenziert wird, nicht verletzen dürfen.[426] Nach der Drei-Stufen-Theorie wird der Freiheitsanspruch des Einzelnen umso stärker, „je mehr auf sein Recht auf freie Berufswahl eingewirkt wird", sodass reine Berufsausübungsregelungen bereits dann als verhältnismäßig anzusehen sind, wenn ver-

---

[423] Die europäischen Agrarbeihilfen setzen sich aus zwei Säulen zusammen, die eine staatliche Förderung an die Einhaltung diverser Kriterien knüpfen (z. B. die Einhaltung von Cross-Compliance Verpflichtungen), aber auch viele kleinere Förderprogramme der Bundesländer wie das Förderprogramm des Freistaates Bayern zur Erneuerung von Hecken und Feldgehölzen sowie zum Wiederaufbau von Steinmauern in Steillagen.

[424] *Dänicke*, Energiepflanzenanbau im Umwelt- und Agrarrecht, S. 137; *Hötzel*, Umweltvorschriften für die Landwirtschaft, S. 46; *Linden*, Gewässerschutz und landwirtschaftliche Bodennutzung, S. 88; *Pitschel*, Die gute fachliche Praxis, S. 569.

[425] Erstmals dazu BVerfGE 7, 377 [405 ff.].

[426] *Axer*, AgrarR Beilage I/2000, 4 [9 f.]; *Dänicke*, Energiepflanzenanbau im Umwelt- und Agrarrecht, S. 137; *Linden*, Gewässerschutz und landwirtschaftliche Bodennutzung, S. 90 f.; *Pitschel*, Die gute fachliche Praxis, S. 569; *Sparwasser/Engel/Voßkuhle*, Umweltrecht, § 6 Rn. 91.

nünftige Gemeinwohlerwägungen sie als zweckmäßig erscheinen lassen.[427] Die Grundsätze der guten fachlichen Praxis nach § 5 Abs. 2 BNatSchG haben spezifische Umweltschutzbelange, wie den Boden-, Arten- und Gewässerschutz zum Gegenstand und dienen dem verfassungsrechtlich gewährleisteten Schutz der natürlichen Lebensgrundlagen in Art. 20a GG. Dieser stellt, wie vor kurzem durch das BVerfG[428] festgestellt, einen vernünftigen Gemeinwohlbelang dar mit der Folge, dass die Rechtsposition der Landwirte aus Art. 12 Abs. 1 GG nicht gewichtig genug ist, um den Grundsätzen der guten fachlichen Praxis als Steuerungsinstrument der Privilegierung entgegenzustehen.

Auch der Eigentumsschutz der landwirtschaftlichen Bodennutzung nach Art. 14 Abs. 1 GG führt nicht dazu, dass die Privilegierung i. R. d. Eingriffstatbestandes im Hinblick auf Art. 3 Abs. 1 GG als verhältnismäßig anzusehen ist. Art. 14 Abs. 1 GG gewährleistet Eigentumsschutz nur, soweit Inhalt und Schranken durch die Gesetze bestimmt sind. Ebenso soll sein Gebrauch gem. Art. 14 Abs. 1 S. 2 GG dem Wohle der Allgemeinheit dienen. Die grundlegende Frage in diesem Zusammenhang ist, ob die naturschutzbedingte Beschränkung der Grundstücksnutzung eine entschädigungslos hinzunehmende Inhalts- und Schrankenbestimmung oder eine Enteignung nach Art. 14 Abs. 3 GG ist.[429] Der seit der Nassauskiesungsentscheidung des BVerfG 1981[430] eingetretene Rechtsprechungswandel, hat dazu geführt, dass Nutzungsbeschränkungen des ländlichen Bodeneigentums überwiegend als Inhalts- und Schrankenbestimmungen gem. Art. 14 Abs. 2 GG angesehen werden.[431] Die Nutzung des Eigentums kann aus Gründen des Umweltschutzes als Ausdruck dessen Sozialgebundenheit enorm begrenzt werden.[432] Belange des Umweltschutzes müssen daher bei der Prüfung, ob der Grundsatz der Verhältnismäßigkeit noch gewahrt ist, berücksichtigt werden.[433] Belange, die für

---

[427] BVerfGE 7, 377 [405 ff.].

[428] Dies lässt der Beschluss des BVerfG zum Klimaschutz an verschiedenen Stellen erkennen, vgl. BVerfGE 157, 30 [96, 140, 163].

[429] *Werner*, Die Landwirtschaftsklauseln im Naturschutzrecht, S. 215.

[430] BVerfGE 58, 300.

[431] Für eine ausführliche Analyse des Rechtsprechungswandels, vgl. *Werner*, Die Landwirtschaftsklauseln im Naturschutzrecht, S. 216 ff.; *Linden*, Gewässerschutz und landwirtschaftliche Bodennutzung, S. 46 ff.

[432] *Pitschel*, Die gute fachliche Praxis, S. 563; geläufig in diesem Zusammenhang sind auch die Begriffe „Ökologiepflichtigkeit" und „Umweltpflichtigkeit" des Eigentums, vgl. u. a. *Axer*, AgrarR Beilage I/2000, 4 [5]; *Schlacke*, Umweltrecht, S. 63.

[433] BVerwG, Beschl. v. 30.09.1996 – 4 NB 31 u. 32/96 (München), NVwZ 1997, 887 [890]; BVerwGE 67, 93 [95]; VGH München, Urt. v. 28.10.1994 – 9 N 87.03911 und 90.00928, NuR 1995, 286 [290]; *Axer*, AgrarR Beilage I/2000, 4 [6].

ein Überwiegen der „Ökologiepflichtigkeit" des Eigentums sprechen, sind, dass die landwirtschaftliche Flächen nicht nur Eigentum, sondern auch Teil des Naturhaushalts sind. Die landwirtschaftliche Bodennutzung in Form eines Umbruchs von Dauergrünland oder der Einsatz von Dünger wirken über die landwirtschaftliche (Eigentums-) Fläche hinaus.[434] Die biologische Vielfalt, die Leistungs- und Funktionsfähigkeit des Naturhaushalts oder die Vielfalt von Natur und Landschaft sind nicht nur Ziele, die nach § 1 BNatSchG ein erhebliches Gewicht haben, sondern auch nach Art. 20a GG besonders schützenswert sind.[435] Oder wie *Czybulka et al.* treffend festgestellt haben: „Auf gesunde Böden, saubere Luft und ein funktionierendes Agrarökosystem mit hoher Biodiversität sind wir alle angewiesen"[436]. Die Belange der Landwirtschaft aus Art. 14 Abs. 1 GG treten hinter die des Umweltschutzes zurück. Mit der Folge, dass weder die Rechtspositionen der Landwirtschaft aus Art. 12 Abs. 1 noch Art. 14 Abs. 1 GG dazu geeignet sind den Eingriff des § 14 Abs. 2 BNatSchG in Art. 3 Abs. 1 GG zu rechtfertigen. Dafür bräuchte es – wie bereits mehrmals erwähnt – einer effektiven Steuerung durch die Grundsätze der guten fachlichen Praxis. In ihrer derzeitigen Form ist die Freistellung des § 14 Abs. 2 BNatSchG im Hinblick Art. 3 Abs. 1 GG jedoch verfassungswidrig.

b.   Verstoß gegen Art. 20a GG

Art. 20a GG verlangt vom Staat für die künftigen Generationen die natürlichen Lebensgrundlagen (= Umwelt) und die Tiere zu schützen. Dieser Verfassungsauftrag richtet sich nicht an Private – diese können nur durch den Staat zu Maßnahmen des Umwelt- und Tierschutzes verpflichtet werden –, sondern primär an den Gesetzgeber.[437] Als Staatszielbestimmung ist Art. 20a GG kein subjektives Recht für einen einzelnen Bürger, kann aber grundrechtliche Freiheiten begrenzen.[438] Relevant für die Privilegierung des § 14 Abs. 2 BNatSchG ist allein die erste Tatbestandsalternative der „natürlichen Lebensgrundlagen". Zu dieser gehören unstreitig Fauna und Flora, Wasser, Boden, Luft, Klima und die Landschaft,[439] mit-

---

[434] *Czybulka et al.*, NuR 2021, 297 [302].
[435] Klimabeschluss, BVerfGE 157, 30 [135].
[436] *Czybulka et al.*, NuR 2021, 297 [302].
[437] *Leisner*, in: Sodan, Grundgesetz, Art. 20a Rn. 10.
[438] *Von Coelln*, in: Groepl/Windthorst/von Coelln, StuKo, Art. 20a Rn. 8, 11.
[439] *Wolff*, in: Hömig/Wolff, GG, Art. 20a Rn. 2; Gerade im Bereich der Landwirtschaft kommt damit dem Streit, ob mit den natürlichen Lebensgrundlagen nur die des Menschen (sog. Anthropozentrische Sichtweise) oder auch diejenigen von Tieren und Pflanzen keine Bedeutung zu, da die Urproduktion jedenfalls der Lebensgrundlage des Menschen dient.

hin auch landwirtschaftlich genutztes Ackerland. Als Schutz gefordert wird von Art. 20a GG sowohl die Unterlassung staatlicher Beeinträchtigungen der Lebensgrundlagen als auch der Schutz vor Beeinträchtigungen durch Private.[440] Im Rahmen der Staatszielbestimmung gilt es deswegen abzuwägen zwischen den negativen Folgen, welche durch § 14 Abs. 2 BNatSchG für die Umwelt hervorgerufen werden und Allgemeinwohlbelangen, die für die Privilegierung sprechen. Wie bereits herausgearbeitet, beansprucht gerade die Landwirtschaft die natürlichen Lebensgrundlagen, weshalb es nahe liegt einen Verstoß gegen Art. 20a GG durch § 14 Abs. 2 BNatSchG anzunehmen. Allerdings sind i. R. d. Abwägung auch die Belange der Landwirte, insbesondere deren Grundrechte aus Art. 12 Abs. 1 und Art. 14 Abs. 1 GG zu berücksichtigen. Wie bereits bei Art. 3 Abs. 1 GG diskutiert, treten diese hinter den Belangen des Umweltschutzes und damit Art. 20a GG zurück. Bei der Abwägung sollte jedoch berücksichtigt werden, dass der Gesetzgeber durch § 14 Abs. 2 BNatSchG nicht nur das Ziel verfolgt den Verwaltungsaufwand bei Landwirten und Behörden zu verringern, sondern gleichzeitig die Förderung der Urproduktion anstrebt, welche ein gewichtiges Ziel der Allgemeinheit ist. Dem ist allerdings entgegenzuhalten, dass die Urproduktion seit dem Bestehen der Privilegierung zugunsten von Futtermittel- und Bioenergieanbau zurückgegangen ist,[441] sodass die Privilegierung dieser nur dem Schein nach dient. Als Ergebnis i. R. d. Abwägung ist daher festzuhalten, dass die negativen Folgen, die durch § 14 Abs. 2 BNatSchG für die Umwelt hervorgerufen werden, überwiegen. Wie schon bei Art. 3 Abs. 1 GG ausgeführt, könnten diese negativen Folgen durch eine andere Ausgestaltung der Grundsätze der guten fachlichen Praxis vermieden bzw. zumindest auf ein Minimum reduziert werden. Die Abwägung würde dann zugunsten der Privilegierung des § 14 Abs. 2 BNatSchG ausgehen. In ihrer aktuellen Ausgestaltung steht die Privilegierung des § 14 Abs. 2 BNatSchG mit der Staatszielbestimmung Art. 20a GG jedoch nicht in Einklang.[442]

---

[440] *Murswiek,* in: Sachs, Grundgesetz, Art. 20a Rn. 33.

[441] Im Einzelnen dazu mit einer Aufgliederung der Produktionsstrukturen, vgl. *Hampicke*, Naturschutz und Landwirtschaft, in: Czybulka/Köck, Landwirtschaft und Naturschutzrecht, S. 25 f.; *Czybulka et al.*, NuR 2021, 227 [234].

[442] *Möckel* hingegen geht von einer so umfangreichen Beschränkung des Art. 20a GG aus, dass er bei der Abwägung zu dem Ergebnis kommt, dass ein Verstoß gegen Art. 20a GG vorliegt, vgl. NuR 2012, 225 [230].

c. Fazit

Der Landwirtschaft kommt im Vergleich zu anderen Berufsgruppen bereits ohne die Privilegierung des § 14 Abs. 2 BNatSchG eine Sonderstellung zu.[443] Die ersichtlichen Differenzierungsmerkmale, die einen Eingriff in Art. 3 Abs. 1 GG rechtfertigen könnten sind im Verhältnis zu denen, die gegen eine zulässige Differenzierung, sprechen nicht gewichtig genug, sodass ein Verstoß gegen Art. 3 Abs. 1 GG vorliegt. Nachdem eines der Hauptziele von § 14 Abs. 2 BNatSchG – die Förderung der Urproduktion – die letzten Jahre durch die Privilegierung nicht erreicht wurde, sondern im Gegenteil die Urproduktion immer mehr an Bedeutung verliert, muss auch ein Verstoß gegen Art. 20a GG bejaht werden. Es gibt daher zwei mögliche Folgen für die Privilegierung des § 14 Abs. 2 BNatSchG:

1. Die Privilegierung wird aufgrund ihrer Verfassungswidrigkeit gänzlich abgeschafft mit der Folge, dass die landwirtschaftliche Bodennutzung, soweit sie nach § 14 Abs. 1 BNatSchG als Eingriff einzuordnen ist, die damit verbundenen Rechtsfolgen in Kauf zu nehmen hat (z. B. Ausgleichs- oder Ersatzmaßnahmen nach § 15 BNatSchG).

2. Die Privilegierung wird durch die Grundsätze der guten fachlichen Praxis nach § 5 Abs. 2 BNatSchG so gesteuert, dass sich die Privilegierung tatsächlich auf eine naturverträgliche Landwirtschaft beschränkt. Eine Steuerungswirkung kann nur durch eine Konkretisierung der Grundsätze erreicht werden.

Dieses Ergebnis soll als Grundlage für die weitere Untersuchung dafür dienen, wie die Grundsätze der guten fachlichen Praxis ausgestaltet sein müssen, damit sie eine entsprechende Steuerungswirkung entfalten können.

2. Auswirkungen der normativen Defizite des § 5 Abs. 2 BNatSchG i. R. d. Privilegierung

Unabhängig davon, ob man eine Privilegierung der Landwirtschaft i. R. d. Eingriffstatbestandes rechtspolitisch befürwortet, bringt diese jedenfalls normative Vollzugsprobleme mit sich. Ausgangspunkt ist die Entscheidung des BVerwG vom 01.09.2016 (Grünlandumbruch), die festlegte, dass die Grundsätze der guten fachlichen Praxis in § 5 Abs. 2 BNatSchG keine eigenständig durchsetzbaren Ge-/Verbote enthalten und nur über die Privilegierung in § 14 Abs. 2 BNatSchG

---

[443] Es ist hier vor allem an das Agrarbeihilfenrecht zu denken.

durchsetzbar sind. Wie bereits ausgeführt[444] ist dieser Entscheidung grundsätzlich zuzustimmen. Worüber die Entscheidung hingegen keine Aussage trifft, ist wie mit den Grundsätzen der guten fachlichen Praxis des § 5 Abs. 2 BNatSchG i. R. d. Eingriffstatbestandes umzugehen ist. Eine Privilegierung der landwirtschaftlichen Bodennutzung liegt nach § 14 Abs. 2 BNatSchG nur vor, wenn die Grundsätze der guten fachlichen Praxis eingehalten werden. Diese sind im Bundes-Bodenschutzgesetz und im Bundesnaturschutzgesetz nur als Grundsätze ausgestaltet, die zwar viele ökologische Aspekte ansprechen, aber aufgrund der Vielzahl unbestimmter Rechtsbegriffe keine konkrete Handreichung für die Art und Weise der Bewirtschaftung durch den Landwirt darstellen.[445] Ebenso fehlt eine umfassende Kasuistik durch die Rechtsprechung, die anhand von Entscheidungen zu verschiedenen Sachverhalten – ob die landwirtschaftliche Bodennutzung der guten fachlichen Praxis entspricht oder nicht – zu einer Konkretisierung der Grundsätze beitragen könnte. Zwar sind im Naturschutzrecht abweichende und damit konkretere Regelungen durch die Länder möglich, diese konkretisieren meist nur einzelne Grundsätze der guten fachlichen Praxis, sodass eine Durchsetzung der Grundsätze nach § 3 Abs. 2 BNatSchG nur selten möglich ist.[446] Sind die Grundsätze jedoch nicht konkret genug für eine eigenständige Durchsetzung bzw. Vollziehbarkeit, stellt sich die Frage, welche Rechtsfolge dies für den Eingriffstatbestand bedeutet. Zwei Rechtsfolgen sind denkbar. Einerseits könnten die Regelbeispiele des § 5 Abs. 2 BNatSchG so weit gefasst sein, dass fast alle landwirtschaftlichen Eingriffsmaßnahmen die gute fachliche Praxis einhalten und dementsprechend gem. § 14 Abs. 2 BNatSchG privilegiert sind. Das Eintreten dieser Rechtsfolge wird in der Literatur pauschal behauptet.[447] Andererseits ist als Rechtsfolge denkbar, dass mangels ausreichender Konkretisierung nahezu keine Bewirtschaftungsmaßnahme die Grundsätze der guten fachlichen Praxis einhält, sodass die Rechtsfolgen des § 15 BNatSchG eintreten können. Gegen diese Alternative spricht jedoch, dass § 14 Abs. 2 BNatSchG seit dessen Einführung nur selten Gegenstand von Entscheidungen war und somit keine Konkretisierungsdogmatik entwickelt

---

[444] 2. Kapitel § 6 B. III.

[445] Vgl. dazu § 6 B sowie im 4. Kapitel § 12 B; ausführlich dazu *Möckel*, NuR 2012, 225 [228].

[446] So konkretisiert z. B. Art. 3 Abs. 2 bis 4 BayNatSchG nur § 5 Abs. 2 Nr. 5 BNatSchG (Grünlandumbruch); dafür spricht auch, dass die meiste Rechtsprechung zu abweichenden, landesrechtlichen Regelungen zum Grünlandumbruchverbot ist, vgl. etwa zuletzt OVG Lüneburg, Beschl. v. 02.02.2022 – 4 ME 231/21, NuR 2022, 271 ff.

[447] *Möckel*, NuR 2018, 42 [43]; *Möckel*, NuR 2012, 225 [227].

wurde.[448] Zumal diese Alternative den Sinn und Zweck der Privilegierung unterlaufen würde. Wäre eine Verweigerung der Privilegierung nach § 14 Abs. 2 BNatSchG der Regelfall, ist davon auszugehen, dass sich eine nicht unerhebliche Anzahl von Landwirten gegen die Anordnung der Rechtsfolgen des § 15 BNatSchG wehren würde. Tatsächlich führt die Privilegierung in der Praxis dazu, dass die landwirtschaftliche Bodennutzung pauschal als ordnungsgemäß angesehen wird. Die zuständige untere Naturschutzbehörde prüft folglich nicht, ob z. B. der Wechsel von Fruchtfolgen oder die Umwandlung von Ackerland in Grünland einen Eingriff darstellt.[449] Praktisch gesehen führt dies selbstverständlich zu einer Verwaltungsverfahrensvereinfachung. Abgesehen davon kann es auch nicht Sinn und Zweck der Eingriffsregelung sein, die alltägliche landwirtschaftliche Bodennutzung als Eingriff zu erfassen, sodass von dieser Seite her betrachtet die Privilegierung durchaus ihre Berechtigung hat. Dies setzt im Umkehrschluss aber voraus, dass für die unteren Naturschutzbehörden gesetzlich klar erkennbar ist, welche Maßnahmen noch zur ordnungsgemäßen landwirtschaftlichen Bodennutzung gehören und damit der guten fachlichen Praxis entsprechen. Solange diese nicht zumindest die Anforderung erfüllt, eine hinreichend konkrete Handlungsdirektive zu sein[450], fehlt auch der Privilegierung der Landwirtschaft i. R. d. Eingriffsregelung ihre Berechtigung.

3. Auswirkungen der Privilegierung auf die Verfahrensregelungen des § 17 BNatSchG

Auch auf die Verfahrensregelung des § 17 BNatSchG hat die Privilegierung der landwirtschaftlichen Bodennutzung nach § 14 Abs. 2 BNatSchG Einfluss. Dadurch dass die landwirtschaftlichen Bodennutzungen, die unter die Privilegierung fallen, weder anzeige- noch zulassungspflichtig sind, erfolgt keine Eröffnungskontrolle der unteren Naturschutzbehörde. Als Beispiel für eine Norm, die eine Eröffnungskontrolle enthält, kann die Anlagengenehmigung nach §§ 4 ff. BImSchG herangezogen werden.[451] Die Behörde kann demnach nicht vorher ihre Zustimmung zu einem eventuell erfolgenden Eingriff erteilen, sondern nur nachträglich eine Genehmigung gem. § 17 Abs. 3 BNatSchG. Folge davon ist, dass

---

[448] Vgl. an Rspr. Zu § 14 Abs. 2 BNatSchG etwa OVG Magdeburg, Urt. v. 21.01.2018 – 2 L 56/16, NuR 2018, 566, nachfolgend BVerwG, Urt. v. 13.06.2019 – 4 C 4.18.
[449] Dahingehend die Auskunft von Herrn Raab vom Landratsamt Nürnberger Land.
[450] Siehe dazu schon unter § 6 B I.
[451] Zur Eingriffsregelung im Verfahren nach §§ 4 ff. BImSchG, vgl. *Proeßl*, NVwZ 2006, 655 [659 f.].

der Behörde nur die Mittel des § 17 Abs. 8 BNatSchG – Untersagen der weiteren Durchführung des Eingriffs (Satz 1) bzw. Wiederherstellung oder Anordnung von Maßnahmen nach § 15 BNatSchG (Satz 2) – zur Verfügung stehen. *Möckel* empfindet es insofern als formelles Defizit, dass der Landwirt selbst entscheidet, ob ein Eingriff vorliegt und er die Maßnahme der Naturschutzbehörde meldet oder nicht. Als Konsequenz fordert er eine generelle Anzeigepflicht für bestimmte landwirtschaftliche Maßnahmen, bei denen ein Widerspruch zu den Zielen des Naturschutzes nicht unwahrscheinlich ist.[452] Dieser Ansicht ist jedoch zu widersprechen. Mit § 17 Abs. 8 BNatSchG hat der Gesetzgeber eine Regelung geschaffen, laufende Eingriffe, ohne die erforderliche Zulassung oder Anzeige zu beenden.[453] Die Privilegierung des § 14 Abs. 2 BNatSchG stellt aufgrund dessen keinen „Freifahrtschein" für jegliche landwirtschaftliche Bodennutzung dar. Die Anwendung des § 17 Abs. 8 BNatSchG ist regelmäßig Gegenstand von gerichtlichen Entscheidungen,[454] was ein Indiz dafür ist, dass die Behörden von der Regelung auch Gebrauch machen. Es erscheint daher nicht sachgerecht § 17 Abs. 8 BNatSchG als formelles Defizit der Eingriffsregelung infolge der Privilegierung zu kritisieren.

III. Die Wiederaufnahme der landwirtschaftlichen Bodennutzung, § 14 Abs. 3 BNatSchG

1. § 14 Abs. 3 Nr. 1 BNatSchG – Bewirtschaftungsbeschränkungen

Um Anreize für zumindest zeitweise Nutzungsbeschränkungen i. S. e. „Naturschutzes auf Zeit" zu schaffen[455], ist die Wiederaufnahme der landwirtschaftlichen Bodennutzung, die aufgrund vertraglicher Vereinbarungen (Alt. 1) oder der Teilnahme an öffentlichen Bewirtschaftungsprogrammen (Alt. 2) unterbrochen war, nicht als Eingriff anzusehen, wenn die Wiederaufnahme innerhalb von zehn Jahren nach Auslaufen der Einschränkung oder Unterbrechung erfolgt, vgl. § 14 Abs. 3 Nr. 1 BNatSchG. Öffentliche Programme zur Bewirtschaftungsbeschränkung sind nur solche, die zumindest auch dem Schutz von Natur und Landschaft dienen und nicht nur rein ökonomisch sind.[456] Sinn und Zweck der Rege-

---

[452] *Möckel*, NuR 2012, 225 [228].

[453] BT-Drs. 16/12274 S. 60.

[454] Vgl. OVG Koblenz, Urt. v. 28.08.2019 – 8 A 11472/18, NVwZ-RR 2020, 431; BVerwG, Urt. v. 13.06.2019 – 4 C 4/18, NVwZ-RR 2019, 896; OVG Magdeburg, Urt. v. 31.01.2018 – 2 L 56/16, NuR 2018, 566.

[455] BT-Drs. 13/10186 S. 8.

[456] *Guckelberger*, in: Frenz/Müggenborg, BNatSchG, § 14 Rn. 72; *Mühlbauer*, in: Lorz/Konrad/Mühlbauer/Müller-Walter/Stöckel, BNatSchG, § 14 Rn. 31; *Lau*, NuR 2011, 680 [684].

lung ist, dass ein Anreiz für freiwillige Nutzungsbeschränkungen („Naturschutz auf Zeit") geschaffen wird, indem nach Beendigung der freiwilligen Einschränkungen die Wiederaufnahme der Bodennutzung nicht neuen naturschutzrechtlichen Anforderungen unterworfen wird.[457] Folge ist, dass in diesen bestimmten Fällen, die Nutzungen nicht unter das Ausgleichs- und Kompensationssystem des § 15 BNatSchG fallen. Indes ist § 14 Abs. 3 BNatSchG eng auszulegen, sodass veränderte Nutzungen, z. B. durch die Intensivierung der Grünlandnutzung, bzw. ein Wechsel der Nutzungsart die Fiktion nicht auslösen können.[458]

2. § 14 Abs. 3 Nr. 2 BNatSchG – Kompensationsmaßnahmen

In Fällen, in denen die landwirtschaftliche Bodennutzung zu einem „Zweck aufgegeben oder eingeschränkt wurde, um auf ihnen vorgezogene Kompensationsmaßnahmen zu verwirklichen" und dieser „Zweck nicht zum Tragen [kommt], soll die Wiederaufnahme der Nutzung" nach § 14 Abs. 3 Nr. 1 BNatSchG ermöglicht werden. Die Wiederaufnahme kann auch unförmlich erfolgen, indem die Bodennutzung wiederaufgenommen wird und die Behörde in irgendeiner Art und Weise davon erfährt.[459] Genaueres dazu enthalten gem. § 16 Abs. 2 BNatSchG die Landesgesetze.

3. Fazit

Anders als § 14 Abs. 2 BNatSchG stellt § 14 Abs. 3 BNatSchG keine Privilegierung der Landwirtschaft dar. Vielmehr erleichtert § 14 Abs. 3 BNatSchG Landwirten, die sich freiwillig strengeren Naturschutzbemühungen unterworfen haben, die Rückkehr in das Eingriff-Kompensationssystem des Bundesnaturschutzgesetzes. Die Regelung ist insgesamt positiv zu bewerten. Landwirte haben durch § 14 Abs. 3 BNatSchG die Möglichkeit „Naturschutz auf Zeit" auszuprobieren, z. B. mittels öffentlicher Programme erfolgende Bewirtschaftungsbeschränkungen und erfahren keine Nachteile, wenn sie sich von diesem wieder abkehren. Auch wenn sich die Regelung zunächst wie eine Privilegierung der landwirtschaftlichen Bodennutzung liest, senkt diese vor allem die Hemmschwelle dafür strengere Naturschutzanforderungen einzuhalten und bietet den Landwirten mehr Flexibilität.

---

[457] BT-Drs. 13/10186, S. 8.

[458] Die enge Auslegung rührt daher, dass die beiden einzig möglichen Gründe für die Wiederaufnahme der landwirtschaftlichen Bodennutzung in § 14 Abs. 3 BNatSchG ausdrücklich normiert sind, vgl. *Scheidler*, UPR 2010, 134 [137]; *Schrader*, in: Giesberts/Reinhardt, Umweltrecht, BNatSchG, § 14 Rn. 34; anders *Gellermann*, in: Landmann/Rohmer, BNatSchG, Bd. 2, § 14 Rn. 25; *Prall, in:* Schlacke, GK-BNatSchG, § 14 Rn. 64.

[459] *P. Fischer-Hüftle/D. Czybulka*, in: Schumacher/Fischer-Hüftle, BNatSchG, § 14 Rn. 71.

§ 14 Abs. 3 BNatSchG hat daher einen anderen Sinn und Zweck als die Privilegierung der Landwirtschaft in § 14 Abs. 2 BNatSchG.

IV. Bewertung der naturschutzrechtlichen Eingriffsregelung

Die Eingriffsregelung zeichnet sich grundsätzlich durch ein systematisches, gleichzeitig aber auch starres Prozedere aus. Dazu kommt, dass die Tatbestandsvarianten nicht unbedingt auf die Landwirtschaft zugeschnitten sind und die landwirtschaftliche Bodennutzung von vornherein nur selten den Tatbestand der Eingriffsregelung gem. § 14 Abs. 1 BNatSchG erfüllt. Dennoch hat der Gesetzgeber durch das BNatSchG 1998 die „Landwirtschaftsklausel" § 8 Abs. 7 BNatSchG geschaffen – nun § 14 Abs. 2 BNatSchG – um auf das unpraktikable Prozedere der Eingriffsregelung zu verzichten. Dass die Eingriffsregelung praxisfern ist, zeigt sich daran, dass die meisten unteren Naturschutzbehörden nicht prüfen, ob überhaupt ein Eingriff durch die landwirtschaftliche Bodennutzung vorliegt. Auch eine Prüfung, ob die gute fachliche Praxis eingehalten wird, was bekanntlich Voraussetzung für das „Landwirtschaftsprivileg" ist, erfolgt durch die Naturschutzbehörden nicht. Ein Grund dafür ist in dem völlig vollzugsuntauglich ausgestalteten § 5 Abs. 2 BNatSchG zu erkennen, welcher sich i. R. d. § 14 Abs. 2 BNatSchG auswirkt. Die Norm ist folglich in der Praxis weiterhin eine „echte" Privilegierung, obwohl die Intention des Gesetzgebers eine andere war. Des Weiteren ist § 14 Abs. 2 BNatSchG nicht mit Art. 3 Abs. 1 GG vereinbar. Als mögliche Lösungsmöglichkeiten kommen daher in Betracht:

§ 5 Abs. 2 BNatSchG wird vom Gesetzgeber so konkretisiert, dass die unteren Naturschutzbehörden prüfen können, wann § 14 Abs. 2 BNatSchG einschlägig ist und wann nicht. Definiert § 5 Abs. 2 BNatSchG die Regelbeispiele genauer und gewährleistet dadurch, dass auch in der Landwirtschaft Naturschutzbelange eingehalten werden, lässt sich in der Folge ein Eingriff in Art. 3 Abs. 1 GG rechtfertigen. Pflichten in Form der guten fachlichen Praxis könnten als konkrete Verbote – zum Beispiel die Untersagung des Grünlandumbruchs oder der Wiesenmahd vor dem 15. Juni – oder Gebote, etwa zur Anlegung notwendiger Strukturelemente der Feldflur ausgestaltet werden.[460] Als Vorlage können hier auch die Greening- bzw. Konditionalitäten-Anforderungen der Gemeinsamen Agrarpolitik dienen.

---

[460] Vgl. *Czybulka et al.*, NuR 2021, 297 [299], die noch weitere Beispiele nennen.

§ 14 BNatSchG wird generell mittels Positiv-/Negativlisten – wie in einigen Landesgesetzen geschehen[461] – so konkretisiert, dass die Verwaltung erkennen kann, wann ein Eingriff vorliegt und wann nicht bzw. ob dieser genehmigungs- oder anzeigepflichtig ist. Selbstverständlich sollten die Positiv-/Negativlisten bestimmte alltägliche Bewirtschaftungen auf der Negativliste enthalten sowie mittels Verordnung definieren, welche denkbaren (landwirtschaftlichen) Eingriffsarten anzeige- oder genehmigungspflichtig sind. Ein gutes Beispiel zur Orientierung stellt hier § 8 LNatSchG[462] dar, wo etwa nach § 8 Abs. 1 Nr. 15 LNatSchG – abweichend von § 14 Abs. 1 BNatSchG – die Beseitigung oder erhebliche Beeinträchtigung von gesetzlich geschützten Biotopen, naturnahen Feldgehölzen, Waldmänteln, Kratts, unbewirtschafteten Naturwäldern, der Feldraine, Gewässerränder und Mergelkuhlen einen Eingriff darstellen. Wohingegen abweichend von § 14 Abs. 2 BNatSchG von den Naturschutzbehörden angeordnete oder geförderte Naturschutzmaßnahmen zur Herstellung, Pflege und Entwicklung von Flächen und Landschaftselementen keine Eingriffe sind, vgl. § 8 Abs. 2 Nr. 1 LNatSchG. Zur Bestimmung der Eingriffsarten, die für eine bundesweit einheitliche Liste in Betracht kommen, kann auf die langjährige Erfahrung der Landwirtschaftsbehörden zurückgegriffen werden. Ein Vorteil dieser Lösungsmöglichkeit wäre, dass die Privilegierung der Landwirtschaft i. R. d. Eingriffsregelung nicht mehr grenzenlos gelten würde und daher eine Rechtfertigung im Hinblick auf Art. 3 Abs. 1 GG – je nach konkreter Ausgestaltung – gelingen kann.

§ 8   Landwirtschaft und Artenschutz

Der Artenschutz hat in Deutschland eine lange Tradition. Bereits Mitte des 19. Jahrhunderts bildete sich eine Bewegung zum Schutz besonders schöner, seltener und nützlicher Vogelarten.[463] 1888 wurde ein Reichsgesetz zum Schutz von Vögeln erlassen, wenn auch darin noch ein anderes Verständnis von Vogelschutz zugrunde gelegt wurde.[464] Heute gibt es eine Vielzahl von Regelungen, die den Artenschutz bezwecken. Neben internationalen Artenschutzabkommen, beispielsweise das Washingtoner Artenschutzübereinkommen (CITIES)[465] oder das

---

[461] Siehe 5. Kapitel.
[462] Gesetz zum Schutz der Natur (Landesnaturschutzgesetz – LNatSchG) vom 24. Februar 2010 (GVOBl. 2010, S. 301, 486).
[463] *Schmoll*, in: BfN, Natur und Staat, S. 64 f.
[464] Vogelschutz i. S. d. Reichsgesetzes (RGBl. 1888 I S. 111) differenzierte noch zwischen nützlichen und schädlichen Vogelarten mit dem Ziel grausame Jagdmethoden zu verhindern, vgl. *Wolf*, NuR 2013, 1 [2].
[465] BGBl. II 1976, S. 1266.

Bonner Übereinkommen zum Schutz von wandernden Tierarten (CMS)[466], ist Artenschutz auch im EU-Recht durch das EU-Artenschutzabkommen[467], die FFH[468]- und Vogelschutzrichtlinie[469] sowie im Bundes- und Landesrecht normiert. Systematisch unterteilt ist das Bundesnaturschutzgesetz in den allgemeinen (§ 39 bis § 43 BNatSchG) und besonderen (§ 44 bis § 47 BNatSchG) Artenschutz. Allgemein ist die Aufgabe des Artenschutzes gem. § 37 Abs. 1 BNatSchG definiert als der Schutz der Tiere und Pflanzen wild lebender Arten und ihrer Lebensgemeinschaften vor Beeinträchtigungen durch den Menschen und die Gewährleistung ihrer sonstigen Lebensbedingungen, der Schutz der Lebensstätten und Biotope wild lebender Tier- und Pflanzenarten sowie die Wiederherstellung von Tieren und Pflanzen verdrängter wild lebender Arten in geeigneten Biotopen innerhalb ihres natürlichen Verbreitungsgebiets. Abzugrenzen ist das Artenschutzrecht vom gebietsbezogenen Naturschutz (Habitatschutzrecht) und dem Tierschutzrecht, die jeweils andere Schutzansätze verfolgen.[470] Privilegierungen der Landwirtschaft enthalten §§ 44 Abs. 4, 45 Abs. 7 Nr. 1 BNatSchG.

A. Konfliktfeld Landwirtschaft und Artenschutz

Betrachtet man die meisten deutschen und europäischen Arten, die die Agrarlandschaft als ihre „Heimat" bezeichnen, haben ordnungsrechtliche Instrumente, wie die seit 1979 bestehende Vogelschutzrichtlinie, die FFH-Richtlinie und die §§ 39 ff. BNatSchG kaum eine Verbesserung ihrer Lebenssituation mit sich gebracht. Wie dramatisch die Lage ist, wird anhand der Bestandsituation der Vögel deutlich. So nahmen die Bestände von Rebhuhn und Kiebitz – ehemals noch überall auf Deutschlands Feldern zu beobachten – in 27 Jahren (Zeitraum 1992 – 2019) um bis zu 90 % ab. Nicht anders stellt sich die Situation bei typischen Grünlandbewohnern wie der Uferschnepfe, der Bekassine und dem Braunkehlchen dar.[471]

---

[466] BGBl. I 2004, S. 106.

[467] Verordnung (EG) Nr. 338/97 über den Schutz wildlebender Tier- und Pflanzenarten durch Überwachung des Handels vom 9.12.1996, zuletzt geändert durch VO (EU) 2019/2117.

[468] Richtlinie 92/43/EWG zur Erhaltung natürlicher Lebensräume sowie der wildlebenden Tiere und Pflanzen vom 21.5.1992, zuletzt geändert durch Art. 1 ÄndRL 2013/17/EU vom 13.05.2013.

[469] Ursprünglich RL 79/409/EWG über die Erhaltung der wildlebenden Vogelarten vom 02.04.1979; Aufhebung und neue Kodifizierung durch RL 2009/147/EG vom 30.11.2009, zuletzt geändert durch Art. VO (EU) 2019/1010.

[470] So zielt der Habitatschutz nur auf den Schutz von Tieren und Pflanzen mit Gebietsbezug ab (vgl. BVerwGE 131, 274 [291 f.]); das Tierschutzrecht schützt hingegen das einzelne Tier um ihrer selbst willen, unabhängig von den Folgen für die jeweilige Art, vgl. § 1 TierSchG.

[471] *Gerlach et al.*, Vögel in Deutschland, S. 2; Nationaler Vogelschutzbericht 2019, Annex A zu 1.1.

Auffällig ist, dass vor allem ein Rückgang der Bestände bei bodenbrütenden Arten, d. h. solchen, die auf den Äckern brüten, zu beobachten ist. In Zahlen ausgedrückt hat Deutschland seit 1992 14 Millionen Brutvögel verloren.[472] In unmittelbaren Zusammenhang dazu steht der flächenhafte Artenrückgang von Pflanzen. Fast ein Drittel der heimischen Wildpflanzen befinden Deutschland auf der Roten Liste der gefährdeten Arten. Es sind 30,8 % von insgesamt 8650 Farn- und Blütenpflanzen, Moose und Algen in ihrem Bestand gefährdet.[473] Mit dem Rückgang dieser Arten geht meist ein Verlust von früher weit verbreiteten Biotoptypen wie Magerrasen, Streuwiesen und offenen Sandflächen einher. Nachdem viele Tierarten – etwa die oben angesprochenen Vogelarten – auf die entsprechenden, durch die Pflanzen geprägten Habitatstrukturen angewiesen sind, gehen deren Bestände als Folge ebenfalls zurück.[474] Diese Zahlen sind umso bedrückender, da viele der aus heutiger Sicht schützenswerten Biotoptypen und Strukturen der Kulturlandschaft erst durch die landwirtschaftliche Nutzung entstanden sind, sodass eigentlich anzunehmen ist, dass die Landwirtschaft ein besonderes Interesse hat die biologische Vielfalt in Agrarlandschaften zu erhalten.[475] Ein naturnahes Wirtschaften ist der Landwirtschaft aufgrund des erfolgten Strukturwandels und der damit notwendig gewordenen Intensivierung landwirtschaftlicher Bodennutzung nahezu unmöglich. War für den „traditionellen Bauern" die Pflege von teilweise natürlichen Bestandteilen der Agrarlandschaft, wie der Schnitt einer Hecke zur Erlangung von Brennholz, noch eine nützliche Arbeit, ist diese Hecke in einem modernen Landwirtschaftsbetrieb nicht mehr vorhanden, da die Fläche der Hecke nun Teil des Ackerlandes ist. Durch diese sog. Flurbereinigung wurden zwischen 1950 und 1990 in der BRD knapp 8,3 Millionen Hektar Ackerland hinzugewonnen, während ein wichtiger Lebensraum für Vögel verloren gegangen ist.[476] Gleichzeitig werden auf den durch die Flurbereinigung geschaffenen größeren Ackerschlägen weniger Feldfruchtarten mit reduzierter Sortenvielfalt angebaut oder im Obstbau hochstämmige Obstgärten und Streuobstwiesen durch niedrigwüchsige Plantagen ersetzt.[477] Ebenso haben wissenschaftliche Studien belegt, dass Zusammenhänge zwischen dem Rückgang der Vögel, dem Rückgang von

---

[472] *Gerlach et al.*, Vögel in Deutschland, S. 2; BfN, Agrarreport 2017, S. 11.
[473] https://www.nabu.de/tiere-und-pflanzen/artenschutz/roteliste/25607.html (zuletzt aufgerufen am 28.01.2023).
[474] *Knickel et al.*, Kriterienkatalog GfP, S. 37.
[475] *BfN*, Biologische Vielfalt in Deutschland, S. 21.
[476] *Haber*, S. 91.
[477] *Haber*, S. 91 f.

Grünland und landwirtschaftlichen Nutzflächen mit hohem Naturwert sowie dem zunehmendem Anbau von Energiepflanzen bestehen.[478] Zuletzt wurde die artenreiche Ackerbegleitflora und -fauna durch den Einsatz von chemischen Pflanzenschutzmitteln drastisch reduziert.[479] Unmittelbare Folge des Verschwindens von naturnaher Flora und Fauna ist der Rückgang von Insekten, die wiederum Nahrungsgrundlage für die Vögel sind, sodass auch deren Bestand sekundär zurückgeht. Zuletzt ist diese Entwicklung auch für den Landwirt nicht erstrebenswert, da 70 % der 87 wichtigsten Nahrungsnutzpflanzen auf Tierbestäubung angewiesen sind und ohne die Bestäubungsleistung der Insekten auch die Erträge des Landwirts dramatisch zurückgehen.[480] Ziel des Artenschutzrechts in Bezug auf die Landwirtschaft muss es also sein, einen gerechten Ausgleich zwischen biologischer Vielfalt und sozioökonomischen Interessen des Landwirts herzustellen.

B. Allgemeines Artenschutzrecht

Das allgemeine Artenschutzrecht schützt alle – unabhängig von einem besonderem Schutzstatus – wild lebenden und wild wachsenden Tiere und Pflanzen i. S. d. § 7 Abs. 2 Nr. 1, 2 BNatSchG. Dies geschieht durch eine Vielzahl an Störungs-, Zugriffs- und Beeinträchtigungsverboten, welche in § 39 BNatSchG aufgezählt sind. Es sollte nicht unerwähnt bleiben, dass das allgemeine Artenschutzrecht nur einen schwachen Mindestschutz gewährleistet, da es hinter weitergehenden Schutzvorschriften des 4. und 5. Kapitels des Bundesnaturschutzgesetzes zurücktritt, vgl. § 39 Abs. 7 BNatSchG. Systematisch unterteilt ist § 39 BNatSchG in die allgemeinen Verbote des Absatz 1, von denen nach Absatz 3 Ausnahmen möglich sind. Besondere verhaltensbezogene Verbote regeln die Absätze 5 und 6, von denen wiederum nach § 39 Abs. 5 S. 2 BNatSchG Ausnahmen vorgesehen sind. Für die Landwirtschaft relevant ist allein § 40 BNatSchG, der spezifische Regelungen für den Umgang mit gebietsfremden Arten enthält. So wurden etwa die Hälfte der gebietsfremden Arten als Nutz- oder Zierpflanze eingeführt und sind durch Aus-

---

[478] *BfN,* Agrarreport 2017, S. 4; Nationaler Vogelschutzbericht 2019, Annex A zu 1.1 https://www.bfn.de/vogelschutzbericht-2019 (zuletzt aufgerufen am 28.01.2023); auch ein erheblicher Rückgang von Insekten auf dem Grünland ist zu erkennen, vgl. *Seibold et al.,* Arthropod decline in grasslands and forests is associated with landscape-level drivers.

[479] *Haber*, S. 89.

[480] *BfN*, Agrarreport 2017, S. 36 f.; es sei denn, eine künstliche Befruchtung, wie diese in Australien, Italien oder China bereits angewandt wird, wird durchgeführt, vgl. *Wurz et al.,* Hand pollination of global crops, 299 [302 ff.].

saat bzw. Anpflanzung in der Land- und Forstwirtschaft in die Natur gelangt.[481] Beim Ausbringen von invasiven Arten, die in der EU-Liste invasiver Arten oder in ergänzenden nationalen oder regionalen Listen enthalten sind, sind die §§ 40a ff. BNatSchG anzuwenden.[482]

I. Voraussetzungen des § 40 BNatSchG

Entsprechend § 40 Abs. 1 S. 1 BNatSchG bedarf das Ausbringen von Pflanzen in der freien Natur, deren Art in diesem Gebiet nicht bzw. seit 100 Jahren nicht mehr vorkommt, sowie von Tieren der Genehmigung der zuständigen Behörde. Ein Verstoß gegen die Genehmigungspflicht stellt eine Ordnungswidrigkeit gem. § 69 Abs. 3 Nr. 17 BNatSchG dar und kann mit einer Geldbuße bis zu 10.000 € geahndet werden (§ 69 Abs. 7 BNatSchG). Das Ausbringen in ein Gebiet liegt vor, wenn das Exemplar einer Art bewusst in einen nach naturschutzfachlichen Kriterien abgrenzbaren Raum außerhalb von Gebäuden überführt wird und dann sich selbst überlassen wird.[483] Eine Art schließt gem. § 7 Abs. 2 Nr. 3 BNatSchG auch Unterarten oder Teilpopulationen einer Art oder Unterart mit ein, wobei für die Bestimmung einer Art die wissenschaftliche Bezeichnung maßgebend ist. Ziel ist es demnach die genetische Vielfalt i. S. v. Art. 2 UAbs. 3 CBD[484] innerhalb der Art zu erhalten.[485] Künstlich vermehrte Pflanzen i. S. d. § 7 Abs. 2 Nr. 16 BNatSchG sind hingegen nach § 40 Abs. 1 S. 2 BNatSchG von der Genehmigungspflicht ausgenommen. Bei der Definition der freien Natur wird auf die tatsächliche und nicht die rechtliche Fläche abgestellt, sodass diese überwiegend unbebaute, nicht umfriedete Flächen sind.[486] Welche Pflanzen nach diesen Kriterien in einem Gebiet nicht oder seit 100 Jahren nicht mehr vorkommen, lässt sich anhand der in Deutschland vorhandenen verschiedenen Zertifizierungssysteme für gebietseigenes Saat- und Pflanzengut nachweisen.[487] Das Ausbringen von Tieren

---

[481] Vgl. *Klingenstein et al.*, Positionspapier BfN 2005, S. 13; bis 2017 war es noch Aufgabe des § 40 Abs. 1 BNatSchG „nichtheimischen" Arten entgegenzuwirken; Grund ist die Beseitigung des Widerspruch zur Verordnung (EU) 1143/2014, vgl. BT-Drs. 18/12976, S. 12.

[482] Aufgrund der Novellierung vom 29.6.2017, wurde das Merkmal „gebietsfremd" aus § 40 Abs. 1 S. 1 BNatSchG gestrichen, vgl. BT-Drs. 18/11942, S. 24.

[483] Vgl. *Kratsch*, in: Schumacher/Fischer-Hüftle, BNatSchG § 40 Rn. 6 f.; VG Arnsberg, NuR 2019, 207.

[484] Übereinkommen über die biologische Vielfalt vom 05.06.1992 (BGBl. 1993 II S. 1741).

[485] Vgl. *Kratsch*, in: Schumacher/Fischer-Hüftle, BNatSchG, § 40 Rn. 6 f.

[486] *Müller-Walter*, in: Lorz/Konrad/Mühlbauer/Müller-Walter/Stöckel, BNatSchG, § 40 Rn. 9.

[487] So betreiben Bayern und andere Bundesländer das Zertifizierungssystem „Register für gebietseigene Gehölze" (GEG) und das Erntezulassungsregister Forst (EZR), in denen die Erntebestände von Gehölzarten kartiert werden, die für gebietseigenes Saatgut in Frage

ist hingegen auch im besiedelten Bereich genehmigungspflichtig, da sich diese aufgrund ihrer größeren Mobilität schnell in die freie Natur ausbreiten können.[488]

II. § 40 Abs. 1 S. 4 Nr. 1 BNatSchG – Legalausnahme zugunsten der Landwirtschaft

Von einem Genehmigungserfordernis ausgenommen, ist gem. § 40 Abs. 1 S. 4 Nr. 1 BNatSchG der Anbau von gebietsfremden Pflanzen in der Land- und Forstwirtschaft. Ziel der Regelung ist es, das umweltrechtliche Vorsorgeprinzip nicht zu überdehnen durch die Aufnahme des landwirtschaftlichen Pflanzenanbaus. Dieser ist auf eine bestimmte Ackerfläche beschränkt, weshalb von ihm nur eine geringe Gefahr der Weiterverbreitung ausgeht.[489] Unter Anbau versteht man die bewusste Ausbringung mit Produktionsabsicht und nicht jede Ausbringung auf landwirtschaftliche Flächen.[490] Auf Wildäckern oder im Rahmen von Naturschutzprogrammen geförderter Blühstreifen dürfen gebietsfremde Pflanzen demzufolge nicht ausgesät werden.[491]

III. Fazit

Das allgemeine Artenschutzrecht enthält zwar sogar eine Legalausnahme zugunsten der Landwirtschaft und nicht „nur" eine Privilegierung, diese ist allerdings sowohl räumlich als auch sachlich (Acker und gebietsfremde Art) beschränkt. Im Gegensatz zu den naturschutzrechtlichen Privilegierungstatbeständen enthält § 40 Abs. 1 S. 4 Nr. 1 BNatSchG keine unbestimmten Rechtsbegriffe und zeichnet sich insofern durch eine Anwendungsfreundlichkeit in der Praxis aus.

C. Besonderer Artenschutz

Im Gegensatz zum allgemeinen Artenschutz, sind die in §§ 44 ff. BNatSchG normierten Verbote des besonderen Artenschutzes unabhängig vom Beweggrund des Handelnden und greifen auch bei „vernünftigen" Gründen ein. Das „Herzstück" des besonderen Artenschutzes sind die direkten Zugriffsverbote (z. B. Tötung und Schädigung von Lebensstätten) sowie der Besitz und die Vermarktung von Exemplaren gefährdeter Tier- und Pflanzenarten, welche sich in § 44 BNatSchG wiederfinden. Begrenzt werden diese durch die Möglichkeit im Einzelfall Aus-

---

kommen, vgl. dazu ausführlich https://www.lfu.bayern.de/natur/gehoelze_saatgut/gehoelze/index.htm (zuletzt aufgerufen am 28.01.2023).

[488] *Kratsch*, in: Schumacher/Fischer-Hüftle, BNatSchG, § 40 Rn.10.

[489] BT-Drs. 16/12274, S. 69.

[490] *Holljesiefken*, Die rechtliche Regulierung invasiver gebietsfremder Arten in Deutschland – Bestandsaufnahme und Bewertung, S. 201 m. w. N.

[491] *Gellermann*, in: Landmann/Rohmer, Umweltrecht, Bd. 2, § 40 Rn. 15.

nahmen und Befreiungen nach §§ 45 Abs. 7, 67 BNatSchG zu erteilen. Neben den in § 44 Abs. 1 BNatSchG geregelten Zugriffsverboten, ist für die landwirtschaftliche Bodennutzung deren (unter bestimmten Voraussetzungen einzuhaltende) Befreiung (Privilegierung) in § 44 Abs. 4 BNatSchG von besonderer Bedeutung.

I. Zugriffsverbote des § 44 Abs. 1 BNatSchG

1. Fang-, Verletzungs- und Tötungsverbot

Nach § 44 Abs. 1 Nr. 1 BNatSchG ist es verboten, wild lebenden Tieren der besonders geschützten Arten nachzustellen, sie zu fangen, zu verletzen oder zu töten. Besonders geschützte Arten sind nach der Begriffsbestimmung in § 7 Abs. 2 Nr. 13 BNatSchG Tier- und Pflanzenarten, die in Anhang A oder B der EG Verordnung Nr. 338/97 des Rates vom 09.12.1996 über den Schutz von Exemplaren wildlebender Tier- und Pflanzenarten durch Überwachung des Handels aufgeführt sind. Ebenso gehören Tier- und Pflanzenarten, die nicht in Anhang A oder B der VO aufgeführt sind, sondern im Anhang IV der Richtlinie 92/43/EWG aufgeführt sind sowie europäische Vogelarten dazu. Zudem wurden durch Rechtsverordnung nach § 54 Abs. 1 BNatSchG - § 1 BArtSchVO sowie Anlage 1 Spalte 2 BArtSchVO[492] - weitere Tier- und Pflanzenarten oder Populationen solcher Arten unter besonderen Schutz gestellt. Zu den besonders geschützten Arten gehören immerhin rund 2600 Tier- und Pflanzenarten.[493] Welche Verhaltensweisen genau von den Verboten des § 44 Abs. 1 Nr. 1 BNatSchG erfasst werden, wird durch § 4 BArtSchVO konkretisiert. Nicht ausreichend für ein Tötungsrisiko sind etwa Baumfällarbeiten in einem Gebiet, in dem Fledermäuse brüten, solange diese in einer Zeit zwischen Mitte September und Ende Oktober/Anfang November stattfinden, in der sich die Fledermäuse in der Übergangsphase zwischen Sommer- und Winterquartieren befinden.[494] Die landwirtschaftliche Bodennutzung gerät u. a. schon bei der im Mai beginnenden Grünlandmahd auf einem Standort mit einem hohen Grundwasserstand, bei deren Gelegenheit die Küken der Uferschnepfe, des Großen Bachvogels oder des Rebhuhns getötet werden, in Konflikt mit dem Artenschutzrecht. Zu beachten ist jedoch, dass die Tötung eines Indivi-

---

[492] Verordnung zum Schutz wild lebender Tier- und Pflanzenarten (Bundesartenschutzverordnung – BArtSchVO) vom 16.02.2005 (BGBl. S. 258, ber. S. 896), zuletzt geändert durch Art. 10 G zur Änd. des Umwelt-RechtsbehelfsG und anderer umweltrechtlicher Vorschriften vom 21.01.2013 (BGBl. I S. 95).

[493] Davon sind 470 heimische streng geschützte Arten nach § 7 Abs. 2 Nr. 7 und 14 BNatSchG, vgl. https://www.bfn.de/karten-und-daten/anzahl-der-gesetzlich-streng-geschuetzten-heimischen-arten (zuletzt aufgerufen am 28.01.2023).

[494] BVerwG, Urteil v. 06.11.2012 – 9 A 17.11, NuR 2014, 344 [356 Rn. 106].

duums zwar nicht mutwillig, d. h. vorsätzlich oder fahrlässig, erfolgen muss, um den Tatbestand des § 44 Abs. 1 Nr. 1 BNatSchG zu verwirklichen, aber dennoch das Verbot auf solche Fälle zu reduzieren ist, wo das Risiko für eine betroffene Art durch das vorangegangene Tun des Angreifers in signifikanter Weise erhöht worden ist.[495]

2. Störungsverbot

§ 44 Abs. 1 Nr. 2 BNatSchG gewährt wild lebenden Tieren streng geschützter Arten einen gesteigerten Schutz vor Störungen während bestimmter (störungsempfindlicher) Zeiten, wie der Fortpflanzungszeit. Die Beispiele zu § 44 Abs. 1 Nr. 1 BNatSchG zeigen, dass Überschneidungen der beiden Tatbestände nicht unwahrscheinlich sind, wenn sich die Störung auf die Lebensfähigkeit von Tieren oder im Bereich von deren Fortpflanzungsstätten auswirkt. Streng geschützte Arten sind nach § 7 Abs. 2 Nr. 14 BNatSchG besonders geschützte Arten, die in Anhang A der EG Verordnung Nr. 338/97, in Anhang IV der RL 92/43 EWG oder in einer Rechtsverordnung nach § 54 Abs. 2 BNatSchG - § 1 BArtSchVO sowie Anlage 1 Spalte 3 BArtSchVO - aufgeführt sind. Zu beachten ist, dass die Störung erheblich sein muss, was nach der in Halbsatz 2 enthaltenen Legaldefinition der Fall ist, wenn sich durch die Störung der Erhaltungszustand einer lokalen Population einer Art verschlechtert. Eine lokale Population ist die Begrenzung auf diejenigen (Teil-) Habitate und Aktivitätsbereiche der Individuen einer Art, die in einem für die Lebens(raum-)ansprüche der Art in einem ausreichenden räumlich-funktionalen Zusammenhang stehen.[496] Eine Verschlechterung des Erhaltungszustandes liegt vor, wenn „so viele Individuen betroffen sind, dass sich die Störung auf die Überlebenschancen, die Reproduktionsfähigkeit und den Fortpflanzungserfolg der lokalen Population auswirkt."[497] Je nach Art, kann eine lokale Population daher entweder anhand ihres örtlichen, punktuellen Vorkommens gut abgrenzbar sein (z. B. Vogelansammlungen in Brutkolonien) oder sie lässt sich trotz ihrer flächigen Verbreitung auf Reviere oder naturräumliche Landschaftseinheiten begrenzen, was z. B. bei der Kohlmeise, dem Mäusebussard, dem Schwarzstorch oder

---

[495] Dementsprechend ist nicht ausreichend, dass beim Bau einer Autobahn einzelne Exemplare geschützter Tierarten aufgrund einer Kollision mit Kraftfahrzeugen zu Schaden kommen können, vgl. BVerwG, NuR 2009, 112 [119 Rn. 90]; grundlegend zur Reduktion des Tatbestands bei zufälligen Tötungshandlung, *Müller-Walter*, in: Lorz/Konrad/Mühlbauer/Müller-Walter/Stöckel, BNatSchG, § 44 Rn. 11 m. W. n.

[496] BT-Drs. 16/5100, S. 11.

[497] *LANA*, Unbestimmte Rechtsbegriffe im BNatSchG, S. 5.

dem Wolf der Fall ist.[498] Nicht erforderlich ist hingegen, dass die Arten ganzjährig in einem Gebiet leben.[499] Ob eine Verschlechterung vorliegt, ist einzelfallabhängig zu bestimmen. Kommt eine Art nur selten vor und weist eine geringe Populationsgröße auf, kann eine erhebliche Störung bereits bei der Beeinträchtigung der Fortpflanzungsfähigkeit, des Bruterfolgs bzw. der Überlebenschancen einzelner Individuen auftreten.[500]

3. Lebensstättenschutz

§ 44 Abs. 1 Nr. 3 BNatSchG untersagt die Schädigung und Zerstörung der Fortpflanzungs- und Ruhestätten besonders geschützter Tierarten. Als Fortpflanzungsstätten geschützt sind alle Orte, die für die erfolgreiche Reproduktion einer Art benötigt werden, wie etwa Nist- oder Brutstätten bzw. im Einzelfall auch ganze Areale im Falle von Brutvogelarten.[501] Ruhestätten hingegen sind Örtlichkeiten, in denen sich die Tiere eine gewisse Zeit ohne größere Fortbewegung aufhalten, weil sie dort Ruhe und Geborgenheit suchen.[502] Umfasst ist damit einerseits jede substanzverletzende Einwirkung auf die geschützte Stätte, andererseits ist jede Einwirkung von tatbestandlicher Relevanz, die zu einer Minderung der ökologischen Funktionalität der betroffenen Stätte führt.[503] Außerdem müssen die Lebensstätten nicht ständig genutzt werden (wie dies bei Zugvögeln der Fall ist), sondern es genügt, dass die Tiere regelmäßig wieder zurückkehren.[504] Bei in Anhang IV Buchstabe a der Richtlinie 92/43/EWG aufgeführten Tierarten, europäischen Vogelarten oder Arten, die in einer Rechtsverordnung nach § 54 Abs. 1 Nr. 1 BNatSchG aufgeführt sind, liegt gem. § 44 Abs. 5 S. 2 Nr. 3 BNatSchG kein Verstoß gegen das Verbot des Abs. 1 Nr. 3 vor, wenn ökologische Funktion der von dem Eingriff oder Vorhaben betroffenen Fortpflanzungs- und Ruhestätten im räumlichen Zusammenhang weiterhin erfüllt wird. Davon ist beim Herausnehmen von Baumhölzern zur forstlichen Nutzung auszugehen, auch wenn durch diese z. B. Brutstätten von Fledermäusen zerstört werden, wenn der räumliche Zusam-

---

[498] *LANA*, Unbestimmte Rechtsbegriffe im BNatSchG, S. 6 f.

[499] So werden von § 44 Abs. 1 Nr. 2 BNatSchG auch Zugvögel erfasst, die nur während bestimmter Phasen eines jährlichen Zyklus in einem abgrenzbaren Raum vorkommen, vgl. *Gellermann*, NuR 2007, 785; BVerwG, Urt. v. 09.06.2010 – 9 A 20.08., NuR 2010, 870 Rn. 48.

[500] *LANA*, Unbestimmte Rechtsbegriffe im BNatSchG, S. 6.

[501] *Schütte/Gerbig*, in: Schlacke, GK-BNatSchG, § 44 Rn. 30.

[502] *Gläß*, in: Gießberts/Reinhardt, Umweltrecht, BNatSchG, § 44 Rn. 27.

[503] *Gellermann*, in: Hansmann/Sellner, Grundzüge des Umweltrechts, Kap. 10 Rn. 124.

[504] *D. Kratsch*, in: Schumacher/Fischer-Hüftle, BNatSchG, § 44 Rn. 26.

menhang durch die Sicherung von Althölzern nachhaltig bewahrt wird.[505] In der Landwirtschaft ist dies etwa dann der Fall, wenn die massive Ausbringung von Gülle, Jauche oder der Einsatz von Pestiziden – nicht notwendigerweise zur Reproduktionszeit – dazu führt, dass alljährlich genutzte Brutplätze in ihrer ökologischen Funktionalität gemindert sind.

4. Schutz von Pflanzen

§ 44 Abs. 1 Nr. 4 BNatSchG verhindert, dass wild lebende Pflanzen oder ihre Entwicklungsformen aus der Natur entnommen werden bzw. sie oder ihre Standorte zerstört werden. Wild lebend sind alle Pflanzen, die keine Kulturpflanzen sind, sodass – bezogen auf die landwirtschaftliche Bodennutzung – zwar keine durch Züchtung weiterentwickelte Nutzpflanzen unter den Tatbestand fallen, aber sehr wohl Ackerwildkräuter oder Arten des mageren Grünlandes.[506] Die Tathandlungen des Zerstörens kann nicht nur durch körperlichen Einsatz, sondern auch durch andere Geräte, wie Mähdrescher, erfolgen.[507] Der weite Schutzzweck der Norm wird dadurch deutlich, dass sich der Schutz auch auf die Entwicklungsformen der Pflanze erstreckt, welche die Pflanze in allen Stadien ihrer Entwicklung von der Befruchtung bis zu ihrer vollen Entfaltung schützt.[508] So sind nach Absatz 1 Nummer 4 beispielsweise Bodenverdichtungen untersagt, die die Entwicklung einer Pflanze verhindern.

5. Fazit

Die vier verschiedenen Zugriffsverbote des § 44 Abs. 1 BNatSchG sind geprägt durch die Vorgaben der FFH- und der Vogelschutz-Richtlinie und deren Auslegung durch den Europäischen Gerichtshof.[509] Durch die präzisen Begriffsdefinitionen in § 7 BNatSchG sind die Zugriffsverbote für den Rechtsanwender leicht zu erfassen. Sie erlangen bei der landwirtschaftlichen Bodennutzung eine beson-

---

[505] Ggf. sind jedoch Ausgleichsmaßnahmen, wie das Aufhängen von Fledermauskästen anzuordnen, vgl. BVerwG, Urt. v. 06.11.2012 – 9 A 17.11 = NuR 2014, 344 [357 Rn. 108].

[506] *D. Kratsch*, in: Schumacher/Fischer-Hüftle, BNatSchG, § 44 Rn. 34.

[507] *Gläß*, in: Gießberts/Reinhardt, Umweltrecht, BNatSchG, § 44 Rn. 31.

[508] BNatSchG/*Meßerschmidt*, § 44 Rn. 82.

[509] An dieser Stelle ist auf das Urteil im Fall „Skydda Skogen" durch den EuGH vom 04.03.2021 (C-473/19 und C-474/19) hinzuweisen, aus dem hervorgeht, dass § 44 Abs. 1 Nr. 1, 3 BNatSchG aufgrund ihres Populationsbezugs gegen Art. 12 Abs. 1 lit. a) und c) FFH-RL verstoßen und sich daher einem Anwendungsverbot ausgesetzt sehen. Der Gesetzgeber hat hier eine Neuregelung zu schaffen, vgl. *Lau*, NuR 2021, 462 [462 f.]; ein Anwendungsverbot für § 44 Abs. 1 Nr. 1 – 3 BNatSchG fordert hingegen *Gellermann/Schumacher*, NuR 2021, 182 [182 ff.]; *Schmidt/Sailer*, ZNER 2021, 154 [159 f.] schlägt stattdessen eine europarechtskonforme Auslegung des § 44 Abs. 1 Nr. 2 BNatSchG vor.

dere Bedeutung, da die Zugriffsverbote regelmäßig bei der täglichen Wirtschaftsweise tangiert werden. Pflügt der Landwirt beispielsweise sein Feld, kann es durchaus passieren, dass er dabei ein einzelnes Feldlerchengelege zerstört.

II. Sonderregeln für die landwirtschaftliche Bodennutzung

Wie aus den vorhergehenden Beispielen eindeutig hervorgeht, besteht zwischen moderner Landwirtschaft und Artenschutz ein gewisses Konfliktpotenzial. Dennoch bzw. gerade deswegen hat sich der Gesetzgeber 2007 mit der kleinen Novelle zum Bundesnaturschutzgesetz[510] dazu entschieden mit § 42 Abs. 4 BNatSchG a. F. (§ 44 Abs. 4 BNatSchG n. F.) eine Privilegierung für die Landwirtschaft im besonderen Artenschutzrecht zu schaffen. Grund dafür ist, dass bei sich nach bestimmten Kriterien richtender landwirtschaftlicher Bodennutzung ein harmonisches Nebeneinander zu besonders bzw. streng geschützten Arten möglich ist. Teilweise ist im Bereich der Landwirtschaft das Vorkommen bestimmter Arten sogar an bestimmte Landnutzungsformen gebunden.[511] So haben etwa die Kiebitze, Feldlerchen und Rebhühner lange Zeit den Ruf als sog. klassische Kulturfolger genossen, da von der von Menschenhand geschaffenen Kultursteppe profitiert haben.[512] Ob die Privilegierung in der aktuell ausgestalteten Form ihre Berechtigung hat, ist im Folgenden Gegenstand der Untersuchung.

1. Überblick über die Privilegierung

§ 44 Abs. 4 S. 1 BNatSchG begrenzt die Reichweite der Zugriffsverbote des Absatz 1, wenn besonders oder streng geschützte Tier- und Pflanzenarten durch eine der guten fachlichen Praxis entsprechenden landwirtschaftlichen Bodennutzung in Mitleidenschaft gezogen werden (unwiderlegbare Vermutung). Satz 2 beschränkt die Legalausnahme wiederum selbst in ihrer Reichweite. Soweit Tierarten des Anhangs IV FFH-Richtlinie, europäische Vogelarten oder die in einer (nichtexistierenden[513]) Verordnung genannten Verantwortungsarten betroffen sind, genügt eine Bewirtschaftung nach guter fachlicher Praxis nur, wenn sich der Erhaltungszustand einer lokalen Population einer Art durch die Bewirtschaftung nicht verschlechtert. Demnach wird zum Beispiel dem Maulwurf (Talpidae), be-

---

[510] BT-Drs. 16/5100.
[511] BT-Drs. 16/5100 S. 11.
[512] *Gellermann/Fischer-Hüftle*, NuR 2019, 234 [235].
[513] Der Bundesgesetzgeber hat die sog. Verantwortungsarten lediglich als Förderschwerpunkt in das Bundesprogramm Biologische Vielfalt aufgenommen, vgl. https://www.bmuv.de/themen/naturschutz-artenvielfalt/artenschutz/nationaler-artenschutz/instrumente-zur-reduzierung-von-gefaehrdungen/bundesprogramm-biologische-vielfalt-verantwortungsarten (zuletzt aufgerufen am 28.01.2023).

stimmten Fledermausarten (Rhinolophidae, Vespertilionidae) oder dem Schwarzstorch (Ciconia nigra) ein besonderer Schutz zu Teil. Ergänzt werden die Bestimmungen durch eine Ermächtigung zum Erlass behördlicher Bewirtschaftungsvorgaben nach § 44 Abs. 4 S. 3 BNatSchG und die Klarstellung in Satz 4, dass entsprechende Anordnungs- und Regelungsbefugnisse des Landesrechts unberührt bleiben.

2.   Die Privilegierung des § 44 Abs. 4 S. 1 BNatSchG

a.   Auswirkungen der Sonderregelung in der landwirtschaftlichen Praxis

Die noch auf § 20e Abs. 3 Nr. 3 BNatSchG a. F. zurückgehende Regelung hat den Zweck den Landwirt bei der notwendigen Bodenbearbeitung nicht dem ständigen Risiko eines verbotswidrigen Handelns und damit der Ahndung durch ein Bußgeld oder einer Strafe auszusetzen, wenn er dabei unbeabsichtigt (z. B. beim Mähen einer Wiese, beim Pflügen oder beim Fällen eines Baumes) geschützte Tiere, ihre Gelege oder Pflanzen tötet, zerstört oder beschädigt.[514] Lediglich vorbereitende oder zur Erleichterung und Verbesserung der Bodennutzung beitragende Handlungen (z. B. Trockenlegung einer Fläche und dadurch gleichzeitige Zerstörung eines Standorts der astlosen Graslilie[515]) profitieren nicht von der Privilegierung.[516] Hintergrund der Regelung ist, dass der Verlust einzelner Individuen der geschützten Arten bei der täglichen Bewirtschaftung nicht zu einer Gefährdung der Bestände führt.[517] Diese durchaus verständliche Intention des Gesetzgebers stößt dort an ihre Grenzen, wo der Landwirt nicht nur fahrlässig eine besonders oder streng geschützte Tier- und Pflanzenart stört, beschädigt oder zerstört, sondern vorsätzlich. Denn auch in diesem Fall wäre keine Ausnahmegenehmigung nach § 45 Abs. 6 BNatSchG notwendig, soweit sich die Wirtschaftsweise nach wie vor innerhalb der Grundsätze der guten fachlichen Praxis hält.[518] Dementsprechend wäre es denkbar, dass ein Landwirt eine durch Anhang 1 BArtSchVO streng geschützte Kleinwühlmaus (Microtus bavaricus), die ihre Jungen durch die zur Ernte bestimmten Kartoffeln ernährt, bei Gelegenheit aus Frust über den Verlust absichtlich mit dem Spaten aufspießt, ohne dass dies Konsequenzen wegen eines Verstoßes gegen § 44 Abs. 1 Nr. 1 BNatSchG nach sich zieht. Dieses abstruse Beispiel zeigt, wie abwegig der Einwand der möglicherweise vorsätzlichen

---

[514] BT-Drs. 10/5064 S. 22.
[515] Besonders geschützte Art nach Anhang 1 BArtSchVO.
[516] *Lau*, in: Frenz/Müggenborg, BNatSchG, § 44 Rn. 50.
[517] BT-Drs. 16/5100 S. 12.
[518] *Möckel*, NuR 2008, 831 [837].

Zerstörung im Rahmen des § 44 Abs. 4 BNatSchG ist. Würde die als Beispiel gewählte Kleinwühlmaus ernsthafte Schäden am Kartoffelacker des Bauern anrichten, könnte dieser auch ohne die landwirtschaftliche Privilegierung eine Ausnahmegenehmigung nach § 45 Abs. 7 S. 2 Nr. 1 BNatSchG von den Verboten des § 44 BNatSchG beantragen und mit der für Naturschutz und Landschaftsschutz zuständigen Behörde gegebenenfalls eine zumutbare Alternative – etwa eine Umsiedlung – zur Tötung der Kleinwühlmaus finden. In der Praxis bewirkt die Privilegierung folglich, dass die tägliche Wirtschaftsweise eines Landwirts ohne die Sorge vor artenschutzrechtlichen Verstößen durchgeführt werden kann. Potentiellen Missbräuchen der Sonderregelung wird durch die mögliche Zulassung von Ausnahmen von Verboten des § 44 BNatSchG durch § 45 Abs. 7 BNatSchG vorgebeugt.

b. Die gute fachliche Praxis als Verhaltensmaßstab für die landwirtschaftliche Bodennutzung im Artenschutzrecht

Um nicht von jeglichen artenschutzrechtlichen Bindungen befreit zu sein, muss die landwirtschaftliche Bodennutzung und die Verwertung der daraus gewonnenen Produkte der guten fachlichen Praxis entsprechen. Ob die gute fachliche Praxis i. S. d. § 5 Abs. 2 BNatSchG naturschutzrechtlichen Anforderungen und damit auch den Anforderungen des Artenschutzrechts i. R. d. Bundesnaturschutzgesetzes gerecht wird, ist durchaus zweifelhaft.[519] Direkte Bezüge zum Artenschutz enthält nur § 5 Abs. 2 Nr. 2 BNatSchG als Leitlinie, dass die natürliche Ausstattung der Nutzfläche, zu der u. a. Flora und Fauna gehören, nicht über das zur Erzielung eines nachhaltigen Ertrags erforderliche Maß hinaus beeinträchtigt werden dürfen.[520] Im Kern wird durch diese Vorschrift ein rücksichtsvoller Umgang mit Tieren und Pflanzen, auch bei einer auf Ertragserzielung gerichteten Bodennutzung, verlangt.[521] Sie enthält sozusagen ein „artenschutzrechtliches Rücksichtnahmegebot". Diese vagen Vorgaben garantieren jedoch nicht, dass artenschutzrechtlich relevante Beeinträchtigungen geschützter Tierarten im Rahmen der landwirtschaftlichen Bodennutzung vermieden werden. Über die Unbestimmtheit der Grundsätze kann auch § 44 Abs. 4 S. 3 BNatSchG nicht hinweghelfen, durch den die Behörde „die erforderlichen Bewirtschaftungsvorgaben" anordnen kann, mithin auch solche, die die Einhaltung der Grundsätze der guten fachlichen Praxis bezwecken. Ist nämlich nicht hinreichend bestimmbar, welche Maßnahmen der

---

[519] Ausführlich dazu unter 2. Kapitel § 6 und § 7.
[520] Siehe dazu 2. Kapitel § 6 B. II. 2.
[521] *Gellermann/Fischer-Hüftle*, NuR 2019, 234 [236].

landwirtschaftlichen Bodennutzung die Grundsätze der guten fachlichen Praxis verwirklichen, können die Behörden auch keine dazu erforderlichen Bewirtschaftungsvorgaben erlassen. Diese Ansicht stützt auch die Rechtsprechung des EuGH, der zu § 44 Abs. 4 BNatSchG a. F. feststellt hat, dass pauschale Ausnahmen für die landwirtschaftliche Bodennutzung mit dem Unionsrecht nicht vereinbar sind.[522]

c. Bodenschutzrecht und landwirtschaftliches Fachrecht

Die in § 17 Abs. 2 BBodSchG enthaltenen Anforderungen bezwecken die nachhaltige Sicherung der Bodenfruchtbarkeit und der Leistungsfähigkeit des Bodens und enthalten keinerlei Bestimmungen für den Artenschutz.[523]

Begünstigte des landwirtschaftlichen Fachrechts – in Form von Direktzahlungen, Anwendung flächenbezogener Maßnahmen – müssen landwirtschaftliche Flächen zwar in einem guten landwirtschaftlichen und ökologischen Zustand erhalten (GLÖZ) und Grundanforderungen an die Betriebsführung erfüllen, die sich aus der Vogelschutz- und FFH-Richtlinie ergeben. Dadurch werden sie aber nicht zur Einhaltung artenschutzrechtlicher Bestimmungen verpflichtet. Tötet ein Landwirt beispielsweise bei der Grünlandmahd die Küken der Bekassine, muss er keine Kürzung der Konditionalitäten-Zahlungen oder einen Verlust des artenschutzrechtlichen Privilegs fürchten.[524]

d. Fazit

Der Schutz allein national geschützter Arten bei Maßnahmen durch die Landwirtschaft erfolgt nur über die Grundsätze der guten fachlichen Praxis, das Bodenschutzrecht und das landwirtschaftliche Fachrecht. Während letzteren schon die Bezüge zum Artenschutzrecht fehlen, haben die Grundsätze der guten fachlichen Praxis nach § 5 Abs. 2 BNatSchG aufgrund ihrer Unbestimmtheit kaum eine die Privilegierung einschränkende Wirkung. Folge ist ein weitgehender „Freifahrtschein" für die landwirtschaftliche Bodennutzung. Zu Recht hat der EuGH 2006[525] daher entschieden, dass dies den Anforderungen des europäischen Artenschutzes nicht genügt. Dieses Urteil wurde durch den Gesetzgeber durch die

---

[522] EuGH, Urt. v. 10.01.2006, Rs. C-98/03 (Kommission/Bundesrepublik Deutschland), NuR 2006, 166 [168 Rn. 57 ff.].
[523] Zum Sinn und Zweck des Bodenschutzes, 4. Kapitel § 12 B. V.
[524] Vgl. *Gellermann/Fischer-Hüftle*, NuR 2019, 234 [236].
[525] EuGH, Urt. v. 10.01.2006 – C-98/03 (Kommission/Deutschland), NuR 2006, 166 [167 ff. Rn. 45, 52, 56, 62].

Kleine Novelle im Artenschutz zwar umgesetzt,[526] ohne jedoch national geschützten Arten einen identischen Schutz zur Verfügung zu stellen. Die Privilegierung gilt folglich uneingeschränkt. Eine damit verbundene Sonderstellung der Landwirte könnte wie bei § 14 Abs. 2 BNatSchG vor dem Hintergrund des Art. 3 Abs. 1 GG zu beurteilen sein, wenn nicht Satz 2 den Anwendungsbereich deutlich einschränken.

3. § 44 Abs. 4 S. 2 BNatSchG – Einschränkung der Privilegierung bei europäischen Arten

In Reaktion auf das EuGH-Urteil vom 10.01.2006 nahm der Gesetzgeber Arten nach Anhang IV der FFH-Richtlinie und europäische Vogelarten von der Privilegierung aus (§ 44 Abs. 4 S. 2 BNatSchG), außer der Erhaltungszustand einer lokalen Population einer Art verschlechtert sich durch die Art der Bewirtschaftung nicht. Doch auch nach der Kleinen Novelle im Artenschutzrecht 2007[527] sind Zweifel an der Unionsrechtskonformität und Verfassungsmäßigkeit der Regelung geblieben.

a. Vereinbarkeit mit dem Bestimmtheitsgebot (Art. 103 Abs. 2 GG)

Die Diffizilität der Norm wird anhand der Auslegung des Wortlauts von Satz 2 deutlich. Zwei verschiedene Auslegungsmöglichkeiten sind denkbar. Zunächst könnten die artenschutzrechtlichen Zugriffsverbote des Absatz 1 „unmittelbar und automatisch" zur Anwendung kommen, wenn sich eine der guten fachlichen Praxis entsprechende landwirtschaftliche Bodennutzung verschlechternd auf die Erhaltungssituation der lokalen Population auswirkt.[528] Einige Stimmen in der Literatur haben bei dieser Auslegung Zweifel, ob § 44 Abs. 4 S. 2 BNatSchG das Bestimmtheitsgebot nach Art. 103 Abs. 2 GG wahrt, denn für die betroffenen Landwirte ist häufig schwer erkennbar, ob sich der Erhaltungszustand der lokalen Population verschlechtert, er dafür verantwortlich ist oder seine Bewirtschaftung dazu beigetragen hat.[529] Nachdem ein Verstoß gegen ein eventuelles Zugriffsverbot für den Landwirt aber Sanktionen nach § 69 Abs. 2 BNatSchG (Ordnungswidrigkeit – Bußgeldzahlung bis zu 50.000 €) oder im Falle eines vorsätzlichen

---

[526] Siehe nächster Gliederungspunkt.

[527] Art. 1 des Ersten Gesetzes zur Änderung des Bundesnaturschutzgesetzes v. 12.12.2007 (BGBl. I S. 2873).

[528] *Gellermann*, in: Landmann/Rohmer, BNatSchG, § 44 Rn. 39.

[529] *Gellermann*, in: Landmann/Rohmer, BNatSchG, § 44 Rn. 39; *Gellermann/Fischer-Hüftle*, NuR 2019, 234 [237]; *Gellermann*, NuR 2007, 783 [787]; *Lau*, in: Frenz/Müggenborg, BNatSchG, § 44 Rn. 51; *Gellermann*, NuR 2007, 783 [783 ff.] zur wortgleichen Vorgängerregelung.

Verstoßes gegen ein besonderes Artenschutzverbot bzw. der leichtfertigen Verletzung im Fall des Tötungsverbots nach §§ 71 Abs. 1 Nr. 2, 71a Abs. 1 Nr. 1, Abs. 3 BNatSchG die Begehung einer Straftat zur Folge hätte, sind verfassungsrechtliche Zweifel insofern naheliegend.[530] Andererseits enthält das Gesetz den Bewirtschaftern gegenüber keinerlei Verpflichtungen zur Ermittlung des Sachverhalts, im Gegenteil. Nach § 6 Abs. 1, Abs. 3 Nr. 2 BNatSchG obliegt es Bund und Ländern im Rahmen ihrer Zuständigkeiten Natur und Landschaft, insbesondere den Erhaltungszustand von Lebensraumtypen und Arten von gemeinschaftlichem Interesse, die nach Anhang IV FFH-Richtlinie und die Vogelrichtlinie geschützt sind, zu beobachten. Erfolgt eine gem. § 44 Abs. 4 S. 1 BNatSchG privilegierte Bodennutzung, muss die Behörde eine Beobachtung so engmaschig durchführen, dass sie den Erhaltungszustand der europarechtlich geschützten Arten beurteilen kann. Dieser Grundsatz kommt durch § 44 Abs. 4 S. 3 BNatSchG zum Ausdruck.[531] Satz 3 legt fest, dass die Konsequenz aus einer Verschlechterung des Erhaltungszustandes der lokalen Arten nicht etwa ein Entfall der Privilegierung und eine damit verbundene Aktivierung der Zugriffsverbote des Absatz 1 ist, sondern die zuständigen Naturschutzbehörden auf Grundlage von Satz 3 spezifische Bewirtschaftungsvorgaben zur Wiederherstellung beziehungsweise Erhaltung der lokalen Populationen anordnen können.[532] Folglich wird der Landwirt nicht den Schwierigkeiten der Beurteilung des Erhaltungszustandes einer lokalen Population ausgesetzt. Das Problem, welches hingegen bleibt, ist, dass die zuständige Behörde (§ 3 Abs. 2 BNatSchG) um überhaupt im Fall europarechtlich geschützter Arten einen Verstoß zu unterbinden, Anhaltspunkte haben muss, dass durch die konkrete Bewirtschaftung europäische Arten betroffen sind. Auch diese führt nämlich nicht notwendigerweise ein Artenbestandsregister und zeichnet per se die natürlichen Bestände der Arten auf.[533] Dies ist allerdings auch nicht notwendig, da § 44 Abs. 4 S. 3 BNatSchG davon spricht, dass das Ausbleiben einer Verschlechterung durch anderweitige Schutzmaßnahmen, insbesondere durch Maßnahmen des Gebietsschutzes, Artenschutzprogramme, vertragliche Verein-

---

[530] *Lau*, in: Frenz/Müggenborg, § 44 Rn. 51; *Gellermann*, NuR 2007, 783 [787].
[531] Vgl. *Gellermann/Fischer-Hüftle*, NuR 2019, 234 [238].
[532] BT-Drs. 16/5100 S. 12; ebenso *Gellermann/Fischer-Hüftle*, NuR 2019, 237.
[533] Eine Kartierung bzw. ein Monitoring des Erhaltungszustandes von Arten ist durch das Bundesnaturschutzgesetz nicht vorgesehen. Dennoch erfolgt auf ehrenamtlicher Basis ein Vogel- bzw. FFH-Monitoring, damit Deutschland seiner sich aus Art. 17 Abs. 1 FFH-RL (6-jährigen) und Art. 12 Abs. 1 VRL (3-jährigen) Berichtspflicht zum Erhaltungszustand der durch die Richtlinien geschützten Arten nachkommen kann.

barungen oder gezielte Aufklärung sichergestellt sein muss. Demzufolge kann die Behörde „mit begründetem Verdacht" handeln.[534] Für § 44 Abs. 4 S. 2 BNatSchG ergibt sich daraus folgendes Prüfungsschema: Der Landwirt handelt entsprechend der Grundsätze der guten fachlichen Praxis, dennoch kann die Naturschutzbehörde eine Verschlechterung des Erhaltungszustands einer lokalen Population feststellen und ordnet daher nach Satz 3 konkrete Bewirtschaftungsmaßnahmen an. Ein Verstoß gegen den Bestimmtheitsgrundsatz nach Art. 103 Abs. 2 GG liegt daher nicht vor.

b. Praktikabilität des § 44 Abs. 4 S. 2 BNatSchG

Schwierigkeiten bereitet darüber hinaus die Auslegung von bewirtschaftungsbedingten Verschlechterungen. Der Wortlaut von Satz 2 könnte so verstanden werden, dass sich die landwirtschaftliche Bodennutzung den Zugriffsverboten fügen muss, sobald sich die Bodennutzung verschlechternd auf die Erhaltungssituation der lokalen Population auswirkt.[535] Eine Verschlechterung kann hingegen auch aufgrund natürlicher Schwankungen eintreten und ist nicht notwendigerweise ein Hinweis auf die Verschlechterung des Erhaltungszustandes, der zwingend auf die Art und Weise der Bodenbewirtschaftung zurückzuführen ist. Damit ein einzelner Landwirt diesen Unterschied erkennen kann, müsste er sowohl über den Bestand der lokalen Population Protokoll führen als auch die einzelnen Auswirkungen seiner Bodenbewirtschaftung genau dokumentieren. Abgesehen davon, dass der damit verbundene Verwaltungsaufwand in der Landwirtschaft nicht praktikabel ist, wird es dem Landwirt selbst bei genauer Dokumentation meist nicht möglich sein zu beurteilen, ob seine Handlungen noch von der Legalausnahme gedeckt sind oder den Zugriffsverboten des Absatz 1 unterliegen.[536] Die eigentliche Intention der Regelung wird hingegen bei der zu einer extensiven landwirtschaftlichen Bodennutzung gehörenden Fruchtfolge deutlich. Zu dieser gehört bereits seit der Dreifelderwirtschaft des Mittelalters das Brachliegen einer Fläche. Diese notwendige Maßnahme wäre allerdings aus Artenschutzgründen problematisch, wenn sich während des Brachliegens der Fläche besonders geschützte Pflanzen ansiedeln, die dann bewirken würden, dass der Umbruch einer Fläche nach dem Brachejahr, welcher zur Beseitigung der Art führt, verboten wäre. Anhand dieses Bei-

---

[534] BT-Drs. 16/5100 S. 12; *Gläß*, in: Gießberts/Reinhardt, Umweltrecht, § 44 Rn. 60; *Müller-Walter*, in: Lorz et al., Naturschutzrecht, § 44 Rn. 42.

[535] *Gellermann/Fischer-Hüftle*, NuR 2019, 234 [236].

[536] Düsing/Martinez/*Keller* [BNatSchG] § 44 Rn. 21 m. w. N; *Gellermann*, NuR 2007, 783 [787].

spiels zeigt sich die – zunächst angezweifelte – Praktikabilität der Regelung. Entscheidend ist, dass sich der Erhaltungszustand durch die Bewirtschaftung verschlechtert. War vor dem Brachejahr die besonders geschützte Pflanze überhaupt noch nicht auf dem Acker vorhanden – folglich auch nicht dokumentiert – darf der Landwirt diese im Einklang mit § 44 Abs. 4 S. 2 BNatSchG entfernen. Dies gilt selbstverständlich nicht für eine Art, die bereits vor dem Brachejahr auf der Fläche angesiedelt war. Bei dieser hat der Landwirt zu beachten, dass sich deren Erhaltungszustand im Vergleich zur Situation vor dem Brachejahr nicht verschlechtern darf.

c. Vereinbarkeit des § 44 Abs. 4 S. 2 BNatSchG mit der FFH- und Vogelschutzrichtlinie

Mit der gesetzlichen Neuregelung des § 44 Abs. 4 S. 2 BNatSchG verfolgte der Gesetzgeber die Intention sich rechtlich gegenüber den von der Europäischen Kommission eingeräumten Spielräumen in Bezug auf die FFH-Richtlinie abzusichern, indem er sich nur auf europäisch geschützte Arten und nicht rein national geschützte Arten bezieht.[537] Insofern sind die rein national streng geschützten Arten wie die Ringelnatter, der Hirschkäfer, der Schwalbenschwanz oder das gefleckte Knabenkraut nur über die „gute fachliche Praxis" nicht aber rein artenschutzrechtlich (und damit weniger) geschützt.[538]

Unabhängig von dieser bewussten Regelungslücke, ist nach wie vor zweifelhaft, ob § 44 Abs. 4 S. 2 BNatSchG dem populationsökologischen Ansatz der FFH- und Vogelschutzrichtlinie entspricht. Ausdrücklich stellen nämlich weder Art. 12 Abs. 1 lit. a) bis c) FFH-RL noch Art. 5 Vogelschutz-Richtlinie (VRL)[539] auf die Verschlechterung von lokalen Populationen ab. Beispielsweise verbietet Art. 12 Abs. 1 lit. a) FFH-RL alle absichtlichen Formen des Fangs oder der Tötung von aus der Natur entnommenen Exemplaren dieser Arten oder lit. c) die absichtliche Zerstörung oder Entnahme von Eiern aus der Natur. Der EuGH

---

[537] BT-Drs. 16/5100 S. 11; an § 43 Abs. 4 BNatSchG a. F. bemängelte der EuGH den zu geringen Schutz unionsrechtlich geschützter Arten EuGH, Urt. v. 10.01.2006, Rs. C 98/03 (Kommission/Deutschland), NuR 2006, 166 [168 Rn. 57 ff.]; im Gegensatz zum Gesetzgeber interpretierte *Köck*, ZUR 2006, 518 [520 f.] die Kritik des EuGH jedoch so, dass auch der Schutz rein national geschützter Arten allein durch die Einhaltung der „Grundsätze der guten fachlichen Praxis" zu gering ist.

[538] *Gellermann*, NuR 2007, 783 [787].

[539] Richtlinie 2009/147/EG des Europäischen Parlaments und des Rates vom 30.11.2009 über die Erhaltung von wildlebenden Vogelarten (ABl. 2010 L 20 S. 7), zuletzt geändert durch Art. 5 VO (EU) 2019/1010 zur Änd. mehrerer Rechtsakte der Union mit Bezug zur Umwelt vom 05.06.2019 (ABl. L 170 S. 115).

schließt aus diesen Formulierungen die „Notwendigkeit der Prüfung der Situation auf der Ebene der Individuen dieser Art".[540] Wohingegen das BVerwG mit dem Wortlaut „Arten" argumentiert, der offen dafür ist eine störende Handlung erst dann als rechtlich relevant zu behandeln, wenn der Erhaltungszustand der lokalen Population beeinträchtigt wird.[541] Gegen diese Sichtweise spricht vor allem die Systematik der FFH-Richtlinie. Zum einen stellt Art. 15 FFH-RL auf das Fangen oder das Töten von „Tierarten" ab, obwohl der systematische Zusammenhang ergibt, dass damit auch einzelne Exemplare einer Art gemeint sind. Zum anderen reglementieren Art. 16 Abs. 1 FFH-RL, Art. 9 Abs. 1 VRL die Möglichkeit für die Mitgliedstaaten konkrete Ausnahmemöglichkeiten mit Bezug zu Populationen einer Art (Art. 16 Abs. 1 FFH-RL) bzw. mehreren Individuen einer Art (Art. 9 Abs. 1 VRL) zu schaffen. Nachdem der EuGH[542] bereits mehrmals festgestellt hat, dass Art. 16 Abs. 1 FFH-RL, Art. 9 Abs. 1 VRL die Ausnahmen artenschutzrechtlicher Verbote erschöpfend regelt, spricht allein dies für den Individuen Bezug der übrigen Vorschriften. Darüber hinaus hat der EuGH in seinem Urteil vom 04.03.2021[543] nun eindeutig entschieden, dass das Fang-, Tötungs- und Zerstörungsverbot nach Art. 12 Abs. 1 lit. a) und c) FFH-RL nicht mit einer nur populationsbezogenen Vorschrift umgesetzt werden kann. Zwar hat der EuGH nur für den Fall einer forstwirtschaftlichen Bodennutzung entschieden, diese ist jedoch mangels Differenzierung der FFH-RL zwischen Land- und Forstwirtschaft auf die landwirtschaftliche Bodennutzung übertragbar.[544] Folge davon ist ein Anwendungsverbot des § 44 Abs. 4 S. 2 BNatSchG.[545] Bis der Gesetzgeber eine Neuregelung schafft, sollten daher die Legalausnahmen des § 44 Abs. 5 BNatSchG auf die Landwirtschaft angewendet werden.[546]

---

[540] EuGH, Urt. v. 04.03.2021 – C-473/19, C-474/19, NuR 2021, 186 [190 Rn. 54].
[541] BVerwG, Urt. v. 09.07.2008 – 9 A 14.07, NuR 2009, 112 [121 Rn. 104]; Urt. v. 09.07.2009 – 4 C 12.07, NuR 2009, 789 [797 Rn. 41].
[542] Zu Art. 16 FFH-RL: EuGH, Urt. v. 20.10.2005 – C-6/04, NuR 2006, 494/498 Rn. 111 (Kommission/Vereinigtes Königreich); Urt. v. 11.01.2007 – C-183/05, ZUR 2007, 305/306 Rn. 48 (Kommission/Irland); In Bezug auf Art. 9 VRL: EuGH, Urt. v. 08.07.1987 – 247/85, Slg. 1987, 3029, Rn. 8/9 (Kommission/Belgien); Urt. v. 08.07.1987 – 262/85, Slg. 1987, 3073, Rn. 7 (Kommission/Italien); Urt. v. 07.03.1996 – C-118/94, Slg. 1996, I-1123, Rn. 21 (Tribunale administrativo regionale per il Veneto – Italien)
[543] EuGH, Urt. v. 04.03.2021 – C-473/19, C-474/19, NuR 2021, 186 [190 Rn. 61].
[544] *Gellermann/Schumacher*, NuR 2021, 182 [185].
[545] *Lau*, NuR 2021, 462 [465 f.]; *Gellermann/Schumacher*, NuR 2021, 182 [184 f.].
[546] *Lau*, NuR 2021, 462 [465 f.].

d. Fazit

Zusammenfassend lässt sich somit festhalten, dass bei der dargelegten Auslegung § 44 Abs. 4 S. 2 BNatSchG mit dem Bestimmtheitsgrundsatz des Art. 103 Abs. 2 GG vereinbar ist sowie in der praktischen Anwendung handhabbar ist. Zwar verlangt sie den Behörden gewisse Dokumentationspflichten ab (Beobachtung von Natur und Landschaft nach § 6 BNatSchG), um etwa den Erhaltungszustand einer lokalen Population beurteilen zu können. Das erscheint aber angesichts der damit einhergehenden Privilegierung für die tägliche Wirtschaftsweise der landwirtschaftlichen Bodennutzung und einem damit verbundenen geringeren Verwaltungsaufwand für die Behörden, vertretbar. Letztendlich ist § 44 Abs. 4 S. 2 BNatSchG aber nicht anwendbar, da das Fang-, Tötungs- und Zerstörungsverbot nach Art. 12 Abs. 1 lit. a) und c) FFH-RL nicht mit einer nur populationsbezogenen Vorschrift umgesetzt werden kann.

4. Mittel zur Durchsetzung artenschutzrechtlicher Schutzmaßnahmen

a. Vorrang kooperativer Programme

Nach dem Wortlaut von § 44 Abs. 4 S. 3 BNatSchG und auch dem Verständnis des Gesetzgebers[547] steht die Ermächtigung ordnungsrechtlicher Anordnungen (Bewirtschaftungsvorgaben) der zuständigen Naturschutzbehörden unter dem Vorbehalt der Unwirksamkeit anderweitiger Schutzmaßnahmen, insbesondere des Gebietsschutzes, der Artenschutzprogramme, vertraglichen Vereinbarungen oder gezielten Aufklärung. Die Europäische Kommission weiß derartige kooperative und informelle Elemente zu schätzen und benennt in ihrem Leitfaden zur FFH-Richtlinie von 2007 explizit die nationalen kooperativen Programme Großbritanniens[548] oder Schwedens[549] als positive Beispiele für den Artenschutz. Gleichzeitig sollte das Instrumentarium der „nachrangigen" behördlichen Anordnungen jedoch dazu dienen, dem europäischen Artenschutzrecht zur Durchset-

---

[547] Dies wird deutlich durch die Verwendung des Wortes „vorrangig", vgl. BT-Drs. 16/5100, S. 12.

[548] Artenschutz in Großbritannien erfolgt zum einen auf Gesetzesebene und zum anderen durch Anleitungen über bewährte Praktiken für Landwirte, Forstwirte etc., die unkompliziert über das Internet oder durch Broschüren verbreitet werden, vgl. EU-Kommission, Leitfaden zum strengen Schutzsystem für Tierarten von gemeinschaftlichem Interesse im Rahmen der FFH-RL 92/43/EWG, 2007, Ziff. II. 2.4, Rn. 26.

[549] Das Zustandekommen der Schwedischen Artenschutzpläne (NAP) beruht auf der Expertise von Sachverständigen, die von den 21 Provinzialregierungen zur Ausarbeitung der Pläne beauftragt werden, vgl. EU-Kommission, Leitfaden zum strengen Schutzsystem für Tierarten von gemeinschaftlichem Interesse im Rahmen der FFH-RL 92/43/EWG, 2007, Ziff. II. 2.3, Rn. 23.

zung – wie durch Art. 4 Abs. 3 EUV (effet utile) vorgeschrieben – zu verhelfen. Beispielsweise können behördliche Anordnungen der Durchsetzung von Art. 5 lit. b) VRL, welcher die absichtliche Zerstörung oder Beschädigung von Nestern und Eiern und der Entfernung von Nestern verbietet, dienen und stellen daher eine Maßnahme zur Schaffung einer allgemeinen Regelung zum Schutz aller unter Art. 1 VRL fallenden Vogelarten dar. Ein Rangverhältnis zwischen den vor der behördlichen Anordnung vorrangigen Instrumenten und Bewirtschaftungsvorgaben ist nicht vorgesehen.[550] Die Vorschrift stellt es in das Ermessen der Behörde, welches Mittel sie für geeignet hält, um den Erhaltungszustand der lokalen Populationen zu bewahren oder wiederherzustellen. Ein Entschließungsermessen beinhaltet sie hingegen nicht.[551]

b.   Fazit

§ 44 Abs. 4 S. 3 BNatSchG orientiert sich an den Vorgaben des Leitfadens der EU-Kommission zur Umsetzung der FFH-Richtlinie. Auch die im Leitfaden hervorgehobenen Beispiele für kooperative Maßnahmenprogramme, wurden durch die (Bundes-)Länder weitestgehend umgesetzt. So gibt es in Bayern eine umfassende Kartierung von Arten, die regional für die einzelnen Landkreise abrufbar ist.[552] Zudem werden Arbeitshilfen[553] für die spezielle artenschutzrechtliche Prüfung bereitgestellt sowie diverse Artenschutzprogramme[554] durchgeführt, die sicherstellen, dass keine Bewirtschaftungsvorgaben angeordnet werden müssen. Durch dieses „Entgegenkommen" der unteren Naturschutzbehörden mit kooperativen Programmen, müssen kaum noch konkrete Bewirtschaftungsmaßnahmen angeordnet werden. Dass mit der Anordnung hoheitlicher Maßnahmen zu restriktiv umgegangen wird, zeigt der „Erfolg" der kooperativen Instrumente. Seit der kleinen Artenschutznovelle 2007 wurde nicht erreicht, dass der Rückgang der Bestände europäischer Vogelarten bzw. anderer europäischer Arten in der Agrarlandschaft gestoppt wird.

---

[550] *Gellermann/Fischer-Hüftle*, NuR 2019, 234 [239] m. w. N.
[551] *Lau*, in: Frenz/Müggenborg, BNatSchG, § 44 Rn. 54.
[552] *LfU*, Arteninformationen, https://www.lfu.bayern.de/natur/sap/arteninformationen/ort/liste?typ=landkreis (zuletzt aufgerufen am 28.01.2023).
[553] Dazu gehört u. a. die Arbeitshilfe – Spezielle artenschutzrechtliche Prüfung, vgl. https://www.lfu.bayern.de/natur/sap/index.htm (zuletzt aufgerufen am 28.01.2023).
[554] Beachte dazu die bekanntesten Artenschutzprogramme in Bayern, die Bayerische Biodiversitätsstrategie (StMUV) oder das Aktionsprogramm Insektenschutz (BMU).

5. Bewertung der Sonderregeln für die landwirtschaftliche Bodennutzung im Artenschutzrecht

Die Privilegierung der Landwirtschaft im Artenschutzrecht zeichnet sich durch ihren engen Anwendungsbereich aus. Untersucht man isoliert Absatz 1, bestehen durchaus Zweifel im Hinblick auf die Vereinbarkeit mit Art. 3 Abs. 1 GG. Im Kontext mit Satz 2 ist der Anwendungsbereich der Privilegierung hingegen so eingeschränkt, dass es – unabhängig von der Unionsrechtskonformität des Satz 2 – keine „echte" Sonderstellung der landwirtschaftlichen Bodennutzung mehr gibt. Zweifel an dieser Sichtweise sind aufgrund des nach wie vor während Artenrückgangs[555] durchaus begründet, das Problem liegt jedoch nicht in der gesetzlichen Regelung selbst, sondern in deren Vollzug. Den Behörden obliegt zwar die Beobachtung von Natur und Landschaft (§ 6 BNatSchG), diese müssten aber engmaschige Kontrollen durchführen, um den Erhaltungszustand der Arten auf Feldern von einzelnen Landnutzern beurteilen zu können.[556] Lösungen hierfür könnten sowohl der Ausbau der behördlichen Strukturen als auch die Einführung von gesetzlichen Anzeigepflichten durch die Landnutzer selbst sein. Abgesehen von dem noch zulässigen Populationsbezug in § 44 Abs. 4 S. 2 BNatSchG kann die Ausnahmeregelung jedoch nicht noch enger gefasst werden, ohne dass sie vollständig ihren Sinn und Zweck, die Gewährleistung der Durchführung der täglichen Wirtschaftsweise eines Landwirts, verliert.

III. Zulassung von Ausnahmen vom Verbot des § 44 Abs. 1 BNatSchG

Neben den gesetzlich zulässigen Ausnahmen des § 45 Abs. 1 BNatSchG können die Behörden nach § 45 Abs. 7 BNatSchG noch weitere Ausnahmen von den Verboten des § 44 Abs. 1 BNatSchG zulassen. Sinn und Zweck des Absatz 7 ist es alle Fälle, in denen aus Gründen des öffentlichen Interesses eine Ausnahme in Betracht kommt, vollumfänglich zu regeln, sodass nicht auf die Befreiungsmöglichkeit nach § 67 Abs. 2 BNatSchG zurückzugreifen ist.[557] Absatz 7 enthält verschiedene Voraussetzungen, die kumulativ vorliegen müssen (Satz 1 – 3). Beim

---

[555] Siehe dazu unter 2. Kapitel § 8 A.

[556] *Gellermann/Fischer-Hüftle*, NuR 2019, 234 [238]; ebenso verlangt der EuGH eine „angemessene Überwachung" des strengen europäischen Artenschutzsystems, vgl. EuGH, Urt. v. 11.01.2007 – C-183/05, ZUR 2007, 305 [306].

[557] BT-Drs. 16/5100 S. 13, wo damals als § 43 Abs. 8 BNatSchG a. F. das Verhältnis von Ausnahme und Befreiung neu justiert wurde; *D. Kratsch*, in: Schumacher/Fischer-Hüftle, BNatSchG, § 45 Rn. 26; *Schütte/Gerbig*, in: GK-BNatSchG, § 45 Rn. 20.

Vorliegen aller Voraussetzungen liegt es im intendierten Ermessen der Behörde die Ausnahme zu erteilen.[558]

1. Ausnahme zur Abwendung ernster wirtschaftlicher Schäden

Besondere Beachtung verdient die durch Satz 1 Nr. 1 normierte Ausnahme zum Zwecke der Abwendung ernster wirtschaftlicher Schäden im Bereich der Landwirtschaft.[559] Das Abstellen auf „wirtschaftlich" macht deutlich, dass Ausnahmen nur für berufsmäßige Landwirte in Betracht kommen.[560] Kritisch zu bewerten ist die Regelung in ihrem Verhältnis zum Europarecht. Nachdem vor der Novelle des Bundesnaturschutzgesetzes 2007 nur „gemeinwirtschaftliche" Schäden von der Ausnahmeregelung erfasst waren, gehen „wirtschaftliche" Schäden weiter und intensivieren dadurch das angespannte Verhältnis zu Art. 16 Abs. 1 lit. b) FFH-RL und Art. 9 Abs. 1 lit. a) 3. Spiegelstrich VRL, welche nur Ausnahmen physischer Art, nicht aber bloße Rentabilitätsvermutungen, Einschränkungen der beabsichtigten Produktion oder beabsichtigten Erweiterungen von Anbauflächen erfassen.[561] Der EuGH verlangt vielmehr, dass die Richtlinie wortlautgetreu – nicht aber mit dem Wortlaut der Richtlinie[562] – umgesetzt wird und nicht generell als Ausnahmetatbestand zur Vermeidung ernsthafter Schäden in der Landwirtschaft bei fehlenden alternativen Lösungsmöglichkeiten herangezogen wird. Dass dies zumindest nicht das Ziel von § 45 Abs. 7 BNatSchG ist, ergibt der systematische Zusammenhang mit den Sätzen 2 und 3, welche die Reichweite des § 45 Abs. 7 S. 1 Nr. 1 BNatSchG mit Bezug zu Art. 16 Abs. 1 FFH-RL[563] deutlich einschränken, sowie dessen Telos. Durch das Abstellen auf wirtschaftliche Schäden zielt der Gesetzgeber nicht im Sinne der Rentabilität darauf ab, Ausnahmen zur Produktionssteigerung zuzulassen, sondern existenzgefährdende Auswir-

---

[558] *Lau*, in: Frenz/Müggenborg, BNatSchG, § 45 Rn. 16.

[559] Neu gefasst durch Art. 1 des Zweiten Gesetzes zur Änderung des BNatSchG v. 04.03.2020 (BGBl. I S. 440).

[560] Der Gesetzentwurf sollte vor allem für mehr Rechtssicherheit bei der Entnahme von Wölfen bei Nutztierrissen an durch ausreichende Herdenschutzmaßnahmen geschützten Weidetieren schaffen. Schäden an geschützten Weidetieren von Hobbytierhaltern werden durch § 45a Abs. 2 BNatSchG geregelt, vgl. BT-Drs. 19/16148, S. 3, 9.

[561] So zumindest die Auslegung des EuGH von Art. 16 Abs. 1 lit. b FFH-RL, vgl. EuGH, Urt. v. 15.03.2012 – Rs. C-46/11, ZUR 2013, 489 [492 f. Rn. 36 - 42, 45 – 51].

[562] EU-Kommission, Leitfaden zum strengen Schutzsystem für Tierarten von gemeinschaftlichem Interesse im Rahmen der FFH-RL 92/43/EWG, 2007, Ziff. III. 1.2, S. 59.

[563] Der Bezug zu Art. 16 Abs. 1 FFH-RL wurde hergestellt, da das EuGH Urteil vom 10.05.2007 (RS C-508/04) eine wortlautgetreue Umsetzung von Art. 16 Abs. 1 FFH-RL verlangt, sodass auf das Verweilen in der günstigen Erhaltungssituation trotz Erteilung einer Ausnahme abgestellt wird, vgl. BT-Drs. 16/6780, S. 12.

kungen von bestimmten Arten zu vermeiden. So wurde „gemeinwirtschaftlich" in „wirtschaftlich" geändert, um den – aufgrund der stark angewachsenen Wolfsrudeln in Deutschland[564] – Umgang mit Wolfspopulationen bei Konflikten mit der kommerziellen Landwirtschaft zu regeln.[565] Zusätzlich verlangt Absatz 7 Satz 1 Nr. 1 das Vorliegen von „ernsten" Schäden. Die Auslegung des unbestimmten Rechtsbegriffs bereitet erhebliche Probleme. Der Gesetzgeber verlangt nur, dass der abzuwendende Schaden „mehr als nur geringfügig und damit von einigem Gewicht" sein muss, ohne eine Existenzgefährdung für den Betrieb zu verlangen.[566] Ob bereits der Schaden an einem einzelnen Betrieb ausreicht, ist bisher nicht höchstrichterlich geklärt.[567] Fest steht, dass auch Art. 16 Abs. 1 lit. b) FFH-RL („ernste") und Art. 9 Abs. 1 lit. a) 3. Spiegelstrich VRL („erhebliche") unbestimmte Rechtsbegriffe enthalten, die durch die Gerichte im jeweiligen Einzelfall ausgelegt werden müssen.

2. Fazit

Zwar enthält § 45 Abs. 7 BNatSchG per se keine Privilegierung der Landwirtschaft, zeigt jedoch, dass ein verhältnismäßiger Ausgleich zwischen Landwirtschaft und Naturschutz angestrebt werden muss. Zudem setzt § 45 Abs. 7 BNatSchG im Wesentlichen die nach Art. 16 Abs. 1 FFH-RL und Art. 9 Abs. 1 VRL enthaltenen Ausnahmetatbestände zu den artenschutzrechtlichen Verboten um und zeigt, wie im Gegensatz zu § 44 Abs. 4 BNatSchG Konflikte zu Richtlinien und Grundsätzen des EU-Rechts vermieden werden können.

IV. Fazit zur Privilegierung der Landwirtschaft im besonderen Artenschutzrecht

Aufgrund des europarechtlichen Einflusses durch die FFH- und Vogelschutzrichtlinie sind der Privilegierung der Landwirtschaft enge Grenzen gesetzt. Auf die

---

[564] Im Jahr 2000 wurde noch ein Wolfsrudel gezählt, 2010 schon 7 und 2019 105, vgl. BT-Drs. 19/16148, S. 7.

[565] BT-Drs. 19/16148, S. 7; der Bundestag geht davon aus, dass alsbald ein neuer Leitfaden der EU-Kommission zum strengen Schutzsystem für Tierarten von gemeinschaftlichem Interesse im Rahmen der FFH-RL 92/43/EWG zu rechnen ist, der eine Festlegung zum Umgang mit dem Wolf und einer einheitlichen Definition von Ausnahmetatbeständen zu rechnen ist.

[566] BT-Drs. 19/10899, S. 9.

[567] *Lütkes*, in: Lütkes/Ewer, BNatSchG, § 45 Rn. 30 f.; für das Ausreichen der Beeinträchtigung einzelner Betriebe *Gellermann*, in: Landmann/Rohmer, Umweltrecht, § 44 Rn. 20; *Lau*, in: Frenz/Müggenborg, BNatSchG, § 44 Rn. 18; *Schütte/Gerbig*, in: GK-BNatSchG, § 44 Rn. 23; *D. Kratsch*, in: Schumacher/Fischer-Hüftle, BNatSchG, § 45 Rn. 34 f.; Bedenken angesichts der Entscheidung des EuGH BeckRS 2012, 80288 hat *Lau*, NuR 2013, 685 [689]; zum erheblichen wirtschaftlichen Schaden eines landwirtschaftlichen Betriebs im Fall von Nutztierrissen s. *Borwieck*, NuR 2019, 21 [23 f.].

Einhaltung der Grundsätze der guten fachlichen Praxis kommt es daher nur noch in wenigen Fällen an, sodass sich eine mögliche Unbestimmtheit der Grundsätze hier nicht erheblich auswirkt. Was sich jedoch auswirkt ist das – wie der EuGH im Fall *Föreningen Skydda Skogen* entschieden hat - europarechtswidrige Abstellen des Gesetzgebers auf die Verschlechterung von lokalen Populationen i. R. d. § 44 Abs. 4 S. 2 BNatSchG. Dies hat ein Anwendungsverbot von § 44 Abs. 4 S. 2 Hs. 2 BNatSchG zur Folge, sodass hier dringend eine richtlinienkonforme Gesetzesänderung anzustreben ist. Abgesehen davon lässt sich eine Privilegierung der Landwirtschaft im nationalen Artenschutzrecht auch in den Mitteln zur Durchsetzung artenschutzrechtlicher Schutzmaßnahmen erkennen. Diese werden vorrangig mittels kooperativer Instrumente und nicht konkreten Bewirtschaftungsmaßnahmen durch die unteren Naturschutzbehörden durchgesetzt, was versteckt mit einer Privilegierung der Landwirtschaft gleichzusetzen ist. Dieser Vorrang ist in § 44 Abs. 4 S. 3 BNatSchG zwar gesetzlich nicht vorgesehen, durch die Leitlinien der Europäischen Union allerdings ausdrücklich toleriert. Als positives Beispiel für einen gerechten Ausgleich zwischen Landwirtschaft und Naturschutzrecht kann § 45 Abs. 7 BNatSchG herangezogen werden, welcher EU-Recht und nationales Naturschutzrecht in Einklang bringt.

§ 9   Erkenntnisse aus dem Naturschutzrecht

1.   Seit der Föderalismusreform 2006 hat der Bundesgesetzgeber eine Vollregelung ermöglichende konkurrierende Gesetzgebungskompetenz gem. Art. 74 Abs. 1 Nr. 29 GG. Von den damit einhergehenden gesetzgeberischen Möglichkeiten hat der Bundesgesetzgeber weder im BNatSchG-2009 noch den darauffolgenden Änderungen Gebrauch gemacht. Die Länder dürfen im Rahmen ihrer Abweichungskompetenz gem. Art. 72 Abs. 3 S. 1 Nr. 2 GG von den Vorgaben des Bundes zum Naturschutz abweichen, müssen dies aber nicht. Der die Ziele des Naturschutzes festlegende § 1 BNatSchG stellt mittlerweile den Schutz der Natur „um der Natur selbst Willen" in den Vordergrund. § 1 BNatSchG dient als Verhaltensmaßstab bei der Auslegung und Anwendung der Vorschriften des Bundesnaturschutzgesetzes.

2.   Die Grundsätze der guten fachlichen Praxis nach § 5 Abs. 2 BNatSchG als Grundlage jeder Privilegierung sind „selbstverständliche" Bewirtschaftungsvorgaben der landwirtschaftlichen Bodennutzung. Aufgrund ihrer Unbestimmtheit verkörpern sie jedoch nicht einmal konkrete Handlungsdirektiven, sondern können ihre Wirkung nur i. R. d. Privilegierungstatbestände des §§ 14 Abs. 2, 44 Abs. 4 BNatSchG entfalten.

3. Der sehr allgemein gehaltene Eingriffstatbestand des § 14 Abs. 1 BNatSchG wirft für die vollziehenden unteren Naturschutzbehörden erhebliche Probleme auf. Um Konflikte mit Landwirten im Hinblick auf die Einschlägigkeit des Eingriffstatbestandes zu vermeiden und der Natur einheitliche Mindeststandards zu gewähren, wurde mittlerweile die Bundeskompensationsverordnung geschaffen. Diese legt Indikatoren fest, anhand derer festgestellt werden kann, ob ein Eingriff erheblich ist. Ihr kommt damit Vorbildwirkung für weitere Konkretisierungen von unbestimmten Rechtsbegriffen des Bundesnaturschutzgesetzes zu. Die Rechtsfolgenseite der naturschutzrechtlichen Eingriffsregelung durch das Stufensystem des § 15 BNatSchG eine klare Struktur erkennen und wird darüber hinaus vollumfänglich dem Vorsorge- und Verursacherprinzip gerecht. Nichtsdestotrotz kommt es bei mindestens einem Viertel der Kompensationsmaßnahmen zu Vollzugsdefiziten. Die Untersuchung kommt daher zu dem Ergebnis, dass die Privilegierung der Landwirtschaft bei der Durchführung von Eingriffen gem. § 14 Abs. 2 BNatSchG verfassungswidrig ist. Erstens verstößt sie gegen Art. 3 Abs. 1 GG, da die Belange der Landwirtschaft aus Art. 12 Abs. 1 noch Art. 14 Abs. 1 GG nicht schwer genug wiegen, um einen Eingriff zu rechtfertigen. Ebenso wird ein Verstoß gegen Art. 20a GG befürwortet. Bestünde hingegen ein effektives Steuerungsinstrument für die Privilegierung des § 14 Abs. 2 BNatSchG, könnten Widersprüche zu Art. 3 Abs. 1, 20a GG verneint werden. Zweitens wirken sich die normativen Defizite des § 5 Abs. 2 BNatSchG i. R. d. Privilegierung aus. Da dessen Grundsätze nicht einmal als konkrete Handlungsdirektiven ausgestaltet sind, erfüllt faktisch jede landwirtschaftliche Bodennutzung den Tatbestand der Privilegierung, was nicht in Einklang mit den Zielen des Naturschutzrechts nach § 1 BNatSchG zu bringen ist. Was hingegen auch dem Naturschutz nicht zweckdienlich ist, ist die Anwendung einer starren Eröffnungskontrolle auf die landwirtschaftliche Bodennutzung. Diese würde zum einen die landwirtschaftliche Bodennutzung erheblich bürokratisieren, zum anderen bewirkt die Privilegierung des § 14 Abs. 2 BNatSchG hier gerade nicht, dass den Behörden bei evidenten Verstößen gegen die Grundsätze der guten fachlichen Praxis die Hände gebunden sind, sondern gibt ihnen die Mittel des § 17 Abs. 3 BNatSchG zur Hand.

4. Das Ziel des Artenschutzrechts in Bezug auf die Landwirtschaft ist es, einen gerechten Ausgleich zwischen biologischer Vielfalt und sozioökonomischen Interessen des Landwirts herzustellen. Eine Beurteilung anhand der aktuel-

len Situation der Arten kommt zu dem Ergebnis, dass dieser Ausgleich derzeit nicht gelingt. Zwar existieren konkrete Zugriffsverbote in § 44 Abs. 1 BNatSchG zum Schutz besonders geschützter und bestimmter anderer Tier- und Pflanzenarten, welche aufgrund der Privilegierung der Landwirtschaft in § 44 Abs. 4 S. 1 BNatSchG nur in wenigen Ausnahmefällen zur Anwendung kommen. Dadurch dass das Artenschutzrecht stark europarechtlich geprägt ist, erlangen die Grundsätze der guten fachlichen Praxis gem. § 5 Abs. 2 BNatSchG nur bei der Privilegierung national geschützter Arten Bedeutung. Die Grundsätze enthalten hingegen kaum Bezüge zum Artenschutzrecht, sodass ihnen keine praktische Bedeutung zukommt und die Privilegierung uneingeschränkt gilt. Bei unionsrechtlich geschützten Arten geht der Schutz weiter, indem § 44 Abs. 4 S. 2 BNatSchG verlangt, dass keine Verschlechterung der lokalen Population eintreten darf. Das Abstellen auf eine Population statt Individuen, verstößt jedoch gegen die FFH-Richtlinie und daher gegen Unionsrecht. Sie ist somit nicht anwendbar. Stattdessen sind einstweilen die Legalausnahmen des § 44 Abs. 5 BNatSchG heranzuziehen. Die Mittel zur Durchsetzung artenschutzrechtlicher Schutzmaßnahmen entsprechen zwar ganz dem Leitfaden der EU-Kommission, haben jedoch seit deren Einführung 2007 noch nicht zu einem Ende des Artenrückgangs geführt.

**3. Kapitel: Die Agrarpolitik der Europäischen Union – Zwischen
                  Einkommensstützung und Umweltschutz**

Die Landwirtschaft befindet sich seit Jahrzehnten in einer ökonomischen Struk-
turkrise und wird daher von der Europäischen Union sowie deren Mitgliedsstaaten
dauerhaft gestützt. Die Folge ist, dass 40 % des Einkommens eines landwirtschaftlichen Haupterwerbsbetriebes aus den Mitteln der Gemeinsamen Agrarpolitik (GAP) stammen, die zur Einkommensunterstützung der Landwirte dient. Bei
Klein- und Nebenerwerbsbetrieben machen die Subventionen gar 92,5 % aus.[568]
Das Gesamtvolumen der EU-Direktzahlungen der Jahre 2014-2020 betrug 34,7
Mrd. Euro.[569] Daher verwundert es nicht, dass die GAP formal und inhaltlich einer
der bedeutendsten Rechtsakte der Europäischen Union ist. Es beruhen nicht nur
quantitativ die meisten Rechtsakte der Europäischen Union darauf (40 %), sondern auch ein großer Teil der Rechtsprechung des EuGH (25 %).[570] Mittlerweile
ist die Einkommensunterstützung an diverse Agrarumwelt- und Klimamaßnahmen gebunden, aus denen im Folgenden versucht wird Rückschlüsse auf die Privilegierung der Landwirtschaft im Naturschutzrecht zu ziehen.

§ 10   Einführung in das Agrarbeihilfenrecht

A.   Geschichtlicher Hintergrund

Bereits seit Ende des 19. Jahrhunderts etablierten sich in Deutschland und anderen
westlichen Ländern Preisstützungsmaßnahmen zum Schutz von landwirtschaftlichen Produzenten. Die Begründungen für die staatlichen Hilfen waren schon damals die gleichen wie später bei der GAP, die nationale Bedeutung der agrarischen Produktion und die Besonderheiten der agrarischen Märkte.[571] Keineswegs
waren jedoch die Maßnahmen der verschiedenen Länder zur Einkommenssicherung der Landwirte aufeinander abgestimmt. Dies führte dazu, dass bei den Verhandlungen über die Bildung der Europäischen Wirtschaftsgemeinschaft in den
1950er-Jahren von einigen Gründungsmitgliedern – vor allem der Bundesrepublik

---

[568] *BMEL*, Agrarpolitischer Bericht 2019, S. 89.

[569] *BMEL*, Agrarpolitischer Bericht 2019, S. 129.

[570] *Härtel*, in: Terhechte, EU-VerwR (1. Aufl.), § 37 Rn. 31; *Streinz*, Europarecht, § 17
Rn. 1233.

[571] *Tracy*, Government and Agriculture in Western Europe 1880-1988, S.26 ff.; eine besondere
Bedeutung erlangte die Landwirtschaft in der Nachkriegszeit, wo ihr die Hauptaufgabe der
Versorgung der Bevölkerung zukam. In dieser Zeit wurde auch die Notwendigkeit einer
Organisation der Landwirtschaft deutlich, da neben der anfänglichen zu geringen Nahrungs-
mittelproduktion die Versorgungsprobleme hauptsächlich auf einer fehlenden Organisation
beruhten, *Weisz*, Vierteljahreshefte für Zeitgeschichte, S. 194 ff.

Deutschland und Frankreich – konträre Ansichten über das „Wie" der Einkommenssicherung bestanden.[572] Der Kompromiss zwischen den Gründungsmitgliedern spiegelt sich heute in Art. 38 AEUV wider und besteht darin, dass die Landwirtschaft staatlich gelenkt und lediglich den eigens geschaffenen Marktgesetzen unterworfen wird.[573] Die Systematik der GAP, die sich seit 1957 nicht verändert hat, ist so, dass im EWG-Vertrag (nun: AEUV) die Ziele vorgegeben sind und diese im Policy-Design durchgesetzt werden. Während die Ziele über die Jahre nahezu unverändert geblieben sind, hat sich das Policy-Design im Laufe der Jahre grundlegend verändert. Dieses machte seit den 1960er-Jahren schon von verschiedenen Systemen für unterschiedliche Sektoren zur Sicherung eines „hohen" Preisniveaus Gebrauch. Diese reichten von Produktionsanreizen zur Marktstützung, der Mengenregulierung durch Quoten bis zu Investitionsförderungsprogrammen zur „Modernisierung" der Landwirtschaft.[574] 2015 wurde beispielsweise als letztes produktbezogenes Stützungsprogramm die sog. „Milchquotenregelung" abgeschafft.[575] Damit ein funktionierender Binnenmarkt und die GAP nicht kollabieren, waren immer wieder Reformen notwendig. Bedeutend war vor allem die „MacSharry-Reform" von 1992, die dazu diente „die wachsende Kluft zwischen Angebot und Nachfrage einzudämmen und die Agrarausgaben unter Kontrolle zu bringen". Damit einher ging ein grundlegendes Umdenken hin zu einer Ökologisierung der Agrarpolitik, indem erste Cross-Compliance Elemente eingeführt wurden.[576] Diese ähnelten den heutigen Elementen der zweiten Säule. Die Mitgliedstaaten durften Landnutzungen, die Umweltressourcen wie Böden und Gewässer sowie die Biodiversität schonten, mit Agrarumweltprogrammen und dem Vertragsnaturschutz fördern.[577] Die vom Europäischen Rat am 24./25. März 1999 erzielte Übereinkunft „Agenda 2000" mit dem Ziel der Herstellung einer „multifunktionale[n], nachhaltige[n] und wettbewerbsfähige[n] Landwirtschaft in ganz

---

[572] Diese bestanden hauptsächlich, da Frankreich größere Vorteile für die deutsche Industrie aus der Marktöffnung befürchtete als für die eigene, vgl. *Härtel,* in: Terhechte, EU-VerwR (2. Aufl.), § 37, Rn. 11; ausführlich zur damaligen Debatte, *Knudsen,* Farmers on Welfare, S. 59 ff.; *Fietz,* Die GAP-Reform 2014 aus dem Blickwinkel der betroffenen Landwirte in Deutschland, S. 19 ff., in: Martinez, Die GAP vor neuen Herausforderungen.

[573] *Martinez,* in: Calliess/Ruffert, EUV/AEUV, Art. 38 Rn. 17.

[574] *Feindt et al.,* Ein neuer Gesellschaftsvertrag für eine nachhaltige Landwirtschaft, S. 58.

[575] *Czybulka et al.,* NuR 2021, 227 [230].

[576] *Nègre,* Die Instrumente der GAP und ihre Reformen, S. 1; *Oppermann et al.,* Reform der GAP 2013, S. 66 f; *Härtel,* in: Koch/Hofmann/Reese, Handbuch Umweltrecht, § 15 Rn. 18.

[577] *Czybulka et al.,* NuR 2021, 227 [231] mit dem Hinweis, dass die Anforderungen anfangs sehr gering waren und so Subventionen im „grünen Mäntelchen" erfolgten.

Europa",[578] brachte eine Erweiterung der Cross-Compliance Anforderungen auf alle Direktzahlungen der EU sowie die Schaffung einer zweiten Säule der GAP mit sich. Seither werden durch die erste Säule der GAP Maßnahmen der Agrarpolitik festgelegt, während die zweite Säule Grundlage für Fördermaßnahmen des Agrarumweltschutzes mittels Agrarumweltprogrammen ist. Die letzte „große" Reform erfolgte 2013,[579] die entkoppelte Beihilfen in eine allgemeine Einkommensstützung umwandelte, die Quotenregelungen auslaufen lies und die Entwicklung des ländlichen Raumes stärker regional ausrichtete.[580] Das neueste Reformpaket, das durch Rat und Parlament unterzeichnet und am 6. Dezember 2021 im Amtsblatt veröffentlicht wurde, hat zum Ziel die gemeinsame Agrarpolitik im Zeitraum 2023-2027 fairer, grüner und stärker leistungsorientiert zu machen. Zudem wird den Mitgliedstaaten mehr Flexibilität bei der Anpassung von Maßnahmen an die lokalen Gegebenheiten eingeräumt.[581]

B. Agrarpolitische Grundlagen in Art. 38 bis 44 AEUV

Bei den primärrechtlichen Grundlagen für den Umwelt- und Naturschutz ist zu unterscheiden zwischen solchen, bei denen der Umweltschutz im Vordergrund steht (z. B. Art. 11 AEUV) und solchen, wo dieser mittelbar im Sekundärrecht Eingang gefunden hat, wie dies bei der GAP in Art. 38 bis 44 AEUV der Fall ist.

I. Umweltkompetenzen im Verhältnis zur Agrarkompetenz

1. Gesetzgebungskompetenzen, primärrechtliche Grundlagen der GAP und Europäischer Umweltschutz

Nach Art. 4 Abs. 2 lit. d) des Vertrags über die Arbeitsweise der Europäischen Union (AEUV) vom 13. Dezember 2007 gehört die Landwirtschaft zum Bereich der geteilten Zuständigkeit. Vergleichbar mit der konkurrierenden Gesetzgebungskompetenz im deutschen Verfassungsrecht, können dort sowohl die Union als auch die Mitgliedstaaten gesetzgeberisch tätig werden und verbindliche Rechtsakte erlassen (Art. 2 Abs. 2 S. 1 AEUV).[582] Die Mitgliedstaaten dürfen gem. Art. 2 Abs. 2 S. 2 AEUV ihre Zuständigkeit nur wahrnehmen, soweit die Union nicht abschließend von ihrer Kompetenz Gebrauch gemacht hat (Sperrwirkung).[583] Liegt der Schwerpunkt auf der Umweltpolitik (Art. 193 AEUV), dürfen

---

[578] *Nègre,* Die Instrumente der GAP und ihre Reformen, S. 2.
[579] Verordnungen (EU) Nr. 1303 bis 1308/2013, ABl. L 347 vom 20.12.2013.
[580] *Nègre,* Die Instrumente der GAP und ihre Reformen, S. 4 f.
[581] *Busse,* in: Dombert/Witt, Agrarrecht, § 27 Rn. 12, 15.
[582] *Calliess,* in: Calliess/Ruffert, EUV/AEUV, Art. 2 AEUV Rn. 12, Art. 4 AEUV Rn. 1.
[583] *Calliess,* in: Calliess/Ruffert, EUV/AEUV, Art. 2 AEUV Rn. 15.

die Mitgliedstaaten über Art. 2 AEUV hinausgehende Regelungen treffen.[584] Deutlich wird die geteilte Zuständigkeit in den Vertragsgrundlagen Art. 38 bis 44 AEUV, wo beispielsweise Art. 43 Abs. 4 lit. b) AEUV davon spricht, dass „die einzelstaatlichen Marktordnungen [...] nach Maßgabe des Absatzes 2 durch die in Artikel 40 Abs. 1 AEUV vorgesehene gemeinsame Organisation ersetzt werden [können], wenn die gemeinsame Organisation für den Handelsverkehr innerhalb der Union Bedingungen sicherstellt, die denen eines Binnenmarkts entsprechen." Vor allem Art. 11 AEUV – als Norm des Primärrechts – wirkt sich auf die GAP aus. Aufgrund des Art. 11 AEUV müssen die Erfordernisse des Umweltschutzes bei der Festlegung und Durchführung der Unionspolitiken und Maßnahmen zur Förderung einer nachhaltigen Entwicklung miteinbezogen werden. Letztendlich bedeutet dies, dass die Ziele der GAP (Art. 39 AEUV) im Sinne des Art. 11 AEUV auszulegen sind.[585] Bedeutung erlangt die Querschnittsklausel, wenn es um die Bestimmung der richtigen Rechtsgrundlage beim Erlass von Sekundärrechtsakten geht, welche den Umweltschutz zum Gegenstand haben.[586] Werden die Umweltschutzmaßnahmen im Agrarbereich vorgenommen, kommt entweder die Agrarkompetenz (Art. 43 Abs. 2 AEUV) oder die Umweltschutzkompetenz (Art. 192 AEUV) in Betracht. Eine Differenzierung der Anwendbarkeit erfolgt so, dass Umweltnormen, die schwerpunktmäßig auf die Lösung allgemeiner Umweltprobleme der Umweltmedien Boden, Gewässer, Luft und Biodiversität abzielen, auf der Umweltschutzkompetenz beruhen.[587] Nur, wenn der zu erlassende Rechtsakt einen überwiegenden agrarpolitischen Bezug hat, was etwa bei Tätigkeiten, die die EU-Nitratrichtlinie, die FFH-Richtlinie oder die Vogelschutz-Richtlinie betreffen, der Fall ist, sind die Rechtsakte auf die Agrarkompetenz zu stützen.[588] Art. 43 Abs. 2 AEUV ist insofern auch die primärrechtliche Grundlage der GAP. Tangieren Agrarrechtsnormen jedoch Belange des Umweltschutzes, ist bei deren inhaltlicher Ausgestaltung der Unionsgesetzgeber dazu verpflichtet, die Belange des Umweltschutzes in die Abwägung der agrarpolitischen

---

[584] *Calliess*, in: Calliess/Ruffert, EUV/AEUV, Art. 2 AEUV Rn. 13.
[585] *Martinez*, in Nowak: Konsolidierung und Entwicklungsperspektiven des Europäischen Umweltrechts, 190 [199].
[586] *Calliess*, in: Calliess/Ruffert, EUV/AEUV, Art. 11 AEUV Rn. 20.
[587] Nicht ausreichend ist hingegen, wenn eine Maßnahme „nebenbei" umweltpolitische Ziele verfolgt, vgl. EuGH, Urt. v. 19.09.2002, C-336/00, Slg. 2002, I-7699 Rn. 33 – Martin Huber.
[588] *Härtel*, in: Koch/Hofmann/Reese, Handbuch Umweltrecht, § 15 Rn. 21; *Bittner*, in: Schwarze, EU-Kommentar, Art. 43 AEUV Rn. 19.

Belange mit einzubeziehen (Abwägungsgebot).[589] Aus dem Gesagten lässt sich daher schließen, dass es nicht das primäre Ziel der GAP ist zum Schutz der Umwelt beizutragen, diese allerdings durch die Querschnittsklausel für den Umweltschutz (Art. 11 AEUV) beeinflusst wird und daher nicht umhin kommt, Erfordernisse des Umweltschutzes i. R. d. Gemeinsamen Agrarpolitik zu berücksichtigen.

2. Sonderstellung des Agrarsektors

Eine Sonderstellung des Agrarsektors im EU-Recht zeigt sich insofern, dass dieser von der unmittelbaren Geltung der Wettbewerbsvorschriften (Art. 101 ff. AEUV) durch Art. 42 Abs. 1 AEUV ausgenommen ist. Zwar sind die Art. 101 bis 106 AEUV seit dem Erlass der Verordnung Nr. 26 im Jahr 1962 grundsätzlich auch im Agrarsektor anwendbar,[590] jedoch nur, wenn der EU-Gesetzgeber die Wettbewerbsregeln für anwendbar erklärt.[591]

Die Grundlagen für die Anwendung der GAP schafft Art. 38 AEUV. Nach dessen Absatz 1 Unterabsatz 2 Satz 1 umfasst der Binnenmarkt auch die Landwirtschaft, die Fischerei und den Handel mit landwirtschaftlichen Erzeugnissen. Dieser Zuordnung werden in Art. 38 Abs. 2 AEUV jedoch Grenzen gesetzt. Danach sind die Vorschriften über die Errichtung und das Funktionieren des Binnenmarktes auf landwirtschaftliche Erzeugnisse nur anwendbar, soweit in den Artikeln des Landwirtschaftstitels (Art. 39 bis 44 AEUV) nichts anderes bestimmt ist. Mit anderen Worten haben die Bestimmungen des Landwirtschaftstitels gegenüber den Vorschriften über den Binnenmarkt einen *Vorrang* und können ausdrücklich vom Binnenmarktziel abweichen.[592]

---

[589] *Kahl,* in: Streinz, AEUV, Art. 11 Rn. 33; *Martinez*, in Nowak: Konsolidierung und Entwicklungsperspektiven des Europäischen Umweltrechts, 190 [199].

[590] VO Nr. 26 des Rates v. 04.04.1962 zur Anwendung bestimmter Wettbewerbsregeln auf die Produktion landwirtschaftlicher Erzeugnisse und den Handel mit diesen Erzeugnissen, ABl. EG 1962 Nr. 30 v. 20.04.1962, S. 993.

[591] *Frenz*, Europarecht 2: Europäisches Kartellrecht, Rn. 288; *Gundel*, NZKart 2019, 302 [302 f.]; je weiter sich jedoch die finanzielle Förderung des Agrarsektors durch die Union verringert, desto mehr gewinnt das Kartellrecht an Bedeutung, was auch die jüngere EuGH-Rechtsprechung andeutet, vgl. EuGH, Urt. v. 14.11.2017, C-671/15 – *APVE*, NZKart 2017, 644 – Französischer Chicoréemarkt; EuGH, Urt. v. 09.09.2003, C-137/00, Slg. 2003, I-7975, ECLI:EU:C:2003:429, Tz. 57– Milk Marque and National Farmes' Union.

[592] *Martinez*, in: Calliess/Ruffert, EUV/AEUV, Art. 38 Rn. 14; jedoch hat der EuGH in seinem Urteil zur *Scotch Whisky Association* entschieden, dass die GAP sich nunmehr auch an den Grundsätzen der Marktfreiheiten und dem *Verhältnismäßigkeitsgrundsatz* messen lassen muss, EuGH (2. Kammer), Urt. v. 23.12.2015 – C-333/14, Rn. 26, 28 – Scotch Whisky Association u. a./Lord Advocate u. a..

3. Fazit

Während die Querschnittsklausel des Art. 11 AEUV ausdrücklich für den Schutz der Umwelt geschaffen wurde, verfolgt die GAP eigentlich nur das Ziel, der Landwirtschaft eine (finanzielle) Sonderstellung zu gewähren. Dies hat zwei Folgen für die GAP. Einerseits *muss* sie *nicht* darauf hinwirken, dass die landwirtschaftliche Bodennutzung umweltverträglicher wird, andererseits *muss* sie sich *nicht* dafür rechtfertigen, wenn Zahlungen des Agrarbeihilfenrechts nicht an die Einhaltung von Umweltauflagen gekoppelt sind.

II.   Art. 39 AEUV – Ziele der gemeinsamen Agrarpolitik

In Art. 39 AEUV kommen die verschiedenen Zielsetzungen der gemeinsamen Agrarpolitik zum Ausdruck. Während Art. 39 Abs. 1 lit. a) bis c) AEUV primär den Belangen der Landwirtschaft dienen, decken Art. 39 Abs. 1 lit. d) und e) AEUV Verbraucherinteressen ab.[593] Allen Zielen gemeinsam ist, dass diese - zumindest auf den ersten Blick - nicht mit Umwelt- oder Naturschutzinteressen in Einklang zu bringen sind.

1.   Steigerung der Produktivität

Als erstes Ziel enthält Art. 39 Abs. 1 lit. a) AEUV die Steigerung der Produktivität der Landwirtschaft durch die Förderung des technischen Fortschritts, die Rationalisierung der landwirtschaftlichen Erzeugung und den bestmöglichen Einsatz der Produktionsfaktoren insbesondere der Arbeitskräfte. Mit der Produktivitätssteigerung verbunden, ist nicht notwendigerweise eine Produktionssteigerung. Diese ist jedoch bei gleichbleibenden Produktionsmitteln eine mittelbare Folge der Produktivitätssteigerung. Die Verwirklichung des Ziels der Steigerung der Produktivität führte ab den 1970er-Jahren zu einer Überproduktion und geriet in Konflikt mit dem Ziel der Stabilisierung der Märkte (Art. 39 Abs. 1 lit. c) AEUV).[594] Daher wird seit einiger Zeit statt auf eine Produktivitätssteigerung vermehrt auf eine Qualitätssteigerung hingewirkt. Im Rahmen dessen wird eine qualitativ hochwertigere Erzeugung bei gleichbleibendem Einsatz der Produktionsmittel angestrebt, welche durch eine Rationalisierung und Modernisierung der landwirtschaftlichen Betriebe erreicht werden soll.[595] Gleichzeitig kann Art. 39 Abs. 1 lit. a) AEUV der Einbeziehung von ökologischen Belangen dienen, indem

---

[593] *Härtel,* in: Streinz, AEUV, Art. 39 Rn. 9, 10.
[594] *Härtel,* in: Terhechte, EU-VerwR (2. Aufl.), § 37 Rn. 16; *Priebe,* in: Grabitz/Hilf/Nettesheim, AEUV, Art. 39 Rn. 10.
[595] *Van Rijn,* in: von der Groeben/Schwarze, Art. 33 EG Rn. 7; Düsing/Martinez/*Hase* [AEUV] Art. 39 Rn. 6.

der ökologische Fortschritt zur Begrenzung der negativen ökologischen Auswirkungen – auch in der Landwirtschaft – herangezogen wird.[596]

2. Angemessene Lebenshaltung der Landwirte

In unmittelbarem Zusammenhang mit der Produktivitätssteigerung steht das in Art. 39 Abs. 1 lit. b) AEUV normierte Ziel, der landwirtschaftlichen Bevölkerung eine angemessene Lebenshaltung zu gewährleisten, insbesondere durch die Erhöhung des Pro-Kopf Einkommens der in der Landwirtschaft tätigen Personen. Die Erzielung einer angemessenen Lebenshaltung der Landwirte stellt den Kern der Regelung des Art. 39 Abs. 1 AEUV dar.[597] Der EuGH folgert aus dem Bezug zu Buchstabe a) („auf diese Weise"), „dass die Erhöhung des Pro-Kopf Einkommens der in der Landwirtschaft tätigen Personen in erster Linie als Ergebnis der im Buchstaben a) beschriebenen Strukturmaßnahmen angesehen wird."[598] In diesem Zusammenhang hat der EuGH ebenfalls entschieden, dass zur Erreichung dieses Ziels die landwirtschaftliche Bevölkerung durch direkte Unterstützungszahlungen, Maßnahmen der Preispolitik oder andere Beihilfen unterstützt werden kann.[599] Die Reichweite der Unterstützungsmaßnahmen zur Gewährleistung einer angemessenen Lebenshaltung der Landwirte liegt soweit im Ermessen der Unionsorgane, dass die sonstigen Zielsetzungen des Art. 39 Abs. 1 AEUV erreicht werden können.[600] Während die GAP am Anfang nur für die von den Landwirten produzierten Produkte bestimmte Preisgarantien vorsah, sind diese infolge der entstandenen Überproduktion zugunsten produktionsunabhängigen Direktzahlungen größtenteils gewichen. Ein Vorteil der Direktzahlungen wird darin gesehen, dass diese zur Verbesserung der allgemeinen Lebensqualität an Umweltstandards gekoppelt werden können.[601]

3. Stabilisierung der Märkte

Intention des Art. 39 Abs. 1 lit. c) AEUV mit der Stabilisierung der Märkte ist die Herstellung eines angemessenen Gleichgewichts zwischen Angebot und Nach-

---

[596] Diese Idee rührt aus dem Kartellrecht her, wo die „Förderung des technischen und wirtschaftlichen Fortschritts" in Art. 101 Abs. 3 AEUV (Art. 85 Abs. 3 EGV) zur Einbeziehung von ökologischen Belangen herangezogen wird, vgl. *Sackofsky*, WuW 1994, 320 [322].

[597] *Priebe*, in: Grabitz/Hilf/Nettesheim, AEUV, Art. 39 Rn. 11.

[598] EuGH, Urt. v. 26.10.1983, C-297/82, Slg. 1983, 3299, 3316 f., Rn. 8 – De samvirkende danske Landboforeninger.

[599] EuGH, Urt. v. 29.02.1996, C-122/94, Slg. 1996, I-881, 926, Rn. 25 – Kommission/Rat.

[600] *Bittner*, in: Schwarze – EU-Kommentar, Art. 39 AEUV Rn. 7.

[601] *Härtel*, in: Streinz, EUV/AEUV, Art. 39 AEUV Rn. 7; *Bittner*, in: Schwarze, AEUV/EUV, Art. 39 AEUV Rn. 3 f.

frage bei Agrarprodukten.[602] Bei diesem primär wirtschaftspolitischen Ziel ist nicht erkennbar, dass es agrarökologischen Zielen dient.

4. Versorgungssicherheit

Ebenfalls ein Resultat aus der schwierigen Versorgungslage zum Zeitpunkt der Entstehung der GAP in den 1950er-Jahren, ist die Zielsetzung des Art. 39 Abs. 1 lit. d) AEUV, die Herstellung von Versorgungssicherheit. Ein enger Zusammenhang dieses Ziels besteht mit dem der Stabilisierung der Märkte (Art. 39 Abs. 1 lit. c) AEUV) sowie der Gewährleistung angemessener Verbraucherpreise (Art. 39 Abs. 1 lit. e) AEUV). Neben verschiedenen Maßnahmen zur Wahrung der aktuellen Versorgungssicherheit – beispielsweise produktionsbezogene Beihilfen oder Erleichterung des innerstaatlichen Handels – gehört dazu auch der maßvolle Umgang mit den vorhandenen Ressourcen, z. B. durch einen geringeren Konsum tierischer Produkte.[603] Die landwirtschaftliche Bodennutzung kann zur Zielerreichung beitragen, indem die Bewirtschaftung auf einen langfristigen Ertrag auf fruchtbaren Böden ausgerichtet ist, und diese nicht überdüngt bzw. durch das zu konzentrierte Aufbringen von Jauche übersäuert werden.[604] Bei einem ausgeglichenen Ressourcenmanagement wird die Landwirtschaft zusätzlich den Vorgaben zur Umweltpolitik in Art. 191 Abs. 1 3. Spiegelstrich AEUV, dem Art. 3 Abs. 3 UAbs. 1 S. 2 EUV und dem Art. 11 AEUV gerecht.

5. Angemessene Verbraucherpreise

Als letztes Ziel enthält Art. 39 Abs. 1 lit. e) AEUV die Gewährleistung angemessener Verbraucherpreise. Die Auslegung dieser Zielsetzung kann nur unter Berücksichtigung von Art. 39 Abs. 1 lit. b) AEUV, der angemessenen Lebenshaltung der Landwirte, erfolgen.[605] „Angemessene Preise" dürfen nicht mit „niedrigen Preisen" gleichgesetzt werden.[606] Unter Verbrauchern sind nicht nur Endverbraucher, sondern auch die verarbeitende Industrie zu verstehen.[607] Ebenso ist ein Zusammenhang zur Sicherung der Versorgung (lit. d)) zu sehen.[608] Bei Art. 39 Abs. 1 lit. e) AEUV kann sich die Querschnittsklausel des Art. 11 AEUV auswir-

---

[602] EuGH, Urt. v. 20.11.1997, C-244/95, Slg. 1997, I-6441, 6489, Rn. 88 – Moskof AG/Ethnikos Organismos Kapnou; Urt. v. 19.03.1992, C-311/90, Slg. 1992, I-2061, 2080, Rn. 10 – Hierl/Hauptzollamt Regensburg.

[603] *Martinez*, in: Calliess/Ruffert, EUV/AEUV, Art. 39 AEUV Rn. 12.

[604] *Frenz*, NuR 2011, 771 [773].

[605] *Härtel*, in: Streinz, EUV/AEUV, Art. 39 AEUV Rn. 10.

[606] EuGH, Urt. v. 15.07.1963, C-34/62, Slg. 1963, 287, 319 – BRD/Kommission.

[607] EuGH, Urt. v. 16.11.1989, C-131/87, Slg. 1989, 3743, Rn. 23 f. – Kommission/Rat.

[608] *Priebe*, in: Grabitz/Hilf/Nettesheim, AEUV, Art. 39 Rn. 10.

ken, indem eine (maßvolle) Verteuerung zur Setzung ökologischer Standards möglich ist.[609]

6. Fazit

Art. 39 Abs. 1 AEUV enthält klassische, wirtschafts- und sozialpolitisch ausgerichtete Zielsetzungen. Die starke Regulierung durch die Europäische Union weist schon fast planwirtschaftliche Züge auf.[610] In Anbetracht des Zeitpunkts der Entstehung der GAP bzw. des Art. 39 Abs. 1 AEUV verwundern diese Zielsetzungen nicht. In den 1950er-Jahren hatte Umweltschutz überhaupt keine oder nur eine geringe Bedeutung. Zwar ergeben sich aus Art. 39 Abs. 1 AEUV auch Anknüpfungspunkte zur Einbringung von ökologischen Belangen in die GAP, jedoch sollte das nicht die Tatsache verdecken, dass die Zielsetzungen der GAP nicht primär umweltschonend ausgerichtet sind. Vielmehr wirken Versuche, Art. 39 Abs. 1 AEUV umweltgerecht auszulegen affektiert und rechtlich de facto nicht gewollt.

III. Art. 43 AEUV – Kompetenzen der Union zur Schaffung eines gemeinsamen Agrarmarktes

Art. 43 Abs. 1 UAbs. 1 AEUV sieht vor, dass die Kommission zur Gestaltung und Durchführung der gemeinsamen Agrarpolitik Vorschläge vorlegt, die die einzelstaatlichen Marktordnungen ablösen und durch eine in Art. 40 Abs. 1 AEUV vorgesehene gemeinsame Organisationsform ersetzen sowie die Durchführung der in diesem Titel bezeichneten Maßnahmen vorsehen. Die nach Art. 40 Abs. 1 AEUV drei möglichen Organisationsformen sind: a) gemeinsame Wettbewerbsregeln b) die bindende Koordinierung der verschiedenen einzelstaatlichen Marktordnungen und c) eine europäische Marktordnung. Mögliche Maßnahmen sind Preisregelungen, Beihilfen für die Erzeugung und die Verteilung der verschiedenen Erzeugnisse, Einlagerungs- und Ausgleichsmaßnahmen sowie gemeinsame Einrichtungen zur Stabilisierung der Ein- oder Ausfuhr. Art. 43 Abs. 1 AEUV enthält dementsprechend einen gesetzgeberischen Auftrag an die Kommission, Vorschläge zur Ausgestaltung der GAP zu entwickeln.[611] Die Gesetzgebung im Rahmen der GAP erfolgt im Wege des ordentlichen Gesetzgebungsverfahren (Art. 289 Abs. 1 AEUV), was Art. 43 Abs. 2 AEUV zum Ausdruck bringt. Absatz 3 berechtigt den Rat dazu, Maßnahmen zur Festsetzung der Preise, der Abschöpfungen, der Bei-

---

[609] *Frenz*, NuR 2011, 771 [774].
[610] Siehe dazu *Glombik*, VR 2014, 19 [22].
[611] Dies ergibt sich im Übrigen schon aus Art. 17 Abs. 2 EUV, vgl. Düsing/Martinez/*Hase* [AEUV] Art. 43 Rn. 2.

hilfen und der mengenmäßigen Beschränkungen sowie zur Festsetzung und Aufteilung der Fangmöglichkeiten in der Fischerei zu erlassen.

IV. Fazit

Der Strukturwandel in der Landwirtschaft hat dazu beigetragen, dass zumindest das ursprüngliche Problem der prekären Versorgung der Bevölkerung mit Nahrungsmitteln für die europäischen Mitgliedsstaaten nicht mehr besteht. Im Gegenteil, es besteht für die Verbraucher mittlerweile ein Überangebot an global und regional erzeugten Lebensmitteln zu günstigen Preisen. Und das, obwohl die Landwirtschaft heute in erster Linie Futtermittel, an zweiter Stelle nachwachsende Rohstoffe und erst an dritter Stelle Nahrungsmittel produziert.[612] Dies ist einerseits der Effizienzsteigerung der landwirtschaftlichen Produktion zu verdanken, andererseits sind der Europäischen Union im Zuge der EU-Osterweiterung Länder beigetreten (Rumänien, Polen etc.), die stark landwirtschaftlich geprägt sind und zu einer Verdopplung der landwirtschaftlichen Bevölkerung geführt haben.[613] Zwar haben sich die tatsächlichen Gegebenheiten für die Landwirtschaft in Europa – man denke an den Abbau von Handelsschranken im Rahmen der GATT/WTO[614] – zu ihren Gunsten geändert. Bei kleineren und mittleren Betrieben besteht aber nach wie vor eine Einkommensschere im Vergleich zu entsprechenden Unternehmen in der gewerblichen Wirtschaft.[615] Aus dieser Perspektive betrachtet ist es nachvollziehbar, warum die Art. 38 ff. AEUV nicht novelliert wurden. Aufgrund des immer stärker werdenden Bedeutungsgewinns des Umweltschutzes – auch i. R. d. Landwirtschaft – sollte unter die Ziele der GAP jedoch das „Streben nach einer naturverträglichen Landbewirtschaftung" aufgenommen werden. Dies würde nicht nur den Willen der Kommission zu mehr Um-

---

[612] *Czybulka et al.*, NuR 2021, 227 [234].

[613] *EU*, Die Gemeinsame Agrarpolitik, S. 3; *v.d. Knesebeck*, in: Die GAP vor dem Hintergrund der bevorstehenden Osterweiterung und aktueller Probleme des Welthandels, S. 39 f.

[614] Erstmals wurde die Landwirtschaft durch das i. R. d. Uruguay-Runde (1986-1994) erzielte WTO-Agrarübereinkommen in das multilaterale Handelssystem miteinbezogen (Liberalisierung des landwirtschaftlichen Außenhandels); zuletzt wurde im Dezember 2013 das sog. Bali-Paket verabschiedet, welches u. a. das Ausmaß des Abbaus von Stützungsmaßnahmen enthielt, vgl. *Norer*, in: Grimm/Norer, Agrarrecht, S. 255 f.

[615] *Busse*, NUR 2019, 807 [809]; mit Verweis auf *Mögele*, Gemeinsame Agrarpolitik und Umwelt und Klimaschutz – die Vorschläge der Kommission für die Zeit nach 2020, in: Czybulka/Köck, Landwirtschaft und Naturschutz – Beiträge des 13. Naturschutzrechtstages in Leipzig 2019, S. 175 f., der ebenfalls im Rahmen des 13. Naturschutzrechtstags ebenfalls festgestellt hat, dass „durchschnittliche landwirtschaftliche Einkommen in der EU freilich weiterhin deutlich unter dem Niveau der Gesamtwirtschaft" liegen.

weltschutz in der Landwirtschaft bekräftigen,[616] sondern auch den ökologischen Maßnahmen der GAP (z. B. dem Greening i. R. d. ersten Säule bzw. demnächst Konditionalitäten[617]) eine primärrechtliche Grundlage geben. Ebenso wäre eine entsprechende Konkretisierung als Auslegungshilfe für den Rechtsanwender hilfreich.[618] Denn ohne eine primärrechtliche Verankerung, bleibt es dabei, dass umweltrechtliche Standards im Agrarbeihilfenrecht nur vom guten Willen der Kommission und der Mitgliedsstaaten abhängen.

§ 11   Das Agrarbeihilfenrecht – aktuelle und vergangene Regelungen im Vergleich

A.   Das Agrarbeihilfenrecht bis zum 31.12.2022
Die GAP unterteilt sich in zwei Säulen. Zur ersten Säule gehören die „klassischen" Maßnahmen der Agrarpolitik, wie die direkten Einkommenszahlungen an die Landwirte. Die zweite Säule soll die Entwicklung des ländlichen Raumes fördern. Die vergangene Förderperiode erstreckte sich eigentlich vom 01.01.2014 bis zum 31.12.2020.[619] Nach intensiven Verhandlungen zwischen Europäischen Parlament, dem Rat der EU und der Europäischen Kommission wurde formell jedoch erst am 02.12.2021 eine Einigung erzielt.[620] Die Vorschriften des derzeitigen GAP-Rahmens für den Zeitraum 2014 bis 2020 galten daher in den Jahren 2021 und 2022 weiter.[621]

I.   Die erste Säule der GAP – Maßnahmen der Agrarmarktpolitik
Das Agrarbeihilfenrecht der ersten Säule, das umwelt- bzw. naturschutzrechtliche Anforderungen enthält, besteht in der Förderperiode von 2014-2020 im Wesentlichen aus den Cross-Compliance und Greening-Anforderungen, die die Gewährung von Beihilfen unter diverse Bedingungen stellen.

1.   Anspruchsberechtigte von Zahlungsansprüchen
Der GAP-Haushalt 2014 bis 2020 stellte insgesamt 291.273 Mrd. Euro für Direktzahlungen (71,3 % der Gesamtmittel der GAP) bereit. Dies entsprach 38,9 % der

---

[616] Siehe nur Erwägungsgrund (1) des Europäischen Parlaments und des Rates für die GAP nach 2023, ABl. L 435 vom 06.12.2021, S. 1; *EU*, Die Gemeinsame Agrarpolitik, S. 18.

[617] Ausführlich dazu unter den sich anschließenden Gliederungspunkten.

[618] *Jensen*, Die Privilegierung der Landwirtschaft, S. 450.

[619] Art. 1 Verordnung (EU) Nr. 1311/2013 (ABl. 2013 L 347, S. 884).

[620] *EU-Kommission*, Die Gemeinsame Agrarpolitik auf einen Blick, https://agriculture.ec.europa.eu/common-agricultural-policy/cap-overview/cap-glance_de#thenewcap (zuletzt aufgerufen am 28.01.2023).

[621] Verordnung (EU) 2020/2022 des Europäischen Parlaments und des Rates vom 23.12.2020, S. 1.

Gesamtausgaben des EU-Haushalts.[622] Es erscheint daher als selbstverständlich, dass die Zuweisung von Mitteln in dieser Höhe an gewisse Voraussetzungen geknüpft ist. Grundsätzlich werden Betriebsinhabern gem. Art. 24 Abs. 1 UAbs. 1 Agrar-DirektZahlVO 2013 nur Zahlungsansprüche zugewiesen, soweit sie nach Art. 9 Agrar-DirektZahlVO 2013 zum Bezug von Direktzahlungen berechtigt sind. Der Begriff des (aktiven) Betriebsinhabers ist in Art 4 Abs. 1 UAbs. 1 lit. a) Agrar-DirektZahlVO 2013 legaldefiniert als eine „natürliche oder juristische Person oder eine Vereinigung natürlicher oder juristischer Personen, unabhängig davon, welchen rechtlichen Status diese Vereinigung und ihre Mitglieder aufgrund nationalen Rechts haben, deren Betrieb sich im räumlichen Geltungsbereich der Verträge im Sinne des Art. 52 EUV i. V. m. den Artikeln 349 und 355 AEUV befindet und die eine landwirtschaftliche Tätigkeit ausübt". Der Unionsgesetzgeber wollte dadurch zum Ausdruck bringen, dass die infolge des Strukturwandels in der Landwirtschaft immer häufiger vorkommende Betriebsformen gesellschaftlicher Organisation auch als Betriebsinhaber gelten können. [623] Diesen können Zahlungsansprüche zugewiesen werden, soweit sie eine „nennenswerte landwirtschaftliche Tätigkeit nachweisen".[624] So gilt eine juristische Person, die ein Wasserwerk als Betriebsinhaber betreibt, wenn sie anhand überprüfbarer Nachweise in der von dem jeweiligen Mitgliedstaat vorgeschriebenen Form belegt, dass ihre landwirtschaftliche Tätigkeit nicht unwesentlich ist, vgl. Art. 9 Abs. 2 UAbs. 3 Agrar-DirektZahlVO 2013. Diese Vorschrift wird jedoch seit dem Jahr 2018 in Deutschland nicht mehr angewendet, vgl. § 5 DirektZahlDurchfV. Entsprechend der Entscheidung des Bundesverfassungsgerichts,[625] wird die Basisprämie seit dem 01. Januar 2019 bundeseinheitlich gewährt.

2. Cross-Compliance – Verknüpfung von Beihilfen mit Bedingungen

Cross-Compliance ist die Kombination von Standards aus den Bereichen Umweltschutz, Lebensmittelsicherheit und der Gesundheit von Menschen, Tieren und Pflanzen sowie Tierschutz mit der Auszahlung von Agrarbeihilfen (Direkt-

---

[622] *Europäisches Parlament*, Die Finanzierung der Gemeinsamen Agrarpolitik, https://www. europarl.europa.eu/factsheets/de/sheet/106/die-finanzierung-der-gemeinsamen-agrarpoli tik (zuletzt aufgerufen am 28.01.2023).

[623] *Busse*, in: Dombert/Witt, Agrarrecht, § 27 Rn. 131.

[624] *Priebe*, in: Grabitz/Hilf/Nettesheim, AEUV, Art. 40 Rn. 73.

[625] BVerfGE 122, 1 [22 ff.; 34 f.]; in dieser Entscheidung hat das BVerfG das regional differenzierende Prämiensystem mit dem allgemeinen Gleichheitssatz (Art. 3 Abs. 1 GG) für vereinbar erklärt, betont jedoch gleichzeitig, dass der Gesetzgeber die Entwicklung der GAP zu beobachten hat und ggf. die Verwerfungen zwischen den Regionen anzupassen hat.

zahlung).[626] Betroffen sind davon gem. Art. 92 Abs. 1 VO (EU) Nr. 1306/2013[627] alle Betriebsinhaber, die Direktzahlungen erhalten. Diese müssen nunmehr gem. Art. 93 Abs. 1 VO (EU) Nr. 1306/2013 bestimmte Grundanforderungen an die Betriebsführung erfüllen und ihre Flächen in einem „guten landwirtschaftlichen und ökologischen Zustand" erhalten. Folge der Nichteinhaltung von Cross-Compliance Vorschriften ist die Verhängung von Verwaltungssanktionen (Art. 91 Abs. 1 VO (EU) Nr. 1306/2013) in der Form von Kürzung der Direktbeihilfen oder gar deren Streichung (Art. 63 Abs. 1 VO (EU) Nr. 1306/2013).

a. Die einzelnen Cross-Compliance-Anforderungen

Die Cross-Compliance-Anforderungen unterteilt Anhang II VO (EU) Nr. 1306/2013 in zwei verschiedene Kategorien, die Grundanforderungen an die Betriebsführung (GAB) und die Standards für die Erhaltung von Flächen in guten landwirtschaftlichen und ökologischen Zustand (GLÖZ).

aa. Grundanforderungen an die Betriebsführung

Insgesamt enthalten die Cross-Compliance-Verpflichtungen 13 Grundanforderungen an die Betriebsführung, die die Einhaltung von bereits bestehenden Richtlinien aus verschiedenen Bereichen verlangen. Dazu gehören beispielsweise die für den Naturschutz wichtigen Richtlinien wie die Nitratrichtlinie[628], die Vogelschutzrichtlinie[629], die Richtlinie 92/43/EWG zur Erhaltung der natürlichen Lebensräume sowie der wildlebenden Tiere und Pflanzen[630] oder die Pflanzenschutzmittelrichtlinie[631]. Vorteil einer Verknüpfung der auch außerhalb des Agrarförderrechts verbindlichen Richtlinien mit den Cross-Compliance-Vorschrif-

---

[626] Art. 4 Abs. 1 lit. b. VO (EU) 1307/2013.

[627] Verordnung (EU) Nr. 1306/2013 des Europäischen Parlaments und des Rates vom 17.12.2013 über die Finanzierung, die Verwaltung und das Kontrollsystem der Gemeinsamen Agrarpolitik und zur Aufhebung der Verordnungen (EWG) Nr. 352/78, (EG) Nr. 165/94, (EG) Nr. 2799/98, (EG) Nr. 814/2000, (EG) Nr. 1290/2005 und (EG) Nr. 485/2008 des Rates (ABl. L 347 S. 549, ber. ABl. 2016 L 130 S. 9 und ABl. 2017 L 327 S. 83), zuletzt geändert durch Art. 104 Abs. 1 VO (EU) 2021/2116 vom 02.12.2021 (ABl. L 435 S. 187, ber. ABl. 2022 Nr. L 29 S. 45).

[628] Richtlinie 91/676/EWG des Rates vom 12. Dezember 1991 zum Schutz der Gewässer vor Verunreinigung durch Nitrat aus landwirtschaftlichen Quellen (ABl. L 375 vom 31.12.1991, S. 1).

[629] Richtlinie 2009/147/EG des Europäischen Parlaments und des Rates vom 30. November 2009 über die Erhaltung der wildlebenden Vogelarten (ABl. L 20 vom 26.01.2010, S. 7).

[630] Richtlinie 92/43/EWG des Rates vom 21. Mai 1992 zur Erhaltung der natürlichen Lebensräume sowie der wildlebenden Tiere und Pflanzen (ABl. L 206 vom 22.07.1992, S. 7).

[631] Verordnung (EG) Nr. 1107/2009 des Europäischen Parlaments und des Rates vom 21. Oktober 2009 über das Inverkehrbringen von Pflanzenschutzmitteln und zur Aufhebung der Richtlinien 79/117/EWG und 91/414/EWG des Rates (ABl. L 309 vom 24.11.2009, S. 1).

ten ist, dass letztere der Durchsetzung der Richtlinien verhelfen, indem sie die Einhaltung der Richtlinien an die finanziellen Interessen des Betriebsinhabers koppeln.[632] Dies ist beispielsweise dann der Fall, wenn ein Landwirt gegen das Verbot des absichtlichen Tötens oder Fangens – ungeachtet der angewandten Methode – nach Art. 5 lit. a) Vogelschutz-RL verstößt, ohne dass die betroffene Fläche in einem Vogelschutzgebiet liegt. Der EuGH behandelt für den Vogelschutz geeignete Gebiete, die aber nicht durch die Mitgliedsstaaten als solche ausgewiesen sind als „faktische Vogelschutzgebiete" und wendet auch auf sie die Vogelschutz-RL an.[633] Für den Landwirt ergeben sich daraus allerdings nicht unmittelbar Konsequenzen für die Bewirtschaftung, wenn das jeweilige Bundesland keine Schutzmaßnahmen erlassen hat.[634] Cross-Compliance-Standards kommt dann die wichtige Funktion auch in „faktischen Vogelschutzgebieten" dem strengen Schutzregime nach Art. 4 Abs. 4 S. 1 Vogelschutz-RL zur Durchsetzung zu verhelfen.[635]

bb. GLÖZ-Standards

Die sieben Standards für die Erhaltung von Flächen in gutem landwirtschaftlichen und ökologischen Zustand sind geprägt von ausfüllungsbedürftigen Rechtsbegriffen. So wird etwa von GLÖZ 4 und 5 (Bereich „Umweltschutz, Klimawandel, guter landwirtschaftlicher Zustand der Flächen"), die zum Hauptgegenstand Boden und Kohlenstoffbestand gehören, die „Mindestanforderung an die Bodenbedeckung" oder die „Mindestpraktiken an der Bodenbearbeitung entsprechend den standortspezifischen Bedingungen zur Begrenzung der Bodenerosion" verlangt. Diese ähneln in ihrer Formulierung stark den Grundsätzen der guten fachlichen Praxis im Bundes-Bodenschutzgesetz nach § 17 Abs. 2 Nr. 1 und 4 BBodSchG, indem sie sich ebenfalls unbestimmten Rechtsbegriffen zur Festsetzung eines

---

[632] Die Richtlinien gelten dabei in der Fassung, wie sie von den Mitgliedstaaten umgesetzt wurden, vgl. *Härtel*, in: Streinz, AEUV, Art. 40 Rn. 30.

[633] EuGH, Urt. v. 02.08.1993, C-355/90, Slg. 1993, I-4221 – *Santona*; Urt. v. 11.07.1996, C-44/95, Slg. 1996, I-3805 – Regina; Urt. v. 19.05.1998, C-3/96, Slg. 1998, I-3031 – *Kommission/Niederlande*; Urt. v. 07.12.2000, C-374/98, Slg. 2000, I-10799 – *Basses Corbieres*; Urt. v. 25.11.1999, C-96/98, Slg. 1999, I-8531 – *Poitou-Sümpfe*.

[634] *Meyer-Bolte*, Agrarrechtliche Cross-Compliance, S. 52.

[635] Andernfalls würde das rechtswidrige Handeln des Mitgliedsstaates durch das schwächere Schutzregime belohnt werden, vgl. EuGH, Urt. v. 07.12.2000, C-374/98, Slg. 2000, I-10799 – *Basses Corbieres;* BVerwG, Urt. v. 19.05.1998 – 4 C 11.96, NuR 1998, 649 [650 f.]; BVerwG, Beschl. v. 21.11.2001 – 4 VR 13.00, NuR 2002, 153 [153 f.].; *Meyer-Bolte*, Agrarrechtliche Cross-Compliance, S. 52.

Mindeststandards bedienen.[636] GLÖZ 6, nach dem ein Anteil der organischen Substanz im Boden mittels geeigneter Verfahren einschließlich des Verbots für das Abbrennen von Stoppelfeldern außer zum Zweck des Pflanzenschutzes erhalten werden soll, erinnert an § 17 Abs. 2 Nr. 2 BBodSchG. Verantwortlich für die Festlegung der Mindeststandards sind die Mitgliedsstaaten, die gem. Art. 94 Abs. 1 S. 2 Hs. 2 VO (EU) Nr. 1306/2013 dabei die besonderen Merkmale der betreffenden Flächen, einschließlich Boden- und Klimaverhältnisse, bestehende Bewirtschaftungssysteme, Flächennutzung, Fruchtwechsel, Landbewirtschaftungsmethoden und Betriebsstrukturen zu berücksichtigen haben. Relativ konkret wird GLÖZ 7 mit dem Hauptgegenstand „Landschaft, Mindestmaß landschaftspflegerischer Instandhaltungsmaßnahmen". Demnach dürfen seit der VO (EG) Nr. 1782/2003 (Art. 5 i. V. m. Anhang IV) Landschaftselemente inklusive Hecken, Teichen, Gräben, Bäumen (in Reihen, Gruppen oder einzelstehend), Feldrändern und Terrassen, einschließlich eines Schnittverbots für Hecken und Bäume während der Brut- und Nistzeit nicht beseitigt sowie Maßnahmen zur Bekämpfung invasiver Pflanzenarten nicht durchgeführt werden. Auch wenn diese nur einen geringen Teil an der landwirtschaftlichen Fläche ausmachen, haben sie eine herausragende Bedeutung für den Naturschutz, indem sie einen Lebensraum für viele Arten bilden.[637] Neben den bereits angesprochenen GLÖZ-Standards hat noch GLÖZ 1 (Bereich „Umweltschutz, Klimawandel, guter landwirtschaftlicher Zustand der Flächen"/Hauptgegenstand „Wasser"), der die Schaffung von Pufferzonen entlang von Wasserläufen verlangt, Bedeutung für den Naturschutz. Über die in Anhang II vorgesehenen Mindestanforderungen dürfen die Mitgliedstaaten allerdings nicht hinaus gehen, vgl. Art. 94 Abs. 1 VO (EU) Nr. 1306/2013.

Ein besonderer Mechanismus zur Sicherung von Dauergrünland bestand für die Jahre 2015 und 2016, da in diesen beiden Jahren die Erhaltung von Dauergrünland zu den Cross-Compliance-Verpflichtungen gehörte (Art. 93 Abs. 3 UAbs. 1 S. 1 VO (EU) Nr. 1306/2013). Die Verpflichtung zum Erhalt von Dauergrünland wird seit dem Jahr 2016 jedoch durch das Greening geregelt.[638]

---

[636] Zu den unbestimmten Rechtsbegriffen der guten fachlichen Praxis im Bundes-Bodenschutzgesetz siehe 4. Kapitel § 12 B. V.
[637] *BMU*, Umwelt und Landwirtschaft, S. 50; *Meyer-Bolte*, Agrarrechtliche Cross-Compliance, S. 120.
[638] Ausführlich zum Greening unter 3.

b.   Fazit

Auf den ersten Blick erscheinen die Cross-Compliance-Anforderungen gelungen. Verhelfen doch die Grundanforderungen der Betriebsführung bestimmten, für den Naturschutz elementaren Richtlinien (z. B. der FFH-Richtlinie), zur Durchsetzung. Auch die Standards für die Erhaltung von Flächen in gutem landwirtschaftlichen und ökologischen Zustand sind zumindest ihrem Wortlaut nach potentiell dazu geeignet, dieses Ziel zu erreichen. Insbesondere die GLÖZ-Standards 1 und 4-7 haben das Potential die biologische Vielfalt im Agrarbereich zu verbessern. Wie sich anhand der nicht erreichten Biodiversitätsziele für 2020 erkennen lässt, ist zumindest das Ziel der Herstellung von mehr Biodiversität durch die GAP-Reform 2013 gescheitert. Statt einer Verbesserung der Biodiversität in Agrarlandschaften, ist weiterhin ein Rückgang bei allen Indikatoren (Feldvogelpopulationen, Wiesenschmetterlinge, Grünlandlebensräume in Natura-2000-Gebieten etc.) zu erkennen.[639] Ein Grund dafür könnte sein, dass die GLÖZ-Standards vergleichbar mit den Grundsätzen der guten fachlichen Praxis gem. § 5 Abs. 2 BNatSchG aus einer Vielzahl an unbestimmten Rechtsbegriffen bestehen, die durch die Mitgliedstaaten nach eigenem Ermessen ausgefüllt werden müssen, vgl. Art. 94 Abs. 1 S. 1 VO (EU) Nr. 1306/2013. Letztendlich entsprechen die GLÖZ-Standards auf EU-Ebene nur der „normalen" landwirtschaftlichen Bewirtschaftungspraxis. Eine konkrete Beurteilung der Ausgestaltung der Cross-Compliance-Anforderungen kann daher erst anhand der Umsetzung durch die Mitgliedstaaten vorgenommen werden.

3.   Greening-Anforderungen

Kernstück der GAP-Reform 2013 war die Bindung der Direktzahlungen in einer Höhe von 30 % an zusätzliche Umweltleistungen, das sogenannte Greening. Auch die Greening-Anforderungen sind für alle Betriebsinhaber, die Direktzahlungen erhalten wollen, verpflichtend.[640] Sie gehen über die Cross-Compliance-Anforderungen hinaus und dienen der Unterstützung und Umsetzung von Umweltmaßnahmen. Die Greening-Auflagen bestehen im Kern aus der Anbaudiversifizierung, der Erhaltung von Dauergrünland und dem Vorhalten ökologischer Vor-

---

[639] *Europäischer Rechnungshof*, Sonderbericht – Biodiversität landwirtschaftlicher Nutzflächen, S. 6 ff.

[640] Dies ist allerdings aufgrund der Rechtsfolgen bei Verstößen gegen die Greening-Anforderungen nicht unumstritten, vgl. *Härtel*, Agrarumweltrecht, in: Koch/Hoffmann/Reese, Handbuch des Umweltrechts, § 15 Rn. 29 m. W. n.

rangflächen, vgl. Art. 43 Abs. 2 VO (EU) Nr. 1307/2013 (Agrar-DirektZahlVO 2013).

a. Die Greening-Anforderungen der Agrar-DirektZahlVO 2013

Ziel der Vorgabe der Anbaudiversifizierung ist es „eine möglichst große Anzahl landwirtschaftlicher Kulturen auf den gesamten Ackerflächen des Betriebes zu führen".[641] Die Ausprägung der Anbaudiversifizierung ist abhängig von der Größe des bewirtschafteten Ackerlandes. Der Begriff Ackerland umfasst gem. Art. 4 Abs. 1 lit. f) VO (EU) Nr. 1306/2013 die für den Anbau von landwirtschaftlichen Kulturpflanzen genutzten Flächen oder für den Anbau landwirtschaftlicher Kulturpflanzen verfügbare, aber brachliegende Flächen, einschließlich stillgelegter Flächen gem. den Art. 22, 23 und 24 der VO (EG) Nr. 1257/1999, dem Art. 39 der VO (EG) Nr. 1698/2005 und dem Art. 28 der VO (EU) Nr. 1305/2013, unabhängig davon, ob sich diese Flächen unter Gewächshäusern oder anderen festen oder beweglichen Abdeckungen befinden. Betriebe, die mehr als 30 ha Ackerland bewirtschaften, müssen auf ihren Äckern mindestens drei verschiedene landwirtschaftliche Kulturen anbauen, wobei die Hauptkultur nicht mehr als 75 % und die beiden größten Kulturen zusammen nicht mehr als 95 % des Ackerlandes einnehmen dürfen. Betriebe, die hingegen weniger als 10 ha Ackerland bewirtschaften, sind von der Verpflichtung zur Anbaudiversifizierung befreit. Manche Betriebe sind gem. Art. 44 Abs. 3 VO (EU) Nr. 1307/2013 vollständig von der Anbaudiversifizierung befreit. Dazu gehören Betriebe mit einem an der landwirtschaftlichen Fläche gemessen hohen Dauergrünlandanteil und/oder Gras oder anderen Grünfutterpflanzen. Dies ist dann der Fall, wenn mehr als 75 % der beihilfefähigen Flächen (also der Gesamtbetriebsfläche) Dauergrünlandflächen sind, für die Erzeugung von Gras oder anderen Grünfutterpflanzen genutzt werden oder eine Kombination dieser Möglichkeiten besteht. Die verbleibende Ackerfläche des Betriebs, die nicht dieser Nutzung entspricht, darf eine Fläche von 30 ha nicht überschreiten, vgl. Art. 44 Abs. 2 S. 1 VO (EU) Nr. 1307/2013. Begründet wird diese Sonderregelung für Dauergrünland damit, dass mit Dauergrünland bereits ein signifikanter Umweltnutzen und eine hohe Bodenqualität einhergeht, diese also nicht erst durch eine Anbaudiversifizierung erreicht werden muss.[642] Es ist bekannt, dass die Greening-Anforderung der Anbaudiversifizierung am seltensten

---

[641] *Busse*, in: Dombert/Witt, Agrarrecht, § 27 Rn. 171.
[642] ABl. vom 20.12.2013, L 347/614.

umgesetzt wird, was sich auch durch den Anbau von Mais als Monokultur in Niederbayern, Böblingen oder Ludwigsburg zeigt.[643]

Seit 2014 ist der Erhalt von Dauergrünland keine Cross-Compliance-Anforderung mehr, sondern eine Auflage des Greenings, vgl. Art. 45 VO (EU) Nr. 1307/2013.[644] Art. 45 Abs. 1 VO (EU) Nr. 1307/2013 unterscheidet zwischen zwei verschiedenen Arten von Dauergrünland, dem umweltsensiblen (UAbs. 1) und dem ökologisch wertvollen (UAbs. 2) Dauergrünland, für die die Mitgliedsstaaten Gebiete ausweisen sollen, damit die Ziele der FFH-Richtlinie oder Vogelschutzrichtlinie erreicht werden können. Die Richtlinien zielen u. a. auf die Sicherung der Artenvielfalt durch die Erhaltung der natürlichen Lebensräume sowie der wildlebenden Tiere und Pflanzen im europäischen Gebiet der Mitgliedstaaten (Art. 2 FFH-RL) und dem Erhalt der Bestände aller europäischen Vogelarten (Art. 2 VRL) ab. Allen ausgewiesenen Gebieten gemein ist, dass diese gem. Art. 45 Abs. 1 UAbs. 3 VO (EU) Nr. 1307/2013 nicht umgewandelt oder gepflügt werden dürfen. Auch sonstige Restriktionen für nicht umweltsensibles Dauergrünland sind durch die Mitgliedstaaten möglich. Insbesondere müssen die Mitgliedstaaten sicherstellen, dass der Anteil von Flächen mit Dauergrünland an der gesamten landwirtschaftlichen Fläche nicht um mehr als 5 % im Vergleich zu dem Referenzanteil abnimmt, der von den Mitgliedstaaten im Jahr 2015 bestimmt wurde (Art. 45 Abs. 2 VO (EU) Nr. 1307/2013).

Die dritte Anforderung des Greenings verlangt, dass ein Betrieb mit mehr als 15 ha Ackerfläche mindestens 5 % der Ackerfläche als ökologische Vorrangfläche (ÖVF) bereitstellt.[645] Sofern der Landwirt die Greening-Prämie beziehen möchte, sind nach Art. 46 Abs. 2 VO (EU) Nr. 1307/2013 u. a. folgende landwirtschaftliche Flächen als „Flächen im Umweltinteresse" anzusehen: Brachliegende Flächen, Terrassen, Landschaftselemente, einschließlich an das Ackerland des Betriebs angrenzende Elemente und unter bestimmten Voraussetzungen, Pufferstreifen, einschließlich Pufferstreifen mit Dauergrünland, Flächen mit Zwischenfruchtanbau oder durch Pflanzung und Keimung von Samen gebildete Begrünung,

---

[643] Übersicht zum Körnermaisanteil auf Kreisebene 2020, vgl. https://www.maiskomitee.de/web/upload/pdf/statistik/dateien_pdf/Koernermaisanteil_an_AF_und_LN_Kreisebene_2020.pdf (zuletzt aufgerufen am 28.01.2023); *BMU*, Evaluierung der GAP-Reform aus Sicht des Umweltschutzes, S. 206.

[644] Eine Ausnahme bestand jedoch für die Jahre 2015/2016, wo die Cross-Compliance-Vorschriften auch die Erhaltung von Dauergrünland miteingeschlossen haben.

[645] *Martinez*, in: Calliess/Ruffert, EUV/AEUV, Art. 40 Rn. 100; *Busse*, in: Dombert/Witt, Agrarrecht, § 27 Rn. 175; *Härtel*, in: Streinz, AEUV, Art. 40 Rn. 37.

Flächen mit stickstoffbindenden Pflanzen oder für Honigpflanzen genutztes brachliegendes Land (pollen- und nektarreiche Arten).

b. Verbesserungspotential des Greenings

Indem alle drei Bewirtschaftungsanforderungen verbindlich für die gesamte beihilfefähige Betriebsfläche sind, hat das Greening grundsätzlich einen großen ökologischen Nutzen, zumal 90 % der landwirtschaftlichen Nutzfläche in Deutschland daran teilnimmt. Kleinere Betriebe – bei der Anbaudiversifizierung wird unter einem kleinen Betrieb ein Betrieb mit unter 10 ha Ackerland (Art. 44 VO (EU) Nr. 1307/2013) und bei der Flächennutzung im Umweltinteresse mit weniger als 15 ha Ackerland verstanden – sind aus Zwecken der Verwaltungsvereinfachung vom Greening ausgenommen worden.[646] Diese Ausnahme betrifft zwar 47.000 kleinere Betriebe allein in Deutschland, die 108.000 ha bewirtschaften, macht flächenmäßig jedoch nur 1 % der landwirtschaftlichen Nutzfläche aus.[647] Dadurch dass kleinere Betriebe meist auch von vornherein extensiv wirtschaften, zur kleinflächigen Gliederung der Landschaft beitragen und die Greening-Auflagen ohnehin bei diesen zur allgemein anerkannten landwirtschaftlichen Bewirtschaftungspraxis gehören, ist die Herausnahme von kleinen Betrieben von Greening-Auflagen gerechtfertigt.

Dennoch wird die ökologische Wirkung der drei Greening-Maßnahmen auch kritisch bewertet. Angefangen mit der Fruchtartendiversifizierung, zwingt diese die meisten Betriebe nicht oder nur zu einer geringen Fruchtfolgeänderung.[648] Unter dem Begriff „Fruchtfolge" versteht der EuGH „eine landwirtschaftliche Praxis, nach der in einem bestimmten Zeitraum nacheinander verschiedene Kulturpflanzen auf derselben Fläche angebaut werden, um die Fruchtbarkeit des Bodens zu erhalten und die von Schadorganismen verursachten Auswirkungen zu verringern."[649] Keine Fruchtfolge liegt jedenfalls dann vor, wenn eine Grünfutterpflanze angebaut wird, mithin Dauergrünland vorliegt.[650] Begründen lässt sich die geringe Wirkung der Fruchtartendiversifizierung damit, dass gerade bei Landwirten, die

---

[646] *Möckel*, ZUR 2016, 655 [657].

[647] *Schmidt et al.*, Biodiversitätsrelevante Regelungen zur nationalen Umsetzung des Greenings der Gemeinsamen Agrarpolitik der EU nach 2013, S. 17.

[648] *BfN*, Agrarreport 2017, S. 28.

[649] EuGH, Urt. v. 14.10.2021 – C-373/20, AUR 2022, 55 [Rn. 37].

[650] Dies gilt auch dann nicht, wenn Wiesen und Weiden immer wieder Überschwemmungen und Teilüberflutungen ausgesetzt sind, wenn diese als solche keine Auswirkungen auf die Einstufung der betroffenen Fläche als Dauergrünland haben, vgl. EuGH, Urt. v. 14.10.2021 – C-373/20, AUR 2022, 55 [55 f. – Rn. 39, 41, 50].

bisher keine Fruchtfolge pflegten, für die Fruchtfolge Kulturen gewählt werden, die den bisher angebauten Kulturen in Struktur und Bewirtschaftung ähnlich sind. Problematisch ist dies etwa dann, wenn Körnermais durch Winterweizen ersetzt wird. Hat bereits Körnermais schon eine geringe Humusbildungsrate, ist die von Winterweizen noch geringer, zumal dieser einen höheren Einsatz von Pflanzenschutzmitteln erfordert.[651] Um die Auflage der Anbaudiversifizierung effektiver zu machen, wären daher konkrete Vorgaben für Fruchtfolgekulturen notwendig, die sich insbesondere darauf beziehen, dass ein Wechsel zwischen artverwandten Fruchtarten nicht als Fruchtwechsel anerkannt wird. Auch die zweite Greening-Auflage erscheint nur halbherzig. Der grundsätzlich zu begrüßende Genehmigungsvorbehalt zur Umwandlung von Dauergrünland wird dadurch entwertet, dass eine Abnahme um 5 % als zulässig erachtet wird (Art. 45 Abs. 2 UAbs. 1 VO (EU) Nr. 1307/2013), was in der Summe ebenfalls zu einem Nutzungswandel führt.[652] Vielmehr wäre es notwendig aufgrund der jahrelangen, quantitativ wie qualitativ negativen Entwicklung des Grünlands einen Anreiz zur Schaffung von neuem Grünland zu setzen und nicht nur den status quo zu erhalten oder gar Verschlechterungen zu tolerieren.[653] Primär als positiv zu bewerten ist insbesondere die Auflage zur Bereitstellung von ökologischen Vorrangflächen. Allerdings sollte vorausgesetzt werden, dass nicht nur eine Art von ökologischer Vorrangfläche bereitgestellt werden muss, sondern eine Kombination aus mehreren (mind. zwei) vorgeschrieben wird. Insbesondere Brachen und Blühflächen haben positive Auswirkungen auf die Biodiversität, sodass diese bevorzugt vorgehalten werden sollten.[654] Die derzeitige Regelung führt hingegen dazu, dass in den verschiedenen Regionen hauptsächlich eine ökologische Vorrangfläche vorzufinden ist, nämlich die mit dem geringsten Aufwand.[655] Insgesamt kann die Idee des Greenings daher als positiv angesehen werden, aber die Ausgestaltung sollte sich noch mehr an ökologischen Gesichtspunkten orientieren.

---

[651] *BMU.*, Evaluierung der GAP-Reform aus Sicht des Umweltschutzes, S. 129 f.; *Dänicke*, Energiepflanzenanbau im Umwelt- und Agrarrecht, S. 40 ff.

[652] Ähnlich *Wolf*, ZUR 2022, 131 [136].

[653] Zur Entwicklung des Grünlands in Deutschland, vgl. *BfN*, Grünland-Report, S. 10, 12 f.

[654] *BMU*, Evaluierung der GAP-Reform aus Sicht des Umweltschutzes, S. 143.

[655] So waren beispielsweise in den Brandenburger Betrieben die Brachflächen am häufigsten, wohingegen befragte Betriebe in Nordrhein-Westfahlen stark auf Zwischenfrüchte setzten, vgl. *BMU*, Evaluierung der GAP-Reform aus Sicht des Umweltschutzes, S. 138 f.

4. Umsetzung von Cross-Compliance und Greening in deutsches Bundesrecht

Das Agrar-Verordnungsrecht räumt den Mitgliedsstaaten Gestaltungsspielräume bei der Ausführung der Cross-Compliance und Greening Verpflichtungen ein, sodass trotz deren unmittelbarer Rechtswirkungen (Art. 288 Abs. 2 AEUV) ein deutsches Ausführungs-/Umsetzungsrecht erforderlich geworden ist.

a. Konkretisierung der Cross-Compliance-Verpflichtungen

Die gem. Art. 93 Abs. 2 i. V. m. Anhang II VO (EU) Nr. 1306/2013 notwendigen Konkretisierungen der Cross-Compliance-Verpflichtungen sind im Agrarzahlungen-Verpflichtungsgesetz[656], in der Agrarzahlungen-Verpflichtungsverordnung[657] und dem einschlägigen Fachrecht – dazu gehören das Pflanzenschutzgesetz oder die Düngeverordnung, auf welche im 4. Kapitel eingegangen wird – geregelt. § 2 Abs. 1 Nr. 1 AgrarZahlVerpflG stellt zunächst den unmittelbaren Zusammenhang zwischen Cross-Compliance-Verpflichtungen – den Grundanforderungen an die Betriebsführung – und dem einschlägigen Fachrecht insofern her, dass ein Verstoß gegen das Ordnungsrecht gleichzeitig einen Verstoß gegen die Cross-Compliance-Anforderungen darstellt und zu einer Kürzung der Direktzahlungen führen kann.[658] Abschnitt 2 der Agrarzahlungen-Verpflichtungsverordnung konkretisiert die Anforderungen an die Erhaltung von Flächen in gutem landwirtschaftlichen und ökologischen Zustand (GLÖZ-Standards), wobei die gewählten Normsetzungsinstrumente der einzelnen Normen sehr unterschiedlich sind. Während §§ 2, 3 und 4 AgrarZahlVerpflV bei den Anforderungen hauptsächlich auf das umweltrechtliche Fachrecht verweisen (DüV, WHG), legen §§ 5 bis 8 AgrarZahlVerpflV auch eigene Anforderungen fest. Bei §§ 2, 6 und 8 AgrarZahlVerpflV sind zusätzlich darüberhinausgehende Anforderungen des Landesrechts zu beachten. Dadurch, dass das europäische Agrarbeihilferecht den Mitgliedstaaten nicht vorschreibt, wo sie den ökologischen Anforderungskatalog der ersten Säule in das nationale Recht implementieren sollen, können diese die An-

---

[656] Gesetz zur Regelung der Einhaltung von Anforderungen und Standards im Rahmen unionsrechtlicher Vorschriften über Agrarzahlungen (Agrarzahlungen-Verpflichtungsgesetz – AgrarZahlVerpflG) vom 02.12.2014 (BGBl. I S. 1928), zuletzt geändert durch Art. 284 Elfte-ZuständigkeitsanpassungsVO vom 19.06.2020 (BGBl. I S. 1328).

[657] Verordnung über die Einhaltung von Grundanforderungen und Standards im Rahmen unionsrechtlicher Vorschriften über Agrarzahlungen (Agrarzahlungen-Verpflichtungsverordnung – AgrarZahlVerpflV) vom 17.12.2014 (BAnz AT 23.12.2014 V1), zuletzt geändert durch Art. 2 Vierte VO zur Änd. der Direktzahlungen-DurchführungsVO und der Agrarzahlungen-VerpflichtungenVO vom 17.09.2021 (BGBl. I S. 4302).

[658] *Möckel*, ZUR 2016, 655 [660].

forderungen auch im Ordnungsrecht verankern.[659] Jedoch sind dies nur Einzelfälle, die eher zur Verwirrung der Behörden führen, welcher Sanktionsmechanismus denn nun anwendbar ist.[660] Weitergehende ordnungsrechtliche Mindestanforderungen sind ebenso wenig ausgeschlossen, soweit sie nicht zur Bedingung für den Erhalt von Direktzahlungen gemacht werden.[661]

b. Umsetzung des Greenings

Dauergrünland hat nicht nur eine große ökologische Bedeutung, sondern teilweise wird diesem auch der entsprechende Stellenwert im Recht eingeräumt. Zwecks der Umsetzung der Greening-Anforderungen des § 45 Abs. 1 VO (EU) Nr. 1307/2013 hat Deutschland in FFH-Gebieten bereits vor 2015 bestehendes Dauergrünland als umweltsensibles Dauergrünland ausgewiesen (§ 15 Abs. 1 DirektZahlDurchfG).[662] Das als solches ausgewiesene Dauergrünland unterliegt seither einem Umwandlungs- und Pflugverbot. Umweltsensible Dauergrünlandflächen, die in FFH-Gebieten liegen und infolge von Umwelt- und Stilllegungsmaßnahmen der zweiten Säule entstanden sind, müssen konsequenterweise die Verbote gem. § 15 Abs. 2 DirektZahlDurchfG nicht einhalten, da sie bereits den Maßnahmen der zweiten Säule unterliegen. Aufgrund der ökologischen Vorteile des Dauergrünlandes, hat das EU-Recht den Mitgliedsstaaten ermöglicht außerhalb der Natura-2000-Gebiete aus Umweltsicht wertvolle Gebiete einschließlich kohlenstoffreicher Böden festzulegen, in denen ebenfalls die Umwandlung sowie das Pflügen von Dauergrünland verboten ist, vgl. Art. 45 Abs. 1 UAbs. 2 VO (EU) Nr. 1307/2013. Obwohl aus ökologischer Sicht dieser Schritt geboten wäre, hat Deutschland von dieser Möglichkeit keinen Gebrauch gemacht.[663] Bei nicht umweltsensiblen Dauergrünland wird zumindest versucht, dieses nicht schutzlos zu lassen. „Normales" Dauergrünland darf nach § 16 Abs. 3 S. 1 DirektZahlDurchfG nur mit Genehmigung umgewandelt werden, wobei diese zu erteilen ist, wenn das Dauergrünland im Rahmen von Agrarumwelt-Klima-Maßnahmen der zweiten Säule der GAP entstanden ist oder wenn das Grünland erst ab dem Jahr 2015 entstanden ist.

---

[659] *Möckel*, ZUR 2016, 655 [662].
[660] *Möckel*, ZUR 2016, 655 [662].
[661] *Möckel*, ZUR 2016, 655 [662].
[662] *Krüger/Haarstrich*, AUR 2015, 129 [133].
[663] Begründet wird dies mit einem erheblichen zusätzlichen Verwaltungsaufwand und der nicht hinreichenden Datenlage für eine gebotene Differenzierung, vgl. BR-Drs. 82/14, S. 36.

Für bereits vor 2015 entstandenes Dauergrünland kann die Genehmigung nur unter der Voraussetzung erteilt werden, dass in derselben Region nach Absatz 1 – das Gebiet jedes Landes (Satz 2) bzw. Brandenburg und Berlin, Niedersachsen und Bremen sowie Schleswig-Holstein und Hamburg zusammengefasst als jeweils eine Region (Satz 3) – eine andere Fläche mit der entsprechenden Hektarzahl als Dauergrünland angelegt wird.

In Bezug auf die Festlegung von Ökologischen Vorrangflächen hat Deutschland nicht in vollem Umfang von den durch Art. 46 VO (EU) Nr. 1307/2013 gewährten Möglichkeiten Gebrauch gemacht. Nach Art. 46 Abs. 5 S. 1 VO (EU) Nr. 1307/2013 hätten die Mitgliedstaaten beschließen können bis zur Hälfte der Prozentpunkte der im Umweltinteresse genutzten Flächen gem. Absatz 1 auf regionaler Ebene umzusetzen, um angrenzende, im Umweltinteresse genutzte Flächen zu erhalten, die der Umwelt förderlicher sind. Auch hätte die Möglichkeit einer „gemeinsamen Umsetzung" durch mehrere Betriebsinhaber, deren Betriebe in unmittelbarer Nähe liegen und deren im Umweltinteresse genutzten Flächen zusammenhängen, bestanden, vgl. Art. 46 Abs. 6 UAbs. 1 S. 1 VO (EU) Nr. 1307/2013. Ebenso ist es Betriebsinhabern in Deutschland nach § 14 DirektZahlDurchfG nicht möglich, die äquivalenten Agrarumwelt- und Klimamaßnahmen gem. der ELER-Verordnung[664] oder äquivalente Umweltzertifizierungssysteme zu nutzen. Dies würde gegen das deutsche Doppelförderungsverbot verstoßen, sodass Landwirte die äquivalenten Agrarumwelt- und Klimamaßnahmen (AUKM)[665] nur nutzen können, wenn sie damit eine oder mehrere Greening-Verpflichtungen vollständig erfüllen und bei äquivalenten Umweltzertifizierungssystemen alle Greening-Verpflichtungen erfüllen.[666] Abgesehen davon, ist in Deutschland durch § 18 DirektZahlDurchfG normiert, dass alle Elemente und Gewichtungsfaktoren des Unionsrechts anzuwenden sind und lediglich diese durch § 18 Abs. 5 S. 1 DirektZahlDurchfG i. V. m. §§ 25 ff. DirektZahlDurchfV zu konkretisieren sind. Eine solche Konkretisierung erfolgte beispielsweise durch § 27 DirektZahlDurchfV für die Erhaltung von Landschaftselementen. Diese können nach Absatz 1 im Antrag

---

[664] Verordnung (EU) Nr. 1305/2013 des Europäischen Parlaments und des Rates vom 17.12.2013 über die Förderung der ländlichen Entwicklung durch den Europäischen Landwirtschaftsfonds für die Entwicklung des ländlichen Raumes (ELER) und zur Aufhebung der Verordnung (EG) Nr. 1698/2005 (ABl. L 347 S. 487, ber. ABl. 2016 L 130 S. 1), zuletzt geändert durch Art. 154 Abs. 1 VO (EU) 2021/2115 v. 02.12.2021 (ABl. L 435 S. 1), aufgehoben mit Ablauf des 21.12.2022 durch Art. 154 Abs. 1 GAP-Strategiepläne-VO v. 02.12.2021 (ABl. L 435 S. 1).

[665] Vgl. dazu 3. Kapitel § 11 B.

[666] BR-Drs. 82/14, S. 34.

auf Direktzahlung für die Zahlung für den Klima- und Umweltschutz förderliche Landbewirtschaftungsmethoden als im Umweltinteresse genutzte Flächen ausgewiesen werden. Voraussetzung dafür ist, dass sie im Rahmen des Standards für die Erhaltung von Flächen in gutem landwirtschaftlichen und ökologischen Zustand (Nummer 7) oder der Grundanforderungen an die Betriebsführung (Nummer 2 oder 3) nach Anhang II der Verordnung (EU) Nr. 1306/2013 geschützt sind. Eine weitere für den Naturschutz wichtige Konkretisierung enthält § 31 Abs. 1 DirektZahlDurchfV i. V. m. Anlage 3. Sie regeln, welche Arten in Kulturpflanzenmischungen zur Einsaat auf einer Fläche, die im Antrag auf Direktzahlung als im Umweltinteresse genutzte Fläche mit Zwischenfruchtanbau oder Gründecke für die Zahlung für den Klima- und Umweltschutz förderliche Landbewirtschaftungsmethoden ausgewiesen wird, verwendet werden können. Dasselbe gilt für § 32 DirektZahlDurchfV i. V. m. Anlage 4, die regeln, welche Arten auf einer Fläche mit stickstoffbindenden Pflanzen angebaut werden dürfen. Dabei haben alle in der Liste aufgenommenen Arten eine positive Wirkung auf die Biodiversität, wie die Lieferung von wichtigen Trachtpflanzen für Bienen.[667]

Diese positiven Aspekte des deutschen Umsetzungsrechts sollten allerdings nicht darüber hinwegtäuschen, dass der Gesetzgeber von aus ökologischer Sicht effektiven Instrumenten keinen Gebrauch gemacht hat. Dazu gehört die im EU-Recht vorgesehene Kürzung oder Kappung der Zahlungen für sehr große Betriebe, vgl. Art. 11 Abs. 1 VO (EU) Nr. 1307/2013. Stattdessen wurde Art. 11 Abs. 3 UAbs. 1 VO (EU) Nr. 1307/2013 angewendet und die Umverteilungsprämie fortgeführt (§ 21 DirektZahlDurchfG), die kleinen Betrieben eine bessere Förderung ermöglicht. Eine Kürzung der Zahlungen für große Betriebe war in Deutschland politisch nicht gewünscht, da diese einseitig die vergleichsweise großen Betriebe in den neuen Bundesländern belasten würde.[668] Sollte die GAP positive Wirkungen auf die Umwelt haben, wäre es wichtig ein Zeichen zu setzen und große Betriebe, die aufgrund ihrer ganzen Betriebsstruktur aus der Förderung herauszunehmen. Diese meist als Agrarunternehmen organisierten Betriebe, wirtschaften intensiv und damit nicht naturverträglich. Dies wäre auch deswegen geboten, weil – wie der Gesetzgeber selbst festgestellt hat – größere Betriebe ohnehin bessere Möglichkeiten zur Anpassung an die Marktbedingungen haben und Kostendegressionseffekte realisiert werden können.[669]

---

[667] BR-Drs. 406/14, S. 38.
[668] BT-Drs. 18/908, S. 31 f.
[669] BR-Drs. 406/14, S. 41.

5. Das Agrarbeihilfenrecht der ersten Säule als Privilegierung der Landwirtschaft?

Ein seit langem diskutiertes Problem des Agrarbeihilfenrechts liegt in dessen potentiellen Widerspruch zum Verursacherprinzip (Art. 191 Abs. 2 AEUV).[670] Kern des Anstoßes ist, dass das Agrarbeihilfenrecht den Verursacher vom Kostenlastprinzip freistellt und die Allgemeinheit die Kosten für den Umweltschutz übernimmt. Es stellt sich damit die Frage, wie die Unterstützungsleistungen des Agrarbeihilfenrechts einzuordnen sind. In der Begünstigung in Form eines Zahlungsanspruchs durch die Einhaltung von Cross-Compliance- und Greening-Anforderungen könnte entweder eine Beihilfe zu sehen sein oder ein Ausgleich für öffentliche Leistungen.[671] Ordnet man die Unterstützungsleistungen des Agrarbeihilfenrechts als „echte" Beihilfen ein, ist dies gleichzeitig eine Freistellung vom Verursacherprinzip, folglich eine Privilegierung der Landwirtschaft. Sind diese hingegen als Ausgleich für öffentliche Leistungen einzuordnen, ist in den Unterstützungsleistungen keine Privilegierung zu sehen. Aus Art. 107 Abs. 1 AEUV ergibt sich, dass Beihilfen staatlich gewährte Begünstigungen bestimmter Unternehmen oder Produktionszweige sind, die den Wettbewerb verfälschen oder zu verfälschen drohen.[672] Nach der Rechtsprechung des EuGH ist eine Beihilfe eine Maßnahme, die speziell als Mittel zur Verfolgung bestimmter Ziele dient, die i. d. R. nicht ohne fremde Hilfe erreicht werden könnten.[673] Die Annahme eines Ausgleichs für öffentliche Leistungen bzw. die Entlohnung für die „Erfüllung gemeinwirtschaftlicher Verpflichtungen" ist nur unter strengen Voraussetzungen nicht als Beihilfe anzusehen.[674] Zu den Voraussetzungen von Beihilfen gehört nach dem „Altmark-Trans"-Urteil:[675] (1) Das begünstigte Unternehmen muss tatsächlich mit der Erfüllung gemeinwirtschaftlicher Pflichten betraut sein. Die Betrauung muss sich eindeutig aus nationalen Rechtsvorschriften oder Verwaltungsakten (z. B. Genehmigung) ergeben. (2) Die Parameter, anhand derer der Ausgleich

---

[670] So schon *Storm*, NuR 1986, 8 [10]; *Möckel*, ZUR 2016, 655 [663].

[671] *Martinez*, in: Niedobitek, Europarecht, § 17 Rn. 95; *Jensen*, Die Privilegierung der Landwirtschaft, S. 425, der die Frage jedoch auf das Greening beschränkt.

[672] Art. 107 Abs. 1 AEUV enthält keine Definition des Beihilfebegriffs; die Norm ist dennoch weit auszulegen, vgl. *Cremer*, in: Calliess/Ruffert, AEUV, Art. 107 Rn. 11; *Frenz*, Handbuch Europarecht – Band 3, § 2 Rn. 30 noch zu Art. 87 Abs. 1 EG; *Norer*, in: Grimm/Norer, Agrarrecht, S. 249 f.

[673] EuGH, Urt. v. 01.07.2008, C-341/06 P und C-342/06 P – Slg 2008, I-4777, Rn. 121 – Chronopost SA und La Poste/Ufex.

[674] EuGH, Urt. v. 24.07.2003, C-280/00, Slg. 2003, I-7810, Rn. 89 ff. – Altmark Trans.

[675] *Barotsch*, EuZW 2004, 295 [298 f.]; *Koenig*, BB 2003, 2185 [2185 f.].

berechnet wird, sind zuvor objektiv und transparent aufzustellen. (3) Der Ausgleich darf nicht über das zur Deckung der Kosten der gemeinwirtschaftlichen Verpflichtungen Erforderliche hinausgehen. Dabei sind die erzielten Einnahmen und ein „angemessener Gewinn" zu berücksichtigen. (4) Falls das betraute Unternehmen nicht auf Grund eines (Ausschreibungs-) Verfahrens ausgewählt wurde, aus dem das kostengünstigste Angebot hervorgeht, ist die Höhe des Ausgleichs auf der Grundlage einer Analyse der Kosten zu bestimmen, die ein „durchschnittliches, gut geführtes Unternehmen" für die Erfüllung der gemeinwirtschaftlichen Aufgaben hat. Nach diesen Kriterien sind die Basisprämie bzw. die Cross-Compliance-Anforderungen als Beihilfe und nicht als ein Ausgleich für öffentliche Leistungen anzusehen, da die Maßnahmen primär eine Absicherung gegenüber Marktrisiken bezwecken.[676] Bei den Greening-Maßnahmen könnte dies hingegen anders zu beurteilen sein, wenn sie die Landwirte als Verursacher von Umweltproblemen zu ökologisch wertvollen Beträgen veranlassen.[677] Einerseits darf aufgrund der Beanstandungen des Europäischen Rechnungshofs – dieser konnte bei den 2014 eingeführten Greening-Maßnahmen keine signifikante positive Wirkung auf die biologische Vielfalt erkennen – durchaus bezweifelt werden, dass diese die Landwirte zu ökologisch wertvollen Beiträgen veranlassen.[678] Andererseits gebietet das Greening Bewirtschaftungspraktiken wie Anbaudiversifizierung, die Erhaltung von Dauergrünland sowie die Erhaltung ökologischer Vorrangflächen umzusetzen, die ihrer Intention nach zweifelsohne dem Umweltschutz, welcher nach Art. 11 AEUV miteinbezogen werden muss, förderlich sind. Diese kommen der Erfüllung einer gemeinwirtschaftlichen Pflicht zugute, der die meisten Landwirte ohne das Greening nicht nachkommen würden.[679] Es ist jedoch zu bedenken, dass das Greening dennoch der ersten Säule angehört, die primär vom Grundgedanken der Einkommensstützung getragen wird. Die Zahlungen des Staates i. R. d. Greenings stellen insofern Leistungen dar, die Akteure des freien Marktes normalerweise selbst zu tragen haben.[680] Diese These wird dadurch gestützt, dass alle Bewirtschaftungspraktiken, die aufgrund des Greenings erbracht werden zu einer „normalen" natur- und landschaftsverträglichen Bewirtschaftung

---

[676] So auch *Jensen*, Die Privilegierung der Landwirtschaft, S. 392 f.

[677] *Möckel*, ZUR 2016, 655 [663]; *Martinez*, in: Niedobitek, Europarecht, § 17 Rn. 95.

[678] *Europäischer Rechnungshof*, Biodiversität landwirtschaftlicher Nutzflächen, S. 38 ff.

[679] Ähnlich *Jensen*, Die Privilegierung der Landwirtschaft, S. 426.

[680] Beispielsweise hat ein Grundstückseigentümer sein Grundstück zu sanieren, wenn auf diesem Altlasten festgestellt werden, soweit von diesem dadurch Gefahren für die Allgemeinheit ausgehen.

gehören und nicht etwa neue, ökologisch besonders wertvolle Flächen geschaffen werden. Deutlich wird dies an Art. 45 Abs. 1 UAbs. 2 VO (EU) Nr. 1307/2013, wo den Mitgliedsstaaten ein Spielraum gelassen wurde für weitere – über die EU-Vorgaben hinausgehende – Gebiete Maßnahmen zum Grünlandschutz zu erlassen. Das Greening erreicht damit nur das untere Mindestmaß an Umweltschutz. Eine getrennte Beurteilung zu den Cross-Compliance-Verpflichtungen ist folglich nicht geboten, sodass Leistungen, die innerhalb der ersten Säule erbracht werden insgesamt als Beihilfen zu bewerten sind. Anders zu beurteilen sind hingegen die (sogleich dargestellten) Agrar- und Umweltmaßnahmen der zweiten Säule, die über das von der Allgemeinheit erwartbare Maß an Umweltschutz hinausgehen und daher der Erfüllung gemeinwirtschaftlicher Aufgaben dienen. Für die erste Säule der GAP gilt jedoch, dass diese eine „echte" Beihilfe und damit eine Privilegierung ist.

II.   Agrarbeihilferecht der zweiten Säule
Seit 1992 sind die Mitgliedsstaaten verpflichtet, im Rahmen der zweiten Säule der GAP Agrarumwelt- und Klimamaßnahmen (AUKM-Maßnahmen) anzubieten. Durch diese werden umweltschonende landwirtschaftliche Bewirtschaftungspraktiken – das Belassen von Schutz- oder Blühstreifen am Rand von Feldern, pestizidfreies Wirtschaften etc. – honoriert. AUKM-Maßnahmen basieren auf Cross-Compliance und Greening-Elementen, müssen allerdings über diese hinausgehen, um als vergütungswürdig eingestuft werden zu können.

1.   Rahmenbedingungen der ELER-VO
Die GAP-Reform 2013 führte zu einer veränderten Schwerpunktsetzung des Agrarbeihilferechts der zweiten Säule hin zu einer nachhaltigen Bewirtschaftung, die dem Umwelt- und Klimaschutz von Nutzen ist (Art. 3 S. 2, Art. 4 lit. b) ELER-Verordnung (EU) 1305/2013). Der Wille zu mehr Umwelt- und Klimaschutz in der Landwirtschaft i. R. d. zweiten Säule kommt dadurch zum Ausdruck, dass nach Art. 59 Abs. 6 UAbs. 1 ELER-VO mindestens 30 % der Gesamtbeteiligung des ELER am Programm für die Entwicklung des ländlichen Raums umwelt- und klimaschutzbezogenen Investitionen i. S. d. Art. 17, 21, 28 ff. ELER-VO vorbehalten werden müssen. Inhaltlich ausgestaltet werden die Fördermaßnahmen durch die Mitgliedsstaaten mittels Programmen zur Entwicklung des ländlichen Raumes, die der Genehmigung der Kommission bedürfen (Art. 6 ff. ELER-VO) und gem. Art. 5 ELER-VO an sechs verschiedenen Förderprioritäten auszurichten sind. Wichtig für den Naturschutz ist die Förderpriorität Nummer 4, die die Wie-

derherstellung, Erhaltung und Verbesserung der mit der Landwirtschaft verbundenen Ökosysteme zum Gegenstand hat. Dazu gehört schwerpunktmäßig nach Art. 5 Abs. 1 Nr. 4 a) ELER-VO die Wiederherstellung, Erhaltung und Verbesserung der biologischen Vielfalt, auch in Natura-2000-Gebieten und in Gebieten, die aus naturbedingten oder anderen spezifischen Gründen benachteiligt sind, die Landbewirtschaftung mit hohem Naturwert, sowie der Zustand der europäischen Landschaften. Zusammenfassend handelt es sich hauptsächlich um naturschutzrelevante Zielsetzungen, bei denen es zu begrüßen ist, dass sie in die Verordnung Eingang als Förderpriorität gefunden haben. Eine sich danach richtende, mögliche Förderung gem. Art. 13 ff. ELER-VO könnte beispielsweise aus Agrarumwelt- und Klimamaßnahmen (Art. 28 ELER-VO) bestehen, welche die Mitgliedsstaaten entsprechend ihren spezifischen nationalen, regionalen oder lokalen Bedürfnissen und Prioritäten anzubieten haben, vgl. Art. 28 Abs. 1 S. 1 ELER-VO. Grundsätzlich werden Verpflichtungen in Bezug auf Agrarumwelt- und Klimamaßnahmen für einen Zeitraum von fünf bis sieben Jahren eingegangen (Art. 28 Abs. 5 S. 1 UAbs. 1 ELER-VO). Infolge der Verlängerung der GAP-Förderperiode um zwei Jahre bis zum 31.12.2022[681], ist es nach Unterabsatz 2 möglich, für neue, ab 2021 eingegangene Verpflichtungen einen kürzeren Zeitraum von ein bis drei Jahren festzulegen und eine Verlängerung ab 2022 darf gar ein Jahr nicht überschreiten (UAbs. 3).

2. Durchführung der Entwicklungsprogramme in Deutschland

Die Durchführung der Entwicklungsprogramme in Deutschland beruht nach § 4 Abs. 1 GAKG[682] auf einem gemeinsamen Rahmenplan zwischen Bund und Ländern, dessen Vollzug gem. § 9 Abs. 1 GAKG Aufgabe der Länder ist. Dieser wird im Rahmen einer mehrjährigen Finanzplanung des Bundes und der Länder für den Zeitraum der Finanzplanung aufgestellt, jedes Jahr sachlich überprüft, der Entwicklung angepasst und fortgeführt, vgl. § 4 Abs. 2 GAKG. Als Gemeinschaftsaufgabe i. S. d. Art. 91a Abs. 1 GG werden unter anderem wasserwirtschaftliche

---

[681] Das Gesetzgebungsverfahren für einen neuen Rechtsrahmen konnte 2020 nicht rechtzeitig abgeschlossen werden, vgl. *Europäischer Rat*, Verlängerung der geltenden GAP-Vorschriften bis Ende 2022: informelle Einigung über die Übergangsverordnung, https://www.consilium.europa.eu/de/press/press-releases/2020/06/30/extension-of-current-cap-rules-until-the-end-of-2022-informal-deal-on-transitional-regulation/ (zuletzt aufgerufen am 28.01.2023).

[682] Gesetz über die Gemeinschaftsaufgabe „Verbesserung der Agrarstruktur und des Küstenschutzes" (GAK-Gesetz – GAKG) in der Fassung der Bekanntmachung vom 21. Juli 1988 (BGBl. I S. 1055), zuletzt geändert durch Art. 1 Viertes ÄndG vom 11.10.2016 (BGBl. I S. 2231).

und kulturbautechnische Maßnahmen (§ 1 Nr. 5 GAKG), wozu auch der Vertragsnaturschutz sowie Maßnahmen eines nachhaltig leistungsfähigen Naturhaushalts gehören, wahrgenommen.[683] Die Rahmenplanung wird durch einen gemeinsamen Planungsausschuss der Bundesregierung und Landesregierungen beschlossen, vgl. § 6 Abs. 1 S. 1 GAKG. Diesem gehören der Bundesminister für Ernährung und Landwirtschaft als Vorsitzender sowie der Bundesminister der Finanzen und ein Minister (Senator) jedes Landes an (Satz 2). Der aktuelle Rahmenplan 2022 bis 2025 umfasst zum Beispiel die für den Naturschutz relevanten Förderbereiche „umweltgerechte Landbewirtschaftung einschließlich Vertragsnaturschutz und Landschaftspflege, Förderung von besonders nachhaltigen Verfahren im Ackerbau oder bei einjährigen Sonderkulturen, auf Dauergrünland oder im Zusammenhang mit der Umsetzung der FFH- und der Vogelschutzrichtlinie".[684] Auch werden mithilfe eines Sonderrahmenplans „Maßnahmen zum Insektenschutz in der Agrarlandschaft" gefördert".[685] Zu den für den Naturschutz relevanten Förderprogrammen des Bundes im Bereich Landwirtschaft gehören das Bundesprogramm Ökologischer Landbau und andere Formen nachhaltiger Landwirtschaft (BÖLN), das Bundesprogramm Biologische Vielfalt oder die Bundesförderung Naturschutz-Chance.natur.[686]

Im Großen und Ganzen werden die einzelnen Maßnahmenprogramme auf Länderebene konzipiert. Zu den Projekten der Bundesländer, die bis 2020 liefen, gehörten beispielsweise die Agrarumweltmaßnahme „Anlage von Blüh- und Schonstreifen auf Ackerflächen" des Landes Nordrhein-Westfalen oder das Förderprogramm für Agrarumwelt, Klimaschutz und Tierwohl (FAKT) des Landes Baden-Württemberg, die jeweils eine bessere Artenvielfalt zum Ziel hatten.[687] Zentrale Inhalte der bayerischen Investitionsförderprogramme sind das Kulturlandschaftsprogramm und Vertragsnaturschutzprogramm, die jeweils extensive und naturverträgliche Wirtschaftsweisen fördern.[688]

---

[683] *Härtel*, in: Koch/Hofmann/Reese, Handbuch Umweltrecht, § 15 Rn. 40.
[684] Förderbereich 4, vgl. *BMEL*, Rahmenplan GAK 2022-2025, S. 56 ff.
[685] *BMEL*, Rahmenplan GAK 2022-2025, S. 134 f.
[686] Einen Überblick über die Förderprogramme des Bundes stellt die *Deutsche Vernetzungsstelle Ländliche Räume (dvs)*, DVS-Förderhandbuch für die ländlichen Räume – EU- und Bundesprogramme, S. 40 ff., bereit.
[687] Die Projekte gehören der ELER-Priorität 4 an. Zu den einzelnen Projekten und weiteren Beispielen, vgl. *Deutsche Vernetzungsstelle Ländliche Räume (dvs)*, Beispiele zur Förderung der ländlichen Entwicklung in Deutschland, S. 32 f.
[688] *StMELF*, Entwicklungsprogramm für den ländlichen Raum in Bayern – 2014-2020, S. 18 ff.

3. Fazit

Die dargestellte grundsätzlich positive ökologische Wirkung der zweiten Säule der GAP wird durch zwei hervorzuhebende Schwächen getrübt. Zum einen deren Abhängigkeit von der Bereitschaft der Landwirte zur Teilnahme an den Maßnahmenprogrammen, zum anderen die Konkurrenz mit anderen, von den Ländern finanzierten Umwelt- und Naturschutzprogrammen.[689] Es ist insofern zukünftig anzustreben, dass – ähnlich wie beim Greening – zumindest einzelne Maßnahmen durch alle beihilfeberechtigten Landwirte durchgeführt werden. Insgesamt sollten jedoch weiterhin zusätzlich freiwillige Agrarumwelt- und Klimaprogramme angeboten werden, da so naturschutzrechtlich engagierten Landwirten ein Anreiz geboten wird ihr Engagement weiterzuverfolgen. Wie die Agrarumweltmaßnahme „Anlage von Blüh- und Schonstreifen auf Ackerflächen" des Landes Nordrhein-Westfalen exemplarisch zeigt, werden bei AUKUM-Maßnahmen „Opfer" im Vergleich zu einer normalen landwirtschaftlichen Bodenbewirtschaftung erbracht, indem Flächen von einer Breite zwischen 6 und 12 Metern mit bestimmten Saatgutmischungen eingesät werden.[690] Bodenbewirtschaftungsmaßnahmen, die i. R. d. zweiten Säule erbracht werden, sind daher als Ausgleich für öffentliche Leistungen und folglich nicht als Privilegierung der Landwirtschaft anzusehen.[691]

III. Abwägung der Stärken und Schwächen der europäischen Agrarpolitik in der Förderperiode 2014 bis 2020 (2022)

Entgegen der verbreiteten negativen Wahrnehmung der Öffentlichkeit, besaß die europäische Agrarpolitik der vergangenen Förderperiode auch einige Vorzüge aus Sicht des Natur- und Umweltschutzes. Insgesamt positiv zu bewerten ist die generelle Stabilität des politischen Rahmens, welche durch die seit den 1960er-Jahren nahezu unveränderten Rahmenbedingungen der europäischen Verträge zum Ausdruck kommt. Hinzu tritt der über mehrere Jahre verlässliche Finanzrahmen sowie eine breite Instrumentenkiste, die potentiell die Integration von natur- und umweltschutzrechtlichen Belangen ermöglicht.[692] Zudem beziehen sich die bei-

---

[689] *Feindt et al.*, Ein neuer Gesellschaftsvertrag für eine nachhaltige Landwirtschaft, S. 111 ff.; die Verteilung der Direktzahlungen sieht auch der Europäische Rechnungshof kritisch und zweifelt am Beitrag zur GAP zur Erreichung der Klimaziele, vgl. Abl. (EU) 2019/C 41/01, S. 13.

[690] *Landwirtschaftskammer Nordrhein-Westfahlen*, Anlage von Blüh- und Schonstreifen, https://www.landwirtschaftskammer.de/foerderung/laendlicherraum/aum/bluehstreifen.htm (zuletzt aufgerufen am 28.01.2023).

[691] Zur diesbezüglichen Beurteilung der ersten Säule der GAP, siehe § 12 A. V.

[692] *Feindt et al.*, Ein neuer Gesellschaftsvertrag für eine nachhaltige Landwirtschaft, S. 110.

den Elemente der ersten Säule – Greening und GLÖZ-Standards – sowohl auf den Gewässerschutz als auch den Boden- und Klimaschutz, sowie den Schutz der Landschaft und umfassen damit wesentliche Belange des Naturschutzes. Als positiv für den Naturschutz hervorzuheben, sind auch die Greening-Verpflichtungen wie die Erhaltung des Dauergrünlandes und die Bereitstellung von ökologischen Vorrangflächen.

Ein Nachteil des Beihilfenrechts gegenüber dem Ordnungsrecht ist definitiv, dass sein Förderzeitraum sich jeweils maximal über sechs Jahre – wenn dieser nicht aufgrund einer länger dauernden Ausarbeitung der Vorschriften des Förderzeitraumes verlängert wird – erstreckt. Im Gegensatz zum Ordnungsrecht, das zeitlich unbefristet gilt. Agrarumweltmaßnahmen sind auf fünf bis sieben Jahre ausgelegt, vgl. Art. 28 Abs. 5 ELER-VO. Hat ein Landwirt beispielsweise mit der extensiven Bewirtschaftung von Obstbeständen (Förderbereich 4) zu Beginn der GAP 2013 begonnen und läuft diese 2020 aus, wird dieser keine weitere Agrarumweltmaßnahme beginnen, bis nicht die Konditionen der folgenden Förderperiode klar sind und dieser weiß, ob er dadurch mehr oder weniger Beihilfen für Agrarumweltmaßnahmen erhält.[693] Die Teilnahme an Agrarumweltmaßnahmen ist – wie das Beispiel zeigt – rein ökonomisch bedingt, sodass an deren ökologischer Wirksamkeit durchaus gezweifelt werden darf.[694] Zudem hängen attraktive Beihilfen immer von äußeren Faktoren ab, die die Höhe der Agrarbeihilfen, d. h. die ökonomische Wirksamkeit der Beihilfen bestimmen.[695] All diese Kritikpunkte können beim Ordnungsrecht nicht vorgebracht werden, was dieses vorzugswürdig erscheinen lässt.[696]

Bei aller Kritik an der ökologischen Wirksamkeit der Agrarbeihilfen, sollte jedoch bedacht werden, dass der Hauptzweck nach Art. 39 Abs. 1 lit. a), b) AEUV nach wie vor die Einkommensunterstützung der Landwirte ist. Vor allem kleine und mittelständische landwirtschaftliche Betriebe würden aus dem landwirtschaftli-

---

[693] So verzeichnete beispielsweise das LRA Nürnberger Land 2021 einen kleinen Einbruch an VNP/KULAP-Teilnehmenden vermutlich deshalb, weil 2022 die EU-Förderung neu konzipiert wurde und die Landwirte die Förderkonditionen der alten und neuen Förderperiode vergleichen wollten.

[694] Ähnlich *Möckel*, ZUR 2016, 655 [663 f.].

[695] Damit ist insbesondere die Entwicklung der Weltmarktpreise für die Landwirtschaft essenzielle Rohstoffe wie Rohöl, Stickstoff- und Phosphordünger sowie Weizen als Exportprodukt gemeint; zur Entwicklung seit 1984 vgl. *Osterburg*, Schutz der Natur im Rahmen der ersten Säule der Gemeinsamen Agrarpolitik, in: *Czybulka/Köck*, Landwirtschaft und Naturschutzrecht, S. 68.

[696] Ähnlich *Möckel*, ZUR 2016, 655 [663 ff.].

chen Raum ohne eine Basisprämie verschwinden, da sie im internationalen Wettbewerb nicht konkurrenzfähig sind.[697] Ein Grund dafür ist, dass vor allem in Asien die Nachfrage gestiegen ist, sodass Preise für die „grandes cultures" nicht mehr national, sondern auf dem Weltmarkt gebildet werden. Zu diesen Niedrigpreisen können kleine und mittlere Betriebe aber nicht lebenserhaltend produzieren. Insofern stellt *Busse* zutreffend fest, dass „eine Landwirtschaft, die zwar einem für ökologisch optimal gehaltenen Standard entspricht, jedoch wirtschaftlich in eine Schieflage gerät, […] nicht zukunftsfähig [ist]."[698] Das darf allerdings nicht darüber hinwegtäuschen, dass bereits vor der Öffnung der Märkte ein enormer Rückgang an kleinen und mittleren Betrieben zu erkennen war, der unter anderem von der Subventionspolitik des Agrarbeihilfenrechts herrührte.[699]

Hinzu kommt, dass für die Landwirte keine Verpflichtung besteht, Cross-Compliance und Greening-Anforderungen einzuhalten, wenn sie im Gegenzug dazu bereit sind auf Greening- und Basisprämie zu verzichten. Der Anteil dieser Betriebe bleibt jedoch in Deutschland seit Jahren auf einem konstant niedrigen Niveau von ca. 7 %, wobei einer der Gründe dafür sein könnte, dass die gewährten Prämien die entstehenden Kosten für die Durchführung von beispielsweise Greening-Maßnahmen bei weitem übersteigen.[700] Auch ist zu bedenken, dass die Direktzahlungen der ersten Säule (bisher) an die landwirtschaftliche Fläche gebunden sind und daher hauptsächlich große Betriebe von diesen profitieren, vgl. Art. 10 Agrar-DirektZahlVO. Dem Naturschutz wird durch diese Regelung kein Gefallen getan, da so die Landwirte animiert werden, ihre Flächen maximal auszunutzen.[701]

Es sind daher zukünftig verschiedene Handlungsvarianten für die GAP denkbar:

1. Verlagerung von Mitteln aus der GAP in einen „Naturschutzfond", der durch neue Finanzquellen bespeist wird. Nachteil einer solchen Auslagerung ist,

---

[697] Der internationale Wettbewerb führt dazu, dass Produkte aus Ursprungsländern günstig in die EU gelangen, die dort kostengünstig produziert werden können oder teils erheblich subventioniert werden, vgl. *Busse*, NuR 2019, 807 [809]; ebenso *Czybulka et al.*, NuR 2021, 227 [230], die durch die Preisbildung auf dem Weltmarkt jedoch eher die Rechtfertigung für die ersten Säule der GAP verloren gehen sehen.

[698] *Busse*, NuR 2019, 807 [809].

[699] Vgl. dazu die Auswertung der Betriebszahlen durch das *Bundesamt für Statistik*, https://de.statista.com/statistik/daten/studie/36094/umfrage/landwirtschaft---anzahl-der-betriebe-in-deutschland/ (zuletzt aufgerufen am 28.01.2023).

[700] *BfN*, Agrarreport-2017, S. 27.

[701] *Wolf*, ZUR 2022, 131 [136].

dass überhaupt erstmal neue Finanzquellen erschlossen und aktiviert werden müssen.[702]

2. Umverteilung von Mitteln von der ersten in die zweite Säule. Diese Handlungsvariante erscheint jedoch deshalb nicht als erfolgsversprechend, da die zweite Säule von den Mitgliedsstaaten co-finanziert wird und – wie schon bei der Reform 2013 – auf erheblichen Widerstand der Mitgliedsstaaten stoßen wird.[703] Dazu kommt die bereits angesprochene Ineffektivität der zweiten Säule.

3. Stärkere Verknüpfung von Direktzahlungen der ersten Säule mit Naturschutz- und Umweltleistungen. Diese Handlungsvariante dürfte aus Sicht der Mitgliedsstaaten am attraktivsten sein, da ihnen diese zunächst keine höheren Kosten verursacht, weil sie allein von der EU finanziert wird. Dadurch dass es der EU jedoch selbst schwer fällt, hohe Umweltstandards festzulegen,[704] ist auch bei dieser Handlungsalternative der Erfolg für Natur- und Umweltschutz fraglich. Entscheidet man sich dennoch für diese Variante, ist eine effektivere Ausgestaltung der Greening-Auflagen erforderlich. Dies könnte beispielsweise dadurch geschehen, dass die ökologischen Vorrangflächen vermehrt auf Biodiversitätsschutz ausgerichtet werden oder dass der Anbau einer Fruchtart auf maximal 50 % der Ackerfläche beschränkt wird.[705] Zu beachten ist jedoch, dass die Zahlungen je Hektar von der Höhe her so attraktiv sein müssen, dass die Landwirte weiterhin an den (freiwilligen) Greening-Maßnahmen bzw. der GAP teilnehmen.

4. Einen letzter, fast schon radikaler Ansatz, wurde in der Leipziger Erklärung des Deutschen Naturschutzrechtstages e. V. formuliert. Diese fordert, dass die „erste Säule" der Förderung abgeschafft werden muss und in ein „Honorierungssystem für nachprüfbare ökologischen Leistungen der Landwirte umgewandelt werden" muss.[706] Dieser Ansatz würde zwar den Widerspruch zum Verursacherprinzip beseitigen, unklar ist jedoch, ob kleinere und mitt-

---

[702] *Feindt et al.*, Ein neuer Gesellschaftsvertrag für eine nachhaltige Landwirtschaft, S. 175 ff.; aufgrund der zu erwartenden Widerstände der Mitgliedsstaaten müssten diese Finanzquellen von der EU bespeist werden.

[703] *Feindt et al.*, Ein neuer Gesellschaftsvertrag für eine nachhaltige Landwirtschaft, S. 176.

[704] Vgl. dazu die Diskussion um die Zulassung des Pflanzenschutzmittels Glyphosat: *European Food Safety Authority*, Glyphosat, https://www.efsa.europa.eu/de/topics/topic/glyphosate (zuletzt aufgerufen am 28.01.2023).

[705] *Feindt et al.*, Ein neuer Gesellschaftsvertrag für eine nachhaltige Landwirtschaft, S. 230.

[706] ZUR 2018, 469 [470].

lere Betriebe, die durch diesen Ansatz gestärkt werden sollen,[707] ohne eine Basisprämie in der derzeitigen Wettbewerbssituation überleben könnten. Ist das Honorierungssystem hingegen so ausgestaltet, dass kleinere und mittlere Betriebe zumindest auf überregionaler Ebene konkurrenzfähig sind, ist dieser Ansatz vorzugswürdig. Allerdings müsste das Honorierungssystem durch die Europäische Union zunächst finanziert werden, da davon auszugehen ist, dass die Mitgliedsstaaten nicht dazu bereit sind Naturschutz durch eigene Aufwendung zu finanzieren.

B. Das Agrarbeihilferecht ab dem 01.01.2023

Am 02.12.2021 trat der neue europäische Rechtsrahmen für die GAP nach 2020 zur Aufhebung der Verordnung (EU) Nr. 1305/2013 sowie der Verordnung (EU) Nr. 1307/2013 in Kraft.[708] Dieser setzt den bereits eingeschlagenen Weg fort, den Mitgliedsstaaten mehr Verantwortung bei der Festlegung, wie sie die Ziele erreichen und die entsprechenden Zielwerte einhalten, zu übertragen.[709] Die Intention hinter diesem Normsetzungswandel ist der Versuch, so unter anderem die naturbedingten Unterschiede der verschiedenen landwirtschaftlichen Gebiete zu honorieren.[710]

I. Der neue europäische Rechtsrahmen

Ein Ziel der GAP ab 2020 (2023) ist es Umwelt- und Klimaschutz in der Landwirtschaft zu fördern und zu verbessern, da diese eine „sehr hohe Priorität" bei den umwelt- und klimaschutzbezogenen Zielen der Union besitzt.[711] Zur Umsetzung dieses Ziels setzt der neue europäische Rechtsrahmen einerseits auf Bewährtes, wie den GLÖZ-Standards, andererseits etabliert er Innovationen in Form von „Konditionalitäten".

1. Grundanforderungen an die Betriebsführung und GLÖZ-Standards in neuem Gewand

Art. 12 Abs. 1 der VO (EU) 2021/2115 verlangt, dass die Mitgliedsstaaten ein System der Konditionalität aufnehmen, demgemäß Landwirte und andere Begünstigte, die Direktzahlungen erhalten, mit Verwaltungssanktionen belegt wer-

---

[707] ZUR 2018, 469 [470].
[708] ABl. L 435 vom 06.12.2021.
[709] Die durch das EU-Recht gewährten Spielräume für die Mitgliedstaaten stehen jedoch nicht gänzlich zu ihrer freien Disposition, sondern folgen aus den durch die SWOT-Analyse festgestellten Bedarfen, vgl. BT-Drs. 19/29490, S. 23.
[710] ABl. L 435 vom 06.12.2021, S. 2.
[711] Vgl. Erwägung (30) zur VO (EU) 2021/2115.

den, wenn sie die Grundanforderungen an die Betriebsführung und die in Anhang III aufgelisteten GLÖZ-Standards in den spezifischen Bereichen Klima und Umwelt, einschließlich Wasser, Böden und der biologischen Vielfalt von Ökosystemen (lit. a), der öffentlichen Gesundheit und Pflanzengesundheit (lit. b) und dem Tierwohl (lit. c) nicht einhalten werden. Absatz 4 ist zu entnehmen, dass sowohl die bisher in der Cross-Compliance geltenden Grundanforderungen an die Betriebsführung als auch die Standards für die Erhaltung von Flächen in gutem landwirtschaftlichen und ökologischen Zustand neu geregelt werden. Die Cross-Compliance-Verpflichtungen werden umstrukturiert, das Greening in diese integriert und nun unter dem Begriff „Konditionalität" (vgl. Überschrift Abschnitt 2) geführt.[712] Die Konditionalität bildet die Basis für die darauf aufbauenden Öko-Regelungen und die flächen- und tierbezogenen Maßnahmen der zweiten Säule der Agrarförderung.[713]

Während die Grundanforderungen an die Betriebsführung an sich unverändert geblieben sind, werden insbesondere die GLÖZ-Standards durch die Reform der GAP erhebliche Veränderungen erfahren. Nur vier – Schaffung von Pufferstreifen entlang von Wasserläufen, Bodenbearbeitung bzw. die Verringerung des Risikos von Bodenbeschädigung und -erosion, Mindestbodenbedeckung sowie die Anforderungen an Landschaftselemente – der bisher sieben Standards wurden übernommen. Neben der Erweiterung auf neun GLÖZ-Standards fällt vor allem auf, dass diese nun wesentlich konkretere Anforderungen stellen. GLÖZ 7 der VO (EU) Nr. 1306/2013 mit dem Hauptgegenstand „Landschaft, Mindestmaß an landschaftspflegerischen Instandhaltungsmaßnahmen" sah noch vor, dass Landschaftselemente einschließlich gegebenenfalls von Hecken, Teichen, Gräben, Bäumen (in Reihen, Gruppen oder einzelstehend), Feldrändern und Terrassen, einschließlich eines Schnittverbots für Hecken und Bäume während der Brut- und Nistzeit nicht beseitigt werden dürfen oder optional Maßnahmen zur Bekämpfung invasiver Pflanzenarten nicht vorgenommen werden dürfen. Der in der Zielsetzung entsprechende neue GLÖZ 8 sieht demgegenüber im zweiten Unterpunkt vor, dass ein Mindestanteil von 4 % des Ackerlandes auf Ebene des landwirtschaftlichen Betriebs durch die Mitgliedstaaten für nichtproduktive Flächen und Landschaftselemente, einschließlich brachliegender Flächen, vorgesehen werden muss und die Beseitigung von Landschaftselementen bzw. der Schnitt von Hecken und Bäumen während der Brut- und Nistzeit von Vögeln gänzlich verboten wird, vgl. An-

---

[712] BR-Drs. 817/21, S. 1; BT-Drs. 19/30513 (neu), S. 15.
[713] BR-Drs. 817/21, S. 1.

hang III VO (EU) 2021/2115. Allein dieser Ausschnitt der neuen GLÖZ-Standards zeigt, dass die Ziele bzw. Zielwerte, die durch die Mitgliedsstaaten weiterhin eingehalten werden müssen, definierter geworden sind, sodass diesen zwar ein Spielraum bei der Art der Zielerreichung bleibt, das Ziel an sich aber nicht mehr so auslegungsfähig wie zuvor ist. Diese konkreten Zielvorgaben haben mehrere Intentionen. Zum einen möchte die Union dadurch ihre eigenen umwelt- und klimapolitischen Ziele erreichen, die in den Strategien „Green-Deal", „Vom Hof auf den Tisch" und der „EU-Biodiversitätsstrategie" verankert sind. Zum anderen sollen die Mitgliedsstaaten dazu verpflichtet werden im Rahmen ihrer GAP-Strategiepläne mehr Ehrgeiz zu zeigen und so ihren Beitrag zu den eben angesprochenen Strategien zu leisten.[714]

2. Fazit

Angesichts der Ankündigung Umwelt und Klimaschutz in der Landwirtschaft mit der neuen Förderperiode zu priorisieren, enttäuscht die GAP in ihrer Umsetzung, indem sie im Rahmen der ersten Säule lediglich eine Straffung der Grundanforderungen an die Betriebsführung und Standards für den guten landwirtschaftlichen und ökologischen Zustand vorsieht.[715] Stattdessen wurde der Weg des geringsten Widerstandes (Handlungsvariante 3[716]) gewählt und „altes Recht in einem neuen Gewand" verpackt. Darüber kann auch nicht hinweghelfen, dass die Verantwortung der Umsetzung von Umwelt- und Klimaschutzmaßnahmen hauptsächlich bei den Mitgliedsstaaten liegt. Hat ein Mitgliedsstaat wenig Ambitionen im Bereich Umwelt- und Klimaschutz in der Landwirtschaft, wird sich dieser bei der Erarbeitung des Strategieplans hauptsächlich an den Mindestvorgaben der EU orientieren, weshalb es wichtig gewesen wäre bereits diese fortschrittlicher zu formulieren. Immerhin wird voraussichtlich eine minimale Verbesserung für den Naturschutz dadurch erreicht, dass die Greening-Auflagen nunmehr mit den Cross-Compliance-Verpflichtungen verknüpft werden und insgesamt konkreter werden. Eine Konkretisierung der einzuhaltenden Verpflichtungen war zwingend geboten. Ansonsten würde die Gefahr drohen, dass bei gleichzeitiger Übertragung von mehr Verantwortung auf die Mitgliedsstaaten, das Niveau an Umweltstandards zwischen den Mitgliedsstaaten zu weit auseinanderdriftet, was letztendlich einen Rückschritt zur Förderperiode 2014 bis 2020 bedeuten würde.

---

[714] ABl. L 435 vom 06.12.2021, S. 20.
[715] ABl. L 435 vom 06.12.2021, S. 7.
[716] Diese wurde unter § 11 A III. vorgestellt.

II. Umsetzung im deutschen Recht

Die Änderungen des EU-Rechts erfordern eine Anpassung der Durchführungsbestimmungen durch die Mitgliedsstaaten. Diese waren für die Förderperiode 2023 bis 2027 verpflichtet einen Strategieplan zu erarbeiten, der die nationale Ausgestaltung der EU-Agrarsubventionen aufzeigt (Art. 1 Abs. 1 lit. c) VO (EU) 2021/2115). Der deutsche Strategieplan wurde am 21.11.2022 per Durchführungsbeschluss durch die EU-Kommission genehmigt.[717] Die Einkommensunterstützung teilt sich in Deutschland künftig in vier Teile auf: Einkommensgrundstützung für Nachhaltigkeit (Konditionalitäten, bisher Basisprämie), Umverteilungseinkommensunterstützung, die ergänzende Einkommensstützung für Junglandwirte sowie die Unterstützung für freiwillig von Landwirten übernommene Verpflichtungen zur Einhaltung von Regelungen für Klima und Umwelt (Öko-Regelungen oder eco schemes). Zudem gibt es weitere Reglungen für eine gekoppelte Einkommensstützung (Zahlung für Mutterschafe und -ziegen sowie für Mutterkühe). Die Durchführung der Gemeinsamen Agrarpolitik erfolgt nunmehr über das Gesetz zur Durchführung der im Rahmen der Gemeinsamen Agrarpolitik finanzierten Direktzahlungen, die Verordnung zur Durchführung der GAP-Direktzahlungen, das Gesetz zur Durchführung des im Rahmen der Gemeinsamen Agrarpolitik einzuführenden integrierten Verwaltungs- und Kontrollsystems, das GAP-Konditionalitäten-Gesetz und die GAP-Konditionalitäten-Verordnung. Gemeinsam ist allen Gesetzen das Ziel „öffentliches Geld für öffentliche Leistungen" einzusetzen.[718] Die nachfolgende Untersuchung beschränkt sich auf die Öko-Regeln und die Einkommensunterstützung für Nachhaltigkeit.

1. Konditionalitäten – Das „neue" Cross-Compliance und Greening

Das GAP-Konditionalitäten-Gesetz[719] legt die wesentlichen Grundsätze für die Ausgestaltung der GLÖZ-Standards fest und schafft damit die Grundlage für die Detailregelungen in der GAP-Konditionalitäten-Verordnung.[720] Ihre rechtliche

---

[717] *BMEL*, GAP-Strategieplan für die Bundesrepublik Deutschland, https://www.bmel.de/DE/themen/landwirtschaft/eu-agrarpolitik-und-foerderung/gap/gap-strategieplan.html (zuletzt aufgerufen am 28.01.2023).

[718] BT-Drs. 19/30513 (neu), S. 26; dies war jedoch auch schon das Ziel der Agrarreform 2014, vgl. BT-Drs. 18/908, S. 18.

[719] Gesetz zur Durchführung der im Rahmen der Gemeinsamen Agrarpolitik geltenden Konditionalität (GAP-Konditionalitäten-Gesetz – GAPKondG) vom 16.07.2021 (BGBl. I S. 2996), in Kraft getreten für die Bundesrepublik Deutschland am 22.11.2022, vgl. hierzu Bek. v. 05.12.2022 (BGBl. I S. 2262); abweichend davon traten Teile bereits m. W. v. 23.07.2021 in Kraft; vgl. hierzu § 24 Abs. 1 GAPKondG.

[720] BT-Drs. 19/29489, S. 18.

Grundlage haben die für alle Zahlungsempfänger, die tier- oder flächenbezogene Subventionen durch die erste Säule der GAP erhalten, verpflichtenden Konditionalitäten in Art. 13 VO (EU) 2021/2115.[721] Demnach müssen alle landwirtschaftlichen Flächen einschließlich derjenigen, die nicht mehr für die Erzeugung genutzt werden, in einem guten landwirtschaftlichen und ökologischen Zustand erhalten werden, was durch diese in Einklang mit den in Anhang III aufgelisteten Standards auf nationaler oder regionaler Ebene festgelegt werden muss. Diese Verpflichtung hat § 3 Abs. 1 GAPKondG in das deutsche Recht übernommen, d. h. ein Zahlungsempfänger bzw. Antragssteller muss sowohl die Grundanforderungen an die Betriebsführung als auch GLÖZ-Standards einhalten, um Agrarbeihilfen der ersten Säule zu erhalten. Ausnahmen von den Verpflichtungen des Absatz 1 können nach Absatz 3 beispielsweise nur aus Gründen des Umwelt- und Naturschutzes oder des Pflanzenschutzes durch die Fachüberwachungsbehörden genehmigt werden. Die Grundanforderungen an die Betriebsführung mussten demgegenüber nicht verändert werden, da diese bereits durch das EU-Recht sowie dieses durchführende nationale Recht ausreichend konkretisiert sind.[722]

Bei den im Folgenden konkretisierten GLÖZ-Standards liegt ein Schwerpunkt auf der Erhaltung von Dauergrünland (GLÖZ 1).[723] Gem. § 4 Abs. 1 GAPKondG haben die Länder mittels Rechtsverordnung sicherzustellen, dass der Anteil des Dauergrünlandes an der gesamten landwirtschaftlichen Fläche (Dauergrünlandanteil) gegenüber dem Referenzjahr 2018 um maximal 5 % abnimmt.[724] Nach § 8 Abs. 2 GAPKondG ist es im Bundesanzeiger bekannt zu machen, wenn sich der jeweilige Dauergrünlandanteil einer Region um mehr als 4 % gegenüber dem Referenzjahr verringert. In der letzten Förderperiode mussten die einzelnen Regionen durchschnittlich jeweils drei Bekanntmachungen im Bundesanzeiger veröffentlichen.[725] Es ist insofern davon auszugehen, dass die Maßnahmen der einzelnen Regionen zum Erhalt von Dauergrünlandflächen verstärkt werden, um nicht im Bundesanzeiger an den Pranger gestellt zu werden. Dauergrünland darf nur

---

[721] *Heyl et al.*, NuR 2022, 837 [841].

[722] BT-Drs. 19/29489, S. 18.

[723] Der Erhaltung von Dauergrünland ist ein ganzer Abschnitt innerhalb des 2. Kapitels gewidmet.

[724] Die Norm enthält, wie sich aus der Formulierung „nach dem in der Unionsregelung bezeichneten Standard" schließen lässt einen direkten Verweis auf Anhang III VO (EU) 2021/2115.

[725] Im Einzelnen machten die Regionen Schleswig-Holstein/Hamburg zwei, Baden-Württemberg drei, Sachsen drei, Rheinland-Pfalz drei, Mecklenburg-Vorpommern drei, Thüringen drei, Nordrhein-Westfahlen drei, Sachsen-Anhalt drei, Berlin/Brandenburg drei, Niedersachsen drei, Hessen zwei, das Saarland drei und Bayern zwei Bekanntmachungen.

noch mit einer Genehmigung umgewandelt werden, welche nur unter den Voraussetzungen des § 5 GAPKondG erteilt wird. Diese wird gem. § 5 Abs. 1 Nr. 3 GAPKondG nur bewilligt, wenn in derselben Region nach § 4 Abs. 2 GAPKondG[726] eine entsprechend große Fläche als Dauergrünland angelegt wird. Ziel dieser Regelung ist es ein Absinken des Dauergrünlandanteils in der Region zu verhindern.[727] Aus Gründen des Vertrauensschutzes wird eine Genehmigung ohne die Anlage von neuem Dauergrünland gleichfalls erteilt, wenn das Dauergrünland im Rahmen von Agrarumweltmaßnahmen der zweiten Säule der GAP oder ab dem 01.01.2015 entstanden ist.[728] Eine Umwandlung von Dauergrünland ohne den Genehmigungsvorbehalt ist nur für Dauergrünland möglich, das ab dem 01.01.2021 neu entstanden ist (§ 6 GAPKondG). Die Ausnahmeregelung soll der häufig stattfindenden Umwandlung von Grünland kurz vor der Entstehung von Dauergrünland entgegenwirken und insofern auch den Zielen des Klimaschutzes dienen.[729] Die Begründung des Gesetzgebers erscheint jedoch aus Natur- und Klimaschutzgründen nicht nachvollziehbar. Vielmehr steht § 6 GAPKondG dem Ziel entgegen, indem er die gängige Praxis, Grünland umzubrechen kurz bevor es den Status als Dauergrünland hat und folglich ökologisch besonders wertvoll ist, legitimiert. § 7 Abs. 1 GAPKondG übernimmt die Bagatellregelung des § 16a Direkt-ZahlDurchfG, wonach weiterhin 500 m^2 Dauergrünland pro Region zur Umwandlung genehmigungsfrei sind. Von der Genehmigungsfreiheit ausgenommen sind bestimmte Dauergrünlandflächen wie als Ersatz angelegtes Dauergrünland oder rückumgewandeltes Dauergrünland, vgl. § 10 Abs. 1 Nr. 1, 2 GAPKondV. Die in einem früheren Entwurf[730] vorgeschlagene Verschärfung der Bagatellregelung auf eine maximale genehmigungsfreie Umwandlung von 250 m^2, konnte sich im laufenden Gesetzgebungsverfahren nicht durchsetzen.[731] Darüber hinaus besteht ein Umwandlungs- und Pflugverbot von Dauergrünland sowie Dauerkulturen für die in der GAP-Konditionalitäten-Verordnung bezeichneten Feuchtgebiete und Moore, vgl. § 10 GAPKondG. Der Begriff Dauerkulturen umfasst nach § 6 Abs. 1

---

[726] Region ist nach § 4 Abs. 2 S. 1 GAPKondG das Land bzw. nach S. 2 mehrere Länder, wenn diese Direktzahlungen nach der Unionsregelung über eine gemeinsame Zahlstelle durchführen.
[727] BT-Drs. 19/29489 S. 27.
[728] BT-Drs. 19/29489 S. 27.
[729] BT-Drs. 19/29489 S. 28.
[730] BT-Drs. 19/29489 S. 28.
[731] Vgl. dazu BT-Drs. 19/30513, S. 34, wo darauf verwiesen wird, dass im Sinne der Kontinuität und Vereinfachung die bisherige Grenze beibehalten werden soll.

GAPDZV[732] Flächen, auch wenn sie nicht für die Erzeugung genutzt werden, mit nicht in die Fruchtfolge einbezogenen Kulturen außer Dauergrünland, die für die Dauer von mindestens fünf Jahren auf den Flächen verbleiben und wiederkehrende Erträge liefern, einschließlich Reb- und Baumschulen sowie Niederwald mit Kurzumtrieb. Ebenso ist nach Absatz 4 Satz 1 ein begrünter Randstreifen einer Dauerkulturfläche, der von untergeordneter Bedeutung ist, eine Dauerkultur. Hinsichtlich der untergeordneten Bedeutung kann auf § 5 Abs. 3 S. 2 GAPDZV verwiesen werden.

§ 11 GAPKondG verpflichtet den Begünstigten dazu, dass mindestens 3 % des Ackerlandes des Betriebes als nichtproduktive Fläche oder als Landschaftselemente vorzuhalten sind.[733] Damit die Vorschriften der Konditionalität auch eingehalten werden, wird das integrierte Verwaltungs- und Kontrollsystem nach der Unionsregelung zum Zwecke der Einhaltung und der Durchführung der Konditionalität gem. § 13 GAPKondG angewendet. Kontrollen werden gem. § 14 Abs. 1 GAPKondG grundsätzlich nur durch Vor-Ort-Kontrollen, die auch mittels Fernerkundung, Flächenmonitoringsystemen oder anderen geeigneten Technologien erfolgen können, durchgeführt. Verwaltungskontrollen finden hingegen in der Regel nicht statt (Absatz 2). Nach § 16 Abs. 1 GAPKondG ist ein Mindestkontrollsatz von 1 % zu gewährleisten.

2.   GAP-Konditionalitäten-Verordnung

Während das GAP-Konditionalitäten-Gesetz die wesentlichen Entscheidungen zur Durchführung der Konditionalität trifft, enthält die GAP-Konditionalitäten-Verordnung[734] konkretisierende Regelungen zur Umsetzung der Vorgaben des EU-Rechts, wozu beispielsweise Regelungen zu weiteren GLÖZ-Standards oder weitere Verpflichtungen zu im GAP-Konditionalitäten-Gesetz geregelten GLÖZ-Standards gehören.[735] Zu letzterem zählt etwa § 2 Abs. 2 GAPKondV. Demnach ist keine Genehmigung gem. § 5 GAPKondG für Flächen erforderlich, die nicht mehr Dauergrünland sind, weil die Fläche mit einer Vegetation bewachsen ist, die

---

[732] Verordnung zur Durchführung der GAP-Direktzahlungen (GAP-Direktzahlungen-Verordnung) vom 24.01.2022 (BGBl. I S. 13); Diese Verordnung tritt im Übrigen an dem Tag in Kraft, an dem das GAP-Direktzahlungen-Gesetz nach § 36 Abs. 2 S: 1 GAPDZG in Kraft tritt.

[733] Nach § 19 GAPKondV wird der Prozentsatz jedoch auf 4 % erhöht, wie dies auch im Unionsrecht vorgesehen ist, vgl. BR-Drs. 817/21, S. 40.

[734] Verordnung zur Durchführung der im Rahmen der Gemeinsamen Agrarpolitik geltenden Konditionalität (GAP-Konditionalitäten-Verordnung – GAPKondV) in ihrer Fassung vom 07.12.2022 (BGBl. I S. 2244).

[735] BR-Drs. 817/21, S. 1.

sich von einer Fläche ausgebreitet hat, die unmittelbar angrenzt (Nummer 1), überwiegend mit Gehölzen, die nicht der landwirtschaftlichen Erzeugung dienen, bewachsen ist (Nummer 2), und für die Direktzahlung nicht förderfähig ist (Nummer 3).[736] Detaillierte Anforderungen enthält die GAP-Konditionalitäten-Verordnung in Abschnitt 4 zu den nichtproduktiven Flächen und Landschaftselementen. Diese müssen 4 % des Ackerlandes ausmachen (§ 19 GAPKondV).[737] Zu den Anforderungen an nichtproduktive Flächen gehören, dass diese während des ganzen Antragsjahres, beginnend unmittelbar nach der Ernte der Hauptkultur im Vorjahr, der Selbstbegrünung überlassen werden, d. h. brachliegen müssen (vgl. § 21 Abs. 1 S. 1 GAPKondV). Ebenso ist auf diesen Flächen der Einsatz von Dünge- und Pflanzenschutzmitteln untersagt (§ 21 Abs. 1 S. 2 GAPKondV). Wichtig war dem Gesetzgeber bei der Regelung des § 21 Abs. 1 S. 1 GAPKondV den Schwerpunkt auf die Selbstbegrünung zu legen, da selbstbegrünte Flächen für Flora und Fauna wertvoller als durch Ansaat begrünte Flächen sind. Nur so können sich standortgerechte Pflanzen regionaler Herkunft und darauf spezialisierte Insekten und Tierarten ansiedeln und einen essenziellen Beitrag zur Artenvielfalt leisten.[738] Zudem dürfen bestimmte Landschaftselemente, wie Hecken oder Knicks, Baumreihen, Feldgehölze oder Feuchtgebiete nicht beseitigt werden gem. § 23 Abs. 1 GAPKondV.[739] Regelungen zu weiteren GLÖZ-Standards, die nicht im GAP-Konditionalitäten-Gesetz enthalten sind, trifft Abschnitt 3 der GAP-Konditionalitäten-Verordnung. Dazu gehört zum Beispiel, dass der Begünstigte gem. § 18 Abs. 1 GAPKondV verpflichtet ist, im Antragsjahr auf jeder landwirtschaftlichen Parzelle des Ackerlands seines Betriebes eine andere Hauptkultur als im Vorjahr anzubauen (Fruchtwechsel), wobei nach Absatz 2 auf höchstens der Hälfte des Ackerlandes eines Betriebes ein Fruchtwechsel nach Absatz 1 durch den Anbau einer Zwischenfrucht oder durch die Begrünung infolge einer Untersaat in einer Hauptkultur erbracht werden kann. Der verpflichtende Fruchtwechsel soll der Erhaltung des Bodenwertes dienen. Die im Boden enthaltenen Nährstoffe können dadurch besser auf- und abgebaut, der Humusanteil des Bodens gesteigert sowie

---

[736] Die Regelung beruht auf der Verordnungsermächtigung des § 9 Abs. 4 GAPKondG.

[737] Die GAP-Konditionalitäten-Verordnung wurde insofern dem Unionsrecht angepasst, das ebenfalls einen Anteil von 4 % vorsieht, wohingegen das GAP-Konditionalitäten-Gesetz nur einen Anteil von 3 % verlangt, vgl. BR-Drs. 817/21, S. 40.

[738] BR-Drs. 817/21, S. 7; *Heyl et al.*, NuR 2022, 837 [841] m. w. N.

[739] Die Norm enthält auch genaue Anforderungen daran, welche Anforderungen die Landschaftselemente genau erfüllen müssen, dass sie nicht beseitigt werden dürfen.

der Krankheits-, Schädlings- und Unkrautdruck verringert werden.[740] Ausnahmeregelungen für mehrjährige Kulturen (§ 18 Abs. 5 GAPKondV) und für Ackerflächen von bis zu 10 ha (§ 18 Abs. 6 Nr. 1 GAPKondV) sind vorgesehen. § 18 Abs. 3 GAPKondV ermöglicht es den Landesregierungen in begründeten Fällen, Abweichungen vom Fruchtwechsel für einzelne Kulturen zu regeln. Bayern hat von dieser Option Gebrauch gemacht, da ein jährlicher Fruchtwechsel enorme wirtschaftliche Schwierigkeiten für die Bayerischen Körnermaisbetriebe bedeuten würde.[741] Dies wiegt allerdings nicht die mit dieser Regelung verbundenen Schäden in der Natur auf. Gerade der Anbau von Mais führt zu eminenten ökologischen Schwierigkeiten , da er zu einem Rückgang in der Pflanzen- und Tierwelt und einem erhöhten Bodenerosionsrisiko führt, sodass ein Fruchtwechsel erst im dritten Jahr zu spät kommt.[742] Positiv hervorzuheben ist, dass i. R. d. § 22 GAPKondV, der Ausnahmen für bestimmte Begünstigte von der Verpflichtung des § 11 GAPKondV regelt, die Fläche für die Annahme von kleinen Betrieben beim Vorhalten eines Mindestanteils an nichtproduktiven Flächen und Landschaftselementen auf 10 ha (statt bislang 15 ha, vgl. Art. 46 Abs. 1 VO (EU) Nr. 1307/2013) verkleinert wird. Dies führt dazu, dass insgesamt mehr Betriebe Flächen vorhalten müssen, was der Biodiversität dient.[743] Im Gegensatz zum GAP-Konditionalitäten-Gesetz sieht die GAP-Konditionalitäten-Verordnung gem. § 33 Abs. 2 GAPKondV Verwaltungskontrollen für den Fall einer Umwandlung von Dauergrünland, der Erfüllung der Vorgaben zum Fruchtwechsel gem. § 18 GAPKondV durch den Begünstigten und das Erbringen des Mindestanteils an nichtproduktiven Flächen und Landschaftselementen vor.

3. Öko-Regeln (eco schemes)

Abschnitt 4 des Gesetzes zur Durchführung der im Rahmen der Gemeinsamen Agrarpolitik finanzierten Direktzahlungen sieht nunmehr Regelungen für Klima und Umwelt vor (Öko-Regelungen). Nach § 18 GAPDZG[744] erhält ein Betriebs-

---

[740] BR-Drs. 817/21, S. 39.

[741] Zur Begründung der Aufnahme der Ausnahmeregelung, vgl. BR-Drs. 817/21, S. 39.

[742] Ein Überblick zu den Folgen von Mais auf die Pflanzen- und Tierwelt, vgl. *Bund*, Mais & Umwelt: Vermaisung, Grundwasser, Pestizide, Fruchtfolge, Bienensterben, Neonicotinoide & Greenwash, http://www.bund-rvso.de/mais-umwelt.html (zuletzt aufgerufen am 28.01.2023); zum Erosionsrisiko infolge des Maisanbaus, vgl. *UBA*, Erosion – jede Krume zählt, https://www.umweltbundesamt.de/themen/boden-landwirtschaft/bodenbelastungen/erosion-jede-krume-zaehlt#undefined (zuletzt aufgerufen am 28.01.2023).

[743] BR-Drs. 817/21, S. 41.

[744] Gesetz zur Durchführung der im Rahmen der Gemeinsamen Agrarpolitik finanzierten Direktzahlungen (GAP-Direktzahlungen-Gesetz – GAPDZG) vom 16.07.2021 (BGBl. I

inhaber jährlich auf Antrag eine Unterstützung für die freiwillig von ihm übernommenen Verpflichtungen zur Einhaltung von Regelungen für Klima und Umwelt. 23 % des Budgets der ersten Säule fließt in Deutschland in die Öko-Regelungen (§ 15 Abs. 1 GAPDZV[745]). Öko-Regelungen sind mit Verpflichtungen der zweiten Säule kombinierbar.[746] Diese treten die Nachfolge der Agrarumwelt- und Klimamaßnahmen der zweiten Säule an. § 20 Abs. 1 GAPDZG enthält die Öko-Regelungen, die mindestens angewendet werden müssen und dazu dienen, Habitate für die Biodiversität in der Landwirtschaft herzustellen.[747] Details enthält Anlage 5 GAPDZV (vgl. § 17 Abs. 1 GAPDZV), wobei § 17 Abs. 5 GAPDZV den Ländern die Befugnis überträgt die Öko-Regeln inhaltlich entsprechend ihrer regionalen agrarstrukturellen oder naturschutzfachlichen Gegebenheiten anzupassen. In Bayern dürfen beispielsweise entgegen der bundesrechtlichen Regelung (Anlage 5 GAPDZV) Altgrasstreifen (-flächen) maximal 6 % einer Dauergrünlandfläche bedecken.[748] Im Einzelnen wird nach Nummer 1 eine Bereitstellung von Flächen zur Verbesserung der Biodiversität und Erhaltung von Lebensräumen durch nichtproduktive Flächen auf Ackerland über den sich aus oder auf Grund von § 11 des GAP-Konditionalitäten-Gesetzes ergebenden verpflichtenden Anteil (4 %) hinaus (lit. a) verlangt. Als Öko-Regelung wird die Stilllegung von zusätzlichen 1 bis max. 6 % des förderfähigen Ackerlandes gefördert, vgl. Nr. 1.1.1 der Anlage 5 GAPDZV.[749] Konkrete flächenmäßige Vorgaben enthält § 20 Abs. 1 Nr. 1 lit. a) GAPDZG insofern nicht. Dies ist vor allem aus Sicht der Wissenschaft bedauerlich, da diese einen Anteil von 5-10 % nichtproduktiver Flä-

---

S. 3003); Dieses Gesetz trat gem. § 36 Abs. 2 GAPDZG am 22.11.2022 in Kraft, d. h. dem Tag, an dem die EU-Kommission den Durchführungsbeschluss mit der Genehmigung des durch den Europäischen Garantiefonds für die Landwirtschaft und den Europäischen Landwirtschaftsfonds für die Entwicklung des ländlichen Raums zu finanzierenden Strategieplans für Deutschland gefasst hat. Abweichend davon traten Teile bereits m. W. v. 23.07.2021 in Kraft; vgl. hierzu § 36 Abs. 1 GAPDZG.

[745] Verordnung zur Durchführung der GAP-Direktzahlungen (GAP-Direktzahlungen-Verordnung – GAPDZV) vom 24.01.2022, zuletzt geändert durch Art. 1 Erste ÄndVO vom 30.11.2022 (Banz AT 01.12.2022 V1); die Verordnung trat gem. § 28 Abs. 1 S. 1 GAPDZV in Kraft, sobald das GAPDZG in Kraft trat; Abweichend davon traten Teile bereits m. W. v. 24.01.2022 in Kraft; vgl. hierzu § 28 Abs. 1 GAPDZV.

[746] *Heyl et al.*, NuR 2022, 837 [842].

[747] Vgl. BR-Drs. 816/21, S. 67.

[748] *StMELF*, Landwirtschaft und Forsten, GAP ab 2023 – Was kommt auf die Landwirte zu?, https://www.stmelf.bayern.de/agrarpolitik/315461/index.php (zuletzt aufgerufen am 28.01.2023).

[749] Die Obergrenze von 6 % wurde gewählt, um eine „zu regional hohe und ökologisch nicht erwünschte Inanspruchnahme zu vermeiden", vgl. BR-Drs. 816/21, S. 67.

che empfiehlt. Es wäre daher sinnvoll die Öko-Regelung mit einer gestaffelten Anreizkomponente auszustatten, um den Anteil von 10 % möglichst sozialverträglich zu erreichen.[750] Buchstabe b) fördert die Anlage von Blühstreifen oder -flächen auf Ackerland, das der Betriebsinhaber nach Buchstabe a bereitstellt. Diese müssen eine Mindestgröße von 0,1 ha haben und mindestens breit 20 Meter sein, wobei ein Blühstreifen, der breiter als 30 Meter ist, als Blühfläche gilt, vgl. Nr. 1.2.2 und Nr. 1.2.3 der Anlage 5 GAPDZV. Die Aussaat muss bis zum 15. Mai eines Antragsjahres stattfinden, vgl. Nr. 1.2.7. Eine Bodenbearbeitung ist erst ab dem 01. September des Antragsjahres zulässig, wenn dieser die Aussaat oder die Pflanzung einer Folgekultur folgt, die nicht vor Ablauf des Antragsjahres zur Ernte führt (Nr. 1.2.8 der Anlage 5 GAPDZV). Bei der Anlage von Blühstreifen oder -flächen in Dauerkulturen (lit. c) gelten dieselben Voraussetzungen mit Ausnahme der Nummer 1.2.2 und Nummer 1.2.3 (vgl. Anlage 5 Nr. 1.3.1 GAPDZV). Altgrasstreifen oder -flächen in Dauergrünland (lit. d) müssen zwischen 1 und 6 % des förderfähigen Dauergrünlandes des landwirtschaftlichen Betriebs umfassen (Anlage 5 Nr. 1.4.1 GAPDZV). Zudem dürfen sich die Streifen und Flächen höchstens auf 20 % einer förderfähigen Dauergrünlandfläche bedecken und sich höchstens in zwei aufeinanderfolgenden Jahren auf derselben Stelle befinden, vgl. Nr. 1.4.2 der Anlage 5 GAPDZV. § 20 Abs. 1 Nr. 2 GAPDZG honoriert den Anbau vielfältiger Kulturen mit mindestens fünf Hauptfruchtarten im Ackerbau einschließlich des Anbaus von Leguminosen mit einem Mindestanteil von 10 %. Die Hauptfruchtart darf dabei zwischen 10 und 30 % der förderfähigen Ackerfläche einnehmen, vgl. Nr. 2.3 der Anlage 5 GAPDZV. § 20 Abs. 1 Nr. 3 GAPDZG verlangt die Beibehaltung einer agroforstlichen Bewirtschaftungsweise auf Ackerland und Dauergrünland, was bedeutet, dass eine Fläche von 2 bis 35 % und eine Breite von 3 bis 25 Metern, eine weitestgehend durchgängig mit Gehölzen bestockte Fläche enthalten muss, vgl. Nr. 3.2.1 der Anlage 5 GAPDZV. Nach § 20 Abs. 1 Nr. 4 GAPDZG ist die Extensivierung des gesamten Dauergrünlands des Betriebs begünstigungsfähig. Eine Extensivierung muss im Zeitraum vom 01. Januar bis 30. September eines Antragsjahres erfolgen, indem die Tierhaltung von durchschnittlich mind. 0,3 bis höchstens 1,4 raufutterfressenden Großvieheinheiten (RGV) stattfindet, die Düngemittelanwandung den Dunganfall von höchstens 1,4 RGV je Hektar förderfähiges Dauergrünland nicht überschreitet bzw. keine Pflanzenschutzmittel angewendet werden, vgl. Nr. 4.1, 4.2, 4.3 und 4.4 der An-

---

[750] BT-Drs. 19/29489 S. 26, 28.

lage 5 GAPDZV. § 20 Abs. 1 Nr. 5 GAPDZG stuft die ergebnisorientierte extensive Bewirtschaftung von Dauergrünlandflächen mit Nachweis von mindestens vier regionalen Kennarten (Pflanzenarten) als begünstigungsfähig ein. Wohingegen § 20 Abs. 1 Nr. 6 GAPDZG die Bewirtschaftung von Acker- oder Dauerkulturflächen des Betriebes ohne Verwendung von chemisch-synthetischen Pflanzenschutzmitteln fördert, mithin hauptsächlich solche, die in der ökologischen Landwirtschaft zugelassen sind (Nummer 6.5 der Anlage 5 GAPDZV). Die Förderung beschränkt sich auf den Zeitraum 01. Januar bis 31. August des Antragsjahres sowie die Kulturen Sommergetreide, einschließlich Mais, Leguminosen, Gemenge, außer Ackerfutter, Sommer-Ölsaaten, Hackfrüchte und Feldgemüse (Nummer 6.2 der Anlage 5 GAPDZV). Zuletzt fördert § 20 Abs. 1 Nr. 7 GAPDZG die Anwendung bestimmter Landbewirtschaftungsmethoden auf landwirtschaftlichen Flächen in Natura 2000-Gebieten, die durch ihre Schutzziele bestimmt werden. Entsprechend dieser Öko-Regel dürfen keine zusätzlichen Entwässerungsmaßnahmen oder Instandsetzungsmaßnahmen an bestehenden Anlagen zur Absenkung von Grundwasser oder zur Drainage durchgeführt werden, bestehende Absenkungs- und Drainagemaßnahmen bleiben davon unberührt, vgl. Nr. 7.2 lit. a) der Anlage 5 GAPDZV. Zudem dürfen keine Auffüllungen, Aufschüttungen oder Abgrabungen vorgenommen werden, es sei denn die betreffende Maßnahme wurde von der zuständigen Naturschutzbehörde genehmigt, angeordnet oder durchgeführt, vgl. Nr. 7.2 lit. b) der Anlage 5 GAPDZV.

Die Landwirte können aus den Öko-Regeln die für ihren Betrieb passenden Regelungen auswählen und durchführen.[751] Vorteile werden durch den Gesetzgeber insbesondere darin gesehen, dass ein Umweltnutzen bereits bei einjähriger Anwendung eintritt, die Maßnahmen eine hohe Wirksamkeit für die Biodiversität, den Boden-, Gewässer- und/oder den Klimaschutz haben, sie einfach administrierbar und bei geringer Fehleranfälligkeit einfacher in der Anwendung für die Landwirte sind sowie potentiell flächendeckende und einheitlich ausgestaltete Angebote gemacht werden können, die deutschlandweit einheitlich angeboten werden können.[752] Die Einzelheiten zu den Verpflichtungen, die bei der Anwendung der Öko-Regelungen im Einzelnen einzuhalten sind, sind gem. Absatz 2 in einer Rechtsverordnung im Einvernehmen mit dem Bundesministerium für Umwelt, Naturschutz und nukleare Sicherheit festgelegt worden.

---

[751] BT-Drs. 19/29490, S. 22.
[752] BT-Drs. 19/29490, S. 32.

4.   Evaluierung durch die Mitgliedsstaaten

Um die GAP ergebnisorientierter auszugestalten, haben die Mitgliedsstaaten nach dem sogenannten „Neuen Umsetzungsmodell" jährlich ab dem 1. Januar 2022 einen umfassenden Leistungsbericht (GAP-Strategieplan) vorzulegen, in dem nicht nur die Ziele für die Förderung der Landwirtschaft, der umwelt- und klimaschutzbezogenen Maßnahmen sowie der ländlichen Räume während der Förderperiode gegenüber der EU-Kommission und der Öffentlichkeit darzulegen sind, sondern auch die Fortschritte hinsichtlich der Zielerreichung, vgl. Art. 104 VO (EU) 2021/2115.[753] Der Strategieplan erlangt gem. § 24 Abs. 2 GAPKondG erst mit der Genehmigung durch die EU-Kommission Wirksamkeit. Diese wurde dem deutschen Strategieplan am 21. November 2022 erteilt.[754]

5.   Bewertung der Umsetzung durch Deutschland

Die deutsche Umsetzung der VO (EU) 2021/2115 macht nur in geringem Umfang – hauptsächlich beim Erhalt von Dauergrünland – von dem den Mitgliedsstaaten gewährten Spielraum Gebrauch. Doch auch beim Erhalt von Dauergrünland wäre ein engerer und ambitionierter rechtlicher Rahmen möglich und notwendig gewesen, um der Forderung des Art. 105 VO (EU) 2021/2115 nach „ehrgeizigere[n] umwelt- und klimabezogene[n] Ziele[n]" nachzukommen. In Zusammenschau mit der GAP-Konditionalitäten-Verordnung wird deutlich, dass primär dem Umwelt- und Naturschutz gewidmete Ziele allzu leicht zugunsten von einzelnen Interessengruppen modifiziert werden. Hier ist insbesondere an die zulässige Umwandlung von Grünland kurz vor der Entstehung von Dauergrünland und den nicht notwendigen, jährlichen Fruchtwechsel bei Körnermaisbetrieben zu denken. Die mangelnde Ambition zur Schaffung einer grünen Architektur landwirtschaftlicher Bodennutzung hat die EU-Kommission in ihrem „Observation Letter" vom 20.05.2022 – i. R. d. Genehmigungsverfahrens nach Art. 118 VO (EU) 2021/2115 – zum Entwurf des deutschen GAP-Strategieplans vom 21.02.2022 kritisiert.[755] So wurde nach ihrer Ansicht „die Möglichkeit zusätzlicher GLÖZ [-Standards]

---

[753] BT-Drs. 19/29489 S. 24.

[754] Zuvor hat die EU-Kommission am 20.05.2022 erst als regulären Verfahrensschritt ein Schreiben mit Anmerkungen zu weiteren Verbesserungen des Planentwurfs an Deutschland gerichtet (Anlage, Ref. Ares(2022)3823133 – 20/05/2022), auf welches Deutschland mit einer Kurzstellungnahme zu den Kernelementen des Anmerkungsschreibens reagiert hat, vgl. BMEL, https://www.bmel.de/SharedDocs/Downloads/DE/_Landwirtschaft/EU-Agrarpolitik-Foerderung/eu-kom-stellungnahme-anmerkungsschreiben-gap-strategieplan.pdf?__blob=publicationFile&v=2 (zuletzt aufgerufen am 28.01.2023) und am 30.09.2022 einen überarbeiteten GAP-Strategieplan-Entwurf wiedereinreichte.

[755] Anlage, Ref. Ares(2022)3823133 – 20/05/2022.

überhaupt nicht in Betracht gezogen".[756] Für eine Genehmigung genüge nicht nur eine Orientierung an den europäischen Mindestvorgaben. Vielmehr müsse der Konflikt der Fördermittel der GAP mit den rechtsverbindlichen Zielen des Paris-Abkommens und der Biodiversitätskonvention ebenso berücksichtigt werden wie die Ansprüche der Farm-to-Fork-Strategie.[757] Der Kritik der EU-Kommission entgegenhalten lässt sich, dass ihre eigenen Mindestvorgaben nirgends vorschreiben, dass die Mitgliedsstaaten über diese hinausgehen müssen. Nichtsdestotrotz hatten die Anmerkungen zur Folge, dass der deutsche Gesetzgeber vor allem in der GAP-Konditionalitäten-Verordnung und dort bei den GLÖZ-Standards 2, 6 und 7 Nachbesserungen vornahm.[758] So hat der Gesetzgeber in § 18 GAPKondV etwa die Möglichkeiten des Fruchtwechsels erweitert, verschiedene Zeiträume für die Mindestbodenbedeckung normiert (§ 17 GAPKondV) sowie eine Genehmigungspflicht für die erstmalige Entwässerung landwirtschaftlicher Flächen (§ 13 GAP-KondV) eingeführt hat. Jedoch auch diese Änderungen keine ökologische Neuausrichtung der GAP-Strategiepläne insgesamt. Vielmehr zeigen diese einmal mehr, dass es strengeren europäischen Mindestvorgaben bedurft hätte.

Im Ganzen als gelungen zu bewerten sind hingegen die neuen Öko-Regeln. Im Vergleich zu den vorherigen Agrarumwelt- und Klimamaßnahmen geben diese den Ländern einen umfassenden rechtlichen Rahmen vor, lassen diesen aber gleichzeitig Spielraum für die Implementation eigener Agrarumwelt- und Klimamaßnahmen, die noch mehr auf regionale Besonderheiten eingehen können. Die Maßnahmen sind allesamt ambitioniert und entsprechen weitestgehend den Empfehlungen der Wissenschaft. So wird beispielsweise die Anlegung von Blühstreifen gefördert, welche gerade für Insekten ein wichtiger Bestandteil der Agrarlandschaft sind.[759] .

III. Fazit

Altes Recht in neuem Gewand. So oder so ähnlich könnte man das seit dem 01.01.2023 geltende Agrarbeihilfenrecht beschreiben. Die Änderungen beschränken sich im Wesentlichen auf einen Austausch der Begrifflichkeiten und eine minimale Straffung der Umweltziele. So müssen beispielsweise 4 statt 3 % nicht-

---

[756] Anlage, Ref. Ares(2022)3823133 – 20/05/2022, S. 15; zur Kritik an der Umsetzung der GLÖZ-Standards im Einzelnen, S. 23 ff.

[757] Anlage, Ref. Ares(2022)3823133 – 20/05/2022, S. 5, 12.

[758] Erste Verordnung zur Änderung der GAP-Konditionalitäten-Verordnung vom 20.10.2022, vgl. BR-Drs. 531/22.

[759] *SRU*, Für einen flächenwirksamen Insektenschutz – Stellungnahme, S. 27 f.

produktive Flächen vorgehalten werden. Angesichts dessen verwundert es nicht, dass der Europäische Rechnungshof der Ansicht ist, dass der Vorschlag der EU-Kommission keinen gesteigerten Ehrgeiz beim Umwelt- und Klimaschutz widerspiegelt.[760] Hinzu kommt, dass entgegen dem Begriffsverständnis von „Konditionalität" diese keineswegs bedeutet, dass Direktzahlungen von der Erfüllung der grundlegenden Umwelt- und Klimaanforderungen abhängig sind. Vielmehr wird dieses effektive Instrument gegen „schwarze Schafe" unter den Begünstigten zugunsten von Verwaltungssanktionen aufgegeben, die durch die Mitgliedsstaaten zu verhängen sind.[761] Zwar lässt das neue Recht den Mitgliedsstaaten trotz konkreter gefasster GLÖZ-Standards mehr Spielräume für eine eigene Ausgestaltung. Es bleibt allerdings zu befürchten, dass diese – wie das Beispiel der deutschen Umsetzungsgesetzgebung zeigt – allzu oft zugunsten einzelner Interessengruppen, die nicht den Umwelt- und Naturschutz als primäres Ziel haben, modifiziert wird.

C. Vergleich der Instrumente des Agrarbeihilfenrechts mit denen des Ordnungsrechts

Abschließend ist noch zu klären, wie das Verhältnis von verbindlichen Bewirtschaftungsanforderungen des Agrarbeihilfenrechts (Cross-Compliance und Greening) im Verhältnis zu Bewirtschaftungsanforderungen des Naturschutzrechts (gute fachliche Praxis, § 5 Abs. 2 BNatSchG) zu bewerten ist. Dies ist vor allem deswegen relevant, da beide Instrumente Voraussetzung für die Privilegierung der Landwirtschaft im jeweiligen Regelwerk sind.

Insgesamt verfolgen beide Rechtsebenen das gleiche Ziel, nämlich Mindestanforderungen an die landwirtschaftliche Bewirtschaftung zu stellen.[762] Die Ausführungen zur guten fachlichen Praxis nach § 5 Abs. 2 BNatSchG haben ergeben, dass diese schlichte Handlungsdirektiven für die landwirtschaftliche Bodennutzung sind.[763] Die GLÖZ-Standards und die Greening-Anforderungen sind wesentlich konkreter formuliert als die gesetzlichen Regelungen zur guten fachlichen Praxis, vor allem die GLÖZ-Standards der GAP ab 2023.[764] Während beispielsweise § 5 Abs. 2 Nr. 5 BNatSchG als Anforderung stellt, dass auf erosionsgefähr-

---

[760] Abl. (EU) 2019/C 41/01, S. 3.
[761] § 11 GAPInVeKoSG.
[762] Zu diesem Ergebnis gelangt auch *Dänicke*, Energiepflanzenanbau im Umwelt- und Agrarrecht, S. 335.
[763] Siehe dazu 2. Kapitel § 6 B.
[764] *Möckel*, ZUR 2016, 655 [660].

deten Hängen, in Überschwemmungsgebieten, auf Standorten mit hohem Grundwasserstand sowie auf Moorstandorten ein Grünlandumbruch zu unterlassen ist, unterliegt die Umwandlung von Dauergrünland nach § 5 GAPKondG (deutsche Konkretisierung des GLÖZ 1) einem Genehmigungsvorbehalt. Ebenso ist nach § 6 GAPKondG klar bestimmt, wann eine Umwandlung ohne Genehmigungsvorbehalt möglich ist. Ein Vergleich des Wortlauts der Normen, lässt zunächst darauf schließen, dass § 5 Abs. 2 BNatSchG in seinen Anforderungen wesentlich strenger und damit für die naturschutzrechtliche Praxis vorzugswürdig ist. Das Gegenteil ist hingegen der Fall. Bricht etwa ein Landwirt auf einem Moorstandort Grünland um, ohne sich diesen genehmigen zu lassen, verstößt dies einerseits gegen die gute fachliche Praxis nach § 5 Abs. 2 BNatSchG, andererseits gegen § 6 GAP-KondG. Bleibt ein Verstoß gegen die gute fachliche Praxis für den Landwirt sanktionslos – es entfallen lediglich die Privilegierungen nach §§ 14 Abs. 2, 44 Abs. 4 BNatSchG – muss er nach § 11 Abs. 1 GAPInVeKoSG[765] mit einer Kürzung seiner Direktzahlungen rechnen. Diese unterschiedlichen Rechtsfolgen werfen aber ordnungsrechtlich Bedenken auf, da umweltbezogene Mindestanforderungen an die landwirtschaftliche Bodennutzung fachgesetzlich geregelt sein sollten, um auch dann durchgesetzt werden zu können, wenn landwirtschaftliche Betriebe keine Direktzahlungen in Anspruch nehmen.[766] Dies betrifft zwar nur ca. 7 % der landwirtschaftlichen Betriebe, sodass faktisch alle Landwirte die Anforderungen beider Regelwerke einhalten müssen, rechtfertigt aber nicht, dass sich der deutsche Gesetzgeber allein auf die Wirksamkeit des Agrarbeihilfenrechts verlässt. Vielmehr könnten Konditionalitäten-Verpflichtungen in Form von verbindlichen Konkretisierungen der Grundsätze der guten fachlichen Praxis in das Bundesnaturschutzgesetz aufgenommen werden.[767] Ein Vorteil davon wäre, dass hierdurch die Abhängigkeit der Einhaltung naturschutzrechtlicher Standards von der Attraktivität der Unterstützungsleistungen beseitigt wird. Gleichzeitig entsteht weder

---

[765] Gesetz zur Durchführung des im Rahmen der Gemeinsamen Agrarpolitik einzuführenden Integrierten Verwaltungs- und Kontrollsystems (GAP-Integriertes Verwaltungs- und Kontrollsystem-Gesetz – GAPInVeKoSG) vom 10.08.2021 (BGBl. I 2021 S. 3523).

[766] Dazu ausführlich die Leipziger Erklärung des Deutschen Naturschutzrechtstages e. V. v. 25.04.2018, dokumentiert u. a. in ZUR 2018, 469 f.; siehe auch *Köck*, ZUR 2019, 67 [72]; *Köck*, ZUR 2018, 449 [449 f.]; ferner: *Möckel et al.*, Rechtliche und andere Instrumente für vermehrten Umweltschutz in der Landwirtschaft, S. 553 f.

[767] So schon *Möckel*, ZUR 2014, 14 [15]; aufgrund der gleichen inhaltlichen Zielrichtung der beiden Regelwerke ist eine Angleichung der Anforderungen der guten fachlichen Praxis nach § 5 Abs. 2 BNatSchG und der Anforderungen des Agrarbeihilfenrechts zulässig, vgl. *Dänicke*, Energiepflanzenanbau im Umwelt- und Agrarrecht, S. 335 f.

den betroffenen Landwirten noch den durchsetzenden Verwaltungsbehörden ein Nachteil. Vielmehr führt eine Angleichung der Bewirtschaftungsvorgaben dazu, dass für die Betroffenen hinreichend klar erkennbar ist, welche Verpflichtungen sie zu erfüllen haben. Der bedeutendste Nutzen läge jedoch darin, dass bei einer Übertragung der Kriterien des Agrarbeihilfenrechts auf die gute fachliche Praxis diese vollzugstauglichen Charakter erhalten und aufgrund ihrer konkreten Bewirtschaftungsvorgaben die Privilegierungen der Landwirtschaft im Naturschutzrecht – vor allem § 14 Abs. 2 BNatSchG – effektiv begrenzen könnte. Insofern ließe sich die Verfassungswidrigkeit von § 14 Abs. 2 BNatSchG im Hinblick auf Art. 3 Abs. 1 GG beseitigen. Zwar mag die Privilegierung der Landwirtschaft im Unionsrecht aufgrund der Freistellung vom Verursacherprinzip und der von der Allgemeinheit zu tragenden Einkommensunterstützung strittig sein,[768] aber diese wird wenigstens durch verbindliche Bewirtschaftungsvorgaben effektiv gesteuert und ist daher in ihrer Ausgestaltung gegenüber der des Bundesnaturschutzgesetzes vorzugswürdig, insbesondere verfassungsgemäß.

---

[768] Siehe oben § 11 A I V.

4. Kapitel: Vergleich der Privilegierung der Landwirtschaft im nationalen Umweltrecht mit der des Naturschutzrechts

Regelungen des Umweltrechts sind beinahe in der ganzen Rechtsordnung enthalten.[769] Das Agrarumweltrecht als ein Teil des Umweltrechts umfasst all die Regelungen des Umweltrechts, „die aus Gründen des Umweltschutzes für die landwirtschaftliche Betriebsführung und Produktion die rechtlichen Rahmenbedingungen setzen."[770] Neben dem Naturschutz- und Agrarbeihilfenrecht sind wichtige Rechtsquellen das Wasser-, Immissionsschutz, Dünge-, Bodenschutz, Pflanzenschutz- und Gentechnikrecht. Bezugspunkte zur Privilegierung der Landwirtschaft im Naturschutzrecht weisen das Bodenschutz-, Dünge- und Pflanzenschutzrecht auf, weshalb diese im Nachfolgenden untersucht werden.

§ 12 Naturschutzrelevante Regelungen des Bundes-Bodenschutzrechts

Nach § 5 Abs. 2 BNatSchG sind bei der landwirtschaftlichen Bodennutzung unter anderem auch die Anforderungen des § 17 Abs. 2 BBodSchG zu beachten. Ebenso ist nach § 14 Abs. 2 BNatSchG die landwirtschaftliche Bodennutzung nicht als Eingriff anzusehen, soweit die Anforderungen des § 17 Abs. 2 BBodSchG eingehalten werden, da diese regelmäßig nicht den Zielen des Naturschutzes und der Landschaftspflege widersprechen. Auch § 44 Abs. 4 S. 1 BNatSchG stellt die Privilegierung unter die Bedingung der Einhaltung der Anforderungen des § 17 Abs. 2 BBodSchG. Im Rahmen der Untersuchung soll deshalb die Systematik des Bundes-Bodenschutzrechts dargestellt werden, wobei der Schwerpunkt auf der landwirtschaftlichen Bodennutzung (§ 17 BBodSchG) liegt.

A. Auswirkungen der modernen Landwirtschaft auf Böden

Böden sind sowohl Nutzungsfläche als auch Lebensraum für Pflanzen, Tiere und Menschen. Sie sind nicht nur Grundlage der landwirtschaftlichen Produktion, sondern besitzen darüber hinaus wichtige Funktionen für das Ökosystem wie Filter-, Puffer- und Stoffumwandlungsfunktionen. Nach der Legaldefinition des § 2 Abs. 1 BBodSchG ist der Boden ist oberste Schicht der Erdkruste, soweit sie Träger der in Absatz 2 genannten Bodenfunktionen ist, einschließlich der flüssigen Bestandteile (Bodenlösung) und der gasförmigen Bestandteile (Bodenluft), ohne Grundwasser und Gewässerbetten. Für den Landwirt erlangt der Boden vor

---

[769] Der Versuch zur Schaffung eines Umweltgesetzbuches (UGB) ist am 01.02.2009 vorerst endgültig gescheitert, vgl. *BMUV*, Pressemitteilung Nr. 033/09 https://www.bmuv.de/pressemitteilung/umweltgesetzbuch-ist-am-widerstand-bayerns-und-der-union-gescheitert (zuletzt aufgerufen am 28.01.2023).

[770] *Hötzel*, Umweltvorschriften für die Landwirtschaft, S. 31.

allem als Produktionsgrundlage Bedeutung. Er ist Anbaufläche für Nahrungs- und Futtermittel. Jedoch wird durch eine intensive landwirtschaftliche Nutzung teils auch negativ auf die natürlichen Bodeneigenschaften – Bodenflora, Bodenfauna, Zusammensetzung, pH-Wert, Bodenwasser – eingewirkt. Messbare Beeinträchtigungen des Bodens durch die Landwirtschaft sind Erosion, Schadstoffeintrag, Schadverdichtung und Humusabbau.[771] Dies ist insofern problematisch, als dass der Boden eine nur eingeschränkte Regenerationsfähigkeit besitzt.[772] Die Ursachen für diese Beeinträchtigungen sind vielfältig. Beispielsweise tritt die Bodenerosion als natürlicher Prozess auf, kann aber durch die Art bzw. Intensität landwirtschaftlicher Bodennutzung auch erst ausgelöst oder verstärkt werden. Dazu gehört der Anbau von Reihenkulturen (Mais), die Entfernung von Bäumen und Hecken als natürlicher Windschutz, der Umbruch von Dauergrünland und der Ackerbau in Hanglagen.[773] In unmittelbarem Zusammenhang zur Bodenerosion, steht die Bodenschadverdichtung, welche eintritt, sobald feuchter Boden mit schwerem Gerät bearbeitet wird und durch (übermäßigen) Druck und die knetende Wirkung die Poren so verdichtet werden, dass kein Luft- und Wasseraustausch mehr stattfindet, sodass die Oberfläche abfließt.[774] Schaden nimmt der Boden ebenso, wenn eine Nutzungs- und Überrollhäufigkeit – in Form von übermäßigem Pflügen – gegeben ist, mit der Folge, dass beispielsweise das Hyphensystem von Pilzen geschädigt wird.[775] Der Schadstoffeintrag in den Boden mit Folgeschäden für das Grundwasser, erfolgt hauptsächlich durch den Einsatz von Industrie- und Wirtschaftsdünger sowie Pestiziden und das Ausbringen von Gülle auf das Grünland.[776] Darüber hinaus sind Böden natürliche Kohlenstoffspeicher, indem sie organische Substanz (Humus) umsetzen und als Kohlenstoff über viele tausend Jahre binden können. Bei unberührten Böden, die nur von Temperatur, Niederschlag, Bodenstruktur, Nährstoffgehalt und Bewuchs beeinflusst werden, entsteht so ein Kohlenstoff-Fließgleichgewicht (C-Fließgleichgewicht). Auf landwirtschaftlich genutzten Flächen wird dieses C-Fließgleichgewicht durch Anbaufolgen (Fruchtfolge), Düngung und Ernteprozesse beeinflusst.[777] Im Rahmen einer standortangepassten Bewirtschaftung mit verhältnismäßiger, organischer

---

[771] *SRU*, Umweltgutachten 2008, S. 265.
[772] Vgl. *Loll*, Vorsorgender Bodenschutz, S. 83.
[773] BT-Drs. 13/6701, S. 43.
[774] BT-Drs. 13/6701, S. 43.
[775] *Feindt et al.*, Ein neuer Gesellschaftsvertrag für eine nachhaltige Landwirtschaft, S. 24.
[776] *SRU*, Umweltgutachten 2008, S. 270 f.
[777] *SRU*, Umweltgutachten 2008, S. 153.

Düngung, kann der Aufbau von Hummus positiv beeinflusst werden. Gelangen durch eine intensive landwirtschaftliche Bewirtschaftung Schadstoffe in den Boden, nimmt der Nährstoffvorrat und die Wasserhaltefähigkeit des Bodens ab mit der Folge, dass feines Bodenmaterial verloren geht und die Bodenfruchtbarkeit leidet.[778] Es ist daher festzuhalten, dass eine moderne Landwirtschaft, die sich daran orientiert die Ressourcen zu schonen, dem Produktionsfaktor Boden nicht schadet, sondern im Gegenteil, dessen Zustand positiv beeinflussen kann.[779]

B.   Bedeutsame Regelungen des Bundes-Bodenschutzgesetzes

I.   Anwendungsbereich des Bundes-Bodenschutzgesetzes bei landwirtschaftlicher Bodennutzung

Der Boden wurde als letztes sog. Umweltmedium durch das Bundes-Bodenschutzgesetz[780] und die Bundes-Bodenschutzverordnung[781] im Jahr 1998/1999 bundesrechtlich umfassend geschützt. Vorher war der Boden zwar nicht schutzlos den Umwelteinflüssen ausgesetzt, aber wurde nur verstreut auf verschiedene Umweltgesetze oder Fachgesetze mit Bezug zum Umweltschutz (Düngemittel- oder Pflanzenschutzgesetz) geschützt. Diese vorhandene Rechtszersplitterung sollte durch das Bundes-Bodenschutzgesetz nicht aufgegeben werden. Dieses fügt sich vielmehr in das vorhandene Umweltrecht ein und stellt eine „rechtlich gebotene Verzahnung" mit anderen Rechtsvorschriften" her.[782] So ist das Bundes-Bodenschutzgesetz als lex generalis zwar auf sämtliche Bodenveränderungen und Altlasten anwendbar, allerdings gem. § 3 Abs. 1 BBodSchG nur, soweit nicht eines der dort aufgeführten Fachgesetze Einwirkungen auf den Boden speziell regelt.[783] Im Folgenden werden einige in der landwirtschaftlichen Praxis besonders relevante Konkurrenzsituationen zwischen Bodenschutzrecht und anderen Rechtsvorschriften dargestellt.

---

[778] BT-Drs. 13/6701, S. 43; SRU, Umweltgutachten 2008, S. 279.

[779] Die landwirtschaftliche Bodennutzung wäre demnach nachhaltig, vgl. *Storm*, NuR 1986, 8 [9 f.].

[780] Gesetz zum Schutz vor schädlichen Bodenveränderungen und zur Sanierung von Altlasten (Bundes-Bodenschutzgesetz – BBodSchG) vom 17. März 1998 (BGBl. I S. 502), zuletzt geändert durch Art. 7 G zur Änd. des UmweltschadensG, des UmweltinformationsG und weiterer umweltrechtlicher Vorschriften vom 25.02.2021 (BGBl. I S. 306).

[781] Bundes-Bodenschutz- und Altlastenverordnung (BBodSchV) vom 12. Juli 1999 (BGBl. I S. 1554), zuletzt geändert durch Art. 5 Abs. 1 Satz 2 VO zur Einführung einer ErsatzbaustoffVO, zur Neufassung der Bundes-Bodenschutz- und AltlastenVO und zur Änd. der DeponieVO und der Gewerbeabfall vom 09.07.2021 (BGBl. I S. 2598).

[782] BT-Drs. 13/6701, S. 20.

[783] *Kloepfer*, Umweltrecht, § 13 Rn. 173 ff.; *Erbguth/Stollmann*, NuR 2001, 241ff.

1. Abgrenzung zum Abfallrecht

Die Vorschriften des Kreislaufwirtschaftsgesetzes (KrWG) über das Aufbringen von Abfällen zur Verwertung als Düngemittel im Sinne des § 2 Düngegesetzes (DüngeG) und der hierzu auf Grund des Kreislaufwirtschaftsgesetzes und der bis zum 01.06.2012 geltenden Kreislaufwirtschafts- und Abfallgesetzes erlassenen Rechtsverordnungen gehen gem. § 3 Abs. 1 Nr. 1 BBodSchG den Regelungen des Bundes-Bodenschutzgesetzes vor. Nach § 1 Abs. 1 KrWG ist u. a. Zweck des Gesetzes die Umwelt bei der Erzeugung und Bewirtschaftung von Abfällen zu schützen. Zu beachten ist jedoch, dass § 3 Abs. 1 Nr. 1 BBodSchG nicht generell Abfälle i. S. d. § 3 Abs. 1 S. 1 KrWG erfasst, sondern nur solche, die gleichzeitig im Düngegesetz als Düngemittel nach § 2 definiert sind. Dazu gehört nach Satz 1 Nummer 2 zum Beispiel auch Kompost, der in der Landwirtschaft als Sekundär-rohstoffdünger und Erosionsverhinderer eingesetzt wird.[784] Bei der Abfallbeseitigung muss darauf geachtet werden, dass das Wohl der Allgemeinheit nicht beeinträchtigt wird, vgl. § 15 Abs. 2 S. 1 KrWG. Eine Beeinträchtigung liegt gemäß Absatz 2 Satz 2 Nummer 3 dann vor, wenn der Boden schädlich beeinflusst wird. Konkrete Grenzwerte dazu enthalten die auf Grundlage des Kreislaufwirtschaftsgesetzes erlassenen Rechtsverordnungen (BioAbfV, KlärschlammVO, Tierische Nebenprodukte-BeseitigungsVO).

2. Verhältnis zu Dünge- und Pflanzenschutzrecht

Nach § 3 Abs. 1 Nr. 4 BBodSchG gehen die Regelungen des Dünge- und Pflanzenschutzrechts denen des Bundes-Bodenschutzgesetzes vor, soweit diese Einwirkungen auf den Boden regeln. Vor allem regulieren die Regelungen des Dünge- und Pflanzenschutzrechts die mit der landwirtschaftlichen Bodennutzung verbundenen, stofflichen Einwirkungen auf den Boden.

a. Düngegesetz

Die Bewirtschaftung nach guter fachlicher Praxis i. S. d. Düngegesetzes[785] dient der Erhaltung und Förderung der Bodenfruchtbarkeit, vgl. § 3 Abs. 2 S. 2 DüngeG. Die Ausfüllung des unbestimmten Rechtsbegriffs der guten fachlichen Praxis i. S. d. Düngegesetzes erfolgt durch die nach § 3 Abs. 4 und 5 DüngeG erlassene Düngeverordnung (DüV).[786] Diese regelt vor allem die Anwendung von

---

[784] *Loll*, Vorsorgender Bodenschutz im Bundes-Bodenschutzgesetz, S. 60.

[785] Düngegesetz vom 09.01.2009 (BGBl. I S. 54, ber. S. 136), zuletzt geändert durch Art. 2 Abs. 13 G zur Modernisierung des Verkündungs- und Bekanntmachungswesens vom 20.12.2022 (BGBl. I S. 2752).

[786] Ausführlich dazu unter § 13.

Düngemitteln (§ 3 DüV), die Ermittlung des Düngebedarfs an Stickstoff und Phosphat (§ 4 DüV) und Anforderungen an die Geräte zum Aufbringen (§ 11 DüV). Die Grundsätze der guten fachlichen Praxis des Düngerechts regeln insofern Einwirkungen auf den Boden, sodass das Bundes-Bodenschutzgesetz verdrängt wird.

b. Pflanzenschutzgesetz

Ein Zweck des Pflanzenschutzgesetzes[787] ist es, nach § 1 Nr. 3 PflSchG Gefahren abzuwenden oder vorzubeugen, die für den Naturhaushalt entstehen können. Ein Bestandteil des Naturhaushalts ist gem. § 2 Nr. 3 PflSchG der Boden bzw. dessen Beziehungen zu den übrigen Umweltmedien Wasser, Luft sowie Tier- und Pflanzenarten. Pflanzenschutzmittel dürfen demnach nicht angewandt werden, wenn der Anwender damit rechnen muss, dass ihre Anwendung erhebliche schädliche Auswirkungen auf den Naturhaushalt hat,[788] was dann der Fall ist, wenn Pflanzenschutzmittel nicht nach guter fachlicher Praxis (§ 3 Abs. 1 PflSchG) angewandt werden.[789] Maßnahmen von Anwendungsbeschränkungen bis hin zu Verboten von Pflanzenschutzmitteln, kann die Behörde auf Grundlage der nach § 3 Abs. 1 Nr. 1–6, 8, 9, 11–15, auch i. V. m. der nach § 42 S. 1 PflSchG erlassenen Pflanzenschutzanwendungsverordnung[790] nach § 60 Nr. 2 PflSchG erlassen. Die aufgeführten Vorschriften des Pflanzenschutzgesetzes betreffen damit den Boden und gehen dem Bundes-Bodenschutzgesetz vor.

c. Fazit

Kurzum gehen das Dünge- und Pflanzenschutzrecht dem Bodenschutzrecht vor, soweit die Grundsätze der guten fachlichen Praxis i. S. d. § 3 DüngeG, § 3 Abs. 1 PflSchG eingehalten werden. Ist dies nicht der Fall, sind Einwirkungen auf den Boden als schädliche Bodenveränderungen i. S. d. § 2 Abs. 3 BBodSchG anzusehen.[791] Der Anwendungsbereich des Bundes-Bodenschutzgesetzes wird dadurch erheblich eingeschränkt.

---

[787] Gesetz zum Schutz der Kulturpflanzen (Pflanzenschutzgesetz – PflSchG) vom 06.02.2012 (BGBl. I S. 148, ber. S. 1281), zuletzt geändert durch Art. 2 Abs. 15 G zur Modernisierung des Verkündungs- und Bekanntmachungswesens vom 20.12.2022 (BGBl. I S. 2752).

[788] BT-Drs. 13/6701 S. 31.

[789] Ausführlich dazu unter § 14 B.

[790] Verordnung über die Anwendungsverbote für Pflanzenschutzmittel (Pflanzenschutz-Anwendungsverordnung) vom 10.11.1992 (BGBl. I S. 1887), zuletzt geändert durch Art. 1, Art. 2 Sechste VO zur Änd. der Pflanzenschutz-AnwendungsVO v. 01.06.2022 (BGBl. I S. 867).

[791] *Frenz*, BBodSchG, § 3 Rn. 29; *Erbguth/Stollmann*, NuR 2001, 241 [242f.].

3. Verhältnis zum Bundesnaturschutzgesetz

Das Bundesnaturschutzgesetz wird in § 3 Abs. 1 BBodSchG nicht als vorrangig bezeichnet, was darauf schließen lässt, dass die dort an die Landwirtschaft gestellten Anforderungen neben dem Bundes-Bodenschutzgesetz anwendbar sind.[792]

4. Bedeutung des eingeschränkten Anwendungsbereichs für die landwirtschaftliche Bodennutzung

Das Bundes-Bodenschutzgesetz ist im Gegensatz zu den in § 3 Abs. 1 BBodSchG aufgezählten Fachgesetzen weitestgehend auf die Beeinträchtigungen der Bodenphysik und nicht auf stofflichen Bodenbeeinträchtigungen zugeschnitten.[793] § 3 BBodSchG zeigt daher, dass eine „faktisch enge Verflechtung" des Bundes-Bodenschutzgesetzes mit anderen Regelungsgegenständen des Umweltrechts besteht.[794] Diese Verknüpfung rührt daher, dass das Bundes-Bodenschutzgesetz als eines der letzten Umweltgesetze in Kraft getreten ist und insofern als „Lückenfüller" dient. Soweit das Bundes-Bodenschutzgesetz über das Fachrecht hinausgehende Anforderungen enthält, sind diese jedoch im Interesse eines effektiven Bodenschutzes anwendbar, vor allem für die Landwirtschaft, die eine der wichtigsten Belastungsquellen für den Boden darstellt.[795] Insgesamt bedeutet der eingeschränkte Anwendungsbereich des Bundes-Bodenschutzgesetzes für die landwirtschaftliche Bodennutzung nur, dass sich diese nicht allein auf die Anforderungen des Bundes-Bodenschutzgesetzes konzentrieren darf, sondern gleichsam alle anderen bodenschützenden Umweltgesetze beachten muss.

II. Vorsorgender Bodenschutz im Bundes-Bodenschutzgesetz

Neben der Gefahrenabwehr wird Bodenschutz maßgeblich durch das umweltrechtliche Vorsorgeprinzip geprägt, was direkt zu Beginn des Gesetzes in § 1 BBodSchG zum Ausdruck kommt. Unmittelbarer gesetzlich normiert ist das Vorsorgeprinzip jedoch in § 7 BBodSchG.[796]

---

[792] So auch VG Oldenburg, NuR 2017, 723 [728].

[793] *Hendler*, Bodenschutzrecht im System des Umweltrechts, in: Bodenschutz und Umweltrecht, S. 113, 115 f.

[794] *Sondermann/Terfehr*, in: Versteyl/Sondermann, BBodSchG, § 3 Rn. 2.

[795] *Sanden*, in: ders./Schoeneck, BBodSchG, § 17 Rn. 1.

[796] Neben dem Vorsorgeprinzip enthält § 7 BBodSchG zudem den Grundsatz der Nachhaltigkeit, vgl. *Nies*, in: Landmann/Rohmer, BBodSchG, § 7 Rn. 1.

1. § 1 BBodSchG - Ziele und Zweck des Gesetzes

a. Handlungsziele des Bundes-Bodenschutzgesetzes

§ 1 BBodSchG bestimmt den Zweck und die Grundsätze des Gesetzes. Wie in den modernen Umweltgesetzen üblich, hat diese Norm als Teil der „Allgemeinen Vorschriften" keine unmittelbare, verpflichtende oder Anspruch begründende Wirkung, sondern dient bei der Anwendung der Normen des Bundes-Bodenschutzgesetzes als Auslegungsmaßstab. Gem. § 1 S. 1 BBodSchG ist es Zweck des Bundes-Bodenschutzgesetzes, die in § 2 Abs. 2 BBodSchG festgelegten Bodenfunktionen nachhaltig zu sichern oder wiederherzustellen. Gleichzeitig gibt Satz 2 die zur Erreichung dieses Schutzziels (Sichern, Wiederherstellen) erforderlichen Mittel vor, die primär durch Vorsorge erreicht werden sollen.[797] Daraus lässt sich zwar nicht schließen, was unter Sichern und Wiederherstellen zu verstehen ist. Die Bedeutung von Sichern ergibt sich jedoch aus dem Wortsinn und unter dem Aspekt der Vorsorge, dass die Beeinträchtigung von Bodenfunktionen von Vornherein vermieden werden soll.[798] Das Ziel des Wiederherstellens geht über den den anderen Umweltgesetzen anhaftenden Vorsorgegedanken hinaus und trägt den Besonderheiten des Umweltmediums Boden Rechnung.[799] Dieser kann sich im Gegensatz zu Wasser und Luft nur schwer selbst reinigen und speichert Schadstoffe („Schadstoffsenke"), weshalb zu den Hauptanwendungsbereichen des Bundes-Bodenschutzgesetzes auch die Reparatur bereits eingetretener Schäden gehört.[800] Auf den Begriff der Nachhaltigkeit wird in der Begründung des Gesetzentwurfs nicht näher eingegangen. Legt man diesen Begriff unter der Prämisse der Vorsorge aus, ist eine Bodennutzung nachhaltig, soweit die Nutzung sparsam und verantwortungsvoll ist.[801] § 1 S. 2 BBodSchG enthält eine Trias von gleichwertig nebeneinanderstehenden bodenschutzrechtlichen Handlungszielen, die einerseits die Zweckbestimmung des § 1 S. 1 BBodSchG konkretisieren, andererseits Grundlage für § 4 (Gefahrenabwehrpflichten) und § 7 BBodSchG (Hand-

---

[797] *Nies*, in: Landmann/Rohmer, BBodSchG, § 1 Rn. 1 f.

[798] *Frenz*, BBodSchG, § 1 Rn. 33.

[799] Eine Konkretisierung des allgemeinen umweltrechtlichen Vorsorgeprinzips ist beispielsweise in § 57 WHG zu finden. Dieser regelt das Einleiten von Abwasser in Gewässer und möchte so das Einbringen von schädlichem Abwasser minimieren (*Ganske*, in: Landmann/Rohmer, WHG, § 57 Rn. 1). Die Norm setzt daher zeitlich vor der Schädigung des Umweltmediums an.

[800] *Schoeneck*, in: Sanden/ders., BBodSchG, § 1 Rn. 7; *Sondermann*, in: Versteyl/ders., BBodSchG, § 1 Rn. 17.

[801] *Nies*, in: Landmann/Rohmer, BBodSchG, § 1 Rn. 20 f.

lungspflichten) sind.[802] Die entscheidende Frage des Bodenschutzes ist, ob sich dieser auf dessen Nutzungen bezieht oder der Schutz der Böden um ihrer selbst willen in den Vordergrund gestellt wird. In § 2 Abs. 2 BBodSchG kommt zum Ausdruck, dass sich das Bundes-Bodenschutzgesetz für einen nutzungsbezogenen Ansatz entschieden hat.[803] Nach § 2 Abs. 2 Nr. 3 c) BBodSchG erfüllt der Boden seine Nutzungsfunktion beispielsweise als Standort für die land- und forstwirtschaftliche Nutzung. „Schädliche Bodenveränderungen" sind in § 2 Abs. 3 BBodSchG legaldefiniert. Bei diesen handelt es sich um solche Beeinträchtigungen, die geeignet sind, Gefahren, erhebliche Nachteile oder erhebliche Belastungen für den einzelnen oder die Allgemeinheit herbeizuführen. Im Gegensatz zur Vorsorge, die auf einen langfristigen Bodenschutz abzielt, soll nach der Begründung des Gesetzentwurfs der Bundesregierung durch § 1 S. 2 Var. 1 BBodSchG nur konkret erkennbare Gefahren in einem räumlich, zeitlich und kausal überschaubaren Zusammenhang abgewehrt werden, wobei sich die einzelnen Gefahrenabwehrpflichten aus § 4 Abs. 1 und 2 BBodSchG ergeben.[804] Das zweite Handlungsziel der Sanierungspflicht (§ 1 S. 2 Var. 2 BBodSchG), wird durch § 4 Abs. 3 und die nach § 5 BBodSchG erlassene Rechtsverordnung (Bundes-Bodenschutz- und Altlastenverordnung) konkretisiert. Zuletzt zielt die Vorsorge gem. § 1 S. 2 Var. 3 BBodSchG darauf ab, irreversible Schäden für den Boden durch langfristige stoffliche Eintragungen zu verhindern.[805] Ebenfalls Ausdruck des Vorsorgegrundsatzes ist § 1 S. 3 BBodSchG, der seinem Wortlaut nach rein appellativ verlangt, dass bei künftigen Einwirkungen Beeinträchtigungen der natürlichen Funktionen soweit wie möglich vermieden werden sollen.[806] Die Formulierung gleicht dabei der des § 50 BImSchG, die nach allgemeiner Ansicht Ausdruck des planerischen Optimierungsgebots ist.[807] Bedeutung kommt § 1 S. 3 BBodSchG – wie sich aus dem systematischen Zusammenhang und der Überschrift „Grundsatz" schließen lässt – nicht etwa als unmittelbare Rechtspflicht zu, sondern als ausdrückliches ökologisches Abwägungsgebot, welches die Behörden

---

[802] BT-Drs. 13/6701, S. 28; *Loll*, Vorsorgender Bodenschutz im Bundes-Bodenschutzgesetz, S. 94; *Frenz*, BBodSchG, § 1 Rn. 41.

[803] Vgl. BT-Drs. 13/6701, S. 28; der Gesetzentwurf der Fraktion BÜNDNIS 90/DIE GRÜNEN stellte hingegen den Schutz der Böden um ihrer selbst willen in den Vordergrund, vgl. BT-Drs. 13/7891, S. 2.

[804] BT-Drs. 13/6701, S. 28.

[805] BT-Drs. 13/6701, S. 28.

[806] *Nies*, in: Landmann/Rohmer, BBodSchG, § 1 Rn. 32.

[807] Vgl. BVerwGE 71, 163 [165 f.].

bei Entscheidungen auf Grundlage des Bundes-Bodenschutzgesetzes anwenden sollten.[808]

b. Einordnung der Grundsätze des Bodenschutzrechts im Verhältnis zu den Grundsätzen des Naturschutzrechts

Wenn sich auch der Schutzzweck der Grundsätze des Bodenschutzes (§ 1 BBodSchG) und des Naturschutzes (§ 1 BNatSchG) darin unterscheidet, dass bei ersterem die Funktion und bei letzterem der Zustand geschützt werden soll, steht bei beiden jedenfalls der Nachhaltigkeitsgedanke im Vordergrund. Die zentrale Gemeinsamkeit ist jedoch deren Anwendungsbereich als Auslegungsmaßstab bei der Auslegung und Anwendung anderer Vorschriften, die Bezug zum Boden- bzw. Naturschutz besitzen. Daraus lässt sich schließen, dass die beiden Gesetze systematisch vergleichbar sind. Dies ist für die Untersuchung notwendig, um Rückschlüsse aus den Regelungen des Bundes-Bodenschutzgesetzes auf die Privilegierungen im Bundesnaturschutzgesetz zu ziehen.

2. § 7 BBodSchG – Vorsorge gegen schädliche Bodenveränderungen

§ 7 BBodSchG enthält Vorsorgepflichten im Hinblick auf schädliche Bodenveränderungen. (§ 2 Abs. 3 BBodSchG), d. h. bewegt sich im Vorfeld der Gefahrenabwehr und konkretisiert gleichzeitig Tatbestand, Inhalt und Reichweite der bodenschutzrechtlichen Vorsorgepflicht nach § 1 S. 2 Var. 3 BBodSchG.[809]

a. Die zur Vorsorge verpflichteten Personen

§ 7 S. 1 BBodSchG bestimmt zur Vorsorgepflicht, dass der Grundstückseigentümer, der Inhaber der tatsächlichen Gewalt über ein Grundstück und derjenige, der Verrichtungen auf einem Grundstück durchführt oder durchführen lässt, die zu Veränderungen der Bodenbeschaffenheit führen können, verpflichtet sind, Vorsorge gegen das Entstehen schädlicher Bodenveränderungen zu treffen, die durch ihre Nutzung auf dem Grundstück oder in dessen Einwirkungsbereich hervorgerufen werden können. Satz 1 legt damit die zur Vorsorge Verpflichteten fest. Im Gegensatz zu § 4 Abs. 1 BBodSchG richtet sich die Vorsorgepflicht damit nicht an jedermann, sondern an einen abgrenzbaren und bestimmbaren Personenkreis. Gleichzeitig bestimmt Satz 1 aber auch, dass die Verantwortlichkeit für schädliche Bodenveränderungen nicht an den Grundstücksgrenzen endet, sondern bezieht den Einwirkungsbereich des Grundstücks in die Verantwortlichkeit mit

---

[808] *Nies*, in: Landmann/Rohmer, BBodSchG, § 1 Rn. 33; *Frenz*, BBodSchG, § 1 Rn. 54 ff.
[809] *Versteyl*, in: ders./Sondermann, BBodSchG, § 7 Rn. 1; BT-Drs. 13/6701 S. 36.

ein.[810] Schwierig wird die Beurteilung der Verantwortlichkeit dann, wenn nicht klar ist, ob die Auswirkungen außerhalb des eigenen Grundstücks nachweisbar durch Nutzungen auf dem eigenen Grundstück hervorgerufen wurden. Dies ist etwa dann der Fall, wenn beide Grundstücksnachbarn zu intensiv düngen und dadurch kritische Schwellenwerte überschreiten. Um Zuordnungsschwierigkeiten vorzubeugen, muss es deshalb nach § 7 S. 1 BBodSchG nur möglich sein, dass Bodennutzungen schädliche Bodenveränderungen hervorrufen können, d. h. die bloße Mitursächlichkeit genügt.[811]

b.   Notwendigkeit der Ergreifung von Vorsorgemaßnahmen

Nach § 7 S. 2 BBodSchG sind Vorsorgemaßnahmen geboten, wenn wegen der räumlichen, langfristigen oder komplexen Auswirkungen einer Nutzung auf die Bodenfunktionen die Besorgnis einer schädlichen Bodenveränderung besteht. Im Gegensatz zu anderen Umweltmedien wie Luft und Wasser entfalten schädliche Einwirkungen auf den Boden nicht sofort Wirkung. Stoffliche Einträge etwa reichern sich langfristig im Boden an und können durch den Umbau bzw. Abbau in Humus nur bedingt kompensiert werden. Ebenso führt eine Intensivierung der Bodenbearbeitung mit der Folge der Bodenverdichtung nicht notwendigerweise unmittelbar zur Überschreitung der Belastbarkeitsgrenze des Bodens, sondern erst in Kombination mit anderen Einwirkungen auf den Boden.[812] Aus diesen Gründen genügt für die Anordnung von Vorsorgemaßnahmen bereits die Besorgnis schädlicher Bodenveränderungen, was so viel wie „Schadensmöglichkeit" bedeutet.[813] Wann eine Schadensmöglichkeit besteht, wird durch die in §§ 8, 9 BBodSchV enthaltenen Vorsorgewerte in Bezug auf Stoffeinträge konkretisiert.

c.   Der Verhältnismäßigkeitsgrundsatz

Zur Erfüllung der Vorsorgepflicht sind nach § 7 S. 3 BBodSchG Bodeneinwirkungen zu vermeiden oder zu vermindern, soweit dies auch im Hinblick auf den Zweck der Nutzung des Grundstücks verhältnismäßig ist. Satz 3 stellt die Vorsorgeanforderungen damit unter den Grundsatz der Verhältnismäßigkeit, welchem nur deklaratorische Bedeutung zukommt. Die öffentliche Hand muss ohnehin die Grundsätze der Verhältnismäßigkeit, d. h. die Gebote der Geeignetheit, Erforderlichkeit und Angemessenheit bei der Anordnung von Vorsorgemaßnahmen be-

---

[810] *Frenz*, BBodSchG, § 7 Rn. 3, 22.
[811] *Frenz*, BBodSchG, § 7 Rn. 23.
[812] Vgl. BT-Drs. 13/6701 S. 36.
[813] *Nies*, in: Landmann/Rohmer, BBodSchG, § 7 Rn. 12.

achten.[814] Satz 3 verknüpft den Verhältnismäßigkeitsgrundsatz darüber hinaus mit dem Zweck der Nutzung des Grundstücks, weshalb mit anderen Worten im Einzelfall immer diejenige Maßnahme anzuwenden ist, die für den Betroffenen und dessen Nutzungsinteressen bei gleichem Erfolg die geringste Belastung darstellt.[815] Grenze der Verhältnismäßigkeit ist insofern der nach § 9 Abs. 1 S. 2 i. V. m. § 8 Abs. 1 S. 2 Nr. 1 BBodSchG i. V. m. Anhang 2 Nr. 4 BBodSchV einzuhaltenden Vorsorgewerte, wobei nach § 9 Abs. 2, 3 BBodSchV auch Vorbelastungen eines Grundstücks zu berücksichtigen sind. Für die landwirtschaftliche Bodennutzung verweist Anhang 2 Nr. 4.3 BBodSchV hingegen ausdrücklich auf § 17 Abs. 1 BBodSchG als gegenüber den Vorsorgewerten für Böden vorrangig anzuwendende Norm. Ebenfalls in Zusammenhang mit dem Verhältnismäßigkeitsgrundsatz steht § 10 Abs. 1 BBodSchV, der für den Fall, dass die Besorgnis einer schädlichen Bodenveränderung nach § 9 BBodSchV besteht, normiert, dass bei der Vermeidung und Verminderung auch der Zweck der Nutzung der betroffenen Fläche und die daraus resultierende Verhältnismäßigkeit zu beachten ist. § 10 Abs. 2 BBodSchV stellt besondere Stoffe der Gefahrstofffordnung unter das Korrektiv der wirtschaftlichen Vertretbarkeit und technischen Möglichkeit und ist damit ebenfalls eine Ausprägung des Verhältnismäßigkeitsgrundsatzes des § 7 S. 3 BBodSchG. Allerdings dürfen Anordnungen zur Vorsorge gegen schädliche Bodenveränderungen nach Satz 4 des § 7 BBodSchG nur getroffen werden, soweit Anforderungen in einer Rechtsverordnung nach § 8 Abs. 2 BBodSchG festgelegt sind. Dies ist durch den Erlass der Bundesbodenschutzverordnung geschehen, sodass die sich aus § 7 BBodSchG ergebenden Pflichten mittlerweile auch behördlich durchsetzbar sind.

d.   Ausnahme zugunsten der Landwirtschaft

Diese bodenschutzbezogene Vorsorge mit den einzuhaltenden Vorsorgewerten der BBodSchV gilt jedoch nach § 7 S. 5 BBodSchG nicht für die landwirtschaftliche Bodennutzung. Für diese ergeben sich die Vorsorgepflichten aus der „guten fachlichen Praxis" des § 17 Abs. 1 und 2 BBodSchG und deren Grundsätze zur „nachhaltigen Sicherung der Bodenfruchtbarkeit und Leistungsfähigkeit des Bo-

---

[814] *Pitschas*, in: Hoffmann-Riem/Schmidt-Aßmann/Voßkuhle, Verwaltungsrecht – Band II, § 42 Rn. 107.
[815] *Frenz*, BBodSchG, § 7 Rn. 44; *Becker*, BBodSchG, § 7 Rn. 7.

dens".[816] In der Praxis kommt die Regelung einer Ausnahme von den Vorsorgepflichten des Bundes-Bodenschutzgesetzes gleich, da die gute fachliche Praxis schädliche Bodenveränderungen durch die Landwirtschaft toleriert.[817] § 7 S. 5 BBodSchG kommt damit im Verhältnis zu § 17 Abs. 1 und 2 BBodSchG lediglich klarstellende Bedeutung zu. Warum der Gesetzgeber diese Klarstellung für notwendig hielt, ist aus den Gesetzesmaterialien nicht ersichtlich.[818]

III. Gefahrenabwehrpflichten im landwirtschaftlichen Bereich

Während die Vorsorgepflichten im Vorfeld der Gefahrenabwehr verhindern sollen, dass schädliche Bodenveränderungen und Altlasten überhaupt entstehen, ist es Ziel der Gefahrenabwehr schädliche Bodenveränderungen zu vermeiden, abzuwehren oder im Nachhinein zu sanieren.[819] Im Bereich der Gefahrenabwehr verpflichtet § 4 Abs. 1 BBodSchG jeden, der den Boden nutzt oder im Rahmen wirtschaftlicher Tätigkeit in sonstiger Weise auf den Boden einwirkt, sich so zu verhalten, dass durch Bodennutzungen oder wirtschaftliche Tätigkeiten keine Gefahren für den Boden hervorgerufen werden. Nach Absatz 2 müssen Grundstücks-eigentümer und -besitzer dafür sorgen, dass durch den Zustand ihres Grundstücks keine Gefahren für den Boden entstehen. Im Bereich der Landwirtschaft werden die Gefahrenabwehrpflichten gem. § 17 Abs. 3 Hs. 1 BBodSchG grundsätzlich durch die Einhaltung der in § 3 Abs. 1 BBodSchG genannten Vorschriften (etwa dem Dünge- und Pflanzenschutzrecht) erfüllt.[820] Enthalten diese sowie die Vorschriften über die gute fachliche Praxis keine Anforderungen an die Gefahrenabwehr (§ 17 Abs. 3 Hs. 1 BBodSchG), gelten die übrigen Bestimmungen des Bundes-Bodenschutzgesetzes, mithin die Maßnahmen gegen schädliche Bodenverän-

---

[816] Zum Verhältnis von „guter fachlicher Praxis" und den Vorsorgepflichten des § 7 BBodSchG, vgl. VG Regensburg (8. Kammer), Urt. v. 22.07.2019 – RN 8 K 17.1810 [Rn. 21]; VG Oldenburg, Urt. v. 30.08.2017 – 5 A 2892/14 [Rn. 46] = NuR 2017, 723 [728].

[817] Dazu ausführlich unter V.; *Versteyl*, in: ders./Sondermann, BBodSchG, § 7 Rn. 20.

[818] BT-Drs. 13/6701 S. 53 Rz. 29 spricht in Bezug auf die Forstwirtschaft nur davon, dass die die Bundesregierung im Zuge von Beratungen gebeten wurde klarzustellen, dass Eigentümer forstwirtschaftlich genutzter Grundstücke oder Inhaber der tatsächlichen Gewalt von den Vorsorgemaßnahmen nach § 7 ausgenommen sind.

[819] *Rengeling*, Bodenschutzrecht im System des Umweltrechts, S. 58, in: Bodenschutz und Umweltrecht; *Rech*, in: Hipp/Rech/Turian, BBodSchG, Teil A III Rn. 214.

[820] Siehe zu einer ausführlichen Stellungnahme zur Vorschrift des § 17 Abs. 3 BBodSchG, insbesondere mit Bezug zu den Regelungen vor Inkrafttreten des BBodSchG, *Peine*, NuR 2002, 522 [523 f.].

derungen nach § 10 Abs. 1 i. V. m. § 4 Abs. 1 BBodSchG.[821] Kommt es auf die schädlichen Bodenveränderungen an, ist zunächst zu prüfen, ob überhaupt eine Bodenveränderung vorliegt, die negative Folgen auslöst. Auf der zweiten Stufe ist entscheidend, „ob der Eingriff geeignet ist, eine Gefahr, einen erheblichen Nachteil oder eine erhebliche Belästigung für den Einzelnen oder die Allgemeinheit herbeizuführen".[822]

IV. Durchsetzung der bodenschutzrechtlichen Pflichten

Nach § 10 Abs. 1 S. 1 BBodSchG kann die zuständige Behörde die notwendigen Maßnahmen zur Erfüllung der sich aus §§ 4 und 7 BBodSchG und den auf Grund von §§ 5 S. 1, §§ 6 und 8 BBodSchG erlassenen Rechtsverordnungen ergebenden Pflichten treffen. Trifft die zuständige Behörde gegenüber dem Grundstückseigentümer oder dem Inhaber der tatsächlichen Gewalt zur Erfüllung der Pflichten nach § 4 BBodSchG Anordnungen zur Beschränkung der land- und forstwirtschaftlichen Bodennutzung sowie zur Bewirtschaftung von Böden, so hat sie nach § 10 Abs. 2 BBodSchG für die nach zumutbaren innerbetrieblichen Anpassungsmaßnahmen verbliebenen wirtschaftlichen Nachteile nach Maßgabe des Landesrechts einen angemessenen Ausgleich zu gewähren.[823] Dies gilt nur, wenn diese nicht Verursacher der schädlichen Bodenveränderungen sind und die Nutzungsbeschränkung andernfalls zu einer über die damit verbundene allgemeine Belastung erheblich hinausgehenden besonderen Härte führen würde. Die Ausgleichspflicht ist folglich eine Öffnungsklausel, die es den Ländern ermöglicht, Ausgleichszahlungen für Auflagen in der Landwirtschaft zu gewähren.[824] Von dieser Ermächtigung Gebrauch gemacht haben die Bundesländer Baden-Württemberg (§ 13 LBodSchAG), Bayern (Art. 13 BayBodSchG), Bremen (§ 14 Abs. 1 BremBodSchG), Hamburg (§ 11 HmbBodSchG), Hessen (§ 18 HAltBodSchG), Mecklenburg-Vorpommern (§ 15 LBodSchG M-V), Rheinland-Pfalz (§ 14 LBodSchG R-P), Saarland (§ 10 SBodSchG), Sachsen-Anhalt (§ 13 BodSchAG LSA), Schleswig-Holstein (§ 10 LBodSchG) und Thüringen (§ 12 ThürBodSchG). Soweit das Landesrecht einen Ausgleichsanspruch enthält, genießen die Landwirte

---

[821] Dazu zuletzt VG Oldenburg, Urt. v. 30.08.2017 – 5 A 2892/14, Rn. 46 f., das insbesondere Zweifel daran hat, ob die Grundsätze der guten fachlichen Praxis überhaupt Anforderungen an die Gefahrenabwehr enthalten.

[822] *Peine*, NuR 2002, 522 [525].

[823] Zu einer umfassenden Analyse zur Entstehung des § 10 Abs. 2 BBodSchG, vgl. *Tils*, in: Hogenmüller/Smeddinck/ders., Landwirtschaft im Spektrum der Umweltwissenschaften, S. 68 ff.

[824] *Schoeneck*, in: Sanden/ders., BBodSchG, § 10 Rn. 29.

folglich (etwas versteckt) eine Sonderstellung gegenüber anderen Grundstückseigentümern, die genauso der Gefahr von Summations- und Distanzschäden ausgesetzt sind. Der Ausgleichsanspruch ist jedoch an zwei Voraussetzungen gekoppelt. Zum einen müssen alle zumutbaren innerbetrieblichen Anpassungsmaßnahmen – zum Beispiel in der Form einer Umnutzung[825] – getroffen werden, um den Eintritt eines wirtschaftlichen Schadens zu verhindern. Zum anderen muss überhaupt ein wirtschaftlicher Nachteil, d. h. eine in Geld messbare Einbuße, durch die Beschränkungsmaßnahme entstehen. Allein ein aufgrund der schädlichen Bodenveränderung eingetretener Wertverlust des Grundstücks reicht dafür jedoch nicht aus.[826]

V. Die Stellung der Landwirtschaft im Bundes-Bodenschutzgesetz

Zu den dargestellten Vorgaben zu Vorsorgemaßnahmen (§ 7 BBodSchG) existiert im Vierten Teil des Bundes-Bodenschutzgesetzes die Spezialvorschrift des § 17 BBodSchG. Die Struktur des § 17 BBodSchG ist zweigeteilt. § 17 Abs. 1 und 2 BBodSchG konkretisieren die in § 7 BBodSchG enthaltenen Vorsorgepflichten.[827] Wohingegen § 17 Abs. 3 BBodSchG das Verhältnis der Vorschriften über die Abwehr und die Sanierung von schädlichen Bodenveränderungen zu denen der landwirtschaftlichen Bodennutzung normiert.

1. Vorsorgebezogene Anforderungen im Bereich der Landwirtschaft

Nach §§ 7 S. 5, 17 Abs. 1 S. 1 BBodSchG richtet sich die Erfüllung der Vorsorgepflicht bei landwirtschaftlicher Bodennutzung nicht nach den Vorsorgewerten der Bundesbodenschutzverordnung. Im Gegenteil wird bei der landwirtschaftlichen Bodennutzung die Vorsorgepflicht nach § 7 BBodSchG durch die Grundsätze der guten fachlichen Praxis, die in § 17 Abs. 2 S. 1 BBodSchG konkretisiert werden, ersetzt. Die Anforderungen der Grundsätze der guten fachlichen Praxis sollen den Landwirten durch die landesrechtlichen Beratungsstellen vermittelt werden, vgl. § 17 Abs. 1 S. 2 BBodSchG. „Definiert" werden die Grundsätze der guten fachlichen Praxis in Absatz 2 Satz 1 zunächst abstrakt als „nachhaltige Sicherung der Bodenfruchtbarkeit und Leistungsfähigkeit des Bodens als natürliche Ressource." Zwar lässt das Bundes-Bodenschutzgesetz keine Rückschlüsse darauf zu, was unter „nachhaltig" zu verstehen ist, jedoch ergibt sich aus der Boden-

---

[825] *Dietlein*, in: Giesberts/Reinhardt, Umweltrecht, BBodSchG, § 10 Rn. 15.
[826] *Rech*, in: Hipp/Rech/Turian, BBodSchG, Teil A III Rn. 608 f.
[827] BT-Drs. 13/6701, S. 43.

schutzkonzeption der Bundesregierung von 1985[828] die Bedeutung des Tatbestandsmerkmals.[829] Darin wird zwar nicht die Nachhaltigkeit definiert, allerdings die ordnungsgemäße landwirtschaftliche Bodennutzung. Die liegt vor, wenn „sie u. a. die Bodenfruchtbarkeit insbesondere durch Aufrechterhaltung eines geordneten Nährstoff- und Humushaushalts dauerhaft sichert […] und die Stabilität des Naturhaushalts insgesamt nicht gefährdet" wird.[830] Vergleicht man nun die Definition der ordnungsgemäßen landwirtschaftlichen Bodennutzung i. S. d. Bodenschutzkonzeption von 1985 mit der Formulierung des § 17 Abs. 2 S. 1 BBodSchG fällt auf, dass lediglich das Wort „dauerhaft" durch „nachhaltig" ersetzt worden ist, sodass sich daraus folgern lässt, dass „nachhaltig" im Sinne von „dauerhaft" verstanden werden kann. Die Grundsätze der guten fachlichen Praxis zielen demnach auf einen dauerhaften Erhalt des Bodens ab.[831]

2.   Die einzelnen Anforderungen der Grundsätze der guten fachlichen Praxis
Präzisiert werden die in Absatz 2 Satz 1 enthaltenen Grundsätze durch den Katalog des Absatz 2 Satz 2 Nummer 1 bis 7, wobei durch das Wort „insbesondere" zum Ausdruck kommt, dass die Kriterien nicht abschließend, sondern offen für neue Erkenntnisse und der Weiterentwicklung sind.[832] Als erste Anforderung an die landwirtschaftliche Bodennutzung verlangt § 17 Abs. 2 S. 2 Nr. 1 BBodSchG, dass die „Bodenbearbeitung unter Berücksichtigung der Witterung standortangepasst" erfolgen muss. Allgemein ist unter der Bodenbearbeitung die Veränderung der Bodenstruktur zu verstehen mit dem Ziel ein gutes Wachstum für die Kulturpflanze, ein physikalisch günstiges Bodengefüge im Saatbeet, der Ackerkrume und im Übergang zum Unterboden herzustellen.[833] Konkrete Handlungspflichten für die landwirtschaftliche Bodenbearbeitung in Form des Pflügens, Eggens, Säens etc. lassen sich daraus nicht ableiten, da der Grundsatz dafür zu allgemein gehalten ist.[834] Nummer 2 zielt darauf ab die Bodenstruktur zu erhalten oder zu verbessern, worunter eine derartige Anordnung fester Bodenbe-

---

[828] Diese diente als programmatische Grundlage der Bodenschutzpolitik und widmet sich diversen Problemen für den Bodenschutz, vgl. BT-Drs. 10/2977.
[829] Weitere Deutungsmöglichkeiten sind ebenfalls möglich, u. a. i. S. d. im internationalen Recht etablierten Begriffs „sustainable development", vgl. *Becker*, BBodSchG, § 17 Rn. 4 sowie *Sanden* in: ders./Schoeneck, BBodSchG, § 17 Rn. 9.
[830] BT-Drs. 10/2977, S. 6.
[831] Diese Auffassung vertritt u. a. *Frenz*, NuR 2004, 642; *Becker*, BBodSchG, § 17 Rn. 4; *Sanden*, in: ders./Schoeneck, BBodSchG, § 10 Rn. 30.
[832] BT-Drs. 13/6701, S. 55 f.; *Sanden*, in: ders./Schoeneck, § 17 Rn. 9.
[833] *Peine*, NuR 2002, 522 [525].
[834] *Frenz*, NuR 2004, 642 [643]; *Becker*, BBodSchG, § 17 Rn. 11.

standteile und deren Zusammenhalt zu verstehen ist, sodass ein physikalisch günstiges Bodengefüge entsteht.[835] Dieses ist notwendig, damit der Boden Wasser aufnehmen und speichern, Luft austauschen, Nährstoffe halten und Wurzelraum für Pflanzen bieten kann.[836] Der dritte Grundsatz ist präzise formuliert und kommt einer – per se verständlichen – konkreten Handlungsanleitung nahe. Er verlangt, dass Bodenverdichtungen, insbesondere durch Berücksichtigung der Bodenart, Bodenfeuchtigkeit und des von den zur landwirtschaftlichen Bodennutzung eingesetzten Geräten verursachten Bodendrucks, so weit wie möglich vermieden werden sollen. Das Ziel von Nummer 4 ist es, Bodenabträge (Bodenerosion) zu verhindern, wobei auf das (bekannte) Mittel der standortangepassten Benutzung zurückgegriffen wird, welches hier in der Berücksichtigung der Hangneigung, der Wasser- und Windverhältnisse sowie der Boden besteht. Auch die bodenschützenden naturbetonten Strukturelemente der Feldflur, insbesondere Hecken, Feldgehölze, Feldraine und Ackerterrassen sollen erhalten werden (Nummer 5). Strukturelemente dienen der Vermeidung von Boden-, Wind- und Wassererosion. Hecken können beispielsweise einerseits Windschutz, andererseits durch ihre Verwurzelung auch Schutz vor Bodenerosion bieten.[837] Wenig konkret ist die Nummer 6, die die biologische Aktivität des Bodens durch entsprechende Fruchtfolgegestaltung erhalten werden soll. Letztendlich ist unter biologischer Aktivität die Fruchtbarkeit des Bodens zu verstehen, welche etwa durch den Anbau von Zwischenfrüchten erreicht werden soll, die unter anderem im Winter die Bodenabdeckung verbessert und einer Nährstoffauswaschung entgegenwirkt.[838] Zuletzt ist vorgesehen, dass der standorttypische Humusgehalt des Bodens, insbesondere durch eine ausreichende Zufuhr an organischer Substanz oder durch Reduzierung der Bearbeitungsintensität erhalten wird, vgl. Nummer 7. Humus wird definiert als die „tote organische Substanz eines Bodens".[839] Hat der Boden einen hohen Humusgehalt, besitzt der Boden eine Nährstoffreserve, da dieser Wasser und Nährstoffe (Stickstoff, Phosphor und Schwefel) bindet.[840]

---

[835] *Peine*, NuR 2002, 522 [525].
[836] *Peine*, NuR 2002, 522 [525].
[837] *Loll*, Vorsorgender Bodenschutz im Bundes-Bodenschutzgesetz, S. 183.
[838] *Peine*, NuR 2002, 522 [526].
[839] *Peine*, NuR 2002, 522 [526].
[840] *Peine*, NuR 2002, 522 [526].

3. Zusammenhänge zwischen den einzelnen Handlungsanleitungen
Auffällig bei den Grundsätzen der guten fachlichen Praxis des Bundes-Boden-schutzgesetzes ist, dass diese häufig auf die gleichen Mittel zur Zielerreichung zurückgreifen. Anforderungen an eine standortangepasste Bewirtschaftung ent-

Getreidefeld nach der Ernte Ende September. Gut zu erkennen ist die Bodenerosion ©eigenes Bildmaterial

halten § 17 Abs. 2 S. 2 Nr. 4, 5, 7 BBodSchG. Ziel dieser Anforderungen ist vor allem die Verhinderung von Bodenerosion durch Wind oder Wasser. Diese ist zwar Teil des natürlichen Prozesses, wird jedoch durch die Art der Bodennutzung, zum Beispiel den Anbau von Reihenkulturen oder Ackerbau in Hanglagen, ver-stärkt.[841]
Insofern ist es nicht überraschend, dass Nummer 4 für eine standortangepasste Nutzung insbesondere die „Berücksichtigung der Hangneigung, der Wasser- und Windverhältnisse sowie der Bodenbedeckung" verlangt. Konkrete Maßnahmen enthält Nummer 5, die die Erhaltung der naturbetonten Strukturelemente der Feld-flur – Hecken, Feldgehölze, Feldraine und Ackertrassen – fordert. So kann Was-sererosion etwa durch einfache Maßnahmen wie Gräben quer zur Gefällerichtung verhindert werden.[842] Eine weitere Maßnahme zum Erhalt von Boden, ist der Auf-bau von neuem Boden. Nummer 7 normiert deshalb, dass der standorttypische Humusgehalt des Bodens mittels ausreichender Zufuhr organischer Substanz oder

Getreidefeld in Hanglage vor der Ernte im Juni ©eigenes Bildmaterial

---

[841] BT-Drs. 13/6701, S. 43; so sind in den nord- und ostdeutschen Tiefebenen bis zu 30 % der Ackerflächen besonders anfällig für Winderosion, sowie im süddeutschen Raum vor allem die lößreichen hügeligen Gebiete betroffen.
[842] *Nies,* in: Landmann/Rohmer, Umweltrecht, BBodSchG, § 17 Rn. 101.

einer Verminderung der Bearbeitungsintensität erhalten werden soll. Da vor allem die Reduktion der Bearbeitungsintensität häufig mit den Nutzungsinteressen des Eigentümers kollidieren, verbleibt als praktikable Möglichkeit meist nur die Zuführung organischer Substanz durch das Aufbringen von Stallmist oder das Belassen von Stoppelrückständen.[843] Ein enger Zusammenhang besteht zwischen Nummer 2, 3 und 6, die den Erhalt und die Verbesserung der Bodenstruktur (Nummer 2), die Verhinderung von Bodenverdichtungen (Nummer 3) und den Erhalt und die Förderung der biologischen Aktivität des Bodens (Nummer 6) betreffen. Die Leistungsfähigkeit des Bodens hängt maßgeblich von dessen Fähigkeit ab, einen Austausch zwischen Wasser, Luft, Wärme und Nährstoffen herzustellen.[844] Verschlechterungen der Leistungsfähigkeit treten etwa dann auf, wenn bei zu feuchter Witterung der Boden mit schwerem Gerät – welches vor allem in der konventionellen Landwirtschaft stark verbreitet ist – bearbeitet wird. Durch Druck und die knetende Wirkung entstehen dadurch verdichtete Bodenschichten, die Luft- und Wasseraustausch verhindern mit der Folge eines erhöhten Oberflächenabflusses.[845] Vorsorgemaßnahmen sind unter anderem bestimmte Voraussetzungen bei dem Einsatz von schwerem Gerät zu beachten, wie dessen Einsatz nur bei trockenem Boden bzw. im Falle eines nassen Bodens nur der Einsatz von leichterem Gerät. Auch eine Reduktion von Bodenbearbeitungsmaßnahmen bzw. der verstärkte Anbau von Zwischenfrüchten (= Einhaltung einer bestimmten Fruchtfolge) als Maßnahmen i. S. d. Nummer 6 gehören dazu.[846]

4. Vergleich der Grundsätze der guten fachlichen Praxis des Bodenschutzrechts mit denen des Naturschutzrechts

Die Gemeinsamkeiten, sowohl im Hinblick auf die Systematik als auch den Telos der Normen § 5 BNatSchG und § 17 BBodSchG drängen sich bei der Gesetzeslektüre geradezu auf. Strukturell werden beide durch einen allgemeinen Grundsatz eingeleitet, der im Folgenden konkretisiert wird. Ebenso lässt sich feststellen, dass die Grundsätze der guten fachlichen Praxis des Bodenschutzrechts – wie auch die des Naturschutzrechts – aus einer Vielzahl an unbestimmten Rechtsbegriffen bestehen, die wenn überhaupt als Handlungsanleitung herangezogen werden können. Sie sind aufgrund ihrer Ausgestaltung hingegen nicht geeignet

---

[843] *Becker*, BBodSchG, § 17 Rn. 17.
[844] BT-Drs. 13/6701, S. 43; *Becker*, BBodSchG, § 17 Rn. 12.
[845] BT-Drs. 13/6701, S. 43.
[846] BT-Drs. 13/6701, S. 43; *Becker*, BBodSchG, § 17 Rn. 16; *Sanden*, in: ders./Schoeneck, § 17 Rn. 20.

die Grundsätze der guten fachlichen Praxis des Naturschutzrechts (§ 5 Abs. 2 BNatSchG) zu konkretisieren. Vielmehr erweitert der Verweis in § 5 Abs. 2 Hs. 1 BNatSchG auf § 17 Abs. 2 BBodSchG den Katalog an Handlungsanleitungen für eine Bewirtschaftung nach „guter fachlicher Praxis". Wie auch schon bei § 5 BNatSchG ist daher zu empfehlen die Grundsätze entweder durch eine Rechtsverordnung oder die Vollzugspraxis zu konkretisieren, damit diese in der landwirtschaftlichen Praxis eine Steuerungswirkung entfalten können.[847]

5.   Behördliche Maßnahmen zur Einhaltung der Grundsätze
Die Grundsätze der guten fachlichen Praxis sollen gem. § 17 Abs. 1 S. 2 BBodSchG von den nach Landesrecht zuständigen Beratungsstellen an die Landwirte vermittelt werden. Unter Umweltberatung versteht man „eine gezielte, auf die konkreten Problemstellungen einer bestimmten Person oder Organisation bezogene Vermittlung umweltschutzrelevanter Informationen durch eine Beratungsinstitution, die es dem Adressaten ermöglichen soll, sein Umwelthandeln zu verbessern".[848] Wie sich bereits aus dem Wortlaut „*soll*" schließen lässt, besteht durch die zuständigen Beratungsstellen keine Pflicht zur Beratung.[849] Das Bundes-Bodenschutzgesetz baut damit auf der Eigenverantwortlichkeit des einzelnen Bauern auf. Die andauernde Nutzungsfähigkeit des Mediums Boden stellt die Existenzgrundlage des Bauern dar, sodass dieser bei falscher Bewirtschaftung den geringeren Ertrag selbst schmerzlich spürt.[850] Zudem ist das System der Offizialberatung aus Landwirtschaftskammern und amtlichen Beratungsstellen gut ausgebaut und genießt als Informationsinstanz ein recht großes Vertrauen.[851] Wie sich aus der Systematik und der Entstehungsgeschichte des Gesetzes ergibt, ist die Beratung nach § 17 Abs. 1 S. 2 BBodSchG das einzige vorsorgebezogene

---

[847] So auch *Ginzky*, ZUR 2010, 1 [2]; *Ginzky*, ZUR 2008, 188 [191]; *Möckel*, DÖV 2017, 192; *Garske et al.*, NuR 2018, 73 [76]; um eine Grundlage für eine bundeseinheitliche Umsetzung der Anforderungen an die gute fachliche Praxis nach dem BBodSchG zu schaffen, hat eine Expertengruppe Handlungsempfehlungen für Praxis und Beratung erarbeitet, vgl. BMEL, Grundsätze und Handlungsempfehlungen zur guten fachlichen Praxis der landwirtschaftlichen Bodennutzung nach § 17 Bundes-Bodenschutzgesetz (BBodSchG) vom 17.03.1998 – v. 23.02.1999, BAnz. v. 10.04.1999.

[848] *Stockmann et al.*, Umweltberatung, S. 36.

[849] *Peine*, DVBl. 1998, 157 [160] sieht insbesondere die Wortwahl „sollen" kritisch, zumal aufgrund § 21 Abs. 1 BBodSchG ergänzende landesrechtliche Regelungen nicht möglich sind.

[850] BR-Drs. 702/96, S. 125; *Hogenmüller* in: ders./Smeddinck/Tils, Landwirtschaft im Spektrum der Umweltwissenschaften, 2002, S. 117.

[851] *Hogenmüller* in: ders./Smeddinck/Tils, Landwirtschaft im Spektrum der Umweltwissenschaften, S. 117 f. m. w. N.

Handlungsinstrument. Eine Maßnahmebefugnis der Behörden, die über die vorgesehene Beratung hinaus diesen die Möglichkeit einräumt, die Einhaltung der Grundsätze der guten fachlichen Praxis im Einzelfall anzuordnen, enthält die Norm im Gegensatz zum landwirtschaftlichen Fachrecht nicht.[852] Die Bundesregierung vertrat damals die Ansicht, dass es auf Grund der großen Anzahl verschiedener Umweltbedingungen im Interesse der Vorsorgeanforderungen sinnvoller ist, auf das Mittel der Kooperation zu setzen, die Eigeninteressen der Landwirte dabei in den Mittelpunkt zu stellen und deshalb auf hoheitliche Zwangsmaßnahmen zu verzichten.[853] Gegenteilige Auffassungen vertraten sowohl der Bundesrat in seiner Stellungnahme[854] als auch die SPD-Fraktion durch ihren Antrag im Bundestag.[855] Sie verlangten eine Durchsetzungsverfügung als § 17 Abs. 1 S. 3 BBodSchG einzufügen, um den Regelungsgehalt des § 17 BBodSchG vollziehbar zu gestalten. Begründet wurde diese Auffassung damit, dass weder die Ermächtigung des § 10 Abs. 1 BBodSchG anzuwenden ist noch vorsorgebezogene Anordnungen im Bereich der Landwirtschaft nach § 7 S. 4 i. V. m. § 8 Abs. 2 BBodSchG wegen der Spezialität des § 17 BBodSchG getroffen werden dürfen. Zumal ein Rückgriff auf landesrechtliche Vorschriften zur Durchsetzung der guten fachlichen Praxis aufgrund der abschließenden bundesrechtlichen Regelung nicht möglich ist.[856] Selbst Vertreter der Agrarlobby vertreten die Ansicht, dass „schwarze Schafe", die entgegen der guten fachlichen Praxis den Lebensraum belasten, ordnungsrechtlich konsequent belangt werden müssen.[857] Zudem erreicht die Offizialberatung nur eine eingeschränkte Anzahl an Adressaten. Insbesondere Nebenerwerbslandwirte und kleine Höfe – wie sie vor allem in Süddeutschland

---

[852] Vgl. § 3 Abs. 1 S. 3 PflSchG, § 13 DüngeVO.

[853] Antwort der Bundesregierung auf die Stellungnahme des Bundesrates, BT-Drs. 13/6701, S. 65; *Kobes*, NVwZ 1998, 786 [795]; *Peine*, DVBl. 1998, 157 [160]; *Frenz*, NuR 2004, 642 [646] unter Hinweis auf die parlamentarische Auseinandersetzung; zu den Vorteilen der Beratung im Vergleich zu administrativen Vorgaben vgl. *Schur*, Umweltverhalten von Landwirten, S. 303 ff.

[854] BT-Drs. 13/6701, S. 55.

[855] BT-Drs. 13/7904, S. 17.

[856] BT-Drs. 14/3363, S. 238 [Tz. 487 – Umweltgutachten 2000/SRU]; *Versteyl*, in: Versteyl/Sondermann, BBodSchG, § 17 Rn. 10 ff; *Peine*, in: Fluck/Frenz/Fischer/Franßen, KrW-/Abf-/BodSchR, Einleitung BBodSchG II, Rn. 123 ff.; *Peine*, DVBl. 1998, 157 [160].

[857] *Hogenmüller* in: ders./ ders./Smeddinck/Tils, Landwirtschaft im Spektrum der Umweltwissenschaften, S. 129; so forderte der schleswig-holsteinische Bauernpräsident Berufskollegen gezielt anzusprechen, die z. B. gegen das Düngerecht verstoßen, siehe https://www.agrarheute.com/pflanze/mais/guelle-maisstoppeln-schwarze-schafe-umweltsuenden-hinweisen-562295 (zuletzt aufgerufen am 28.01.2023).

zu finden sind[858] – werden von dieser nicht erreicht, da diesen meist die Zeit fehlt eine umfangreiche Beratung in Anspruch zu nehmen und der Nutzen einer Beratung im Verhältnis zum Zeitaufwand nicht in einem angemessenen Verhältnis steht. Über diese Probleme der Offizialberatung kann auch nicht hinweghelfen, dass diese seit jeher bei den Landwirten auf große Akzeptanz stößt.[859] Verstärkt wird der Effekt der mangelnden Durchsetzbarkeit dadurch, dass die Nichteinhaltung der guten fachlichen Praxis nicht einmal eine Ordnungswidrigkeit gem. § 26 BBodSchG darstellt.

6. Bewertung der behördlichen Maßnahmen zur Einhaltung der Grundsätze
Der Gesetzgeber hat durch § 17 Abs. 1 S. 2 BBodSchG eine Regelung geschaffen, die auf die Gesamtsituation der bäuerlichen Betriebe Rücksicht nimmt. Ihm ist insofern zuzustimmen, dass die wirtschaftlichen und sozialen Folgen im Bereich der Landwirtschaft nicht ausgeblendet werden dürfen. Allerdings greift dieses mitunter schon pauschal angeführte Argument gegen ordnungsrechtliche Maßnahmen im Bereich der Landwirtschaft zu kurz. Der Zustand des Bodens – gerade auf landwirtschaftlichen Ackerflächen – zeigt, dass der soziale Druck einer eingespielten Dorfgemeinschaft, zum Beispiel bei der Überdüngung der Felder, nicht als wirksames Mittel zur Durchsetzung der guten fachlichen Praxis ausreicht. Ziel einer Anordnungsmöglichkeit zur Durchsetzung von § 17 Abs. 2 BBodSchG darf es zwar auch nicht sein „auf jeden Traktor einen Inspekteur zu stellen"[860] oder der Dorfgemeinschaft eine Art „Hilfspolizistenrolle" zukommen zu lassen[861], aber ohne hoheitliche Mittel zur Durchsetzung der guten fachlichen Praxis bleibt das Vorsorgeprinzip des Bundesbodenschutzgesetzes unvollständig. Insbesondere greift das Argument des sozialen Drucks der Dorfgemeinschaft bei Verstößen gegen die gute fachliche Praxis nicht. Einerseits sind die Verstöße bei einer Monopolstellung des Bauern im Dorf für die Dorfgemeinschaft nicht notwendigerweise erkennbar, andererseits ist selbst bei einer Kenntnis der Dorfgemeinschaft von den Verstößen nicht notwendigerweise gewährleistet, dass diese

---

[858] So werden in Bayern mehr Betriebe im Nebenerwerb als im Haupterwerb geführt (61 %/39 %), vgl. *StMELF*, Landwirtschaft und Forsten, Agrarbericht Bayern 2018, https://www.agrarbericht-2018.bayern.de/landwirtschaft-laendliche-entwicklung/soziostrukturelle-verhaeltnisse.html (zuletzt aufgerufen am 28.01.2023).

[859] Ausführlich zur Offizialberatung in der Landwirtschaft und deren Akzeptanz unter den Landwirten bei *Bruckmeier*, Umweltberatung in der Landwirtschaft. S. 100 ff.

[860] *Sanden*, in: ders./Schoeneck, § 17 Rn. 6; *Frenz*, NuR 2004, 642 [646].

[861] *Hogenmüller*, in: ders./Smeddinck/Tils, Landwirtschaft im Spektrum der Umweltwissenschaften, S. 128.

die Verstöße nicht toleriert. Um Verstößen entgegenzuwirken genügt bereits ein Stichprobenkontrollsystem, wie dies im landwirtschaftlichen Fachrecht, beispielsweise im Düngerecht nach § 12 DüngeG, existiert.[862] Zwar wird auch bei der Düngeverordnung und dem Pflanzenschutzgesetz ein erhebliches Vollzugsdefizit beklagt, Verbesserungen sind aber seit einigen Jahren aufgrund des Drucks der EU-Kommission ersichtlich.[863] Gleichzeitig wird durch effektive Kontrollen der Anreiz gesetzt, die gesetzlichen Anforderungen von vornherein einzuhalten und diese via Vollzug zu konkretisieren.[864] Orientieren könnten sich Kontrollmaßnahmen an denen des § 15 BBodSchG. Nach § 15 Abs. 1 S. 1 BBodSchG kann die Behörde – soweit erforderlich – Altlasten und altlastenverdächtige Flächen überwachen bzw. nach Absatz 2 Eigenkontrollmaßnahmen, insbesondere Boden- und Wasseruntersuchungen sowie die Einrichtung und den Betrieb von Messstellen verlangen. Vorteil einer derartigen Kontrollmaßnahme wäre, dass weder die Behörde *per se* jede Fläche landwirtschaftlicher Bodennutzung überwachen muss noch dem Landwirt *per se* Dokumentationspflichten auferlegt werden, die ihn von seiner eigentlichen Arbeit – der Bewirtschaftung von Ackerflächen – abhalten. Zumal eine präventive (pauschale) Kontrolle durch die Behörden aufgrund der Vielzahl der landwirtschaftlichen Betriebe und häufig wechselnder Bewirtschaftungsform nicht sinnvoll erscheint.[865] Im Gegenteil erfolgt eine Überwachung bzw. die Anordnung einer Eigenkontrollmaßnahme nur, wenn konkrete Anhaltspunkte gegeben sind, die auf eine Nichteinhaltung der Grundsätze der guten fachlichen Praxis gem. § 17 Abs. 2 BBodSchG hindeuten. Ein Nachteil dürfte aus Sicht der Landwirte jedoch darin bestehen, dass diese – bei einer § 15 BBodSchG entsprechenden Ausgestaltung – gem. § 24 Abs. 1 BBodSchG die Kosten für etwaige, angeordnete Untersuchungsmaßnahmen tragen müssten. Da § 15 Abs. 1 S. 1 BBodSchG keine Eingriffsbefugnis enthält, müsste eine solche aufgrund des nach dem Rechtsstaats- und Demokratieprinzip (Art. 20 Abs. 1 und 3 GG) herzuleitenden Grundsatz vom Vorbehalt des Gesetzes geschaffen werden, um Maßnahmen auf Grundlage der Untersuchungsergebnisse anordnen zu kön-

---

[862] *Hogenmüller*, in: ders./Smeddinck/Tils, Landwirtschaft im Spektrum der Umweltwissenschaften, S. 128.

[863] So hat der EuGH beispielsweise im Düngerecht schon mehrmals auf Antrag der EU-Kommission zur deutschen Umsetzung der Nitrat-Richtlinie entschieden, zuletzt EuGH, Urt. v. 21.06.2018, C-543/16, ZUR 2018, 470 – 476, und so eine Änderung der DüV hervorgerufen.

[864] *Ginzky*, ZUR 2010, 1 [2].

[865] So auch *Ginzky*, ZUR 2010, 1 [2].

nen.[866] Abschließend ist festzuhalten, dass zwingend eine Rechtsgrundlage für die behördliche Überwachung geschaffen werden sollte, ansonsten bleibt § 17 Abs. 2 BBodSchG ein Akt symbolischer Gesetzgebung.[867]

7. § 17 Abs. 3 BBodSchG – Verhältnis zur bodenschutzrechtlichen Gefahrenabwehr

§ 17 Abs. 3 BBodSchG unterteilt sich systematisch in zwei Halbsätze. Halbsatz 1 ist rein deklaratorischer Natur stellt klar, dass die Pflichten nach § 4 BBodSchG (Gefahrenabwehrpflichten) durch die Einhaltung der in § 3 Abs. 1 BBodSchG genannten Vorschriften erfüllt werden.[868] Halbsatz 2 hingegen schafft eine Art Rangverhältnis zwischen den anzuwendenden Regelungen für den Fall, dass das nach § 3 BBodSchG spezielle Recht keine Anforderungen bezüglich der Gefahrenabwehr enthält. Für diesen Fall ist zunächst auf die Vorschriften der guten fachlichen Praxis nach § 17 Abs. 2 BBodSchG zurückzugreifen, die zwar primär vorsorgebezogene Anforderungen enthalten, aus denen sich aber erst recht Anforderungen an die Gefahrenabwehr ergeben können.[869] Falls sich aus diesen keine Rückschlüsse auf bestehende Gefahrenabwehrpflichten ergeben, sind die übrigen Bestimmungen des Gesetzes, d. h. § 10 Abs. 1 i. V. m. § 4 oder § 9 BBodSchG heranzuziehen.

8. Bewertung des § 17 BBodSchG

§ 17 BBodSchG enthält – wie sein Pendant § 5 Abs. 2 BNatSchG – eine Vielzahl an unbestimmten Rechtsbegriffen, die konkretisierungsbedürftig sind. Der Bund hat hier von seiner konkurrierenden Gesetzgebungskompetenz aus Art. 74 Abs. 1 Nr. 11, 18 GG[870] nicht abschließend Gebrauch gemacht, worauf allein die Verwendung des Wortes „insbesondere" in § 17 Abs. 2 BBodSchG hinweist.[871] Die Länder dürfen daher in den Landesbodenschutzgesetzen Ergänzungen der

---

[866] Der Umweltausschuss hat die Ergänzung einer Verordnungsermächtigung bzw. Anordnungsbefugnis in § 8 Abs. 2 oder § 22 BBodSchG vorgeschlagen.

[867] *Hogenmüller*, in: ders./Smeddinck/Tils, Landwirtschaft im Spektrum der Umweltwissenschaften, S. 312 f.; vgl. allgemein zum Verständnis „symbolischer Umweltpolitik", *Lübbe-Wolff*, Erscheinungsformen des symbolischen Umweltrechts, in: Hansjürgens/Lübbe-Wolff, Symbolische Umweltpolitik, S. 25, 40 ff.

[868] Die deklaratorische Natur folgt daraus, dass § 4 BBodSchG neben § 17 BBodSchG ohnehin nicht anwendbar ist, vgl. *Frenz*, BBodSchG, § 17 Rn. 34; *Sanden*, in: ders./Schoeneck, § 17 Rn. 23.

[869] VG Oldenburg, Urt. v. 30.08.2017 – 5 A 4483/16, NuR 2017, 795 [800].

[870] Zu den verschiedenen Ansichten, auf welche Kompetenzgrundlage sich das BBodSchG stützt vgl. *Möckel*, DÖV 2017, 192 [193].

[871] *Möckel*, DÖV 2017, 192 [195].

Grundsätze der guten fachlichen Praxis regeln. Von dieser Befugnis hat bisher – 24 Jahre nach Inkrafttreten des Bundes-Bodenschutzgesetzes – kein Bundesland Gebrauch gemacht. Was der Bund hingegen abschließend geregelt hat, ist, dass die Einhaltung der Grundsätze freiwillig ist, da er in § 7 S. 4 und 5 BBodSchG Anordnungsbefugnisse zur Durchsetzung von Vorsorgepflichten ausschließt.[872] Es erscheint daher nicht ausgeschlossen, dass die Länder mangels Durchsetzbarkeit etwaiger Konkretisierungen der guten fachlichen Praxis diese gänzlich unterlassen haben. Die Begründung der Bundesregierung,[873] die Anordnungsbefugnisse aufgrund der verschiedenen Standortbedingungen (Bodenarten, -typen, Witterungsverhältnisse, Anbaubedingungen) für nicht sachgerecht hält, ist zumindest auf Landesebene nicht plausibel. Denn die Länder können durch die Konkretisierung der Grundsätze der guten fachlichen Praxis auf die bei ihnen vorherrschenden Standortbedingungen eingehen. Auch wenn ein strenger ordnungsrechtlicher Bodenschutz häufig als Existenzbedrohung für die Landwirte wahrgenommen wird,[874] trägt dieser dazu bei, dass die Kulturlandschaft, wie von § 2 Abs. 2 Nr. 3 c) BBodSchG gefordert, für die landwirtschaftliche Bodennutzung weiterhin nutzbar bleibt. § 17 BBodSchG ist insofern ein erster Schritt der Annäherung zwischen Landwirtschaft und Umweltschutz, der durch konkrete Handlungsempfehlungen von Seiten der Sachverständigen durch effektive Vollzugsinstrumente fortgeführt werden sollte, in seiner derzeitigen Form dem Vorsorgeprinzip des Bodenschutzrechts jedoch nicht gerecht wird.

C.   Rückschlüsse vom Bodenschutzrecht auf das Naturschutzrecht

Die Untersuchung hat ergeben, dass sich Rückschlüsse aus dem Bundes-Bodenschutzgesetz auf die Privilegierungen des Naturschutzrechts allein aus den Grundsätzen der guten fachlichen Praxis gem. § 17 Abs. 2 BBodSchG ergeben können. Diese stellt eine Spezialregelung zu den Vorsorgepflichten des § 7 BBodSchG dar und bestimmt zugleich das Verhältnis der Gefahrenabwehr des Bodenschutzrechts (§ 4 BBodSchG) zu den Anforderungen in den Fachgesetzen (§ 17 Abs. 3 BBodSchG). Eine besondere Bedeutung in der Analyse kommt § 17 Abs. 2 BBodSchG nicht zuletzt deswegen zu, weil § 5 Abs. 2 BNatSchG direkt auf die Anforderungen nach § 17 Abs. 2 BBodSchG verweist. Die Erwartungen an die darin enthaltenen Anforderungen werden jedoch vollends enttäuscht. Die

---

[872] *Frenz*, NuR 2004, 642 [643]; *Möckel*, DVBl. 2017, 192 [195].
[873] Vgl. die Antwort der Bundesregierung, BT-Drs. 13/6701, S. 65, auf die Stellungnahme des Bundesrates, BT-Drs. 13/6701, S. 55.
[874] Diese Ansicht vertritt beispielsweise *Frenz*, NuR 2004, 642 [648].

meisten Grundsätze der guten fachlichen Praxis des Bodenschutzrechts sind – wie auch die des Naturschutzrechts – wenig konkret und daher als konkrete Handlungsanleitungen für die landwirtschaftliche Bewirtschaftungspraxis ungeeignet. Ein beiden (§ 5 Abs. 2 BNatSchG, § 17 Abs. 2 BBodSchG) gemeines Problem könnte darin liegen, dass eine Konkretisierung der Grundsätze aktuell nicht möglich ist, weil dafür notwendige, evaluierte Daten auf Bundes-, Landes- und Regionalebene fehlen.[875] Der Bundesregierung ist insofern zuzugestehen, dass ohne eine genaue Analyse von Feld- und Labordaten weder im Boden- noch Naturschutzrecht eine rechtssichere Konkretisierung und damit auch der Vollzug von bewirtschaftungsreglementierenden Grundsätzen möglich ist. Das Problem aber dadurch zu lösen, dass vorherrschende Standortbedingungen, Bodenbeschaffenheiten etc. fachlich nicht untersucht werden und Landwirten keine konkreten Bewirtschaftungsanweisungen an die Hand zu geben, erzeugt ebenso wenig Rechtssicherheit im Boden- und Naturschutzrecht. Als Folge werden die Privilegierungen des Naturschutzrechts aufgrund ihrer Abhängigkeit von der Einhaltung der Grundsätze der guten fachlichen Praxis des Bodenschutzrechts und des Naturschutzrechts nicht wirksam begrenzt und stellen für die landwirtschaftliche Bodennutzung eigentlich nicht beabsichtigte „echte" Privilegierungen dar. Fachliche Untersuchungen des Bodenschutzrechts[876] zeigen hingegen, dass diese Rechtsunsicherheit durch die Erhebung bzw. Analyse von Feld- und Labordaten mit der Zeit beseitigt werden könnten.

§ 13   Naturschutzrelevante Regelungen im Düngerecht

Das Düngerecht ist aufgrund der medienwirksam ausgetragenen Streitigkeiten zwischen EU-Kommission und Deutschland zur Umsetzung der Nitratrichtlinie das wohl bekannteste Umweltrechtsgebiet in der Öffentlichkeit. Das Düngerecht gehört zum Regelungskreis des Stoffrechts, weist aber durchaus Bezüge zu anderen Umweltrechtsgebieten, beispielsweise dem Bodenschutzrecht, auf.[877] Wie im Naturschutz- und Bodenschutzrecht, ist die landwirtschaftliche Bewirtschaftung im Düngerecht an die Einhaltung von Grundsätzen der guten fachlichen Praxis gebunden.

---

[875] *Ulonska*, DS 2021, 316 [316 f.].
[876] *Ulonska*, DS 2021, 316 [317 ff.] mit Verweis auf das Memorandum Feldbodenkunde vom 05.12.2012 der Deutschen Bodenkundlichen Gesellschaft/Bundesverband Boden.
[877] *Rehbinder*, in: Hansmann/Sellner, Grundzüge des Umweltrechts, Kap. 11 Rn. 229; *Härtel*, in: Koch/Hofmann/Reese, Handbuch Umweltrecht, § 15 Rn. 48 ff.

A. Ausgangslage

Pflanzen benötigen – im Gegensatz zum Menschen – für ihre Ernährung hauptsächlich organische Substanzen, die fast vollkommen aus Mineralstoffen bestehen und als Nährstoffe bezeichnet werden.[878] Sollen möglichst hohe Erträge und eine gute Qualität erzielt werden, muss das der Pflanze natürlich zur Verfügung stehende Nährstoffangebot gesteigert werden, was mittels Düngung erreicht werden kann. Dasselbe gilt nicht nur für Pflanzen, sondern auch den Boden als Nährstoffquelle. Nach der Ernte weist der Boden ein Mineralstoffdefizit auf, da die Pflanze diese Mineralstoffe im Laufe der Wachstumsphase speichert. Die Nährstoffe können dem Boden via Düngung im gleichen Maße wieder zugeführt werden, um der Pflanze optimale Wachstumsbedingungen anzubieten.[879] Während diese Nährstoffzufuhr bis zum Beginn des 20. Jahrhunderts nicht optimal gewährleistet wurde, d. h. die deutsche Landwirtschaft nährstofflimitierend wirtschaftete, hat sie sich seither aufgrund der Herstellung von mineralischem Stickstoffdünger und importierter Düngemittel (z. B. Phosphor) in eine Nährstoffüberschusswirtschaft gewandelt.[880] Mit der Folge, dass zu viele Nährstoffe im Umlauf sind und die Umwelt und die menschliche Gesundheit belasten. So sorgen hohe Nitratkonzentrationen für eine Beeinträchtigung des Grundwassers als wichtigste Trinkwasserressource in Deutschland.[881] Zudem führen Stickstoffeinträge zu Überdüngung und Versauerung der Wasser- und Landökosysteme.[882] Folge davon ist ein Biodiversitätsverlust, der etwa durch die Abnahme artenreicher Wiesen, blühender Ackerrandstreifen und die Zunahme stickstoffliebender Pflanzen – auf gedüngten Wiesen der gewöhnliche Löwenzahn und Wiesen-Sauerampfer – für jedermann sichtbar ist.[883] Lachgas und Ammoniak hingegen wirken sich schädlich auf die Ozonschicht aus bzw. bilden eine Vorläufersubstanz für gesundheitsschädlichen Feinstaub.[884]

---

[878] *Welte/Timmermann*, Düngung und Umwelt, S. 1.
[879] *Welte/Timmermann*, Düngung und Umwelt, S. 1.
[880] *Möckel/Wolf*, NuR 2020, 736 [737].
[881] *Härtel*, Düngung im Agrar- und Umweltrecht, S. 55.
[882] *SRU*, Stickstoff – Sondergutachten, S. 34.
[883] *Kellermann*, Die Zukunft der Landwirtschaft, S. 35.
[884] *Salomon (SRU)*, Stellungnahme für die öffentliche Anhörung des Ausschusses für Umwelt, Landwirtschaft, Natur- und Verbraucherschutz am 08.11.2017 zum Thema: „Trotz steigender Trinkwasserkosten: CDU/FDP verweigern sachgerechte Umsetzung der Düngeverordnung"., vgl. https://www.umweltrat.de/SharedDocs/Downloads/DE/04_Stellungnahmen/2016_2020/2017_11_Anhoerung_Duengegesetzgebung.pdf?__blob=publication-File&v=2 (zuletzt aufgerufen am 28.01.2023).

Um dem vorhandenen Nährstoffüberschuss entgegenzuwirken, ist ganz im Sinne des Umwelt- und Naturschutzes mittlerweile Sinn und Zweck des Düngegesetzes ein Nährstoffgleichgewicht herzustellen.[885] Dazu gehört, die Nutzpflanzenernährung sicherzustellen, die Bodenfruchtbarkeit zu erhalten und zu verbessern (§ 1 Nr. 1, 2 DüngeG) sowie düngemittelspezifische Gesundheitsgefahren für Menschen und Tiere und Gefahren für den Naturhaushalt vorzubeugen (§ 1 Nr. 3 DüngeG). Nummer 4 legt nunmehr Wert auf die Nachhaltigkeit von landwirtschaftlichen Produktionsverfahren.[886] Die Umsetzung der Zweckbestimmung des Düngegesetzes gelingt bei der konventionellen Landwirtschaft bisher nur teilweise. Wie aus dem Nitratbericht 2020 hervorgeht, überschreiten im Berichtzeitraum 2016 – 2018 26,7 % der Grundwassermessstellen des EU-Nitratmessnetzes das Qualitätsziel der Richtlinie (50 mg/l Nitrat). Dies ist zwar eine leichte Verbesserung gegenüber dem vorherigen Berichtzeitraum, gleichzeitig ist nur eine marginale Verbesserung bei den gering bzw. unbelasteten Grundwasserkörpern zu erkennen.[887] Besser ist die Situation in Fließgewässern oder Seen, bei denen an allen Messstellen das Qualitätsziel eingehalten wurde.[888] Trotz der sich andeutenden Verbesserungen, ist die Düngeverordnung nach wie vor das Zentrum der Kritik der EU-Kommission. Zwar wurde die Düngeverordnung erst 2020 zur Umsetzung eines Urteils des Europäischen Gerichtshofs vom 21. Juni 2018[889] novelliert,[890] jedoch ist die Kritik der EU-Kommission daran geblieben. Sie bezieht sich vor allem auf die Lage der Grundwassermessstellen und die aktuelle Ausweisung von „roten Gebieten" auf Grundlage von § 13a Abs. 1 S. 2 DüV i. V. m. AVV Gebietsausweisung[891] anhand des gewählten Modellierungsansatzes.[892] Dieser

---

[885] Das alte Düngemittelgesetz hatte hingegen noch die Ertragsförderung der Landwirtschaft als Zielsetzung, vgl. § 1 Nr. 1 DüngeMG a. F. (galt bis 05.02.2009); dazu ausführlich: *Linden*, Gewässerschutz und landwirtschaftliche Bodennutzung, S. 251 f.

[886] BT-Drs. 18/7557 S. 16.

[887] *BMU/BMFEL*, Nitratbericht 2020, S. 16.

[888] *BMU/BMFEL*, Nitratbericht 2020, S. 27, 35 f.

[889] EuGH, Urt. v. 21.06.2018 – Rs. C-543/16, ZUR 2018, 470 ff.

[890] Änderung der Düngeverordnung (DüV) v. 28.04.2020 (BGBl. I S. 846).

[891] Allgemeine Verwaltungsvorschrift zur Ausweisung von mit Nitrat belasteten und eutrophierten Gebieten (AVV Gebietsausweisung – AVV GeA) vom 3. November 2020 (Banz AT 10.11.2020 B4).

[892] „Rote Gebiete" sind mit Nitrat belastete (§ 2 Nr. 1 AVV GeA) oder eutrophierte Gebiete (§ 2 Nr. 2 AVV GeA); ob Messstellen und Messnetze repräsentativ sind ist im Wege des Verursacherprinzips zu ermitteln, wobei komplexe Daten zu anthropogenen Quellen und Gefährdungspotenzialen, zur Messstellendichte, zur Ermittlung flächenhafter Ausdehnungen und den Wechselwirkungen zwischen Umweltbestandteilen relevant sind, vgl. *Asernissen*, AUR 2021, 162 [170].

bietet einerseits zu viele und neue Spielräume, um Gebiete von der Ausweisung auszunehmen, andererseits ist nicht ersichtlich, warum die Ergebnisse einer Modell-Betrachtung Grundlage für die Ausweisung der Gebiete sind und nicht die tatsächliche Belastung. Zudem haben einige Bundesländer in Umsetzung der AVV-Gebietsausweisung trotz Anzeichen von zu hohen Nährstoffeinträgen in Gewässer keine neuen roten Gebiete ausgewiesen.[893] Es wird also deutlich, dass die rechtliche Weiterentwicklung des Düngerechts aufgrund tatsächlicher (umweltschützender) Notwendigkeit und EU-Vorgaben weiterhin stetig im Wandel sein wird.

B. Instrumente des Düngerechts

Bevor Düngemittel in der landwirtschaftlichen Praxis eingesetzt werden dürfen, müssen sie formal überhaupt zugelassen worden sein und alle Anwendungsvoraussetzungen erfüllen.

I. Zulassung von Düngemitteln

Die Zulassung von Düngemitteln erfolgt nach mehreren Kriterien. Einerseits differenziert das Düngegesetz zwischen der Anwendung (§ 3 DüngeG i. V. m. § 2 DüV) und dem Inverkehrbringen (§ 5 DüngeG i. V. m. DüV) von Düngemitteln, andererseits zwischen „EG-Düngemitteln" i. S. d. § 6 DüngeG und „Nicht-EG-Düngemitteln" (Stoffe nach § 2 Nr. 1, 6 bis 8 DüngeG). Nach § 3 Abs. 1 S. 1 DüngeG dürfen Stoffe i. S. d. § 2 Nr. 1 und 6 bis 8 (= Düngemittel) nur angewandt werden, soweit sie über eine europarechtliche Typenzulassung i. S. d. Anhang 1 EG-Düngemittel-VO[894] verfügen. Diese Anwendungsvoraussetzung gilt speziell

---

[893] Vgl. Stellungnahme der Umweltorganisationen DNR, DUH, NABU, Greenpeace und WWF zum Entwurf einer allgemeinen Verwaltungsvorschrift zur Ausweisung von mit Nitrat belasteten und eutrophierten Gebieten, S. 2 f.; *BMEL*, Presseinformationsschreiben zum Schreiben vom EU-Umweltkommissar Sinkevicius an BMU und BMEL zur Umsetzung der Nitratrichtlinie, https://www.bmel.de/SharedDocs/Meldungen/DE/Presse/2021/210706-nitratrichtlinie.html (zuletzt aufgerufen am 28.01.2023); Zusammenfassung der Kritik durch https://www.agrarheute.com/politik/duengeverordnung-drohen-neue-verschaerfungen-585461 (zuletzt aufgerufen am 28.01.2023).

[894] Verordnung (EG) Nr. 2003/2003 des Europäischen Parlaments und des Rates vom 13.10.2003 über Düngemittel (ABl. L 304 S. 1), zuletzt geändert durch Art. 1 VO (EU) 2021/862 vom 28.05.2021 (ABl. L 190 S. 74), aufgehoben mit Ablauf des 15.05.2022 durch Art. 51 EU-Düngeprodukte-VO v. 05.06.2019 (ABl. L 170 S. 1); auch in der ab dem 16.07.2022 geltenden neuen Verordnung (EU) 2019/1009 des Europäischen Parlaments und des Rates vom 05.06.2019 mit Vorschriften für die Bereitstellung von EU-Düngeprodukten auf dem Markt und zur Änderung der Verordnung (EG) Nr. 1069/2009 und (EG) Nr. 1107/2009 sowie zur Aufhebung der Verordnung (EG) Nr. 2003/2003 (Text von Bedeutung für den EWR) (ABl. L 170 S. 1, ber. ABl. L 302 S. 129, 2020 ABl. L 191 S. 5 und 2021 ABl. L 382 S. 59), zuletzt geändert durch Art. 1 VO (EU) 2021/1768 (ABl. L 356 S. 8),

für EG-Düngemittel. Eine Zulassung ist insofern nur für Handelsdünger, d. h. einem Stoff, der nicht aus einem landwirtschaftlichen Betrieb stammt, erforderlich. Wirtschaftsdünger[895] hingegen bedürfen keiner Zulassung. Für alle übrigen Stoffe (Nicht EG-Düngemittel) ist neben den Voraussetzungen des § 3 DüngeG bezüglich der Anwendung auch die Zulassung zum Inverkehrbringen nach der Düngemittelverordnung auf Grundlage des § 3 Abs. 1 S. 1 Nr. 2 i. V. m. § 5 Abs. 2 oder 5 DüngeG erforderlich. Zudem müssen nicht EG-Düngemittel gem. § 5 Abs. 1 S. 1 DüngeG dazu geeignet sein, das Wachstum von Nutzpflanzen wesentlich zu fördern (Nummer 1), ihren Ertrag wesentlich zu erhöhen (Nummer 2), ihre Qualität wesentlich zu verbessern (Nummer 3) oder die Fruchtbarkeit des Bodens, insbesondere den standort- und nutzungstypischen Humusgehalt, zu erhalten oder nachhaltig zu verbessern (Nummer 4), und dürfen bei sachgerechter Anwendung die Gesundheit von Menschen und Tieren nicht schädigen und den Naturhaushalt nicht gefährden. Auf Grund der engen Verzahnung zwischen § 3 und § 5 DüngeG unterscheidet die Düngemittelverordnung beide Zulassungsvoraussetzungen nicht, sondern regelt primär die Anwendung von Düngemitteln unter der Beachtung des § 5 DüngeG (Inverkehrbringen – „vorbehaltlich").[896]

II. Anwendung von Düngemitteln
Die Anwendung von Düngemitteln muss nicht nur zugelassen werden, vielmehr sind bei der Anwendung selbst Voraussetzungen zu beachten. Wie auch schon im Natur- und Bodenschutzrecht, spielt die Einhaltung der Grundsätze der guten fachlichen Praxis eine entscheidende Rolle.

1. § 3 DüngeG – Anwendung von Düngemitteln nach guter fachlicher Praxis
Die Anwendung von Düngemitteln steht unter anderem unter der Voraussetzung der Anwendung der „guten fachlichen Praxis" (§ 3 Abs. 2-4 DüngeG) als allgemeiner Standard der landwirtschaftlichen Bodennutzung, welcher auch im Bodenschutz-, Naturschutz- und Pflanzenschutzrecht zugrunde gelegt wird.[897] Die „gute fachliche Praxis" wird maßgeblich durch die Düngeverordnung[898] konkre-

---

werden die Düngemittel, die über eine europarechtliche Typenzulassung verfügen in Anhang 1 geregelt.

[895] Darunter versteht man die in der Landwirtschaft anfallenden Reststoffe wie Stallmist, Gülle, Jauche Kompost oder Stroh, vgl. § 2 Abs. 1 Nr. 2 DüngeG.

[896] *Kloepfer*, Umweltrecht, § 19 Rn. 351 ff.

[897] Siehe dazu im 2. Kapitel § 6 B und im 4. Kapitel § 12 und § 14; *Müller*, NuR 2002, 530 [531].

[898] Neben der Düngeverordnung enthalten die Tierische Nebenprodukte-Beseitigungsverordnung (TierNebV) vom 27.07.2006 (BGBl. I S. 1735) und die Verordnung über das Inver-

tisiert. § 3 Abs. 2 S. 1 DüngeG ordnet generell die Anwendung der guten fachlichen Praxis an, wohingegen Satz 2 als Ziel die Versorgung der Pflanzen mit notwendigen Nährstoffen sowie die Erhaltung und Förderung der Bodenfruchtbarkeit zur Sicherung der Versorgung der Bevölkerung mit qualitativ hochwertigen Erzeugnissen festlegt. Als Rahmenbedingungen bestimmt Satz 3, dass Art, Menge und Zeitpunkt der Anwendung von Düngemitteln am Bedarf der Pflanzen und des Bodens ausgerichtet werden müssen. Behördliche Anordnungen zur Einstellung von Düngemaßnahmen, die gegen § 3 DüngeG, gegebenenfalls in Verbindung mit der Düngeverordnung, verstoßen, können auf Grundlage von § 13 S. 2 Nr. 1 DüngeG i. V. m. § 13 DüV erfolgen. Darüber hinaus kann das vorsätzliche oder fahrlässige Zuwiderhandeln gegen eine Anordnung oder Anforderungen nach § 3 DüngeG bzw. der Düngeverordnung über das Ordnungswidrigkeitenrecht sanktioniert werden, vgl. § 14 Abs. 2 Nr. 1 lit. a) bis c) DüngeG i. V. m. § 14 DüV.

2. § 11a DüngeG – Gebot der Beachtung der guten fachlichen Praxis im Betrieb

Der 2017 eingeführte § 11a Abs. 1 DüngeG zielt im Gegensatz zu § 3 DüngeG nicht nur auf eine effiziente und pflanzenbedarfsgerechte Düngung ab – wie sie vor allem in Ackerbaubetrieben anzuwenden ist – sondern dient dem „ressourcenschonenden und nachhaltigen Umgang mit Nährstoffen im Gesamtbetrieb".[899] Die Regelung wurde erforderlich, um nicht nur den Einsatz von Düngemitteln auf der landwirtschaftlichen Fläche zu steuern, sondern auch die Nährstoffzufuhr über Futtermittel und landwirtschaftliche Nutztiere in tierhaltenden Betrieben zu erfassen. Auch § 11a DüngeG verlangt nach Absatz 1 Satz 1, dass der Umgang mit Nährstoffen nach guter fachlicher Praxis zu erfolgen hat, ohne zu definieren, was unter der guten fachlichen Praxis zu verstehen ist. Aus Zwecken der Konkretisierung der guten fachlichen Praxis wurde am 14.12.2017 jedoch die Verordnung über den Umgang mit Nährstoffen im Betrieb und betriebliche Stoffstrombilanzen (StoffBilV)[900] auf Grundlage des Absatzes 2 erlassen. Behördliche Anordnungen zur Einstellung von Düngemaßnahmen, die gegen § 11a DüngeG, gegebenenfalls i. V. m. der Düngeverordnung, verstoßen, können auf Grundlage von § 13 S. 1, 3 DüngeG i. V. m. § 13 DüV erfolgen. Darüber hinaus kann das vorsätzliche oder

---

kehrbringen und Befördern von Wirtschaftsdünger vom 21.07.2010 (BGBl. I S. 1062) weitere Konkretisierungen.

[899] BT-Drs. 18/7557 S. 19.

[900] Verordnung über den Umgang mit Nährstoffen im Betrieb und betriebliche Strombilanzen (Stoffstrombilanzverordnung – StoffBilV) vom 14. Dezember 2017 (BGBl. I S. 3942, ber. BGBl. I 2018 S. 360), zuletzt geändert durch Art. 98 PersonengesellschaftsmodernisierungsG (MoPeG) vom 10.08.2021 (BGBl. I S. 3436).

fahrlässige Zuwiderhandeln gegen eine Anordnung oder Anforderungen nach § 11a DüngeG bzw. der Düngeverordnung über das Ordnungswidrigkeitenrecht sanktioniert werden, vgl. § 14 Abs. 2 Nr. 1 lit. a) DüngeG i. V. m. § 14 DüV.

3. Düngeverordnung

Die Düngeverordnung konkretisiert detailliert den Begriff der guten fachlichen Praxis. Im Mittelpunkt steht § 3 DüV (Grundsätze für die Anwendung von Düngemitteln, Bodenhilfsstoffen, Kultursubstraten und Pflanzenhilfsmitteln), der entgegen dem Wortlaut („Grundsätze") seiner amtlichen Überschrift rechtsverbindliche, unmittelbar wirksame Handlungsanweisungen enthält.[901] Die vorliegende Untersuchung beschränkt sich weitestgehend auf die Anwendungsgrundsätze nach § 3 DüV.

a. § 3 Abs. 1 DüV – Allgemeine Anwendungsgrundsätze

§ 3 Abs. 1 S. 1 DüV enthält zunächst den Grundsatz, dass die Düngung auf ein „Gleichgewicht zwischen dem voraussichtlichen Nährstoffbedarf der Pflanzen einerseits und der Nährstoffversorgung aus dem Boden andererseits" auszurichten ist, welcher wörtlich aus der Nitratrichtlinie (Anhang III Nr. 1 Ziff. 3) übernommen worden ist. Ziel der „Gleichgewichtsregel" ist eine optimale Pflanzenernährung zur Erlangung von (aus landwirtschaftlicher Sicht) optimalen Erträgen, welche auch durch Satz 3 bis 5 bezweckt wird.[902] So sind nach Satz 3 Aufbringungszeitpunkt und -menge so zu wählen, dass die Nährstoffe den Pflanzen „möglichst zeitgerecht" zur Verfügung stehen. Wie der Verordnungsbegründung zu entnehmen ist, ist für die Pflanzenernährung auch die für die Mineralisierung von Stickstoff erforderliche Zeit zu berücksichtigen, was in Satz 5 durch das Gebot der Berücksichtigung der „Erfordernisse der Erhaltung der Bodenfruchtbarkeit" zum Ausdruck kommt.[903] Seit der Novelle der Düngeverordnung 2017, müssen neben dem Gleichgewicht zwischen Stickstoffbedarf und -versorgung die Standortbedingungen berücksichtigt werden (§ 3 Abs. 1 DüV). Die Wiedereinführung der bereits in § 1a Abs. 2 DMG 1977[904] enthaltenen Regelung, hat erhebliche

---

[901] Dies ergibt sich aus den in § 3 DüV gewählten Formulierungen „sind auszurichten", „hat zu ermitteln", „hat anzuordnen".

[902] Die Erlangung von optimalen Erträgen war bereits das Ziel der DüV 1996, wohingegen ökologische Aspekte keine Rolle spielten, wie das Sondergutachten „Konzepte einer dauerhaft-umweltgerechten Nutzung ländlicher Räume" des Rates von Sachverständigen für Umweltfragen 1996 feststellte, vgl. BT-Drs. 13/4109, S. 76 f.

[903] BR-Drs. 148/17, S. 98.

[904] Düngemittelgesetz vom 15.11.1977 (BGBl. I S. 2134), aufgehoben mit Ablauf des 05.02.2009 durch Düngegesetz v. 09.01.2009 (BGBl. I S. 54, ber. S. 136).

Probleme hervorgerufen. So können an bestimmten Standorten kritische Nährstoffgehalte im Grundwasser nur verhindert werden, wenn Landwirte deutlich unterhalb des Nährstoffbedarfs düngen, sodass sich die Frage stellt, ob die damit verbundenen Ertragsverluste von den Landwirten hinzunehmen sind.[905] Vorteil einer Differenzierung anhand von Standortmerkmalen (z. B. Bodentypen, Topografie, Niederschlagswerte, Biotoptypen und ihr Erhaltungszustand) ist, dass entsprechend den jeweiligen Düngeanforderungen Kategorien gebildet werden können. Der Gesetzgeber unterscheidet bisher nur zwischen stark humosen und weniger humosen Böden (§ 4 Abs. 1 Nr. 4 i. V. m. Tabelle 6 in Anlage 4 DüV) und orientiert sich bei den Gewässerabständen an der Hangneigung (§ 5 Abs. 3 DüV), sodass noch keine ausreichende normative Komplexität gegeben ist, um den landwirtschaftlichen Betrieben Handlungs- und Rechtssicherheit in Bezug auf Standortmerkmale zu geben.[906] Zuletzt enthält § 3 Abs. 1 S. 2 Hs. 2 DüV den Grundsatz, dass Aufbringungszeitpunkt und -menge so zu wählen sind, dass „Einträge in oberirdische Gewässer und das Grundwasser vermieden werden". Dabei ist der Begriff des „Vermeidens" im Sinne von Anhang II Punkt A Ziff. 6 Nitratrichtlinie so auszulegen, dass die Nährstoffverluste in die Gewässer auf ein „annehmbares Maß" beschränkt bleiben.

b. § 3 Abs. 2 DüV – Verpflichtung zur schriftlichen Ermittlung des Düngebedarfs

Auch wenn im deutschen Düngerecht im Gegensatz zu anderen EU-Mitgliedstaaten[907] keine kulturspezifisch festgelegten Düngungsobergrenzen geregelt sind, besteht immerhin die Verpflichtung des Anwenders von Düngemitteln zur schriftlichen Ermittlung des Düngebedarfs nach den Vorgaben des § 4 i. V. m. Anlage 4 DüV sowie die Verpflichtung zur Ermittlung des Nährstoffgehalts von Düngemitteln, vgl. § 3 Abs. 2 DüV. Dem Landwirt obliegt bis auf einige Ausnahmen in Satz 2 bis 4, die Verpflichtung vor dem Aufbringen „wesentlicher Nährstoffmen-

---

[905] Zu einer ausführlichen Darstellung der verschiedenen Ansichten, vgl. *Douhaire*, Rechtsfragen der Düngung, S. 132.

[906] *Möckel/Wolf*, NuR 2020, 736 [745]; diese Ansicht teilt der EuGH in seinem Urteil vom 21.06.2018 (ZUR 2018, 470 ff. - Rn. 88, 90) in Bezug auf die Umsetzung der Nährstoffgleichgewichtsregel nach Art. 5 Abs. 4 i. V. m. Anhang III Nr. 1 Ziff. 3 Nitratrichtlinie.

[907] Dazu gehören Dänemark, die Niederlande und Belgien (Flandern), vgl. *BLAG DüV*, Evaluierung, S. 13 f., 237 ff.

gen"[908] den Düngebedarf an Stickstoff und Phosphor im Sinne von § 2 Nr. 10 DüV für jeden Schlag oder Bewirtschaftungseinheit zu ermitteln und diesen daraufhin nach den Anforderungen des § 10 Abs. 1 Nr. 1 DüV aufzuzeichnen. Dazu ist gem. § 3 Abs. 4 DüV erforderlich, dass dem Landwirt im Vorfeld der Düngung der Gehalt an Gesamtstickstoff, verfügbarem Stickstoff oder Ammoniumstickstoff und Gesamtphosphat der zur Verwendung vorgesehenen Düngemittel bekannt sind. Grund dafür ist, dass organische und organisch-mineralische Düngemittel stark schwankenden Nährstoffgehalten unterliegen und somit leicht Düngefehler unterlaufen können.[909] Grundsätzlich ist nach § 2 Nr. 9 DüV ein (vollständiges) „Abdecken" des pflanzenverfügbaren Nährstoffbedarfs vorgesehen und nicht die Gesamtnährstoffmenge entscheidend, d. h. „die Festlegung von Stickstoff in organischen Strukturen und unvermeidbare Stickstoffverluste dürfen düngebedarfssteigernd berücksichtigt werden".[910] Aus diesem Grund gewährt § 3 Abs. 5 DüV Abzüge vom Gesamtstickstoffgehalt für die organisch gebundenen Stickstoffanteile. Ferner sind die Länder gem. § 13 Abs. 2 DüV dazu befugt, durch Rechtsverordnung Vorlage-, Melde- und Mitteilungspflichten im Zusammenhang mit den Aufzeichnungen nach § 10 Abs. 1 DüV zu erlassen, soweit dies zur Überwachung und Einhaltung der düngerechtlichen Vorschriften erforderlich ist. Seit 2017 ist durch § 3 Abs. 3 DüV die Überschreitung des ermittelten Nährstoffbedarfs explizit verboten und ordnungsrechtlich mittels Bußgeldes bewehrt. Ziel dieser sog. „standortbezogenen Obergrenze" ist, dass die Landwirte die Düngebedarfsermittlung sorgfältig durchführen und keine vorsätzlichen Nährstoffverluste verursachen.[911] Im Schatten der die Nitrat betreffenden Vorgaben, regelt § 3 Abs. 6 DüV, dass bei einem Überschreiten der in Anlage 7 Tabelle 1 bis 3 festgelegten Schwellenwerte (Böden mit hoher Phosphorversorgung) phosphathaltige Düngemittel nur bis zur voraussichtlichen Nährstoffabfuhr aufgebracht werden dürfen. Sinn und Zweck der Regelung ist es, in Umsetzung der Wasser-Rahmen-RL[912], erosionsbedingte Phosphateinträge in Gewässer zu verringern so-

---

[908] Die Nutzung des Begriffs „wesentlicher Nährstoffgehalt" dient dazu, dass nährstoffabhängige Anwendungsbeschränkungen nicht bereits bei geringsten Mengen an enthaltenen Nährstoffen gelten, vgl. BR-Drs. 703/05, S. 23.

[909] BR-Drs. 148/17, S. 99; BR-Drs. 703/05, S. 25.

[910] BR-Drs. 148/17, S. 125; BR-Drs. 703/05, S. 22.

[911] BR-Drs. 148/17, S. 98 f.

[912] Richtlinie 2000/60/EG des Europäischen Parlaments und des Rates vom 23.10.2000 zur Schaffung eines Ordnungsrahmens für Maßnahmen der Gemeinschaft im Bereich der Wasserpolitik (ABl. L 327 S. 1), zuletzt geändert durch Art. 1 ÄndRL 2014/101/EU vom 30.10.2014 (ABl. L 311 S. 32).

wie knappe Phosphatressourcen zu schonen.[913] Seit der Novelle der Düngeverordnung 2020, ist die nach Landesrecht zuständige Stelle nach § 3 Abs. 6 S. 3 DüV dazu verpflichtet, im Einzelfall eine weitere Beschränkung der Phosphatdüngung anzuordnen oder diese zu untersagen, wenn zuvor festgestellt wurde, dass in Folge der Phosphatdüngung schädliche Gewässerveränderungen aufgetreten sind.[914]

4.   Erkenntnisse aus dem Düngerecht

Insbesondere die Regelungen der Düngeverordnung sind sehr detailliert. Die Grundsätze der guten fachlichen Praxis stellen an den praktizierenden Landwirt hohe Anforderungen im Bereich der Dokumentation der Ausbringung von Düngemitteln, längere Sperrfristen im Herbst und Winter und eine Reduktion der Düngemenge um 20 %. Dennoch sind die Regelungen des Düngegesetzes bzw. der Düngeverordnung 2020 der EU-Kommission nicht genug für ein nachhaltiges Nährstoffmanagement, wie sie zuletzt durch einen Brief Ende Juni 2021 zum Ausdruck brachte.[915] Kern der Kritik ist nach wie vor die Umsetzung der Nitratrichtlinie und vor allem die AVV-Gebietsausweisung. Die neuen Gebietsausweisungen der Länder bewirkten nämlich beispielsweise in Bayern, dass sich die Zahl der roten Gebiete durch neue Berechnungsmethoden halbierte.[916] Die Kritik der EU-Kommission ist bei genauerer Betrachtung der Ergebnisse des Nitratberichts 2020 im Hinblick auf den Zustand des Grundwassers berechtigt, der sich nach wie vor nicht verbessert hat. Um weitere Strafzahlungen (bis zu 850.000 € pro Tag) abzuwenden, hat sich die Bundesregierung mit der EU-Kommission auf eine neugefasste AVV-Gebietsausweisung geeinigt, die am 08.07.2022 durch den Bundesrat in seiner 1023. Sitzung beschlossen wurde.[917] Diese legt nun für die Ermittlung mit Nitrat belasteten Gebieten ein einheitliches Verfahren sowie ein Mindestmessnetz – mindestens eine Messstelle je 20 km^2 bzw. 50 km^2 (§ 4 Abs. 2

---

[913] BR-Drs. 148/17, S. 101.

[914] Die Düngeverordnung 2017 enthielt noch eine Anordnungsbefugnis der Länder und keine „Anordnungspflicht".

[915] Presseinformation zum Schreiben von EU-Umweltkommissar Sinkevičius an BMU und BMEL zur Umsetzung der Nitratrichtlinie, https://www.bmel.de/SharedDocs/Meldungen/DE/Presse/2021/210706-nitratrichtlinie.html (zuletzt aufgerufen am 28.01.2023).

[916] Berechnungen der EU-Kommission ergaben, dass bis zu 80% aller Meßstellen mit zu hohen Nitratwerten und 96 % der mit zu hohen Stickstoff- und Phosphorwerten außerhalb von roten Gebieten liegen, vgl. https://www.sueddeutsche.de/politik/nitrat-eu-ruege-deutschland-1.5345405 (zuletzt aufgerufen am 28.01.2023).

[917] *BMEL*, Pressemitteilung vom 01. Juni 2022 – Nr. 68/2022, https://www.bmel.de/SharedDocs/Pressemitteilungen/DE/2022/68-nitrat-richtlinie.html (zuletzt aufgerufen am 28.01.2023); BR-Drs. 275/22 (Beschluss).

AVV GeA) – fest.[918] Diese Änderung sollte nicht nur die Kritik der EU-Kommission entkräften, sondern auch zu mehr Akzeptanz unter den Landwirten für strenge Düngeanforderungen in ausgewiesenen gelben und roten Gebieten führen. Diese hatten sich mit zahlreichen Klagen gegen die Ausweisung roter und gelber Gebiete gewandt und dabei insbesondere das zu dünne und fehlerhafte Messstellennetz bemängelt.[919] Allgemein zeigt dies, dass strenge Umweltvorgaben an die landwirtschaftliche Bodennutzung eines starken wissenschaftlichen Fundaments bedürfen, um durch die Landwirte akzeptiert zu werden. Abschließend ist festzuhalten, dass das deutsche Düngerecht auch die kommenden Jahre noch weitere Anpassungen erfahren wird und muss, solange sich der Zustand des Grundwassers und anderer Oberflächengewässer nicht grundlegend verbessert.

C.   Rückschlüsse vom Düngerecht auf das Naturschutzrecht

Vergleichbar mit § 5 Abs. 2 BNatSchG, enthält § 3 Abs. 2 DüngeG sehr allgemein gehaltene Grundsätze der guten fachlichen Praxis, aus denen sich keine konkreten Handlungsanweisungen an den Landwirt ableiten lassen. Diese Lücke wird jedoch durch die auf Grundlage von § 3 Abs. 4 DüngeG erlassenen Düngeverordnung geschlossen. Trotz aller Kritik an einzelnen Regelungen, zeigt die Düngeverordnung in ihrer Gesamtheit, wie eine Konkretisierung der Grundsätze der guten fachlichen Praxis erfolgen kann. Damit soll nicht gesagt werden, dass die rechtliche Ausgestaltung der Düngeverordnung, ein Musterbeispiel für untergesetzliche Konkretisierung wäre. Ganz im Gegenteil: Durch die darin enthaltenen zahlreichen Ausnahmeregelungen – z. B. § 3 Abs. 2 S. 2, Abs. 3 S. 3, § 5 Abs. 1 S. 2, § 6 DüV – ist zur Genüge Raum für Umgehungsmöglichkeiten geschaffen worden. So enthält die Düngenovelle 2020 als zentrale Maßnahme die Reduzierung der Düngung in nitratbelasteten Gebieten („roten Gebieten") um 20 % unterhalb des ermittelten Düngebedarfs, welche in § 13a Abs. 2 Nr. 1 i. V. m. § 3 Abs. 3 DüV umgesetzt wurde. Eine derart drastische Reduzierung der Stickstoffdüngung, hat etwa in Dänemark zu einer erheblichen Verbesserung der Grundwasserqualität geführt.[920] Das Wirkungspotential der deutschen Regelung wird jedoch durch deren Anwendung auf den Betriebsdurchschnitt beschränkt, was dem Landwirt ermöglicht, weiter einzelne Kulturen nach maximalem Bedarf

---

[918] BR-Drs. 275/22, S. 20, 27.

[919] Siehe nur BayVGH, Beschl. v. 31.01.2022 – 13a NE 21.2474, Rn. 10; OVG Mecklenburg-Vorpommern, Urt. v. 21.10.2021 – 2 K 224/20, ZUR 2022, 37 [38].

[920] *Lausen*, Verminderte N-Intensität im Pflanzenbau – Modell Dänemark, in: VLK/BAD: 100 Jahre Düngerecht, S. 41 ff.

zu düngen bzw. sogar höher zu düngen als vorher. Dies führt letztendlich nur zu einer Umverteilung, aber nicht Reduzierung von Stickstoffverlusten.[921] Zum anderen ermöglicht es § 13a Abs. 2 Nr. 1 DüV den Landesregierungen Ausnahmen zugunsten von Dauergrünland vorzusehen, soweit deren Anteil an der Gesamtfläche der jeweiligen ausgewiesene Gebiete insgesamt 20 % nicht überschreitet und nachgewiesen ist, dass durch die Ausnahme keine zusätzliche Belastung der Gewässer durch Nitrat zu erwarten ist. Auch wenn die Landesregierungen bisher von dieser Ermächtigung noch keinen Gebrauch gemacht haben, widerspricht allein die Möglichkeit dem Ziel der Norm, die Fortsetzung des Zweitverfahrens vor dem EuGH zu verhindern.[922] Die Düngung von Dauergrünland würde zudem zu einer dem 20 Prozent-Düngeabschlag kontraproduktiven Auswaschung der Flächen führen.[923] Meist bezieht sich die Kritik an der Düngeverordnung auf Detailfragen zur Umsetzung des EuGH-Urteils vom 21.06.2018 und den Empfehlungen der EU-Kommission.[924] Dies sollte den Blick jedoch nicht dahingehend trüben, dass die Düngeverordnung ein gelungenes Gesamtpaket ist. Diese bürdet zwar sowohl den Landwirten durch die komplexen Aufzeichnungspflichten nach § 10 DüV als auch der Verwaltung durch deren Verantwortlichkeit für den effektiven Vollzug, eine starke Last auf, ist aber im Gegensatz zu den vollzugsunfähigen Grundsätzen des § 5 Abs. 2 BNatSchG immerhin ordnungsrechtlich handhabbar. Eine sich an der Düngeverordnung orientierende „Naturschutzrechtsverordnung" stellt daher eine Möglichkeit dar, die Privilegierung der Landwirtschaft im Naturschutzrecht nicht aufgeben zu müssen, aber gleichzeitig die Anforderungen für die Privilegierung durch die Konkretisierung der guten fachlichen Praxis so zu verbessern, dass sowohl die praktizierenden Landwirte durch Rechtssicherheit als auch die Verwaltung durch Vollzugsmöglichkeiten profitieren.

§ 14   Naturschutzrelevante Regelungen im Pflanzenschutzrecht

Genauso wie das Düngerecht, gehört das Pflanzenschutzrecht zum Stoffrecht. Das Pflanzenschutzrecht dient als einziges der hier untersuchten Umweltgesetze unmittelbar der „Verbesserung der landwirtschaftlichen Produktion"[925] und weckt

---

[921] BR-Drs. 98/20, S. 50.

[922] So formuliert dieses Ziel zumindest BR-Drs. 98/20, S. 58.

[923] *Douhaire*, ZUR 2019, 605 [608].

[924] Die Kritik bezieht sich diesbezüglich vor allem auf die Sperrfristen (§ 6 DüV) und die Düngung auf stark geneigten landwirtschaftlichen Flächen (§ 5 Abs. 3 DüV); im Einzelnen vgl. *Härtel*, NuR 2019, 289 [294 f.]; *Douhaire*, ZUR 2019, 605 [610].

[925] *Schiwy*, Deutsches Pflanzenschutzrecht, PflSchG, § 1 Rn. 3.

daher schon durch dieses Schutzziel die Erwartungshaltung, dass Privilegierungen der Landwirtschaft vorhanden sind.

A. Ziele des Pflanzenschutzrechts

I. Einsatz von Pflanzenschutzmitteln in der Landwirtschaft

Unter Pflanzen versteht das Pflanzenschutzgesetz alle lebenden Pflanzen und lebende Teile von Pflanzen einschließlich der Früchte und Samen, vgl. § 2 Nr. 3 PflSchG. Grundsätzlich sind Pflanzen auch allein überlebensfähig, jedoch ist die Anwendung von Pestiziden, zu denen Pflanzenschutzmittel gehören, aus agrarökonomischen Gründen in der Landwirtschaft – zumindest in einem gewissen Umfang – notwendig, um bestimmte, ungewünschte Organismen zu schädigen, zu töten oder in ihrer Ausbreitung zurückzudrängen.[926] Gleichzeitig ist die Verwendung von Pflanzenschutzmitteln wie Insektiziden und Akariziden (gegen Insekten und Spinnentieren), Herbiziden (zur Bekämpfung von Blütenpflanzen) und Fungiziden (gegen Pilze) in der Landwirtschaft – neben der bereits angesprochenen Düngeproblematik – eine wichtige Ursache für den anhaltenden Rückgang der Biodiversität in den Agrarlandschaften.[927] Diese Konfliktlage versucht das Pflanzenschutzgesetz seit dem 06.02.2012 einem angemessenen Ausgleich zuzuführen.[928] Ein Rückgang des Einsatzes von Pflanzenschutzmitteln ist dennoch bisher nicht zu erkennen. Im Gegenteil ist deren Einsatz im Zeitraum 2005 bis 2014 von etwa 35.500 t auf 46.100 t gestiegen.[929] Die Gründe für diese Entwicklung sind vielfältig. So werden beispielsweise Herbizide vermehrt zur Ernteerleichterung eingesetzt (Sikkation, Austrocknung zur Abreifebeschleunigung) oder Dauergrünland zu Ackerland umgebrochen, was den Pflanzenschutzmittelbedarf erhöht. Der Anstieg der abgesetzten Wirkstoffmengen ist dadurch belegt, dass moderne Pflanzenschutzmittelwirkstoffe zur Erzielung der gewünschten Wirkung wesentlich geringere Aufwandsmengen benötigen.[930] Der Einsatz von Pflanzenschutzmitteln ist (meist) ein „Luxusproblem". Er ist nicht unbedingt notwendig, sondern häufig Folge einer betriebswirtschaftlichen Abwägung zwischen den

---

[926] *SRU*, Umweltgutachten 2016, S. 359; *Rehbinder*, in: Rehbinder/Schink, Grundzüge des Umweltrechts, Kap. 15 Rn. 153.

[927] *Hoffmann*, Naturschutz im Land Sachsen-Anhalt, 35 [41]; Besonders signifikant ist der Rückgang vor allem unter den Feldvögeln, Wildbienen und Hummeln, Amphibien und Wildkräutern, vgl. *SRU*, Umweltgutachten 2016, S. 359.

[928] Vgl. *Rehbinder*, in: Rehbinder/Schink, Grundzüge des Umweltrechts, Kap. 15 Rn. 153.

[929] *SRU*, Umweltgutachten 2016, S. 362 f.; je nach Witterung und Jahreszeit unterliegen die jährlichen Absatzzahlen jedoch erheblichen Schwankungen.

[930] *SRU*, Umweltgutachten 2016, S. 362 f.

Kosten des Pflanzenschutzmitteleinsatzes und alternativer Maßnahmen bzw. dem Verzicht auf Pflanzenschutzmittel.[931]

II. Ziele des Pflanzenschutzgesetzes

Um den Einsatz von Pflanzenschutzmitteln perspektivisch zu verringern, muss durch die EU-Mitgliedsstaaten in Umsetzung der Pflanzenschutz-Rahmenrichtlinie 2009/128/EG[932] seit 2014 gewährleistet werden, dass die Anwender von Pflanzenschutzmitteln dem Prinzip des integrierten Pflanzenschutzes folgen.[933] Deutschland setzt diese Vorgaben durch das Pflanzenschutzgesetz um, wobei unter integriertem Pflanzenschutz i. S. d. Pflanzenschutzgesetzes eine Kombination von Verfahren zu verstehen ist, bei denen unter vorrangiger Berücksichtigung biologischer, biotechnischer, pflanzenzüchterischer sowie anbau- und kulturtechnischer Maßnahmen die Anwendung chemischer Pflanzenschutzmittel auf das notwendige Maß beschränkt wird, zu verstehen ist (§ 2 Nr. 2 PflSchG).[934] Das deutsche Pflanzenschutzrecht enthält im Wesentlichen zwei Schutzziele, die in § 1 PflSchG normiert sind. Zunächst wird in § 1 Nr. 1 PflSchG der Schutz der Pflanzen, insbesondere Kulturpflanzen, vor Schadorganismen und nicht parasitären Beeinträchtigungen angestrebt. Gleichzeitig bezweckt § 1 Nr. 1 PflSchG eine Verbesserung der Produktion in der Land- und Forstwirtschaft. Ziele sind, das Allgemeininteresse der „Versorgungssicherheit" und das individuelle Vermögensinteresse des Landwirts zu befriedigen.[935] In diesem Zusammenhang erklärt sich, dass auch Pflanzenerzeugnisse gem. § 1 Nr. 2 PflSchG in den Schutzbereich des Gesetzes mit einbezogen werden. Pflanzenerzeugnisse sind nach § 2 Nr. 4 PflSchG definiert als alle Erzeugnisse pflanzlichen Ursprungs, die nicht oder nur

---

[931] Als alternative Maßnahmen kommen etwa eine andere Fruchtfolgegestaltung, die Auswahl resistenter Sorten, eine andere Saatzeit oder mechanische Verfahren zur Unkrautregulierung, vgl. *SRU*, Umweltgutachten 2016, S. 361 ff.

[932] Richtlinie 2009/128/EG des Europäischen Parlaments und des Rates vom 21.10.2009 über einen Aktionsrahmen der Gemeinschaft für die nachhaltige Verwendung von Pestiziden (Text von Bedeutung für den EWR), (ABl. L 309 S. 71; berichtigt in ABl. L 161 vom 29.06.2010, S. 11), zuletzt geändert durch VO (EU) 2019/1243 des EP und des Rates vom 20.06.2019 (Abl. L 198 S. 241).

[933] Das Konzept des integrierten Pflanzenschutzes sieht vor, dass vorbeugende und nicht-chemische Maßnahmen genutzt werden, um den Einsatz von Pflanzenschutzmitteln zu verringern, vgl. Anhang 3 RL 2009/128/EG des Europäischen Parlaments und des Rates vom 21.10.2009.

[934] Das PflSchG 2012 behält damit die bisherige Definition des PflSchG 1998 bei und übernimmt nicht die Definition des Art. 3 RL 2009/128/EG, stimmt aber inhaltlich mit dieser überein, vgl. BR-Drs. 520/11, S. 88.

[935] *Schiwy*, Deutsches Pflanzenschutzrecht, PflSchG, § 1 Rn. 3.

durch einfache Verfahren, wie Trocknen oder Zerkleinern, bearbeitet oder verarbeitet worden sind, ausgenommen verarbeitetes Holz.[936] Das Pflanzenschutzrecht ist auf diese Produkte dann nicht mehr anwendbar, wenn die Stufe der Be- und Verarbeitung durch einfache Verfahren überschritten wird.[937] Aber nicht nur der Schutz der Pflanzen selbst wird durch das Gesetz bezweckt. Ebenso wird der Schutz von Mensch und Tier sowie dem Naturhaushalt vor Gefahren für ihre Gesundheit, die durch die Anwendung von Pflanzenschutzmitteln oder durch andere Maßnahmen des Pflanzenschutzes entstehen, angestrebt (§ 1 Nr. 3 PflSchG). Nummer 3 zeigt insofern den Unterschied zum Naturschutzrecht. Während Gegenstand beider Rechtsgebiete der Schutz von Pflanzen ist, schützt das eine (Pflanzenschutzrecht) den Menschen vor Gefahren, das Naturschutzrecht die Pflanzen vor den menschlichen Einflüssen.[938] Zuletzt ist nach § 1 Nr. 4 PflSchG noch Zweck des Pflanzenschutzgesetzes Rechtsakte der Europäischen Gemeinschaft oder der Europäischen Union im Anwendungsbereich dieses Gesetzes durchzuführen. Diesem Zweck kommt angesichts der Tatsache, dass die Mitgliedsstaaten ohnehin zu rechtsharmonisierenden Maßnahmen verpflichtet sind lediglich klarstellende Bedeutung zu.[939] Insgesamt sollen Pflanzenschutzmittel also „so weit wie nötig, aber so gering wie möglich" eingesetzt werden.[940] Daraus wird deutlich, dass im Pflanzenschutzrecht im Gegensatz zu den (meisten) anderen Materien des Umweltrechts nicht der Vorsorgegrundsatz, sondern die Gefahrenabwehr im Vordergrund steht.[941]

III. Fazit

Das Pflanzenschutzrecht überschneidet sich zwar im Schutzgegenstand – den Pflanzen – mit dem Naturschutzrecht, verfolgt jedoch einen anderen Sinn und Zweck. Auch die Art und Weise der Zielerreichung – Gefahrenabwehr, statt Vorsorge – sind verschieden. Dennoch ist das Pflanzenschutzrecht ein Baustein für die Herstellung von mehr Biodiversität in Agrarlandschaften. Es bedient sich –

---

[936] Die in § 2 Nr. 3 PflSchG enthaltenen Beispiele sind nicht abschließend. Zu den Pflanzenerzeugnissen gehören auch gem. Art. 3 Nr. 6 VO (EG) 1107/2009 aus Pflanzen gewonnene Erzeugnisse, unverarbeitet oder durch einfache Verfahren wie Mahlen, Trocknen oder Pressen bearbeitete.

[937] Düsing/Martinez/*Köpl* [PflSchG] § 2 Rn. 8.

[938] *Köpl*, in: Dombert/Witt, Agrarrecht, § 19 Rn. 13.

[939] Düsing/Martinez/*Köpl* [PflSchG] § 1 Rn. 4.

[940] *Borwieck*, ZUR 2017, 387 [390].

[941] Düsing/Martinez/*Köpl* [PflSchG] Vorbemerkung Rn. 2.

wie die nachfolgende Untersuchung zeigen wird – teilweise ähnlichen rechtlichen Prinzipien wie das Naturschutzrecht.

B. Anwendung von Pflanzenschutzmitteln

Das Pflanzenschutzgesetz enthält in den Abschnitten 2 bis 4 die Voraussetzungen für die Anwendung von Pflanzenschutzmitteln. Zunächst enthalten die §§ 3-8 PflSchG konkrete Anforderungen für die Durchführung von Pflanzenschutzmaßnahmen, §§ 9-11 PflSchG personenbezogene Anforderungen und zuletzt §§ 12-22 PflSchG konkrete Vorschriften für die Anwendung von Pflanzenschutzmitteln.

I. § 3 PflSchG – Die gute fachliche Praxis im Pflanzenschutzrecht

Auch im Pflanzenschutzrecht wird versucht die Konflikte zwischen ökonomischen und ökologischen Belangen durch die gute fachliche Praxis zu lösen. Dieses rechtliche Mittel, ist gerade im Bereich der Landwirtschaft relevant, da dort Pflanzenschutzmittel zur Schädlingsbekämpfung intensiv eingesetzt werden.

1. Konfliktbewältigung durch die gute fachliche Praxis

Nach § 3 Abs. 1 S. 1 PflSchG dürfen Pflanzenschutzmaßnahmen nur nach guter fachlicher Praxis durchgeführt werden. Sinn und Zweck dieser sog. „Pflichtengeneralklausel" ist es die ökologischen Risiken, die mit dem Einsatz von Pflanzenschutzmitteln einhergehen, zu minimieren, mithin einen Ausgleich zwischen agrarökonomischen und ökologischen Belangen herzustellen.[942] Neben dem im Umweltrecht dominierenden Vorsorgeprinzip tritt im Pflanzenschutzrecht daneben der Grundsatz der Gefahrenabwehr. Beispielhaft dafür steht eine Entscheidung des Bayerischen Verwaltungsgerichtshofs, wonach dem Anwender von Pflanzenschutzmitteln auf einem Acker die Pflicht obliegt einen Eintrag von Pflanzenschutzmitteln durch Abdrift auf benachbarte Grundstücke (hier das eines Kindergartens), etwa durch die Einhaltung bestimmter Abstände zu Grundstücken oder die Verwendung von Geräten, die einen Abdrift verhindern, aktiv entgegenzuwirken.[943]

---

[942] *Rehbinder*, in: Hansmann/Sellner, Grundzüge des Umweltrechts, Kap. 11 Rn. 194.

[943] Der BayVGH (Beschl. v. 19.05.2021 – 15 CS 21.1147) differenziert hierbei zwischen dem Aufbringen von Pflanzenschutzmitteln auf Obstbäumen (Raumkultur) und Äckern (Flächenkultur), vgl. NVwZ-RR 2021, 710 [711]; zu den Anforderungen an die Ausbringung von Pflanzenschutzmitteln auf Obstbäume in der Nähe von Wohnbebauung, vgl. OVG Lüneburg, Urt. v. 12.06.2018 – 1 LB 141/16, BeckRS 2018, 14406; VG Sigmaringen, Urt. v. 25.04.2018 – 2 K 5731/16, BeckRS 2018, 19807.

2. Konkrete Anforderungen der guten fachlichen Praxis

Der Anforderungskatalog an die Grundsätze in § 3 Abs. 1 S. 2 PflSchG ist grundsätzlich offen für den Eintrag von wissenschaftlichen Erkenntnissen bis hin zu den Erfahrungen von Praktikern.[944] Dies setzt voraus, dass Pflanzenschutzmaßnahmen „in der Wissenschaft als gesichert gelten, aufgrund praktischer Erfahrungen als geeignet, angemessen und notwendig anerkannt sind, von der amtlichen Beratung empfohlen werden und den sachkundigen Anwendern bekannt sind (nach der Bekanntmachung der „Grundsätze zur Durchführung der guten fachlichen Praxis im Pflanzenschutz", vgl. Absatz 2)".[945] Zu den konkreten Vorgaben gehört gem. § 3 Abs. 1 S. 2 Nr. 1 PflSchG zunächst, dass die allgemeinen Grundsätze des integrierten Pflanzenschutzes des Anhangs III RL 2009/128/EG einzuhalten sind. Mit der Einführung des integrierten Pflanzenschutzes wollte der Gesetzgeber – ausweislich der Gesetzesbegründung – einen wesentlichen Beitrag zur „Nationalen Strategie zur biologischen Vielfalt" und zur Strategie des Bundesministeriums für Ernährung und Landwirtschaft für die Erhaltung und nachhaltige Nutzung der biologischen Vielfalt für die Ernährung, Land-, Forst- und Fischereiwirtschaft leisten.[946] Ob dies gelungen ist, darf aufgrund des „Indikatorenbericht[s] 2019" bezweifelt werden.[947] Es ist zwar positiv hervorzuheben, dass sich kein Indikator in den Berichtsjahren 2005 bis 2015 verschlechtert hat. Jedoch ist eine Verbesserung nur beim Teilindikator „Wälder" eingetreten, wohingegen der Indikator Agrarland nach wie vor nur 59 % des Zielwerts im Jahr 2030 erreicht.[948] Ein Grund könnte darin zu sehen sein, dass weder die Richtlinie 2009/128/EG noch das Pflanzenschutzgesetz wissenschaftlich hergeleitete Schadschwellen festlegen und das obwohl nach Anhang III Nr. 3 Richtlinie 2009/128/EG nur beim Überschreiten von diesen chemische Pflanzenschutzmittel eingesetzt werden dürfen.[949]

---

[944] Dies ergibt sich aus dem Wortlaut von § 3 Abs. 1 S. 2 PflSchG „insbesondere" und dem Konkretisierungsauftrag an den Gesetzgeber in § 3 Abs. 2 PflSchG.

[945] *Metzger*, in: Erbs/Kohlhaas, Strafrechtliche Nebengesetze, PflSchG, § 3 Rn. 4.

[946] BR-Drs. 520/11 S. 90.

[947] Der Indikatorenbericht ist die Erfolgskontrolle zur Nationalen Strategie zur biologischen Vielfalt; in diesem werden die Ergebnisse aus Daten aus langfristigen Monitoringprogrammen in Form von Indikatoren dargestellt, vgl. *BMU*, Indikatorenbericht 2019, S. 4 f.

[948] *BMU*, Indikatorenbericht 2019, S. 13 f.; laut diesem erreichen 16 der 18 Indikatoren nicht die angestrebten Zielwerte, immerhin zeigen 4 Indikatoren einen statistisch signifikanten Trend hin zum Ziel; *Möckel*, ZUR 2014, 14.

[949] *Möckel*, ZUR 2014, 14 [20].

Einen weiteren Eckpunkt enthält § 3 Abs. 1 S. 2 Nr. 2 PflSchG, wonach Pflanzen und Pflanzenerzeugnisse durch vorbeugende Maßnahmen, durch die Verhütung der Einschleppung oder Verschleppung von Schadorganismen, die Abwehr oder die Bekämpfung von Schadorganismen und die Förderung natürlicher Mechanismen zur Bekämpfung von Schadorganismen gesund zu erhalten sind. Grundsätzlich sollten Anbausysteme, Kulturarten und Fruchtfolgen dem Standort angepasst werden. Deren Auswahl und Gestaltung sollte den Befall durch Schadorganismen nicht fördern, auch um der Bildung von schädlichen Stoffen, wie Mykotoxinen vorzubeugen.[950] Kommt es dennoch zu einem Befall, sind nichtchemische Abwehr- oder Bekämpfungsverfahren zu bevorzugen.[951]

Zuletzt müssen Maßnahmen zum Schutz vor sowie der Abwehr von Gefahren getroffen werden, die durch die Anwendung, das Lagern und den sonstigen Umgang mit Pflanzenschutzmitteln oder durch andere Maßnahmen des Pflanzenschutzes, insbesondere für die Gesundheit von Mensch und Tier sowie den Naturhaushalt einschließlich des Grundwassers, entstehen können, vgl. § 3 Abs. 1 S. 2 Nr. 3 PflSchG. Zur Durchsetzung dieser Pflichten, kann die zuständige Behörde nach § 3 Abs. 1 S. 3 PflSchG Maßnahmen anordnen, die im Falle einer Nichtbefolgung sanktionsbewehrt sind gem. § 68 Abs. 1 Nr. 1 Var. 1 PflSchG. Wurden die Grundsätze der guten fachlichen Praxis jedoch nicht durch behördliche Anordnungen konkretisiert, sind diese nicht bußgeldbewehrt.[952] Anordnungen nach § 3 Abs. 1 S. 3 PflSchG im Wege der Allgemeinverfügung können sich aber auf die veröffentlichten Grundsätze der guten fachlichen Praxis beziehen.[953]

Nach § 3 Abs. 2 PflSchG ist „das Bundesministerium für Ernährung und Landwirtschaft ermächtigt unter Beteiligung der Länder und unter Berücksichtigung des Anhangs III der Richtlinie 2009/128/EG, des Standes der wissenschaftlichen Erkenntnisse sowie unter Berücksichtigung der Erfahrungen der Pflanzenschutzdienste und des Personenkreises, der Pflanzenschutzmaßnahmen durchführt, sowie der in Absatz 1 Satz 2 Nummer 2 und 3 genannten Maßnahmen, Grundsätze für die Durchführung der guten fachlichen Praxis im Pflanzenschutz" zu erstellen.[954] Zur Ausfüllung des Begriffes der guten fachlichen Praxis sind daher im

---

[950] *BMELV*, Gute fachliche Praxis im Pflanzenschutz, S. 16.
[951] *BMELV*, Gute fachliche Praxis im Pflanzenschutz, S. 30.
[952] *Metzger*, in: Erbs/Kohlhaas, Strafrechtliche Nebengesetze, PflSchG, § 3 Rn. 8.
[953] Düsing/Martinez/*Köpl* [PflSchG] § 3 Rn. 7.
[954] *BMELV*, Gute fachliche Praxis im Pflanzenschutz, BAnz. Nr. 76a vom 21.05.2010; zuletzt konkretisiert durch die Bekanntmachung über die Mindestabstände bei der Anwendung von Pflanzenschutzmitteln zum Schutz von Umstehenden und Anwohnern vom 27.04.2016, die

Kern sowohl der derzeitige Stand der wissenschaftlichen als auch in der Praxis gewonnenen Erkenntnisse miteinzubeziehen.[955] Im Gegensatz zu § 3 Abs. 3 DüngeG enthält das Pflanzenschutzgesetz keine Verordnungsermächtigung zur Konkretisierung der guten fachlichen Praxis. Die im Bundesanzeiger bekannt gegebenen Grundsätze stellen vielmehr nur unverbindliche Leitlinien im Verhältnis zu den Anwendern dar, die von den Gerichten und Behörden zur Beurteilung der durchgeführten Pflanzenschutzmaßnahmen herangezogen werden können.[956] So stellte der Bayerische Verwaltungsgerichtshof etwa fest, dass bei der Ausbringung von Pflanzenschutzmitteln dem Anwender von Pflanzenschutzmitteln die Pflicht obliege Abdrift, soweit technisch möglich, zu verhindern. Dies ergebe sich aus der „Bekanntmachung über die Mindestabstände bei der Anwendung von Pflanzenschutzmitteln zum Schutz von Umstehenden und Anwohnern".[957] Ebenso lässt sich aus § 3 Abs. 2 PflSchG schließen, dass den Ländern keine Regelungsspielräume zur Konkretisierung der Grundsätze der guten fachlichen Praxis nach § 3 Abs. 1 S. 2 PflSchG verbleiben, da der Bund von seiner konkurrierenden Gesetzgebungskompetenz abschließend Gebrauch gemacht hat.[958] Insgesamt sind die Grundsätze der guten fachlichen Praxis rechtssystematisch als Rezeptionsbegriffe einzuordnen.[959]

3. Vergleich der Grundsätze der guten fachlichen Praxis des Pflanzenschutzes mit denen des Naturschutzes

Der Einsatz von Pflanzenschutzmitteln in der Landwirtschaft ist im Pflanzenschutzgesetz, wie in den anderen Agrarumweltgesetzen, abhängig von der Einhaltung der guten fachlichen Praxis im Pflanzenschutz. Parallel zu den Grundsätzen der guten fachlichen Praxis des Naturschutzrechts ist diese durch Regelbeispiele im Pflanzenschutzgesetz konkretisiert. Eine die gute fachliche Praxis darüber hinaus konkretisierende Rechtsverordnung wie die Düngeverordnung, existiert im Pflanzenschutzrecht hingegen nicht. Die im Bundesanzeiger veröffentlichten Leitlinien bieten im Verhältnis zu den Grundsätzen der guten fachlichen Praxis im Naturschutzgesetz einen Mehrwert, bestehen jedoch auch nur aus unbestimm-

---

der Zulassung von Pflanzenschutzmitteln zugrunde gelegt werden, veröffentlicht im BAnz. am 20.05.2016 (BVL 16/02/02).

[955] Düsing/Martinez/*Köpl* [PflSchG] § 3 Rn. 2, 6.

[956] *BMELV*, Gute fachliche Praxis im Pflanzenschutz, S. 5; Dies wird auch durch den Wortlaut der Grundsätze deutlich: „Allgemeine Grundregeln", „Empfehlungen" etc.

[957] VGH München, Beschl. v. 19.05.2021 – 15 CS 21.1147, NVwZ-RR 2021, 710 [711].

[958] *Möckel*, DÖV 2017, 192 [197].

[959] Düsing/Martinez/*Köpl* [PflSchG] § 3 Rn. 6.

ten Rechtsbegriffen ohne konkrete Handlungsdirektiven an die Landwirte. So erinnert zum Beispiel die Leitlinie zur Bodenbearbeitung an den Grundsatz aus § 17 Abs. 2 Nr. 1 BBodSchG, indem „Die Bodenbearbeitung [...] standortgerecht und situationsbezogen so gestaltet werden [sollte], dass der Befall durch Schadorganismen nicht gefördert wird, auch um der Bildung von schädlichen Stoffen wie Mykotoxinen vorzubeugen."[960] Ein Vorteil der Grundsätze der guten fachlichen Praxis des Pflanzenschutzes gegenüber denen des Naturschutzes ist, dass die zuständige Behörde gem. § 3 Abs. 1 S. 3 PflSchG immerhin Maßnahmen zur Erfüllung der Grundsätze anordnen kann, auch wenn diese nicht per se sanktionsbewehrt sind. Als Resümee bleibt jedoch, dass eine „Konkretisierung" von Rezeptionsbegriffen wie dem der guten fachlichen Praxis im Pflanzenschutzrecht im Bundesanzeiger in der Anwendung, Auslegung und Durchsetzung durch die Behörden keine signifikanten Vorteile gegenüber der alleinigen „Konkretisierung" im Gesetz bietet.

II.   Vorschriften zur Anwendung und Einschränkung des Einsatzes von Pflanzenschutzmitteln

Während § 12 PflSchG Bestimmungen zu den notwendigen Voraussetzungen (z. B. Zulassung) der Anwendung von Pflanzenschutzmitteln enthält, normiert § 13 Abs. 1 PflSchG das „Ob" der Anwendung von Pflanzenschutzmitteln (= Anwendungsverbote).

1.   Anwendungsvoraussetzungen von Pflanzenschutzmitteln

Grundsätzlich sind Pflanzenschutzmittel gem. § 12 Abs. 1 PflSchG nur anwendbar beim Vorliegen einer Zulassung und nur in den durch die Zulassung festgesetzten Anwendungsgebieten (Nummer 1) und den in der Zulassung festgesetzten, jeweils gültigen Anwendungsbestimmungen (Nummer 2). Ausnahmen von dem Zulassungserfordernis sind nur nach Absatz 4 und Absatz 5 möglich. Zu den zulässigen Anwendungsorten gehören nach § 12 Abs. 2 S. 1 PflSchG landwirtschaftlich genutzte Flächen, wie bewirtschaftete Flächen zum Anbau von Feldfrüchten oder Grünlandflächen zum Zwecke der Futtergewinnung.[961] Hingegen

---

[960] *BMELV*, Gute fachliche Praxis im Pflanzenschutz, S. 18.

[961] *Gabler Wirtschaftslexikon*, Stichwort: landwirtschaftlich genutzte Fläche, https://wirtschaftslexikon.gabler.de/definition/landwirtschaftlich-genutzte-flaeche-39514/version-262921 (zuletzt aufgerufen am 28.01.2023); *BMEL*, Fachbegriffe erklärt, https://www.bmel-statistik.de/hilfe/fachbegriffe-erklaert/beschreibung?tx_glossary-one_glossary%5Baction%5D=show&tx_glossaryone_glossary%5Bcontroler%5D=Term&tx_glossary-one_

zählen Landschaftselemente wie Hecken, Feldraine und Feldgehölze nicht zu landwirtschaftlichen Flächen, sodass dort die Anwendung von Pflanzenschutzmitteln verboten ist.[962] Beim Aufbringen auf landwirtschaftlichen Flächen ist zu beachten, dass diese nicht in oder nicht unmittelbar an oberirdischen Gewässern oder Küstengewässern angewandt werden dürfen, vgl. § 12 Abs. 2 S. 2 PflSchG. Eine weitere Anwendungseinschränkung enthält § 12 Abs. 3 S. 1 PflSchG dahingehend, dass Pflanzenschutzmittel, die nur für berufliche Anwender zugelassen sind, nur durch Personen angewendet werden dürfen, die sachkundig i. S. v. § 9 PflSchG sind[963] bzw. im Rahmen eines Ausbildungsverhältnisses oder einer Hilfstätigkeit unter Anleitung und Aufsicht eines Sachkundigen Pflanzenschutzmittel verwenden.

2.   Anwendungsverbote von Pflanzenschutzmitteln

Soweit Pflanzenschutzmittel schädliche Auswirkungen auf die Gesundheit von Mensch oder Tier oder auf das Grundwasser (Nummer 1) oder sonstige erhebliche Auswirkungen, insbesondere auf den Naturhaushalt, haben (Nummer 2), dürfen diese gem. § 13 Abs. 1 PflSchG nicht angewendet werden. Nahezu versteckt enthält das Pflanzenschutzgesetz in § 13 Abs. 2 S. 3 PflSchG eine Ausnahme von den Anwendungsverboten des Absatz 1. Demnach verstoßen Pflanzenschutzmaßnahmen (also auch solche der Landwirtschaft), die die Grundsätze der guten fachlichen Praxis des § 3 PflSchG einhalten, nicht gegen die Anwendungsverbote des § 13 Abs. 2 S. 1 PflSchG. Zu den Anwendungsverboten gehört unter anderem nach Nummer 2 das Verbot wild lebende Tiere der streng geschützten Arten und der europäischen Vogelarten während der Fortpflanzungs-, Aufzucht-, Mauser-, Überwinterungs- und Wanderungszeiten erheblich zu stören. Eine erhebliche Störung liegt nach § 13 Abs. 2 S. 2 PflSchG vor, wenn sich durch die Störung der Erhaltungszustand einer lokalen Population verschlechtert. Satz 4 wiederum schränkt die Ausnahme des Satz 3 insofern ein, dass sich der Erhaltungszustand einer lokalen Population einer in Halbsatz 1 aufgeführten wildlebenden Tier- oder Pflanzenart bzw. Vogelart in ihrem natürlichen Verbreitungsgebiet durch die Anwendung von Pflanzenschutzmitteln nicht verschlechtern darf. In besonderen Ausnahmefällen kann die zuständige Behörde – zum Beispiel zur Abwendung er-

---

glossary%5Bterm%5D=99&cHash=f33b8ac9419c4f325ea16388da3b7a10 (zuletzt aufgerufen am 28.01.2023).

[962] Düsing/Martinez/*Köpl* [PflSchG] § 12 Rn. 11.

[963] Dafür muss eine Person über einen von der zuständigen Behörde ausgestellten Sachkundenachweis verfügen, vgl. § 12 Abs. 1 PflSchG.

heblicher landwirtschaftlicher Schäden – im Einzelfall Ausnahmen außerhalb des Anwendungsbereichs des Absatzes 2 Satz 3 und 4 genehmigen. Dabei muss gem. Absatz 4 Satz 2 beachtet werden, dass keine anderen zumutbaren Möglichkeiten gegeben sind und sich der Erhaltungszustand der betroffenen Populationen der nach Absatz 2 Satz 1 geschützten Tier- und Pflanzenarten nicht verschlechtert bzw. nicht Art. 16 Abs. 1 RL 92/43/EWG (Flora-Fauna-Habitat-RL) strengere Anforderungen enthält. Zuletzt soll noch ein Blick auf § 14 PflSchG i. V. m. Pflanzenschutz-Anwendungsverordnung (PflSchAnwV), welche am 08.09.2021 mit strengeren Vorgaben in Gebieten mit Bedeutung für den Naturschutz und das Anwendungsverbot von Pflanzenschutzmitteln an Gewässern in Kraft getreten ist und weitergehende Anforderungen zur Anwendung von Pflanzenschutzmitteln enthält, geworfen werden. Dazu gehört beispielsweise, dass in Naturschutzgebieten oder gesetzlich geschützten Biotopen (§ 30 BNatSchG) die Anwendung von Pflanzenschutzmitteln wie Glyphosat nach § 14 Abs. 1 Nr. 1 PflSchG i. V. m. Anlage 3 Nr. 4, 5 PflSchAnwV verboten ist.[964] Zudem schreibt die Pflanzenschutzanwendungsverordnung nun verbindlich Gewässerabstände von 10 bzw. 5 Metern (§ 4a Abs. 1 S. 1, 2 PflSchAnwV) für die Anwendung von Pflanzenschutzmitteln bundesweit vor.

3. Die Ausnahme vom Anwendungsverbot des § 13 Abs. 2 S. 3 PflSchG im Vergleich zur Privilegierung der Landwirtschaft im Naturschutzrecht

Insgesamt ist festzustellen, dass Pflanzenschutzmittel sowohl strengen Anwendungsvoraussetzungen unterliegen als auch nur wenige Ausnahmen von den Anwendungsverboten des § 13 Abs. 1, 2 PflSchG in § 13 Abs. 2 S. 3, 4 PflSchG enthalten sind. Ähnlich wie bei den Privilegierungen der Landwirtschaft im Naturschutzrecht, ist eine Ausnahme von den Anwendungsverboten möglich, wenn die Grundsätze der guten fachlichen Praxis des Pflanzenschutzes nach § 3 PflSchG eingehalten werden. Wie bereits untersucht, stellen diese nur unverbindliche Leitlinien der landwirtschaftlichen Bewirtschaftungspraxis dar, die selbständig nicht durchsetzbar sind. Letztendlich treten daher dieselben Folgen wie bei den Privilegierungen im Naturschutzrecht ein. Die weitreichenden Anwendungsverbote

---

[964] Deutschland verfügt über 8.833 Naturschutzgebiete (6,3 % der Gesamtfläche in Deutschland), vgl. *BfN*, Naturschutzgebiete, https://www.bfn.de/naturschutzgebiete (zuletzt aufgerufen am 28.01.2023); gesetzlich geschützte Biotope werden gem. § 30 Abs. 6 S. 2 BNatSchG durch die Länder registriert und von den Landesumweltministerien bekannt gegeben; in Bayern wurden von 1985 bis 2019 außerhalb der Alpen etwa 4 % der Landesfläche als Biotope kartiert, vgl. *LfU*, Biotopkartierung, https://www.lfu.bayern.de/natur/biotopkartierung/index.htm (zuletzt aufgerufen am 28.01.2023).

werden mangels konkreter Handlungsdirektiven der guten fachlichen Praxis entwertet, indem diese zu viele Ausnahmen von den Verboten zulassen. Dies wird dadurch deutlich, dass trotz der strengen und detaillierten Anforderungen für die Zulassung und Anwendung von Pflanzenschutzmitteln in den Agrarlandschaften nach wie vor ein „Insektensterben" zu beobachten ist, das auf den Einsatz von Pflanzenschutzmitteln zurückzuführen ist.[965] Insofern ist dringlich zu diskutieren, ob nicht noch strengere Anforderungen an die Zulassung bzw. die Verbote von Pflanzenschutzmitteln zu stellen sind.

C. Fazit zum Pflanzenschutzrecht

Abschließend ist anzumerken, dass in Bezug auf die Landwirtschaft fraglich ist, ob die Regelungen der guten fachlichen Praxis des Pflanzenschutzrechts den (natur-) wissenschaftlichen Erkenntnissen zu den Auswirkungen von Pflanzenschutzmitteln gerecht werden, obwohl dies das erklärte Ziel der Bundesregierung war. Beispielsweise erlaubt der integrierte Pflanzenschutz den Einsatz von chemischen Pflanzenschutzmitteln trotz zur Verfügung stehender biologischer Alternativen. Zudem beweisen ökologisch wirtschaftende Landwirtschaftsbetriebe, dass ein rein biologischer Pflanzenschutz effektiv zur Bekämpfung von ungewünschten Organismen sein kann und nicht notwendigerweise ertragsmindernd ist.[966] Es wäre daher nicht nur ein gesellschaftliches, sondern auch ein rechtliches Umdenken notwendig. Dieses kann sich u. a. durch einen veränderten Sinn und Zweck der guten fachlichen Praxis des Pflanzenschutzrechts zeigen. Aktuell versieht diese den faktisch auf landwirtschaftliche Flächen beschränkenden Anwendungsbereich von Pflanzenschutzmitteln sozusagen mit einem „Freifahrtschein". Gleichwohl der Gesetzgeber schon jetzt sehr präzise formulierte und durchsetzbare Anwendungsverbote normiert hat, weisen diese aufgrund ihres Zusammenspiels mit der guten fachlichen Praxis und damit auch des integrierten Pflanzenschutzes noch Lücken auf, die durch deren Nachbesserung behoben werden können. Letztendlich läge ein Benefit nicht nur in einem verbesserten Pflanzenschutz,

---

[965] Das Insektensterben kommt hauptsächlich durch den Einsatz von Neonicotinoiden, welche die Bestäubungsleistung von Honig- und Wildbienen verringern, und Glyphosat, das nahezu alle wildwachsenden Pflanzen auf Äckern vernichtet und daher den Insekten die Nahrungsgrundlage raubt, vgl. *Schäffer et al.*, Der stumme Frühling – zur Notwendigkeit eines umweltverträglichen Pflanzenschutzes, S. 18 ff.

[966] Zu dieser Schlussfolgerung kamen 2001 auch schon *Knickel et al.*, Kriterienkatalog GfP, S. 23; zudem weißen *Wachendorf et al.* darauf hin, dass der Ökolandwirt seltener mit Resistenzen zu kämpfen hat als der konventionelle Landwirt, da diese mit einer gezielten Resistenzinduktion arbeiten, vgl. Ökologische Landwirtschaft, S. 94 f.

sondern auch einem Beitrag zum Naturschutz, da die Natur wie eingangs erläutert, unter dem übermäßigen Einsatz von Pflanzenschutzmitteln ebenso leidet.

§ 15 Rückschlüsse aus den verschiedenen Agrarumweltgesetzen auf die Privilegierung der Landwirtschaft im Naturschutzrecht

A. Gegenüberstellung des Boden-, Dünge- und Pflanzenschutzrechts mit Privilegierung der Landwirtschaft im Naturschutzrecht

Wie die Untersuchung gezeigt hat, weisen das Dünge- und Pflanzenschutzmittelrecht als fundamentale Säulen des Stoffrechts einige Gemeinsamkeiten auf. Sie zielen darauf ab, die Verfügbarkeit der für die landwirtschaftliche Bodennutzung notwendigen unterstützenden Stoffdienstleistungen zu gewährleisten, indem sie einen Rechtsrahmen für das Inverkehrbringen (die „Anwendbarkeit") von Stoffen und Produkten setzen und dabei durch Anforderungen an die Wirksamkeit auf den Nutzen für die Pflanzenversorgung bzw. den Pflanzenschutz achten. Parallelen zum Naturschutz- und Bodenschutzrecht weisen das Dünge- und Pflanzenschutzmittelrecht insofern auf, als dass das Recht zur Anwendung von Dünge- und Pflanzenschutzmitteln von der Einhaltung der guten fachlichen Praxis abhängig ist. Im Gegensatz zum Natur- und Bodenschutzrecht, ist die gute fachliche Praxis im Dünge- und Pflanzenschutzrecht durch eine Vielzahl unmittelbar bindender formeller Vorgaben, zu denen etwa Düngebeschränkungen in Form absoluter Höchstmengenbegrenzungen für die Ausbringung von Stickstoff je Hektar und Land gehören, geprägt. Dennoch zeigen diese anhand ihrer Evaluierung deutlich, dass mit präzisen, bindenden Umweltstandards nicht notwendig ein unmittelbarer Erfolg für die Natur einhergeht.[967] Perspektivisch bewertet, sind akkurate Umweltstandards allerdings sinnvoll. Jeder Landwirt (als Normadressat der Umweltstandards) kann bei diesen erkennen, welche umwelt- bzw. naturschutzrechtlichen Anforderungen er einhalten muss. Ein Nachteil von präzisen Umweltstandards ist, dass diese bei Einzelnen dazu führen, dass zulässige Höchstmengen bzw. konkrete Bewirtschaftungsvorgaben ihre konkrete Situation nicht ausreichend berücksichtigen. Dass viele Landwirte diese Ansicht teilen, zeigen die immer wiederkehrenden Proteste der Bauern gegen die Düngeverordnung.[968] Akzeptanz kann nur dann erreicht werden, wenn zulässige Höchstmengen bzw. konkrete Bewirtschaftungsvorgaben wissenschaftlich ausreichend evaluiert sind. Als erster

---

[967] Dazu ausführlich im Düngerecht im 4. Kapitel § 13 A., B. II.

[968] Zuletzt fanden deutschlandweite Proteste am 05.03.2020 statt, vgl. https://www.tagesschau.de/inland/bauernproteste-117.html (zuletzt aufgerufen am 28.01.2023).

Schritt sollten daher intensive Feldstudien zur Bestimmung eines Ausgangszustandes der Natur bzw. des Bodens gestartet werden, bevor als nächster Schritt darauf basierende, konkrete Bewirtschaftungsvorgaben folgen können. Die konkreten Vorgaben der Düngeverordnung bieten nämlich Vorteile, die weder das Natur- und Bodenschutzgesetz noch das Pflanzenschutzgesetz besitzen. Dazu gehört, dass ein Verstoß gegen bestimmte Vorgaben der Düngeverordnung – wie das Überschreiten des Düngebedarfs nach § 3 Abs. 3 S. 1 DÜV – von den Behörden als Ordnungswidrigkeit verfolgt werden kann. Wohingegen die Sanktion im Naturschutzrecht für eine nicht der guten fachlichen Praxis entsprechenden landwirtschaftlichen Bodennutzung nur in einer Nichtgewährung der Privilegierungen besteht.

Letztendlich ergibt sich Folgendes aus der Untersuchung des Bodenschutz-, Dünge- und Pflanzenschutzrecht im Hinblick auf die Privilegierung der Landwirtschaft im Naturschutzrecht: Wenngleich sich alle vier Agrarumweltgesetze in ihrer Systematik ähneln, enthält keines der Gesetze eine so umfassende Privilegierung der Landwirtschaft wie das Naturschutzrecht. Stattdessen koppeln sie Anwendungsgebote und Anwendungsverbote allgemein an die Einhaltung der Grundsätze der guten fachlichen Praxis, ohne diese nur auf die Landwirtschaft zu beziehen. Sie schaffen es daher einen Konflikt mit Art. 3 Abs. 1 GG zu umgehen und gewichten die Aufgabe der Landwirtschaft als öffentliche Daseinversorger nicht so stark, dass Umweltstandards, die jeder andere einhalten muss, für die Landwirtschaft nicht gelten. Stattdessen werden „Privilegierungen" über eng umschriebene Ausnahmetatbestände hergestellt, die grundsätzlich für jedermann gelten, aber teilweise besonders bei der landwirtschaftlichen Bodennutzung einschlägig sind. Von dieser Sichtweise her sind pauschale Privilegierungen der Landwirtschaft im Naturschutzrecht nicht (mehr) notwendig.

B.   Die gute fachliche Praxis als Verhaltensstandard in den
     Agrarumweltgesetzen

Den dargestellten Agrarumweltgesetzen ist gemein, dass deren Verhaltens- und Sanktionsinstrumente auf der (Nicht-) Einhaltung der guten fachlichen Praxis basieren, weshalb diese abschließend – losgelöst von der Privilegierung der Landwirtschaft – noch gesetzesvergleichend betrachtet werden soll. Die gute fachliche Praxis als Rezeptionsbegriff hat einerseits den Vorteil, dass sich komplexe agrarumweltpolitische Problemstellungen und Wirkungszusammenhänge sowie die vorhandene regionale, naturräumliche und agrarstrukturelle Vielfalt ordnungsrechtlich darstellen lassen. Andererseits fehlt es im landwirtschaftlichen Naturschutzrecht häufig an flächendeckend, vergleichbaren, mit geeigneten Referenz-zeiträumen versehenen verfügbaren Daten, was es dem Gesetzgeber daran hindert, konkrete (durch Zahlen ausgedrückte) Mindeststandards oder Obergrenzen ordnungsrechtlich festzulegen. So ist für Beeinträchtigungen der Natur meist nicht nur eine konkrete Bewirtschaftungsmaßnahme ursächlich, sondern die Summe von mehreren, grundsätzlich zulässigen Bewirtschaftungsmaßnahmen.[969] Insofern erscheint es nachvollziehbar, dass der Gesetzgeber auf unbestimmte Rechtsbegriffe zur „Konkretisierung" der guten fachlichen Praxis auf der Ebene des Ordnungsrechts zurückgreift. Problematisch wird diese Regelungsform dann, wenn die unbestimmten Rechtsbegriffe weder untergesetzlich noch durch die Rechtsprechung konkretisiert werden, sodass der Standard „Einhaltung der guten fachlichen Praxis" als „symbolische Gesetzgebung" zurückbleibt, wie dies bei § 5 Abs. 2 BNatSchG und § 17 Abs. 2 BBodSchG sowie in § 3 PflSchG der Fall ist.[970] Gerade weil das Umweltrecht jedoch ein dynamisches Recht ist, das davon lebt, dass es neuen wissenschaftlichen Erkenntnissen im Sinne einer ökologischen Fortentwicklung angepasst wird, entspricht diese Form der Gesetzgebung nicht dem Sinn und Zweck des Umweltrechts. Bekräftigt wird diese These durch das Nachhaltigkeitsprinzip, welches unter anderem die „Schonung und langfristige Sicherung der natürlichen Lebensgrundlagen im Sinne einer dauerhaft-umweltgerechten Entwicklung" zum Ziel hat.[971] Dieses Ziel wird jedoch durch die starren Grundsätze der guten fachlichen Praxis in den verschiedenen Agrarumweltgesetzen nicht erreicht. Um dem Nachhaltigkeitsprinzip gerecht zu werden und eine ökologische Fortentwicklung des Rechts zu erreichen, ist es von Vorteil untergesetzlich mittels Rechtsverordnungen Gesetze zu konkretisieren. Auf diese Art und Weise kann der umweltrechtliche Rahmen effektiv verfeinert und verdichtet werden.[972] Als Vorbild kann hierfür die am 14.05.2022 erlassene Bundeskompensationsverordnung dienen, die Maßstäbe für die Bewertung von Schutzgütern des

---

[969] Dazu gehört die rückläufige Bewirtschaftungsvielfalt in Ackerbaubetrieben. Zum Beispiel wurde bei den Feldfrüchten der erosionsmindernde Feldfutterbau (Klee, Kleegras, Luzerne) durch den erosionsfördernden Mais verdrängt. Zudem verteilt sich die Art der Bewirtschaftung nicht mehr gleichmäßig auf Ackerland und Dauergrünland, sondern verschiebt sich zugunsten des nicht so artenreichen Ackerlandes. Gleichzeitig wird dort auch noch die Bearbeitung intensiviert, vgl. *SRU*, Sondergutachten 1985, S. 66 ff.

[970] Dazu schon 2. Kapitel § 6 B. sowie 4. Kapitel § 12 B und § 13 B.

[971] *Kahl/Gärditz*, Umweltrecht, S. 108; *Kloepfer*, Umweltrecht, § 4 Rn. 67 f.

[972] So schon *Storm*, NuR 1986, 8 [11]; siehe dazu auch die „Leipziger Erklärung" des Deutschen Naturschutzrechtstages vom 25.04.2018, die „klare, nachprüfbare Ober- und Untergrenzen an die landwirtschaftliche Bodennutzung" verlangt, ZUR 2018, 469.

Eingriffstatbestandes nach § 14 Abs. 1 BNatSchG setzt.[973] Diese zeigt vor allem, dass eine Konkretisierung von unbestimmten Rechtsbegriffen mittels einer Rechtsverordnung im Bundesnaturschutzgesetz möglich ist. Das im Naturschutzrecht gegen eine konkretisierende Rechtsverordnung angeführte Argument, dass die Grundsätze der guten fachlichen Praxis in § 5 Abs. 2 BNatSchG als Gegenstand der konkurrierenden Gesetzgebung nicht abweichungsfest sind und daher gem. Art. 72 Abs. 3 Nr. 2 GG „beliebig" durch die Länder abgewandelt werden können, trägt schon deswegen nicht, da immernoch nur wenige Länder von ihrer Abweichungs- und Konkretisierungsmöglichkeit Gebrauch gemacht haben.[974] Zumal es dem Bund offen stünde, die Grundsätze der guten fachlichen Praxis in § 5 Abs. 2 BNatSchG abweichungsfest zu formulieren, sodass nur die Konkretisierungen einer Rechtsverordnung einer Abweichung zugänglich sind. In den abweichenden Landesgesetzen kann dann nach einzelnen Standortfaktoren, Lebensraumtypen, Pflanzenformationen und Naturräumen differenziert werden. Auch sollte, damit die Maßnahmen der Verordnung laufend angepasst bzw. nach wissenschaftlichen Erkenntnissen weiterentwickelt werden können, wie im EU-Beihilfenrecht, im jährlichen Rhythmus eine Evaluierung vorgenommen werden. Dies entkräftet langfristig auch das Argument, dass mangels verfügbarer Daten keine flächendeckenden, vergleichbaren Umweltstandards im Bereich des Naturschutzrechts möglich sind. Ein weiterer Vorteil in der Regelung mittels einer Rechtsverordnung bestünde darin, dass man weiterhin auf die Vorzüge der Regelung der guten fachlichen Praxis mittels unbestimmten Rechtsbegriffen, z. B. das Erfassen von atypischen Fällen, zurückgreifen könnte, aber trotzdem für eine Vielzahl an Fällen präzisere Regelungen getroffen werden. Dasselbe gilt im Übrigen auch für das Boden- und Pflanzenschutzrecht. Die Grundsätze der guten fachlichen Praxis behalten so weiterhin ihre Eigenschaft als Verhaltensstandard der landwirtschaftlichen Bodennutzung und erhalten die Eigenschaft als Handlungsdirektive sowie echtes Steuerungsinstrument der Privilegierung der Landwirtschaft im Naturschutzrecht, soweit sich der Gesetzgeber nicht von dieser trennen möchte.

---

[973] Siehe zur Bundeskompensationsverordnung i. R. d. Eingriffstatbestandes im 2. Kapitel § 7 A.

[974] Vgl. dazu die Ausführungen im folgenden Kapitel.

5. Kapitel: Die Privilegierung der Landwirtschaft in den Landesnaturschutzgesetzen – insbesondere dem Bayerischen Naturschutzgesetz

Die Landwirtschaft hat in den einzelnen Bundesländern je nach ihrem beanspruchten Flächenanteil einen unterschiedlichen Stellenwert.[975] So erklärt sich, dass die Länder teilweise sehr umfassend, teilweise jedoch kaum von ihrer Abweichungskompetenz (Art. 72 Abs. 3 S. 1 Nr. 2 GG) von den Regelungen des Naturschutzes und der Landschaftspflege in Bezug auf die Landwirtschaft Gebrauch gemacht haben. Der Fokus der nachfolgenden Untersuchung liegt auf dem Bayerischen Naturschutzgesetz, in dem der Gesetzgeber sehr umfassend von seiner Abweichungskompetenz Gebrauch gemacht hat.

§ 16 Das Verhältnis von Naturschutz und Landwirtschaft auf Landesebene

A. Grundlegende Anforderungen an die Landwirtschaft in den einzelnen Bundesländern

Den Ländern steht mit Ausnahme der allgemeinen Grundsätze des Naturschutzes, des Artenschutzrechtes und des Meeresnaturschutzes gem. Art. 72 Abs. 3 S. 1 Nr. 2 GG eine Abweichungskompetenz von den Regelungen des Bundesnaturschutzgesetzes zu, wovon die Bundesländer vereinzelt Gebrauch gemacht haben. In Baden-Württemberg wurde etwa der Grundsätzekatalog des § 5 Abs. 2 BNatSchG durch § 7 Abs. 4 BW NatSchG[976] erweitert um das Verbot der Anlage neuer, sowie der wesentlichen Änderung bestehender Entwässerungseinrichtungen an Moorstandorten und Feuchtwiesen. § 3 HmbBNatSchAG[977] enthält eine Ergänzung für artenreiche Grünlandstandorte (altes Dauergrünland), auf denen ein Umbruch zu unterlassen ist. Zu beachten ist auch die Regelung § 3 LNatSchG SH[978], die eine Verordnungsermächtigung zur Konkretisierung der Grundsätze der guten fachlichen Praxis nach § 5 Abs. 2 BNatSchG unter besonderer Beachtung der Nachhaltigkeit der Nutzung, des Gewässerschutzes und der Erhaltung

---

[975] So betrug in Sachsen-Anhalt der Anteil an der Landesfläche im Jahr 2020 ca. 57 % (https://statistik.sachsen-anhalt.de/themen/wirtschaftsbereiche/land-und-forstwirtschaft-fischerei/tabellen-bodennutzung-und-anbau/; zuletzt aufgerufen am 28.01.2023), wohingegen in Baden-Württemberg nur noch 40 % der Landesfläche landwirtschaftlich genutzt werden (https://www.statistik-bw.de/Presse/Pressemitteilungen/2021161; zuletzt aufgerufen am 28.01.2023).

[976] Vom 23.06.2015 (GBl. 2015, S. 585).

[977] Vom 11.05.2010 (HmbGVBl. 2010, S. 350); zuletzt geändert durch Gesetz vom 23.12.2011 (HmbGVBl. 2012 S. 3).

[978] Vom 24.02.2010 (GVOBl. 2010, S. 301).

der Biodiversität enthält. Am umfassendsten von der Option zur Ergänzung des § 5 Abs. 2 BNatSchG i. R. d. konkurrierenden Gesetzgebungskompetenz Gebrauch gemacht, haben die Bundesländer Bayern und Nordrhein-Westfalen durch den Erlass von umfassenden Verbotslisten.[979] Insbesondere in Bayern verwundert dies nicht, da dort rund 3,2 Mio. Hektar Landesfläche bzw. 46,2 % der Landesfläche landwirtschaftlich genutzt werden und die Landwirtschaft dort einen großen Stellenwert in der Bevölkerung sowie der Politik hat.[980]

Bei der Eingriffsregelung sind die Bundesländer bereits vor der Föderalismusreform eigene Wege gegangen, indem sie konkrete Negativ- und Positivlisten erlassen haben (z. B. § 4 LNatSchG NRW 2010[981]). Diese haben sich in vielen Landesnaturschutzgesetzen bewährt, da sie zur Verwaltungsvereinfachung und Beschleunigung von Verfahren beitragen.[982] Obwohl der Bund durch seine konkurrierende Gesetzgebungskompetenz die Möglichkeit einer unmittelbar geltenden Eingriffsvollregelung gehabt hätte, hat dieser keinen Gebrauch davon gemacht. Stattdessen enthält das Bundesnaturschutzgesetz nur einen eingeschränkten Negativkatalog und den unbestimmten Rechtsbegriff der „unmittelbaren Beeinträchtigung", welche den Vollzug der Eingriffsregelung nicht unbedingt erleichtern.[983] Aufgrund der ursprünglich vorhandenen Intention des Gesetzgebers mit dem Bundesnaturschutzgesetz 2009 eine Vollregelung der Eingriffsregelung zu erlassen, waren die bestehenden Positiv- und Negativlisten der Länder nicht mehr anwendbar.[984] Allerdings haben die Länder neue Wege gefunden, die landwirtschaftliche Bodennutzung ordnungsrechtlich zu lenken. Zwar ist eine Einschränkung des bundesrechtlichen Eingriffstatbestandes durch von § 14 Abs. 1 BNatSchG abweichendes Landesrecht unzulässig, eine Ausdehnung der Eingriffsregelung ist aber nach Art. 72 Abs. 3 S. 1 Nr. 2 GG zulässig, soweit dadurch der allgemeine Grundsatz des § 13 BNatSchG nicht ausgehöhlt wird.[985] Daher existieren mittlerweile neue Positiv- und Negativlisten zur Konkretisierung von

---

[979] Vgl. dazu Art. 3 Abs. 4 BayNatSchG und § 4 Abs. 1 LNatSchG NRW.

[980] Vgl. *StMELF*, Bayerischer Agrarbericht 2020, https://www.agrarbericht-2020.bayern. de/politik-strategien/index.html (zuletzt aufgerufen am 28.01.2023).

[981] Vom 21.07.2000 in der Fassung vom 31.03.2010 (GV. NRW. S. 185), in dessen Absatz 1 noch eine Positivliste enthalten war und in Absatz 2 eine Negativliste.

[982] *Berghoff/Steg*, NuR 2010, 17 [22].

[983] *Michler/Möller*, NuR 2011, 81.

[984] *Berghoff/Steg*, NuR 2010, 17 [23]; *Louis*, NuR 2010, 77 [77 f., 82].

[985] *Fischer-Hüftle*, in: Schumacher/Fischer-Hüftle, BNatSchG, § 13 Rn. 5 f., § 14 Rn. 73.

Eingriffen in Natur- und Landschaft gem. § 14 Abs. 1 BNatSchG.[986] Solche haben beispielsweise Mecklenburg-Vorpommern (§ 12 NatSchAG M-V[987]), Schleswig-Holstein (§ 8 LNatSchG) und – beschränkt auf eine Positivliste – Sachsen (§ 9 SächsNatSchG[988]) erlassen. Keiner Abweichung zugänglich ist den Ländern die Privilegierung der Landwirtschaft im Artenschutzrecht gem. § 44 Abs. 4 BNatSchG, da das gesamte Artenschutzrecht nach Art. 72 Abs. 3 S. 1 Nr. 2 GG abweichungsfest ist.

B. Zustand der Natur in Bayern

Gern wird von bayerischen Politikern das Bild von „blühenden, historischen Kulturlandschaften" gezeichnet, die durch die Landwirtschaft geprägt sind und dem Naturschutz dienen.[989] Verbunden wird diese Vorstellung meist mit den sattgrünen, blühenden Wiesen der (Vor-) Alpen, auf denen Kuhherden weiden und die Milch noch von Hand gemolken wird. In der Tat hat sich Bayern eine Vielzahl an natürlichen Lebensräumen für Tiere und Pflanzen bewahrt, nicht zuletzt aufgrund der im Bundesvergleich noch vorhandenen relativ kleinbäuerlichen Strukturen.[990] Kennzeichnend für die bayerischen Mittelgebirge und den bayerischen Alpenraum sind große Wälder, Flüsse und Seen. Die weitläufigen Kulturlandschaften beherbergen 70 verschiedene Arten von Biotopen wie Hochmoore oder Streuwiesen.[991] Geschätzt leben 60.000 – 62.000 Tier- und Pflanzen- bzw. Pilzgattungen in Bayern mit einer besonderen Konzentration auf die Alpenregion, da viele Arten

---

[986] Im Gegensatz zu den Positivlisten besteht bei den Negativlisten die Gefahr der Aushöhlung des allgemeinen Grundsatzes gem. § 13 BNatSchG, wenn die Liste als unwiderlegbare, abstrakt-generelle (Regel-) Vermutung formuliert wird; anderes gilt, wenn die Liste nur eine widerlegbare Regelvermutung aufstellt, vgl. *Fischer-Hüftle*, in: Schumacher/Fischer-Hüftle, BNatSchG, § 14 Rn. 74 f., der die einzelnen landesrechtlichen Regelungen einordnet.

[987] Gesetz des Landes Mecklenburg-Vorpommern zur Ausführung des Bundesnaturschutzgesetzes (Naturschutzausführungsgesetz – NatSchAG M-V) vom 23.02.2010 (GVOBl. M-V S. 66).

[988] Sächsisches Naturschutzgesetz vom 06.06.2013 (SächsGVBl. S. 451), zuletzt geändert durch das Gesetz vom 09.02.2021 (SächsGVBl. S. 243).

[989] Vgl. dazu etwa das Vorwort der Broschüre des Bayerischen Kulturlandschaftsprogramms (*StMELF*, KULAP, S. 6).

[990] In Bayern existieren noch 106.000 bäuerliche Betriebe (2020), sodass sich eine Fläche von 30,1 ha im Schnitt ergibt (*StMELF*, KULAP, S. 6); zum Vergleich: in Nordrhein-Westfalen bewirtschafteten 2020 33611 landwirtschaftliche Betriebe zusammen eine Fläche von 1,47 Mio. ha, d.h. eine durchschnittliche Fläche von 43,8 ha je Betrieb (https://www.it.nrw/immer-mehr-grossbetriebe-der-nrw-landwirtschaft-anteil-der-betriebe-mit-mehr-als-100-hektar-stieg - zuletzt aufgerufen am 28.01.2023).

[991] https://www.bund-naturschutz.de/natur-und-landschaft (zuletzt aufgerufen am 28.01.2023).

nur im Hochgebirge vorkommen. Diese Zahlen sollten jedoch nicht darüber hinwegtäuschen, dass 40 % der Arten in Bayern, die für die Rote Liste untersucht wurden, vom Aussterben bedroht sind. 5,7 % seiner Tierarten und 3,5 % seiner Pflanzenarten hat Bayern schon verloren.[992] Ein Grund dafür ist der seit 1979 andauernde, kontinuierliche Rückgang von Grünlandstandorten, vor allem im Süden Bayerns.[993] Dieser ist hauptsächlich auf den Ausbau der Bioenergieerzeugung, welche aufgrund der im EEG garantierten, hohen Einspeisevergütung wirtschaftlich vorteilhaft ist und Flächen für den Anbau von Mais benötigt, zurückzuführen.[994] Infolge intensiver Ackernutzung ehemaligen Grünlands haben Vogel- und Insektenarten irreversible Schäden davongetragen. Auch historische Landschaftsbestandteile, wie das vor dem Beginn seiner systematischen Entwässerung vor 200 Jahren 14.300 ha umfassende Donaumoos, gehen aufgrund von Entwässerung durch Gräben und Drainagen sowie einer darauf beruhenden landwirtschaftlichen Nutzung, Infrastrukturmaßnahmen oder Siedlungtätigkeit zurück oder gar verloren. Die Entwässerung von Mooren hat vor allem Folgen für das Klima, da die Austrocknung von Mooren dazu geführt hat, dass große Mengen von Kohlenstoff freigesetzt werden.[995]

C.   Berücksichtigung der Landwirtschaft im Naturschutzrecht des Freistaats Bayern

Das Bayerische Naturschutzgesetz geht in seiner aktuellen Fassung auf die infolge der Föderalismusreform erforderlich gewordenen Neukonzeptionen der Landesnaturschutzgesetze zurück. Die Belange der Landwirtschaft werden durch den bayerischen Gesetzgeber intensiv berücksichtigt. Die Landwirte werden als entscheidende Partner für den Erhalt der Tier- und Pflanzenarten angesehen und neben den europäischen Förderprogrammen durch zusätzliche, bayerische Förderangebote (z. B. Förderprogramm Grüne Bänder – Blühstreifen) unterstützt. Maßgebliches Ziel von diesen ist die Landwirtschaft ökologischer zu machen. So sollen bis 2030 mindestens 30 % der Produktion aus ökologischer Landwirtschaft erfolgen und bis 2028 der Einsatz von chemischen Pflanzenschutzmitteln halbiert werden.[996] Zu dieser Entwicklung maßgeblich beigetragen hat das Volksbegehren

[992] https://www.stmuv.bayern.de/themen/naturschutz/bayerns_naturvielfalt/artenschutz/index. htm (zuletzt aufgerufen am 28.01.2023).

[993] *Feindt et al.*, Ein neuer Gesellschaftsvertrag für eine nachhaltige Landwirtschaft, S. 47.

[994] *BfN*, Grünlandreport 2014, S. 21.

[995] LT-Drs. 18/6328, S. 1 ff.

[996] LT-Drs. 18/1736, S. 13 f.

„Artenvielfalt und Naturschönheit in Bayern – Rettet die Bienen!", welches am 14.03.2019 durch den Landeswahlausschuss angenommen und am 17.07.2019 unverändert als Gesetzesvorlage angenommen und durch den Bayerischen Landtag verabschiedet wurde.[997]

I. Überblick über die historische Entwicklung des Bayerischen Naturschutzgesetzes

Bis zum 26.07.1973 galt im Freistaat Bayern, wie auch in den meisten anderen Bundesländern das ehemalige Reichsnaturschutzgesetz und dessen Durchführungsverordnung aus dem Jahr 1935 als Landesrecht fort.[998] Ende der 1970er Jahre erkannte der Bayerische Gesetzgeber die „Notwendigkeit, aktiv auf die Erhaltung und Gestaltung der Natur hinzuwirken", da das Reichnaturschutzgesetz den „neuzeitlichen Anforderungen nicht mehr gerecht" werde.[999] Als weiterer Beweggrund für den Erlass eines Bayerischen Naturschutzgesetzes wurde Art. 141 Abs. 3 der Bayerischen Verfassung gesehen, der das Grundrecht auf Genuss von Naturschönheiten und Erholung in der freien Natur enthält und praktikabler bzw. durchsetzbarer ausgestaltet werden sollte.[1000] Neben Regelungen zur Landschaftsplanung, dem Schutz von bestimmten Flächen (z. B. Naturschutzgebieten) sowie Regelungen zur Erholung in der freien Natur enthielt das Gesetz über den Schutz der Natur, die Pflege der Landschaft und die Erholung in der freien Natur vom 27.07.1973[1001] in Art. 18 BayNatSchG 1973 auch eine Regelung zu landwirtschaftlich genutzten Flächen, die aber primär auf deren Schutz vor Erholungssuchenden und nicht auf den Naturschutz abzielte.[1002] Konkrete Regelungen zur Bewertung von Eingriffen der Landwirtschaft in Natur und Landschaft etablierte der

---

[997] Beim bisher erfolgreichsten Volksbegehren in Bayern trugen sich insgesamt 1,741 Mio. von 9,493 Mio. eintragungsberechtigten Bürgern gültig ein, was einem Anteil von 18,3 % entspricht (Art. 71 Abs. 2 LWG verlangt die Eintragung von mind. einem Zehntel der Stimmberechtigten), vgl. *Der Landeswahlleiter des Freistaates Bayern*, Volksbegehren „Artenvielfalt & Naturschönheit in Bayern" – Endgültiges Ergebnis, S. 4; Das Gesetz ist als § 1 G zur Änderung des Bayerischen Naturschutzgesetzes zugunsten der Artenvielfalt und Naturschönheit in Bayern („Rettet die Bienen!") am 01. August 2019 in Kraft getreten (GVBl. S. 405), gleichzeitig trat auch das sog. Versöhnungsgesetz (§ 1 Gesamtgesellschaftliches Artenschutzgesetz – Versöhnungsgesetz, GVBl. S. 408) in Kraft, welches die finanzielle Kompensation für die Landwirte regelt.

[998] Dieses wurde geändert durch das Gesetz vom 25.10.1966 (GVBl. S. 323) und 31.07.1970 (GVBl. S. 345); LT-Drs. 7/3007, S. 1.

[999] LT-Drs. 7/3007, S. 1.

[1000] LT-Drs. 7/3007, S. 1.

[1001] GVbl. 1973, S. 437.

[1002] LT-Drs. 7/3007, S. 26.

Gesetzgeber erstmals im Bayerischen Naturschutzgesetz in der Fassung vom 03.08.1982.[1003] Im Folgenden wurden die bayerischen Normen mit Bezug zur Landwirtschaft immer wieder denen des Bundesrechts angepasst. Erst durch das Volksbegehren „Rettet die Bienen" sah sich der Gesetzgeber 2019 gezwungen, eigene, über die bundesrechtlichen Normen hinausgehende Regelungen für die Landwirtschaft zu erlassen.[1004] Art. 3 BayNatSchG, der nachfolgend beleuchtet wird, geht damit erstmals konkret auf den seit den 1980er Jahren zu beobachtenden Rückgang der biologischen Vielfalt in den Agrarlandschaften ein.

II. Mittel zur Umsetzung natur- und artenschützender Ziele in Bayern

1. Kooperative Instrumente

Eine Maxime des Bayerischen Naturschutzes in Bezug auf die Landwirtschaft lautet „Freiwilligkeit vor Ordnungsrecht".[1005] Allen kooperativen Instrumenten gemein ist, dass sie Landwirte dazu bewegen wollen, freiwillig besonders umweltschonend zu wirtschaften und der dadurch entstehende Mehraufwand bzw. geringere Ertrag, finanziell ausgeglichen wird. Die beiden bekanntesten, teilnahmestärksten und gleichzeitig ältesten Programme sind das Bayerische Vertragsnaturschutzprogramm (VNP) und das Kulturlandschaftsprogramm (KULAP).

a. Bayerisches Vertragsnaturschutzprogramm (Art. 5b BayNatSchG[1006])

Das Bayerische Vertragsnaturschutzprogramm ist das zentrale und bundesweit größte Förderprogramm für Landwirte und andere Landnutzer.[1007] Erste Vorläufer des Programms (Wiesenbrüterprogramm und Erschwernisausgleich) entstanden bereits 1982, wobei seit 1996 die Europäische Union einen Teil der Finanzierung übernimmt.[1008] Die Förderung ist gerichtet auf eine naturverträgliche Bewirtschaftung, Pflege ökologisch wertvoller Lebensräume – etwa Schutzgebiete Natura 2000 – und den Erhalt seltener Arten, vgl. Art. 5b BayNatSchG. Der Schwerpunkt der Maßnahmen, die vertraglich in der Regel für einen Zeitraum von fünf

---

[1003] GVBl. 1982, S. 500; entsprechend der damaligen bundesrechtlichen Regelung nahm der Bayerische Gesetzgeber nur eine ordnungsgemäße landwirtschaftliche Bodennutzung von den Folgen der Eingriffsregelung aus, vgl. LT-Drs. 9/10375, S. 18.

[1004] GVBl. 2019, S. 405, 408.

[1005] *StMELF*, KULAP, S. 5.

[1006] Eingefügt am 01.08.2019 durch das Zweite Gesetz zugunsten der Artenvielfalt und Naturschönheit in Bayern (Gesamtgesellschaftliches Artenschutzgesetz – Versöhnungsgesetz) vom 24.07.2019 (GVBl. 2019 S. 408).

[1007] LT-Drs. 18/9592, S. 8 f.

[1008] *StMUV*, Bayerisches Vertragsnaturschutzprogramm, S. 4.

Jahren vereinbart werden, liegt auf dem ökologisch wertvollen Grünland.[1009] Die Teilnahme daran ist freiwillig. Ziel ist es, insbesondere die besonders wertvollen und artenreichen Biotope auf 6 % der landwirtschaftlichen Fläche Bayerns zu entwickeln und zu erhalten. Maßnahmen dazu sind u. a. auf 10 % des Dauergrünlands einen Schnittzeitpunkt nicht vor dem 15. Juni eines jeden Jahres festzulegen, dem Einsatz tierschonender Mahdtechnik wie Messerbalken, Motormäher, Handmahd oder die Belassung von Altgrasstreifen als Rückzugsräume für Feldbrüter wie Rebhuhn, Feldlerche, Wachtel und Schafsstelze.[1010] Als anderes, nicht das Grünland betreffende Beispiel kann der Getreideanbau, der auf der Hälfte der bayerischen Felder betrieben wird, herangezogen werden. Dort werden bei einer konventionellen Bestellung möglichst alle „Ackerunkräuter" (z. B. Kornblume, Lämmersalat) entfernt, sodass von diesen nicht nur einige kurz vor dem Aussterben stehen, sondern auch zahlreiche Tierarten wie der Gold-Laufkäfer, die Honigbiene oder das Rebhuhn, da deren Nahrungsgrundlage weggefallen ist.[1011] Das Vertragsnaturschutzprogramm ist nun genau auf den Erhalt dieser sog. „Schlüsselarten" gerichtet.[1012] Wenn auch das Bayerische Vertragsnaturschutzprogramm beschränkt ist auf bestimmte Gebietstypen, erfreut sich dieses unter den Landwirten großer Beliebtheit. Während im Jahr 2015 noch 80.000 ha, verteilt auf 18.000 Betriebe, Teil des Programms waren[1013], ist die Anzahl der Betriebe im Jahr 2022 auf 25.000 gestiegen mit einer Umsetzung der Maßnahmen auf 140.000 ha Fläche.[1014]

[1009] Dies zeigt die Verteilung der VNP-Flächen auf den einzelnen Biotoptypen (Stand 2020): 69% Wiesen, 26% Weiden, 4% Äcker, 1 % Teiche, vgl. https://www.stmuv.bayern.de/themen/naturschutz/naturschutzfoerderung/vertragsnaturschutzprogramm/index.htm (zuletzt aufgerufen am 28.01.2023).

[1010] LT-Drs. 18/9592, S. 9; StMUV, Bayerisches Vertragsnaturschutzprogramm, S. 8.

[1011] *StMUV*, Bayerisches Vertragsnaturschutzprogramm, S. 8.

[1012] LT-Drs. 18/9592, S. 1.

[1013] Der Freistaat Bayern und die EU förderten die VNP-Flächen im Jahr 2015 noch mit 37 Mio. €, vgl. StMUV, Bayerisches Vertragsnaturschutzprogramm, S. 4.

[1014] Die Fördersumme ist dabei im Jahr 2021 auf 71 Mio. € gestiegen, vgl. Bayerisches Staatsministerium für Umwelt und Verbraucherschutz, Glauber und Kaniber: 3 Jahre Volksbegehren plus ist Erfolgsgeschichte für Artenschutz in Bayern, https://www.stmuv.bayern.de/aktuell/presse/pressemitteilung.htm?PMNr=100/22 (zuletzt aufgerufen am 28.01.2023); ein auffallend großer Zulauf an Betrieben war vor allem im Jahr 2019 und 2020 zu beobachten, d. h. zur bzw. nach der Zeit des Volksbegehrens Artenschutz (so die Erfahrungen des LRA Wunsiedel und LRA Nürnberger Land).

b.   Kulturlandschaftsprogramm (KULAP)

Das bereits seit 30 Jahren (1988) bestehende Kulturlandschaftsprogramm ist – wie der Name schon andeutet – auf den Erhalt einer attraktiven Kulturlandschaft gerichtet. Am „Herzstück der bayerischen Agrarpolitik" nehmen gut die Hälfte (52.000 Betriebe) der Landwirte mit ca. einer Million Hektar Fläche teil.[1015] Sinn und Zweck der Fördermaßnahmen sind mehr Artenvielfalt, Klima-, Boden- und Gewässerschutz sowie hauptsächlich der Erhalt der Kulturlandschaft. Dem zugrunde liegt die Annahme, dass Landwirte, die besonders umweltschonend wirtschaften, mehr Aufwand haben und weniger ernten und daher finanziell unterstützt werden müssen.[1016] Ähnlich wie beim VNP wenden die Landwirte passende Maßnahmen eines breiten Angebots in ihrem Betrieb bzw. auf bestimmten passenden Flächen an. Zu den Maßnahmen gehört etwa die „emissionsarme Wirtschaftsdüngerausbringung" oder die „extensive Grünlandnutzung".[1017] Im Gegensatz zum VNP kann das Kulturlandschaftsprogramm jedoch auf jeglichen landwirtschaftlichen Flächen bei einer umweltschonenden Bewirtschaftung angewendet werden und nicht nur, wenn diese gesetzlich geschützte Biotopflächen sind. Zudem beträgt der Verpflichtungszeitraum nur ein Jahr.[1018]

c.   Fazit

Wie der lange Zeitraum zeigt, über den die kooperativen Instrumente zur Umsetzung natur- und artenschutzrechtlicher Ziele für die Landwirtschaft in Bayern bereits bestehen, haben sich diese als Mittel zur Förderung von Agrarumweltmaßnahmen bewährt. Die besondere Attraktivität der Programme rührt wahrscheinlich daher, dass die einzelnen Maßnahmen flächenbezogen und nicht nur auf den gesamten Betrieb bezogen erfolgen. So können Landwirte mit einzelnen Flächen am KULAP, mit anderen wiederum am VNP teilnehmen. Dadurch wird den einzelnen Betrieben ein „sanfter Einstieg" in die Agrarumweltprogramme ermöglicht und Flexibilität geschaffen. Dass sich die Zahl der teilnehmenden Landwirte die letzten Jahre deutlich erhöht hat, zeigt, dass das Umwelt- bzw. Naturschutzbe-

---

[1015] *StMELF*, KULAP, S. 5, 7.

[1016] *StMELF*, KULAP, S. 5; die finanziellen Mittel für das KULAP werden durch die EU, den Bund sowie den Freistaat Bayern zur Verfügung gestellt.

[1017] *StMELF*, KULAP, S. 9.

[1018] Für das Jahr 2022 beispielsweise begann der Bewilligungs- und Verpflichtungszeitraum grds. am 01.01.2022 und endet am 31.12.2022, vgl. Merkblatt KULAP und VNP 2022, https://www.stmelf.bayern.de/mam/cms01/agrarpolitik/dateien/m_aum_verpflichtungszeitraum_2022_2026.pdf (S. 2 – zuletzt aufgerufen am 28.01.2023).

wusstsein unter den bayerischen Landwirten zuletzt deutlich gestiegen ist und die Förderung attraktiv gestaltet ist.

2. Zwingende Instrumente - Das bayerische Verständnis der „guten fachlichen Praxis"

Als Pendant zu § 5 BNatSchG regelt Art. 3 BayNatSchG besondere Anforderungen an die gute fachliche Praxis in der Landwirtschaft bzw. die Anforderungen an die landwirtschaftliche Bodennutzung. § 5 BNatSchG ist im Grundsatz neben Art. 3 BayNatSchG nicht mehr anwendbar, da der bayerische Gesetzgeber umfassend von seiner Abweichungsbefugnis Gebrauch gemacht hat.[1019] Nach Art. 3 Abs. 1 BayNatSchG sind bei Maßnahmen des Naturschutzes und der Landschaftspflege die besondere Bedeutung einer natur- und landschaftsverträglichen Land-, Forst- und Fischereiwirtschaft für die Erhaltung der Kultur- und Erholungslandschaft zu berücksichtigen. Bei einem anzustellenden Vergleich zum Wortlaut des § 5 BNatSchG fällt auf, dass insofern § 5 Abs. 1 BNatSchG wortgleich wiedergegeben wird. Dies wirft inhaltliche Fragen im Hinblick auf Art. 72 Abs. 3 GG auf, der die Länder nur zu Abweichungen, nicht aber zu wörtlichen Wiederholungen des Bundesrechts ermächtigt („hiervon abweichende Regelungen treffen über"). Es gilt daher gem. Art. 31 GG das (gleichlautende) Bundesrecht.[1020] Auch Art. 3 Abs. 2 S. 1 BayNatSchG enthält keinen über das Bundesrecht hinausgehenden, hervorzuhebenden Regelungsgehalt.[1021] Für die Privilegierung der Landwirtschaft relevante, vom Bundesrecht abweichende Regelungen enthalten allein die Absätze 3 bis 7.

a. Art. 3 Abs. 3 BayNatSchG – Erhalt von Grünland mittels vertraglicher Vereinbarungen und Förderprogramme

Nach Art. 3 Abs. 3 S. 1 BayNatSchG *soll* auf erosionsgefährdeten Hängen, in Überschwemmungsgebieten, auf Standorten mit hohem Grundwasserstand sowie auf Moorstandorten Grünland erhalten bleiben. Bei einem Vergleich mit dem Wortlaut des § 5 Abs. 2 Nr. 5 BNatSchG, wonach ein Grünlandumbruch auf den

---

[1019] Vgl. LT-Drs. 16/5872, S. 22; BGBl. 2011 I S. 365.

[1020] *Fischer-Hüftle*, in: Naturschutzrecht in Bayern, Art. 3 Rn. 4.

[1021] Insbesondere enthält das landwirtschaftliche Fachrecht keine Mittel zur Durchsetzung der Ziele des § 1 BNatSchG; der Rest der Norm gibt vor allem Selbstverständlichkeiten wieder. So bleiben die Vorschriften des § 17 Abs. 2 BBodSchG anwendbar, da der Bund abschließend von seiner konkurrierenden Gesetzgebungskompetenz für das Bodenrecht gem. Art. 74 Abs. 1 Nr. 18 GG durch das BBodSchG Gebrauch gemacht hat; zu den Vorschriften des BNatSchG gehört etwa der abweichungsfeste § 44 Abs. 4 BNatSchG, vgl. *Fischer-Hüftle*, in: Naturschutzrecht in Bayern, Art. 3 Rn. 9.

benannten Standorten *zu unterlassen ist,* entsteht der Eindruck, dass diese gegenüber jedermann wirkende Verpflichtung des Bayerischen Naturschutzgesetzes schwächer und vor allem nicht durchsetzbar ist.[1022] Das Gegenteil ist jedoch der Fall. Anders als die bundesrechtliche Regelung, die tatsächlich nicht durchsetzbar ist,[1023] soll die Erhaltung des Grünlands primär mittels vertraglicher Vereinbarungen und Förderprogramme durchgesetzt werden (Art. 3 Abs. 3 S. 2 BayNatSchG). Führt das „Lockmittel" der finanziellen Förderung nicht zum gewünschten Erfolg, sind der Behörde dennoch nicht die Hände gebunden. Ihr stehen die zur Durchsetzung notwendigen hoheitlichen Befugnisse des § 17 Abs. 8 BNatSchG zur Verfügung. Dieser wird durch Art. 3 Abs. 3 S. 3 BayNatSchG ausdrücklich für entsprechend anwendbar erklärt. Gem. § 17 Abs. 8 S. 1 BNatSchG soll die Behörde zunächst die weitere Durchführung des Eingriffs untersagen. Soweit nicht auf andere Weise rechtmäßige Zustände hergestellt werden können, soll sie entweder Maßnahmen nach § 15 BNatSchG (Ausgleich- oder Ersatzmaßnahmen[1024]) oder die Wiederherstellung des früheren Zustands anordnen. § 19 Abs. 4 BNatSchG (Schädigung geschützter Arten oder natürlicher Lebensräume nach dem Umweltschadensgesetz) ist dabei zu beachten. Der Gesetzgeber hat sich hier bewusst für eine Rechtsfolgenverweisung entschieden, da so auch die Summe von kleineren Beeinträchtigungen des Dauergrünlands, die nicht notwendigerweise eine erhebliche Beeinträchtigung i. S. d. § 14 Abs. 1 BNatSchG darstellen, sanktioniert werden können.[1025] Eine Ausnahme von der Sollverpflichtung des Art. 3 Abs. 3 BayNatSchG ist durch das Gesetz aufgrund der positiven Wirkungen der Grünlandstandorte auf den Naturhaushalt nicht vorgesehen. In besonderen Einzelfällen kann jedoch § 67 Abs. 1 BNatSchG (ggf. analog) herangezogen werden.[1026]

b. Art. 3 Abs. 4 BayNatSchG – Verbote landwirtschaftlicher Nutzung

Absatz 4 statuiert konkrete (und daher durchsetzbare) Verbote für die landwirtschaftliche Nutzung, wie diese teilweise auch für § 5 Abs. 2 BNatSchG gefordert werden.[1027] Die Verbote, sowie die Ausnahmen des Absatz 5 orientieren sich sehr

---

[1022] *Fischer-Hüftle,* in: Naturschutzrecht in Bayern, Art. 3 Rn. 17.
[1023] Siehe dazu ausführlich 2. Kapitel § 6 B.
[1024] Siehe dazu ausführlich 2. Kapitel § 7 A II.
[1025] *Fischer-Hüftle,* in: Naturschutzrecht in Bayern, Art. 3 Rn. 23.
[1026] Art. 3 Abs. 3 BayNatSchG enthält aufgrund seines Charakters als Sollvorschrift bereits selbst den Vorbehalt einer Ausnahme, ohne dafür jedoch Kriterien zu nennen, vgl. *Fischer-Hüftle,* in: Naturschutzrecht in Bayern, Art. 3 Rn. 24 ff.
[1027] Siehe dazu schon 2. Kapitel § 6 B.

stark an den Verboten und Ausnahmen des § 4 Abs. 1 und 2 LNatSchG NRW. Den Verboten gemein ist, dass sie nur für die landwirtschaftliche Nutzung anwendbar sind. Wird zum Beispiel Grünland in eine forstwirtschaftlich genutzte Fläche oder eine Baufläche umgewandelt, greifen die Verbote des Absatz 4 nicht.[1028]

aa. Nr. 1 – Umwandlungsverbot für Dauergrünland

(1) Definition der Umwandlung

Art. 3 Abs. 4 S. 1 Nr. 1 BayNatSchG enthält ein generelles Umwandlungsverbot für Dauergrünland und Dauergrünlandbrachen. Was unter einer Umwandlung von Dauergrünland zu verstehen ist, ist dem Gesetz nicht zu entnehmen. Das durch Deutschland umgesetzte Unionsrecht enthält etwa in § 7 Abs. 5 GAPDZV die Definition für einen *Umbruch* von Dauergrünland. Dieser ist gegeben, wenn Dauergrünland umgepflügt wird, auch wenn dies zur Grünlanderneuerung erfolgt (sog. Pflugregelung). Der Wortlaut von Art. 3 Abs. 4 Nr. 1 BayNatSchG spricht jedoch nicht von einem Umbruch von Dauergrünland, sondern von der *Umwandlung*. Darunter versteht man – in Abgrenzung zum Agrarbeihilfenrecht – die flächige Zerstörung der Grasnarbe, die mit einer Nutzungsänderung verbunden ist (z. B. in Ackerland).[1029] Reine Bodenbearbeitungsmaßnahmen, Pflegeumbrüche oder Neuansaat, bei der zwar auch die Grünlanddecke mittels eines Pflugs, Gruber oder Kreiselegge zerstört wird, reichen nicht für die Annahme einer Umwandlung aus.[1030] Die Gesetzesbegründung hält dieses Verbot für notwendig, da die Ackernutzung auf Grünlandstandorten zu einer irreversiblen Zerstörung von bestimmten Lebensräumen führt.[1031] Zudem dient das Verbot des Auftrags aus Art. 20a GG zum Schutz natürlicher Lebensgrundlagen, da die herausragende ökologische Wertigkeit des Grünlands außer Frage steht.[1032]

(2) Ausnahmen

Auf Antrag sind nach Art. 3 Abs. 5 S. 1 BayNatSchG Ausnahmen vom Umbruchverbot zuzulassen (gebundene Entscheidung), wenn die Beeinträchtigungen ausgeglichen werden. Ein Ausgleich muss sowohl hinsichtlich der Größe als auch naturschutzfachlicher Wertigkeit erfolgen. Eine vergleichbare ökologische Wer-

---

[1028] Dafür sind dann andere Rechtsvorschriften, wie bei der Erstaufforstung der Art. 16 BayWaldG oder bei Baumaßnahmen die Art. 55 ff. BayBO einzuhalten.

[1029] *Endres*, in: Frenz/Müggenborg, BNatSchG, § 5 Rn. 19.

[1030] Vgl. *Rademacher*, BayVBl. 2019, 728 [729].

[1031] LT-Drs. 18/1736, S. 8.

[1032] Zur Bedeutung des Grünlands siehe schon 1. Kapitel § 2 B, 2. Kapitel § 6 B.

tigkeit ist hergestellt, soweit ein 1:1 Ausgleich in Bezug auf die Flächengröße und funktional als „Ersatz-Grünland" erfolgt. Dies setzt auch voraus, dass die Fläche im gleichen Naturraum liegt.[1033] Diese fachrechtliche Genehmigung ist neben einer ggf. förderrechtlichen Genehmigung des Agrarbeihilfenrechts erforderlich, da die fachrechtliche Genehmigung keine Konzentrationswirkung entfaltet.[1034] Darüber hinaus besteht die Möglichkeit einer Befreiung gem. § 67 Abs. 1 BNatSchG.

bb. Nr. 2 – Absenkung des Grundwasserstands in Nass-, Feuchtgrünland sowie -brachen und auf Moor- und Anmoorstandorten

(1) Tatbestand
Ebenfalls verboten ist es, den Grundwasserstand in Nass- und Feuchtgrünland sowie -brachen und auf Moor- und Anmoorstandorten abzusenken. Nass-, Feuchtgrünland und -brachen kommen meist in Auenbereichen der Flusslandschaften, an Rändern von Mooren oder anderen feuchten Stellen wie Senken oder Quellgebieten vor, entstehen durch einen hohen Grundwasserspiegel oder nicht abfließendes Oberflächengewässer und bestehen häufig aus krautigen Pflanzen und Gräsern.[1035] Zu den Nass- und Feuchtwiesen gehören etwa die Sumpfdotterblumen-Wiesen. Dieser Feuchtwiesentyp wird am häufigsten intensiv landwirtschaftlich genutzt, mindestens zweimal im Jahr gedüngt und gemäht und das Heu als Futter verwendet.[1036] Unter „Mooren" versteht man sowohl Hoch- als auch Niedermoore. Moorstandorte kennzeichnen sich durch eine mindestens 30 cm mächtige Torf- oder Muddenauflage aus organischer Substanz, die in nassem Milieu infolge Wassersättigung und Luftabschluss nicht abgebaut und mineralisiert werden können.[1037] Hochmoore (oder Regenmoore) sind in ihrer Entwicklung weitgehend von Niederschlagswasser abhängig. Typischerweise sind sie aufgrund ihres geringen Stoffumsatzes artenarm und von Niederschlagswasser abhängig. Niedermoore hingegen stehen mit dem oberflächennahen Grundwasser in Kontakt und sind in naturnahen Zustand meist artenreich und wüchsig. Anmoore sind Mineralböden, die aufgrund von Wasserüberschuss und Sauerstoffarmut einen hohen Anteil an organischer Substanz – sie weisen meist einen Humusgehalt zwischen

---

[1033] *Rademacher*, BayVbl. 2019, 728 [730].
[1034] Dieses naturschutzrechtliche Ausnahmeverfahren wird aufgrund seiner förderrechtlichen Nähe das Trägerverfahren für eine evtl. erforderliche Prüfung der Eingriffsregelung nach §§ 15 ff. BNatSchG sein, *Rademacher*, BayVbl. 2019, 728 [730].
[1035] *Colditz*, S. 103.
[1036] *Colditz*, S. 107.
[1037] Lexikon der Geographie – Band 1, S. 378; LT-Drs. 15/3477, S. 20.

15 und 30 % auf – besitzen.[1038] Moore sind landwirtschaftlich nicht nutzbar. Sie können lediglich zur Torfgewinnung, Gewinnung von eisenhaltigen Substanzen (z. B. Raseneisenerz) und Wiesenkalk genutzt werden.[1039] Besonders ab dem 19. Jahrhundert wurde die sog. Moorkultur praktiziert, worunter man die Umwandlung von Mooren in landwirtschaftlich nutzbare Fläche versteht und Ursache für die unablässige Zerstörung von Mooren ist.[1040] Ziel des Verbots ist dementsprechend, dass die artenreichen Moor- und Anmoorstandorte durch Entwässerung, Abtorfung, Umbruch und Düngung nicht weiter irreversibel zerstört werden. Verhindert werden sollen damit auch die damit verbundenen negativen Folgen für das Klima, den Wasserhaushalt, die Wasserqualität, den Boden und für die Biodiversität.[1041] Die Verbreitung der Moor- und Anmoorböden stellt das Bayerische Landesamt für Umwelt in Moorbodenkarten zur Verfügung.[1042] Das Verbot des Art. 3 Abs. 4 S. 1 Nr. 2 BayNatSchG umfasst, Gräben und Drainagen neu anzulegen, zu erweitern und tiefer zu setzen, sodass die Gefahr einer aus der Entwässerung resultierende forcierten Torfzersetzung minimiert wird.[1043] Bereits bestehende Absenkungs- und Drainagemaßnahmen fallen hingegen nicht unter das Verbot.[1044] Dieselbe Zielsetzung hat Art. 19 Abs. 4 BayNatSchG, wonach die Oberste Naturschutzbehörde zur Erstellung eines Fachplans Moore verpflichtet wird. Dieser Plan soll die „Belange des Natur-, Boden-, Wasser- und Klimaschutzes mit einer naturverträglich und entsprechend angepassten land- und forstwirtschaftlichen Bewirtschaftung der Moore in Einklang […] bringen sowie […] renaturieren und

---

[1038] Detailliert zu den verschiedenen Moortypen, *Bayerisches Staatsministerium für Umwelt und Verbraucherschutz*, Bayerns Lebensräume, https://www.stmuv.bayern.de/themen/naturschutz/bayerns_naturvielfalt/bayerns_lebensraeume/index.htm (zuletzt aufgerufen am 28.01.2023); generell zur Bedeutung von Mooren, LT-Drs. 18/1816, S. 11.

[1039] *Colditz*, S. 87 f.

[1040] *Colditz*, S. 89 ff.

[1041] Wie Artenreich Moorstandorte sind, zeigt die relative Artenfülle bezogen auf den Flächenanteil der Hauptlebensraumtypen. In Mooren beträgt die relative Artenanzahl 10, wohingegen sie auf Äckern nur 1 beträgt, vgl. *Bayerisches Staatsministerium für Umwelt und Verbraucherschutz*, Bayerns Lebensräume, https://www.stmuv.bayern.de/themen/naturschutz/bayerns_naturvielfalt/bayerns_lebensraeume/index.htm (zuletzt aufgerufen am 28.01.2023).

[1042] *LfU*, Moorbodenkarte im Maßstab 1:25.000, (MBK25), https://www.lfu.bayern.de/natur/moore/moorbodenkarte/index.htm (zuletzt aufgerufen am 28.01.2023).

[1043] LT-Drs. 18/1816, S. 11; *Fischer-Hüftle*, in: Naturschutzrecht in Bayern, Art. 3 Rn. 36.

[1044] *Fischer-Hüftle*, in: Naturschutzrecht in Bayern, Art. 3 Rn. 36.

[…] erhalten."[1045] Durch diese Maßnahme soll die Fläche der renaturierten Moore in Bayern verdreifacht werden.[1046]

(2) Ausnahmen

Die Ausnahmen des Art. 3 Abs. 4 S. 1 Nr. 2 BayNatSchG überschneiden sich insofern mit denen von Art. 3 Abs. 4 S. 1 Nr. 1 BayNatSchG, dass diese auf Antrag möglich sind und durch Ausgleich erfolgen können. Allerdings kommt der Behörde bei der Erteilung Ermessen zu und es steht zur Realkompensation noch die Ersatzmaßnahme zur Verfügung. Zusätzlich ist eine Befreiung nach § 67 Abs. 1 BNatSchG möglich. Die Ausnahme gilt auch für Art. 3 Abs. 4 S. 1 Nr. 3, 4 BayNatSchG

cc. Nr. 3 – Verbot der Beeinträchtigung von naturbetonten Strukturelementen der Feldflur

Bestimmte naturbetonte Strukturelemente der Feldflur – Feldgehölze, Hecken, Säume, Baumreihen, Lesesteinhaufen, Natursteinmauern, natürliche Totholzansammlungen, Feldraine und Kleingewässer – unterliegen gem. Art. 3 Abs. 4 S. 1 Nr. 3 BayNatSchG einem Beeinträchtigungsverbot. Beeinträchtigungen sind jede Schädigung oder Minderung der Substanz (Fläche, Vegetationsbestand) wie das Entfernen einer Hecke.[1047] Die landwirtschaftliche Bodennutzung ist dazu geeignet, die in der Norm aufgeführten Lebensstätten wildlebender Tier- und Pflanzenarten zu beeinträchtigen. Ziel der Regelung ist es folglich die Landschaftselemente zu erhalten, die der Artenvielfalt und Biodiversität dienen.[1048] Indem das Verbot nur auf die landwirtschaftliche Nutzung beschränkt ist, ist es enger und damit spezieller als das gegenüber jedermann geltende Beeinträchtigungsverbot bestimmter Landschaftsbestandteile des Art. 16 Abs. 1 BayNatSchG – zu dem z. B. auch gehört, Hecken abzuschneiden – und hat damit Anwendungsvorrang (lex specialis). Abgesehen davon, dass Art. 3 Abs. 4 S. 1 Nr. 3 BayNatSchG die neuere Regelung ist (lex posterior), hat das Verbot auch einen eigenen Anwendungsbereich im Verhältnis zu Art. 16 BayNatSchG, indem mehr Strukturelemente unter Schutz gestellt wurden (z. B. Lesesteinhaufen).[1049]

[1045] LT-Drs. 18/1816, S. 15.
[1046] LT-Drs. 18/1816, S. 15.
[1047] LT-Drs. 18/1736, S. 7.
[1048] LT-Drs. 18/1736, S. 7.
[1049] *Rademacher*, BayVbl. 2019, 728 [730]; damit geht Art. 3 Abs. 4 S. 1 Nr. 3 BayNatSchG auch über § 8 AgrarZahlVerpflV hinaus, der während der Dauer des Bezugs von Agrarzahlungen ein Verbot der Beseitigung von u. a. Baumreihen und Feldrainen vorsieht.

dd. Nr. 4 – Verbot von Dauergrünlandpflegemaßnahmen durch umbrechende Verfahren in gesetzlich geschützten Biotopen

Wie bereits Nummer 1 bezieht sich dieses Verbot allein auf Dauergrünland i. S. d. Art. 3 Abs. 4 S. 2 BayNatSchG. Demnach ist es verboten Dauergrünlandpflegemaßnahmen durch umbrechende Verfahren wie Pflügen oder umbruchlose Verfahren wie Drill-, Schlitz- oder Übersaat auf landwirtschaftlich genutzten Flächen, die gesetzlich geschützte Biotope nach § 30 Abs. 2 BNatSchG bzw. Art. 23 Abs. 2 BayNatSchG sind, vorzunehmen. Ziel der Regelung ist es Pflegeumbrüche mit anschließender Nachsaat (Grünlanderneuerung) zu untersagen, da diese zu einer qualitativen Verschlechterung der vegetationskundlich wertvollen Grünlandflächen führen.[1050] Inhaltlich überschneidet sich das Verbot mit dem des § 30 Abs. 2 BNatSchG, wobei es dennoch als neuere, vorrangige Spezialnorm angesehen werden muss (lex posterior).[1051] Eine Einschränkung findet das Verbot in Art. 3 Abs. 7 BayNatSchG zur Beseitigung von Unwetter-, Wild- und Weideschäden.[1052]

ee. Nr. 5 bis 8 – Bewirtschaftungsvorgaben für Grünlandflächen

Art. 3 Abs. 4 S. 1 Nr. 5 bis 8 BayNatSchG enthalten konkrete Bewirtschaftungsvorgaben für Grünlandflächen. Dazu gehört das Verbot bei der Mahd auf Grünlandflächen ab einem Hektar von außen nach innen zu mähen (Nummer 5), auf 10 % der Grünlandflächen der Landesfläche Bayerns die erste Mahd vor dem 15. Juni durchzuführen (Nummer 6) und Grünlandflächen nach dem 15. März zu walzen (Nummer 7). Speziell für Dauergrünlandflächen ist es seit dem 01.01.2022 verboten flächenhaft Pflanzenschutzmittel einzusetzen (Nummer 8).

(1) Art der Grünlandmahd

Im Gegensatz zu Dauergrünland fasst man unter Grünlandflächen, die mindestens fünf Jahre überwiegend mit Gräsern bewachsen und landwirtschaftlich genutzt sind. Grünlandverbesserungsmaßnahmen – wie der Umbruch mit anschließender Neuansaat – lassen die Grünlandeigenschaft nicht entfallen.[1053] Durch das Verbot der Mahd von außen nach innen sollen die mahdbedingten Tierverluste – die weniger mobilen Bodenbrüter und Säugetiere ziehen sich auf die noch nicht gemähten Flächen zurück und werden am Ende vom Mähwerk erfasst – gemindert wer-

---

[1050] LT-Drs. 18/1736, S. 7.

[1051] *Rademacher*, BayVbl. 2019, 728 [731].

[1052] Art. 23 Abs. 3 S. 1 BayNatSchG ist aufgrund der Spezialität von Art. 3 Abs. 4 S. 1 Nr. 4 BayNatSchG zu § 30 Abs. 2 BNatSchG hingegen nicht anwendbar.

[1053] LT-Drs. 15/3477, S. 20.

den. Die Tiere bekommen so die Möglichkeit auf die an den Wiesenrändern liegenden ungenutzten Randstreifen zu gelangen. Auf stark hängigem Gelände (mindestens 10 % Gefälle) gilt das Verbot aufgrund der mit dem Schlepereinsatz verbundenen Kippgefahr nicht.[1054]

(2) Zeitpunkt der Grünlandmahd
Nummer 6 soll einerseits gewährleisten, dass eine ausreichende Zahl an Pflanzen ausreifen kann, andererseits, dass auf Teilflächen immer eine ausreichende Futtergrundlage für Insekten zum Erhalt der Artenvielfalt vorhanden ist. Insofern normiert die Vorschrift eigentlich kein Verbot, sondern - wie sich Satz 4 entnehmen lässt - ein Schutzziel, das nach Maßgabe der verfügbaren Haushaltsmittel im Rahmen von vertraglichen Vereinbarungen oder der Teilnahme an Förderprogrammen auf Flächen einzelner Betriebe in allen Landesteilen umgesetzt werden soll.[1055] Zentrales Umsetzungsinstrument für dieses Ziel ist das Bayerische Vertragsnaturschutzprogramm, das u. a. konkrete Mähzeitpunkte festlegt und dem am VNP teilnehmenden Landwirt eine Förderung bei der extensiven Mähnutzung naturschutzfachlich wertvoller Lebensräume gewährt.[1056] Begleitet wird das Ziel außerdem durch das KULAP, welches durch Maßnahmen, wie den Einsatz von blühenden Kulturen (Öllein, Sonnenblumen, Raps, Silphie, Eiweißpflanzen oder Energieblühmischungen) Anreize für einen Maisersatz geben möchte, um so eine vielfältige Fruchtfolge zu erhalten.[1057]

(3) Walzen von Grünlandflächen
Die gleiche Intention verfolgte der Gesetzgeber mit der Nummer 7. Das Unterlassen des Walzens ab dem 15. März soll Bodenbrütern ein „ausreichendes Zeitfenster bis zur ersten Mahd geben, in dem ihr Gelege ungestört bleibt".[1058] Diese Regelung allein betrachtet ist aus zwei Perspektiven kritisch zu bewerten. Einerseits naturschutzfachlich, dass sie lediglich auf das Walzen beschränkt ist und andere

---

[1054] LT-Drs. 18/1736, S. 8.
[1055] Als Verbot wäre die Vorschrift auch zu unbestimmt, da der Wortlaut den einzelnen Landwirt nicht darauf hinweist, ob sein Grundstück unter die 10 % der Grünlandflächen fällt oder nicht, vgl. *Rademacher*, BayVbl. 2019, 728 [731].
[1056] Die Förderung ist gestaffelt nach Schnittzeitpunkten, vgl. zu den konkreten Maßnahmen im Verpflichtungszeitraum 2022 bis 2026 https://www.stmelf.bayern.de/mam/cms01/agrarpolitik/dateien/massnahmenuebersicht_vnp.pdf (zuletzt aufgerufen am 28.01.2023).
[1057] Zu den Maßnahmen im Verpflichtungszeitraum 2022 gehört etwa auf dem Acker die Ansaat von jährlich wechselnden Blühflächen (B47), welche mit bis zu 615 € pro ha honoriert wird, vgl. https://www.stmelf.bayern.de/agrarpolitik/foerderung/001007/index.php (zuletzt aufgerufen am 28.01.2023).
[1058] LT-Drs. 18/1736, S. 8.

Bodenbearbeitungsformen (Striegeln, Reifenschleppe, …) nicht erfasst sind. Andererseits landwirtschaftlich, dass nicht auf der ganzen bayerischen Landesfläche mit Bodenbrütern zu rechnen ist bzw. die Festlegung eines fixen Zeitpunktes nicht praktikabel ist, da abhängig von der Witterung das Walzen des Grünlandes auch erst nach dem 15. März stattfinden kann.[1059] Dieser Kritik ist der Gesetzgeber entgegengetreten durch den Erlass von § 5 AVBayNatSchG[1060] auf Grundlage der Verordnungsermächtigung des Art. 3 Abs. 6 S. 1 BayNatSchG. Die Verordnung gestattet es den Regierungen für ganze Landkreise das Walzen von Grünlandflächen auch nach dem 15. März per Allgemeinverfügung zuzulassen, soweit bestimmte, sich nach den örtlichen Witterungsverhältnissen richtende Voraussetzungen erfüllt sind und die Voraussetzungen einer Befreiung nach § 67 Abs. 1 S. 1 BNatSchG gegeben wären. Dies kann durch Allgemeinverfügung gem. § 5 Abs. 1 S. 1 Nr. 1 AVBayNatSchG dann zugelassen werden, wenn das landwirtschaftlich genutzte Grünland bei Einhaltung der guten fachlichen Praxis insbesondere aufgrund zu hoher Bodenfeuchte oder schneebedeckter Flächen nicht vor dem 15. März gewalzt werden kann, was nach Absatz 2 Satz 1 in enger Abstimmung mit dem Deutschen Wetterdienst erfolgt.

(4) Einsatz von Pflanzenschutzmitteln auf Dauergrünlandflächen
Wie bereits im Kapitel zum Artenschutz und Pflanzenschutzgesetz des Bundes dargestellt, ist der Einsatz von chemischen Pflanzenschutzmitteln auf Dauergrünland nicht hilfreich für die Biodiversität, sodass diese zur Sicherung der Vielfalt der Pflanzen durch die Nummer 8 seit dem 01.01.2022 verboten sind. Ausgenommen werden können auf Antrag von diesem Verbot gem. Art. 3 Abs. 5 S. 3 BayNatSchG die punktuelle Beseitigung giftiger, invasiver oder bei vermehrtem Auftreten die für die Grünlandnutzung problematischen Pflanzenarten. Anlass für Kritik bietet das Erfordernis der punktuellen Beseitigung, welche bei der Schädlingsbeseitigung auf Dauergrünlandflächen teilweise nicht zielführend ist. Einerseits wird so der punktuelle Pestizideinsatz von vornherein nicht erfasst, andererseits können schädliche Pflanzenarten, die sich flächig über das Dauergrünland erstrecken durch punktuelle Maßnahmen nicht beseitigt werden. Legt man den Begriff „punktuell" hingegen als „kleinflächig oder selektiv" aus, können auch

---

[1059]Die Kritik bezieht sich auf Regionen, in denen Wiesen aufgrund von Schnee oder Nässe nicht rechtzeitig bearbeitbar sind, vgl. *Rademacher*, BayVbl. 2019, 728 [732].
[1060]Verordnung zur Ausführung des Bayerischen Naturschutzgesetzes (AVBayNatSchG) vom 18.07.2000 (GVBl. S. 495), zuletzt geändert durch § 1 der Verordnung vom 08.11.2020 (GVBl. S. 627).

flächig auftretende Pflanzenarten durch geeignete Verfahrenstechniken beseitigt werden.[1061] Nur wenn „punktuell" diese ratio legis enthält, kann der Wortlaut als gelungen bezeichnet werden. Eng verbunden mit diesem Verbot ist das Ziel des bayerischen Gesetzgebers bis 2028 den Einsatz chemischer Pflanzenschutzmittel zu halbieren.[1062]

(5)   Durchsetzung der Verbote
Eine behördliche Ermächtigung, wie sie in Absatz 3 Satz 3 besteht, fehlt in Art. 3 Abs. 4 BayNatSchG. Es ist daher anzunehmen, dass der Gesetzgeber die Verbote entweder nicht behördlich durchsetzbar ausgestalten wollte oder schlicht übersehen hat, dass § 3 Abs. 2 BNatSchG nicht für landesgesetzliche Verbote gilt und dass das Bayerische Naturschutzgesetz keine Befugnis-Generalklausel enthält.[1063] Letzterem lässt sich entgegenhalten, dass der Gesetzgeber in Absatz 3 ebenso gesehen hat, dass es einer behördlichen Ermächtigung zur Durchsetzung der Verbote bedarf. Gegen Ersteres und damit für ein Versehen sprechen der Sinn und Zweck eines Verbots sowie die Systematik des Gesetzes. Demnach verfolgen die Normen des Bayerischen Naturschutzgesetzes mit Bezug zur Landwirtschaft das Schema von Regel (Verbot)-Ausnahme-Vollziehbarkeit (z.B. Art. 6 Abs. 2 BayNatSchG). Auch die Intention des Gesetzgebers, eine dem § 4 LNatSchG-NRW vergleichbare Regelung zu schaffen, welcher durch die landesrechtliche Generalklausel des § 77 Abs. 1 Nr. 1 LNatSchG-NRW durchsetzbar ist, spricht für ein schlichtes Versehen.[1064] Zur Überbrückung dieser Gesetzeslücke, gelten auf der Rechtsfolgenseite §§ 15, 17 Abs. 1 und 8 BNatSchG bzw. bei den Verboten nach Art. 3 Abs. 2 Nr. 2 und 4 BayNatSchG die Befugnisnorm des § 3 Abs. 2 BNatSchG.[1065] § 3 Abs. 2 BNatSchG ist in diesen konkreten Fällen anwendbar, da die Absenkung des Grundwasserstandes (Nummer 2) bereits durch § 30 Abs. 1 S. 1 Nr. 2 BNatSchG abgedeckt ist und Dauergrünlandpflegemaßnahmen nach Nummer 4 auf gesetzlich geschützten Biotopen stattfinden müssen, die ebenfalls durch § 30 Abs. 1 S. 1 Nr. 2 BNatSchG geschützt sind.

[1061] *Rademacher*, BayVbl. 2019, 728 [732].
[1062] LT-Drs. 18/3128, S. 15.
[1063] *Fischer-Hüftle*, in: Naturschutzrecht in Bayern, Art. 3 Rn. 47.
[1064] LT-Drs. 18/1736, S. 7.
[1065] Ausführlich zur Durchsetzung der Verbote des Art. 3 Abs. 4 BayNatSchG, vgl. *Fischer-Hüftle*, in: Naturschutzrecht in Bayern, Art. 3 Rn. 47 ff.

c. Art. 16 BayNatSchG – Schutz bestimmter Landschaftsbestandteile

Art. 16 BayNatSchG enthält über den Art. 3 Abs. 4 BayNatSchG hinausgehende, nicht nur die landwirtschaftliche Bodennutzung betreffende Verbote. Zu diesen gehört etwa gem. Art. 16 Abs. 1 S. 1 Nr. 1 BayNatSchG in der freien Natur Hecken, lebende Zäune, Feldgehölze oder -gebüsche einschließlich Ufergehölze oder -gebüsche zu roden, abzuschneiden, zu fällen oder auf sonstige Weise erheblich zu beeinträchtigen. Die Landschaftsbestandteilen umfassen etwa das Wildobst, die alte Weißdorne, Holunder oder Eichen. Der Schutz dieser Landschaftsbestandteile ist vor allem in Agrarlandschaften erforderlich, weil sie diese auf natürliche Weise gliedern und damit „Ackerbewohnern" Rückzugsorte bieten, vor Bodenerosion schützen (Wind und Wasser) und bei der Biotopvernetzung helfen. Darüber hinaus fördern sie die Artenvielfalt, indem sie Brut-, Schutz- und Nahrungsraum für verschiedenste Tierarten wie die Feldhasen, Vögel, Fledermäuse, aber auch Insekten wie Bienen, Laufkäfer und Schmetterlinge sind. Ein eigenständiger Anwendungsbereich des Art. 16 BayNatSchG verbleibt dort, wo die Norm nicht gem. Art. 3 Abs. 4 S. 1 Nr. 3 BayNatSchG geschützte Objekte der Feldflur enthält (z. B. Baumreihen, Feldraine und Trockenmauern).[1066]

d. Fazit

aa. Konzentration der Verbote auf das Grünland

Einerseits ist an den Verboten des Art. 3 Abs. 4 BayNatSchG positiv hervorzuheben, dass diese vollumfassend Ge- und Verbote in Bezug auf das (Dauer-) Grünland regeln. Andererseits hat der Bayerische Gesetzgeber seine Abweichungsgesetzgebungskompetenz in Bezug auf § 5 BNatSchG – wenn auch der Gesetzgeber anderer Ansicht ist[1067] – nicht voll ausgeschöpft, sondern überwiegend in Bezug auf § 5 Abs. 2 Nr. 5 BNatSchG („Grünlandumbruchverbot"). Die übrigen Regelbeispiele des § 5 BNatSchG werden hingegen nur mittels Förderprogrammen „konkretisiert". Als Beispiel soll § 5 Abs. 2 Nr. 4 BNatSchG herangezogen werden. Dieser wird u. a. durch das Förderprogramm für Weidetierhalter landesrechtlich konkretisiert. Dieses möchte eine Begrenzung auf 1,0 Großvieheinheit (GV[1068]) erreichen, was vor allem den Haltern von Schafen, Ziegen und Mutter-

---

[1066] *Fischer-Hüftle*, in: Naturschutzrecht in Bayern, Art. 3 Rn. 39.
[1067] LT-Drs. 16/5872, S. 22.
[1068] Eine Großvieheinheit entspricht ca. 500 kg, d. h. etwa einem ausgewachsenen Rind oder 320 Legehennen. Auf dieser Grundlage lassen sich für verschiedene Nutztiere vergleichbare Dunganfallmengen berechnen.

kühen zugutekommt.[1069] Gerade Schafe und Ziegen müssen und werden hauptsächlich auf der Weide (extensiv) gehalten. Diese leisten zwar einen wertvollen Beitrag zur Biodiversität, sind wirtschaftlich – ohne Förderung – hingegen kaum rentabel zu halten. Rinder dagegen können und werden bevorzugt in Bayern noch in ganzjähriger Anbindehaltung gehalten. Mithin ist eine intensive Tierhaltung noch die Regel.[1070] Hohe Großvieheinheiten auf eine geringe Betriebsfläche sind nicht nur aus Gesichtspunkten des Tierwohls problematisch, sondern auch, weil der durch die Tiere anfallende Dung zu konzentriert auf die vorhandene Landwirtschaftsfläche ausgebracht wird. Zumindest die bis 2017 erhobenen Daten zur mineralischen Düngung in Bayern, weisen darauf hin, dass noch kein signifikanter Rückgang der Nährstoffausbringung zu erkennen ist. Das Förderprogramm für Weidetierhalter hatte aus ökologischer Sicht daher noch nicht den gewünschten Erfolg. Zwar stellt das Dauergrünland in Bayern flächenmäßig mit gut einem Drittel der landwirtschaftlichen Nutzfläche den größten Anteil dar,[1071] dies rechtfertigt aber nicht die landesrechtliche Abweichung allein auf das Grünland zu beschränken. Vielmehr werden dadurch die im Rahmen des § 5 BNatSchG geäußerten Bedenken bestärkt, dass die Länder von ihrer Abweichungskompetenz nicht vollumfänglich Gebrauch machen und daher eine voll, abweichungsfeste bundesrechtliche Konkretisierung z. B. mittels einer Verordnung notwendig ist.

bb. Erreichen einer extensiven Grünlandnutzung
Zwar bieten die kooperativen Instrumente Anreize für eine extensive Grünlandnutzung,[1072] die Verbote des Art. 3 Abs. 4 BayNatSchG fördern diese hingegen nur durch die Nummer 6, wonach auf 10 % der Grünlandflächen die erste Mahd nicht mehr vor dem 15. Juni durchgeführt werden soll. Die praktische Umsetzung hat hingegen gezeigt, dass das Verbot nicht etwa dazu führt, dass auf „neuen" Flächen die erste Mahd nach dem 15. Juni erfolgt, sondern bereits an den Förderprogrammen (v. a. VNP und KULAP) teilnehmende Flächen für die Einhaltung des Verbots ausreichen.[1073] Eine über die kooperativen Instrumente hinausge-

---

[1069] LT-Drs. 18/7998, S. 19.

[1070] So haben 48 % der Betriebe eine ganzjährige Anbindehaltung, vgl. *StMELF*, Agrarbericht 2018, https://www.agrarbericht-2018.bayern.de/landwirtschaft-laendliche-entwicklung/herausforderungen-in-der-nutztierhaltung.html (zuletzt aufgerufen am 28.01.2023).

[1071] *StMELF*, KULAP, S. 9.

[1072] Dazu gehört zum Beispiel die KULAP-Maßnahme „Erhalt artenreicher Grundlandbestände".

[1073] So die Auskunft von Frau Reiprich (LRA Wunsiedel) und Herrn Raab (LRA Nürnberger Land).

hende Wirkung geht daher von dem Verbot bisher nicht aus. Dafür müsste der Anteil der betroffenen Grünlandflächen signifikant erhöht werden. Ein diesbezüglich ambitionierteres Ziel ist gerade deshalb erstrebenswert, da extensiv genutzte Grünlandstandorte zu den artenreichsten Biotopen weltweit gehören. Über 400 Pflanzenarten haben das Grünland als Lebensraum. Pro Quadratmeter Grünland können bis zu 89 Pflanzenarten ausfindig gemacht werden.[1074] Eine extensive Grünlandnutzung könnte zum Beispiel dadurch erreicht werden, dass der Anteil der Grünlandflächen, bei denen die erste Mahd nicht mehr vor dem 15. Juni durchgeführt wird, jährlich stufenweise erhöht wird. Unvollständig ist Art. 3 Abs. 4 BayNatSchG im Hinblick auf die Grünlanderneuerung. Darunter versteht man den Umbruch und die Neuansaat von intensiv genutztem Grünland. Auch durch die Grünlanderneuerung geht zumindest vorerst die komplette Artenvielfalt verloren.[1075] Dennoch ist diese durch die unteren Naturschutzbehörden als ordnungsgemäße Bodennutzung zu behandeln. Eine naturschutzverträgliche Lösung dafür hat beispielsweise das Land Niedersachsen gefunden, das in § 2a Abs. 3 S. 4 NAGBNatSchG geregelt ist, dass nach der Grünlanderneuerung auf einer Fläche, eine neue Grünlanderneuerung frühestens nach 10 Jahren erfolgen darf. Dadurch wird dem Grünland genügend Zeit gegeben zu regenerieren und der Natur als „artenreiches Grünland zur Verfügung zu stehen". Nichtsdestotrotz ist positiv an Art. 3 Abs. 4 BayNatSchG hervorzuheben, dass sich der Gesetzgeber überhaupt dazu entschlossen hat, eine extensive Grünlandnutzung auch ordnungsrechtlich zu regeln und sich nicht allein auf die Wirkung des Greening und die kooperativen Instrumente verlässt. Deren beschränkte Wirkung zur Erhaltung des (Dauer-) Grünlandes zeigt sich dadurch, dass Deutschland 800.000 ha Dauergrünland seit 1991 verloren hat.[1076]

cc. Kein Verbot des Grünlandumbruchs auf erosionsgefährdeten Hängen[1077]
Obwohl sich aus verschiedenen Maßnahmeprogrammen[1078] erkennen lässt, dass der Gesetzgeber die Bodenerosion als Risikofaktor einstuft, findet sich kein Verbot des Grünlandumbruchs auf erosionsgefährdeten Hängen in Art. 3 Abs. 4 BayNatSchG wieder. Eine Notwendigkeit des Verbots ergibt sich allein schon daraus,

---

[1074] *StMELF*, KULAP, S. 13
[1075] *BfN*, Agrarreport 2017, S. 22.
[1076] *WBAE*, Für eine gemeinwohlorientierte Gemeinsame Agrarpolitik der EU nach 2020: Grundsatzfragen und Empfehlungen, S. 39.
[1077] Zur Realität dieses Problems, vgl. Abbildungen 4. Kapitel § 12 V. 3.
[1078] Dazu gehört zum Beispiel die KULAP-Maßnahme „Mulch-, Streifen- und Direktsaatverfahren".

dass in Bayern rund 500.000 ha durch Bodenerosion, d. h. dem Abschwemmen von Boden bei starkem Regen, betroffen sind.[1079] Dass diese in der Zukunft als Risikofaktor an Bedeutung gewinnen wird, zeigen die aufgrund des Klimawandels zuletzt immer häufiger aufgetretenen Starkregenereignisse in Bayern.[1080] Diese hinterlassen nicht nur offensichtliche Schäden an Häusern, Straßen etc., sondern waschen gleichzeitig den Boden aus und lassen den Boden verhärten. Der Boden lässt sich als Folge nicht mehr bearbeiten.

dd. Reduktion des Einsatzes von Pflanzenschutzmitteln
Bereits 2018 haben die Bayerischen Staatsgüter auf eine glyphosphatfreie Bewirtschaftung umgestellt, um mit einem guten Beispiel voranzugehen, das Ziel der bayernweiten Halbierung des chemischen Pflanzenschutzmitteleinsatzes bis 2028 zu erreichen.[1081] Leider wurde dieses Ziel nicht gesetzlich verbindlich verankert. Art. 3 Abs. 4 Nr. 8 BayNatSchG verbietet es lediglich ab dem 01.01.2022 auf Dauergrünlandflächen flächenhaft Pflanzenschutzmittel einzusetzen. Eine ordnungsrechtlich verbindliche Festsetzung für alle landwirtschaftlich genutzte Flächen wäre angesichts der Tatsache notwendig, dass die Landesregierung noch nicht einmal damit begonnen hat aussagekräftige Daten darüber zu sammeln, welche chemisch-synthetischen Pestizide in welchen Mengen, auf welchen Flächen und zu welchen Zeitpunkten in der Agrarlandschaft ausgebracht werden.[1082] Auch wenn das von der Staatsregierung erklärte Ziel noch fünf Jahre in der Zukunft liegt, zeigt sich beispielhaft anhand des Stands der Umsetzung dieses unverbindlichen Ziels, wie wichtig ein ordnungsrechtlicher Rahmen für alle landwirtschaftlichen Nutzflächen für die Zielerreichung von Agrarumweltmaßnahmen ist.

III. Die Eingriffsregelung
Der Bayerische Landesgesetzgeber hat – ausgehend von der amtlichen Überschrift – durch Art. 6 BayNatSchG von seiner Abweichungsgesetzgebungskompetenz zu § 17 Abs. 3 BNatSchG (Verfahren bei Eingriffen), § 14 Abs. 2 BNatSchG (Privilegierung der Landwirtschaft bei Eingriffen in Natur und Land-

---

[1079] *StMELF*, KULAP, S. 9.

[1080] Das wohl größte Starkregenereignis der vergangenen Jahre war die Sturzflut in Simbach am Inn 2016, vgl. *LfU*, Starkregen und Sturzfluten, https://www.lfu.bayern.de/wasser/starkregen_und_sturzfluten/index.htm (zuletzt aufgerufen am 28.01.2023); zur Entwicklung der Starkregenereignisse deutschlandweit vgl. *Imbery et al.*, Klimatologische Einordnung des Jahres 2021, S. 9.

[1081] *StMELF*, Maßnahmepaket zugunsten der Artenvielfalt und Naturschönheiten in Bayern, S. 4.

[1082] LT-Drs. 18/20551, S. 1.

schaft) und § 14 Abs. 3 BNatSchG (Ausnahme bei der Wiederaufnahme der landwirtschaftlichen Bodennutzung) Gebrauch gemacht.[1083]

1. Gegenüberstellung der Eingriffsregelung Bundesnaturschutzgesetzes mit der des Bayerischen Naturschutzgesetzes – Verfahrensrechtliche Sonderregelung

Während Art. 6 Abs. 1 BayNatSchG eine Spezialregelung für das Alpengebiet darstellt, werden in Absatz 2 und 3 die Unterschiede zur bundesrechtlichen Regelung des § 17 Abs. 3 BNatSchG bei „konventionellen" Eingriffen deutlich. § 17 Abs. 3 S. 1 BNatSchG hält eine Genehmigung von Eingriffen durch die für Naturschutz und Landschaftspflege zuständige Behörde für erforderlich, wenn die Behörde den Eingriff nicht selbst durchführt und der Eingriff keiner behördlichen Zulassung oder Anzeige nach anderen Rechtsvorschriften bedarf. Ebensolche Eingriffe können nach Art. 6 Abs. 2 S. 1 BayNatSchG untersagt werden. Ad hoc müssen erhebliche Beeinträchtigungen von Natur und Landschaft vermeidbar oder unvermeidbare erhebliche Beeinträchtigungen nicht im erforderlichen Maß auszugleichen oder zu ersetzen sein sowie die Belange des Naturschutzes und der Landschaftspflege bei Abwägung aller Anforderungen an Natur und Landschaft im Rang vorgehen.

Der Tatbestand enthält insofern zwei Alternativen. Einerseits kann eine erhebliche, vermeidbare Beeinträchtigung vorliegen, die aber vom Verursacher entgegen § 15 Abs. 1 BNatSchG nicht unterlassen wird. Andererseits kann eine unvermeidbare, erhebliche Beeinträchtigung vorliegen, für die der Eingriffsverursacher entgegen § 15 Abs. 2 BNatSchG keinen Ausgleich oder Ersatz schafft. Entscheidend ist damit allein, ob der Eingriffsverursacher seine Pflichten aus § 15 BNatSchG erfüllt.[1084]

Art. 6 Abs. 2 S. 1 BayNatSchG sieht im Gegensatz zu § 17 Abs. 3 S. 1 BNatSchG kein eigenständiges Genehmigungsverfahren vor, sondern gibt den Behörden auf Rechtsfolgenseite nur das Mittel der Untersagung von Eingriffen an die Hand.[1085] Zu beachten ist, dass die Untersagung nicht zwingend ist, sondern im Ermessen der Verwaltung steht (Entschließungsermessen). Auch kann die Behörde bei der Untersagung quantitativ (Untersagung auf der Gesamtfläche oder nur auf Teilflächen) und qualitativ (Abwarten, ob der Eingriff überhaupt stattfindet) differenzie-

---

[1083] Zur Zulässigkeit der Regelung des Art. 6 Abs. 4 BayNatSchG, vgl. *Fischer-Hüftle/Czybulka*, in: Schumacher/Fischer-Hüftle, BNatSchG, § 14 Rn. 76.

[1084] *Fischer-Hüftle*, in: Naturschutzrecht in Bayern, Art. 6 Rn. 12.

[1085] LT-Drs. 16/5872, S. 23.

ren, sodass ihr zusätzlich ein Auswahlermessen zukommt.[1086] Wurde die Durchführung eines Eingriffs nach Satz 1 nicht bereits untersagt, kann dieser gem. Satz 2 vorläufig eingestellt werden, wenn erhebliche Beeinträchtigungen zu erwarten sind. Im Falle einer solchen Untersagung kann nach Satz 3 die Wiederherstellung des ursprünglichen Zustands oder, soweit nur mit unverhältnismäßigen Aufwendungen möglich, können auch Maßnahmen nach § 15 BNatSchG angeordnet werden. Art. 6 Abs. 3 BayNatSchG eröffnet hingegen ebenfalls die Möglichkeit, dass auf Antrag des Verursachers eines Eingriffs ein Genehmigungsverfahren nach § 17 Abs. 3 BNatSchG durchgeführt wird.

Droht die Gefahr der Schaffung vollendeter Tatsachen, d. h. die erhebliche Beeinträchtigung des Natur- und Landschaftsbildes, können die Behörden nach Art. 6 Abs. 2 S. 2 BayNatSchG aufgrund einer abgerundeten Prüfung durch ein schnelles Handeln entgegenwirken. Zuletzt enthält Satz 3 die Ermächtigung der Behörde zu bestimmten Anordnungen, wie die Wiederherstellung des ursprünglichen Zustandes oder, soweit dies nur mit unverhältnismäßigem Aufwand möglich ist, Maßnahmen nach § 15 BNatSchG anzuordnen. Die Art der Anordnung steht im Ermessen der Behörde.[1087]

2. Die Ermittlung und Bewertung von Eingriffen nach der Bayerischen Kompensationsverordnung

Wann ein Eingriff erheblich ist, lässt sich anhand der Bayerischen Kompensationsverordnung (BayKompV[1088]) ermitteln, zu deren Erlass die Staatsregierung nach § 15 Abs. 7 S. 2 BNatSchG i. V. m. Art. 8 Abs. 3 S. 1 BayNatSchG ermächtigt war.[1089] Deren dritter Teil ist vollständig der Eingriffsermittlung gewidmet und legt die Grundlage für den Kern der Kompensationsverordnung, die Konkretisierung der Ausgleichs- und Ersatzmaßnahmen von Eingriffen nach § 15 BNatSchG. Die Ermächtigung für den Erlass der Konkretisierungen i. R. d. Bayerischen Kompensationsverordnung enthält Art. 8 Abs. 3 S. 3 BayNatSchG. Bei

---

[1086] BayVGH, Urt. v. 23.07.2020 -14 B 18.1472 = ZUR 2021, 48 [51].

[1087] *Fischer-Hüftle*, in: Naturschutzrecht in Bayern, Art. 6 Rn. 16.

[1088] Verordnung über die Kompensation von Eingriffen in Natur und Landschaft (Bayerische Kompensationsverordnung – BayKompV) vom 07.08.2013 (GVBl. S. 517); zuletzt geändert durch § 2 des Gesetzes vom 23.06.2021 (GVBl. S. 352).

[1089] Str. ist, ob und auf welche Weise die Länder von der Bundeskompensationsverordnung (BGBl. I S. 1088) vom 14.05.2020 abweichen dürfen. Insbesondere Art. 8 Abs. 3 S. 2 Bay-NatSchG, der die Bundeskompensationsverordnung bereits vor deren Erlass vollständig für nicht anwendbar erklärt hat, steht in der Kritik. Eine Entscheidung durch das BVerfG steht hingegen noch aus. Ausführlich dazu *Faßbender*, NuR 2020, 649 m. W. N. sowie LT-Drs. 18/15058, S. 5 ff.

der Eingriffsermittlung ist gem. § 4 BayKompV zunächst der Ausgangszustand zu erfassen und zu bewerten[1090], bevor die Auswirkungen von Eingriffen zu ermitteln und zu bewerten sind (§ 5 BayKompV). So ergibt sich gem. § 5 Abs. 2 S. 1 BayKompV die Erheblichkeit der Beeinträchtigungen aus den Funktionsausprägungen der Schutzgüter gem. § 4 BayKompV sowie der Stärke, Dauer und Reichweite (Intensität[1091]) der bau-, anlage- und betriebsbedingten Wirkungen des Vorhabens. Nach § 5 Abs. 2 S. 2 BayKompV sind Eingriffe nicht erheblich, wenn zu erwarten ist, dass sich die beeinträchtigten Funktionen der Schutzgüter innerhalb einer Frist von drei Jahren nach Inanspruchnahme auf der betroffenen Fläche selbstständig wiederherstellen und nach Ablauf dieser Frist keine nachhaltigen negativen Auswirkungen auf die Funktionen der Schutzgüter verbleiben. Darüber hinaus widmet sich § 6 BayKompV der Vermeidung von Eingriffen sowie § 7 BayKompV, wann überhaupt ein Kompensationsbedarf besteht. Letztendlich geht die Bayerische Kompensationsverordnung, wie der Inhalt des zweiten Teils zeigt, über ihren Titel „Kompensation" hinaus. Sie gibt den unteren Naturschutzbehörden nicht nur Umfang und Auswahl der Rechtsfolgen eines Eingriffs vor, sondern konkretisiert auch die unbestimmten Rechtsbegriffe des Eingriffstatbestandes, sodass ganz im Gegensatz zum bundesrechtlichen Eingriffstatbestand (§ 14 Abs. 1 BNatSchG) hinreichend konkret ist, wann die Eingriffsregelung zu vollziehen ist.

3. Privilegierung der Landwirtschaft bei der Durchführung von Eingriffen – Spiegelbild der bundesrechtlichen Regelung

Als Pendant zu § 14 Abs. 2 BNatSchG ist die landwirtschaftliche Bodennutzung gem. Art. 6 Abs. 4 S. 1 BayNatSchG als ordnungsgemäß und damit nicht als Eingriff anzusehen, soweit dabei die Ziele des Naturschutzes und der Landschaftspflege berücksichtigt werden. Satz 2 stellt die Regelvermutung auf, dass die landwirtschaftliche Bodennutzung in der Regel nicht den in Satz 1 genannten Zielen widerspricht, solange die in Art. 3 Abs. 2 BayNatSchG genannten Anforderungen sowie die Regeln der guten fachlichen Praxis, die sich aus dem Recht der Landwirtschaft und § 17 Abs. 2 BBodSchG ergeben, eingehalten werden. Abgesehen von dem notwendigerweise herzustellenden Bezug zu Art. 3 Abs. 2 BayNatSchG unterscheidet sich die bayerische Sonderregelung inhaltlich nicht von § 14 Abs. 2 BNatSchG. Begründet wird die Sonderstellung der Landwirtschaft im Rahmen

---

[1090] Welche Merkmale dafür wesentlich und wertbestimmend sind, lässt sich anhand der Anlage 1 und 2 bestimmen.

[1091] Anhaltspunkte für die Bewertung der Intensität eines Eingriffs ergeben sich aus Absatz 3 sowie der Anlage 3.1.

des Eingriffstatbestandes damit, dass sie zum einen durch die notwendige, groß-flächige Urproduktion die Kulturlandschaft geprägt hat, zum anderen die großflä-chige Urproduktion auch von der flächendeckenden Eingriffsregelung betroffen ist.[1092] Werden die Naturschutzziele des § 1 BNatSchG hingegen offensichtlich nicht mehr berücksichtigt, ohne von einem Verbot des Art. 3 Abs. 2 BayNatSchG erfasst zu sein, kann die Vermutung im Einzelfall widerlegt werden.[1093] Dazu ge-hört zum Beispiel das Auffüllen und Einebnen eines Bachs zur künftigen Ackernutzung, was gem. Art. 16 Abs. 1 S. 1 Nr. 4 BayNatSchG verboten ist. Durch diese Maßnahme wird nicht nur der Landschaftscharakter erheblich verän-dert, sondern auch die Funktion von Bachauen als Lebensraum bzw. Wanderachse für freilebende Tier- und Pflanzenarten gestört.[1094]

4. Fazit

Die Abweichungen des Art. 6 BayNatSchG setzen im Vergleich zu den bundes-rechtlichen Regelungen der §§ 14 ff. BNatSchG kaum neue Standards. Eine ent-scheidende Konkretisierung des naturschutzrechtlichen Eingriffs und damit auch der Privilegierung der Landwirtschaft im bayerischen Naturschutzrecht enthält die Bayerische Kompensationsverordnung.

a. Konzentration behördlicher Ressourcen auf ordnungsrechtliches Handeln

Gelungen erscheint die verfahrensrechtliche Regelung des Art. 6 Abs. 2 Bay-NatSchG, die das starre Genehmigungsverfahren des § 17 Abs. 3 BNatSchG nur auf Antrag des Eingriffsverursachers für anwendbar erklärt. Diese Regelung kommt einerseits dem Eingriffsverursacher entgegen, der bei der Durchführung eines Eingriffs nach § 14 BNatSchG primär selbst für die Eingriffskompensation gem. § 15 BNatSchG verantwortlich ist und diese insofern eigenständig, schnell und effektiv durchführen kann. Andererseits können sich die unteren Naturschutz-behörden auf die „schwarzen Schafe" unter den Eingriffsverursachern konzen-trieren und bei diesen einzelfallspezifische Kompensationsmaßnahmen anordnen. Nachteil der gesetzlichen Regelung ist jedoch, dass diejenigen, die die angeord-neten Eingriffsfolgen des § 15 BNatSchG nicht einhalten, erst einmal ausfindig gemacht werden müssen und so die Gefahr besteht, dass nicht alle durchgeführten Eingriffe kompensiert werden. Letztendlich besteht diese Gefahr aber auch beim bundesrechtlichen Genehmigungsverfahren, da die Behörden dort ebenfalls da-

---

[1092] BayVGH, Beschl. v. 20.10.1994 – 9 CS 94.2562 = BeckRS 1994, 15445.
[1093] *Fischer-Hüftle*, in: Naturschutzrecht in Bayern, Art. 6 Rn. 23.
[1094] VGH München, Urt. v. 08.11.1999 – 9 B 96.3273 = BeckRS 1999, 23813 Rn. 19.

rauf angewiesen sind von der Durchführung eines Eingriffs Kenntnis zu erlangen, um ein Genehmigungsverfahren nach § 17 Abs. 3 BNatSchG durchführen zu können.

b. Bayerische Kompensationsverordnung als Handlungsleitfaden für den Vollzug der Eingriffsregelung

Die besonders seit dem Erlass der Bundeskompensationsverordnung umstrittene Bayerische Kompensationsverordnung, geht nicht nur über ihren Titel, sondern auch über ihr bundesrechtliches Pendant hinaus, indem sie sich neben der Kompensation der Eingriffsermittlung widmet. Wenngleich die Verortung zuerst nicht naheliegend erscheint, ist deren Inhalt elementar für den Vollzug der Eingriffsregelung durch die unteren Naturschutzbehörden. Zusammen mit der Arbeitshilfe zur Kompensationsverordnung[1095], ist so meist offensichtlich, wann ein Eingriff erheblich ist. Dies ist nicht nur für die Eingriffsermittlung an sich relevant, sondern rechtfertigt letztendlich auch die Privilegierung der Landwirtschaft im Bayerischen Naturschutzrecht. Zusammen mit den Verboten des Art. 3 BayNatSchG, ergibt sich so ein Gesamtgefüge, das einerseits bestimmte landwirtschaftliche Handlungsweisen verbietet, andererseits den unteren Naturschutzbehörden durch Auslegung des Tatbestands erkennen lässt, welche in Art. 3 BayNatSchG nicht genannten Handlungen überhaupt einen erheblichen Eingriff nach Art. 6 BayNatSchG darstellen. Folglich lassen sich sowohl „verbotene landwirtschaftliche Handlungen" erkennen als auch die durch die landwirtschaftliche Bodennutzung hervorgerufenen erheblichen Beeinträchtigungen der Natur und Landschaft. Schlussendlich führt dies dazu, dass die übrige landwirtschaftliche Bodennutzung keine erhebliche Beeinträchtigung bzw. überhaupt keine Beeinträchtigung darstellt. Es erscheint daher grundsätzlich gerechtfertigt die landwirtschaftliche Bodennutzung gem. Art. 6 Abs. 4 S. 1 BayNatSchG im bayerischen Naturschutzrecht zu privilegieren.

D. Rückschlüsse vom Landesrecht auf die Privilegierung der Landwirtschaft im Bundesnaturschutzgesetz

Die Landesgesetzgeber haben in unterschiedlichen Umfang von ihrer Abweichungsgesetzgebungskompetenz nach Art. 72 Abs. 3 S. 1 Nr. 2 GG Gebrauch ge-

---

[1095] Die einzelnen Arbeitshilfen zur Bayerischen Kompensationsverordnung sind unter *LfU*, Bayerische Kompensationsverordnung – BayKompV, https://www.lfu.bayern.de/natur/kompensationsverordnung/index.htm (zuletzt aufgerufen am 28.01.2023) abrufbar; die Arbeitsliste zur Biotopwertliste enthält beispielsweise detaillierte verbale Kurzbeschreibungen der einzelnen Biotop- und Nutzungstypen.

macht. Eine Vorreiterrolle kommt hier Nordrhein-Westfahlen und Bayern zu, die umfassende Verbotslisten für die landwirtschaftliche Nutzung erlassen haben, wohingegen vor allem in den neuen Bundesländern eine gewisse Genügsamkeit mit der bundesrechtlichen Regelung zu erkennen ist. Insgesamt lässt sich jedoch feststellen, dass das Ziel des Bundesgesetzgebers,[1096] dass die Länder im Rahmen ihrer Abweichungsgesetzgebungskompetenz die Grundsätze der guten fachlichen Praxis gem. § 5 Abs. 2 BNatSchG und die Eingriffsregelung des § 14 BNatSchG durch eigene Regelungen konkretisieren nicht vollumfänglich erreicht wurde, was vor allem das Bayerische Naturschutzgesetz gezeigt hat.

Ein seit Jahrzehnten währendes Erfolgsmodell in Bayern sind die freiwilligen Agrarförderprogramme Kulturlandschaftsprogramm und Vertragsnaturschutzprogramm, die durch ihre hohe Beteiligung sicherlich Vorbildcharakter für andere Bundesländer haben. Nicht alle bayerischen Förderprogramme – wie das Förderprogramm für Weidetierhalter – waren allerdings derart erfolgreich. Das Volksbegehren „Rettet die Bienen" hat daher im Jahr 2019 erfolgreich durchgesetzt, dass vollumfängliche gesetzliche Verbote landwirtschaftlicher Nutzung in Bezug auf das Grünland und Dauergrünland in Art. 3 Abs. 4 BayNatSchG normiert wurden. Gleichzeitig begrenzt die Konzentration der Regelung auf Grünlandstandorte die Wirkung des Art. 3 Abs. 4 BayNatSchG auf die angestrebte „Naturschönheit und Artenvielfalt" der landwirtschaftlichen Nutzung. Doch auch beim Schutz des Grünlands wirkt die Regelung teilweise halbherzig, da diese bisher keine über die Bayerischen Förderprogramme hinausgehende Wirkung entfaltet. Ebenso wenig enthält Art. 3 Abs. 4 BayNatSchG ein vollumfängliches Grünlandumbruchverbot und eine weitreichende Verpflichtung der Landwirte zur Reduktion des Einsatzes von Pflanzenschutzmitteln. Insgesamt ist die Regelung als ein großer Schritt in Richtung naturverträglicher Landwirtschaft zu bewerten, dessen positive Auswirkungen auf die Natur zwar noch nicht aktuell, aber in naher Zukunft erkennbar sein werden.

Seine Abweichungsgesetzgebungskompetenz hinsichtlich der naturschutzrechtlichen Eingriffsregelung des § 14 BNatSchG hat der bayerische Gesetzgeber zumindest auf den ersten Blick nicht voll bzw. nur hinsichtlich Genehmigungsverfahrens gem. § 17 Abs. 3 BNatSchG ausgeschöpft. Betrachtet man die Regelung hingegen im Zusammenhang mit der Bayerischen Kompensationsverordnung und den Verboten des Art. 3 BayNatSchG war der Erlass von Positiv- und Negativlis-

---

[1096]BT-Drs. 14/6378 S. 33.

ten naturschutzrechtlicher Eingriffe in Bayern nicht notwendig, da zum einen durch die Bayerische Kompensationsordnung hinreichend erkennbar ist, was unter den unbestimmten Rechtsbegriffen des Art. 6 BayNatSchG zu verstehen ist, und zum anderen, welche Arten landwirtschaftlicher Bodennutzung überhaupt Eingriffe in Natur und Landschaft darstellen können. Folge ist, dass eine über den § 14 BNatSchG hinausgehende Regelung nicht notwendig war.

Letztendlich ist jedoch im Ergebnis festzuhalten, dass nicht einmal die im bundesweiten Vergleich umfangreichsten Normen zur Art und Weise der landwirtschaftlichen Bodennutzung es schaffen, die Privilegierung der Landwirtschaft so zu beschränken, dass verfassungsrechtliche Bedenken im Hinblick auf Art. 3 Abs. 1 GG ausgeräumt werden. Dafür hätten die Länder einheitlich und umfassend von ihrer Abweichungskompetenz Gebrauch machen müssen und nicht nur beschränkt auf die naturschutzrechtlichen Belange, wo das jeweilige Land am meisten Handlungsbedarf gesehen hat. Die Kritik soll keinesfalls aber als solche an den Regelungen der Länder gesehen werden. Vielmehr zeigen die Landesnaturschutzgesetze und insbesondere das Bayerische Naturschutzgesetz, dass es einer bundesrechtlich einheitlichen und verbindlichen Vollregelung zur Steuerung der Privilegierung der Landwirtschaft im Naturschutzrecht bedarf.

6. Kapitel: Resümee

§ 17 Zusammenfassung der Ergebnisse und Ausblick

A. §§ 14 Abs. 2, 44 Abs. 4 BNatSchG – Die Privilegierungen der Landwirtschaft im Naturschutzrecht

Wie bereits der Titel der Arbeit vermuten lässt, galt es im Kern die Privilegierungen – §§ 14 Abs. 2, 44 Abs. 4 BNatSchG – der Landwirtschaft im Naturschutzrecht dahingehend zu charakterisieren, was man unter einer Privilegierung im Bundesnaturschutzgesetz versteht und zu untersuchen, ob diese mit höherrangigem Recht vereinbar sind.

Im Ergebnis ist festzuhalten, dass § 14 Abs. 2 BNatSchG in seiner derzeitigen Ausgestaltung nicht als Privilegierung, sondern vielmehr als Privileg zu qualifizieren ist, das sowohl im Hinblick auf Art. 3 Abs. 1 GG als auch Art. 20a GG verfassungswidrig ist. Gerade das für die Rechtfertigung einer Privilegierung immer wieder angeführte Argument der „Förderung der Urproduktion" hat infolge des Strukturwandels in der Landwirtschaft, der zu einer hauptsächlich an ökonomischen Gesichtspunkten ausgerichteten Landbewirtschaftung geführt hat, erheblich an Bedeutung verloren und kann einen Eingriff in die genannten Grundrechte nicht rechtfertigen. Eine Verfassungswidrigkeit der Privilegierung konnte auch nicht aus dem Grund verneint werden, dass § 14 Abs. 2 BNatSchG durch die Grundsätze der guten fachlichen Praxis nach § 5 Abs. 2 BNatSchG effektiv gesteuert bzw. auf ein naturverträgliches Maß reduziert wird. Diese Grundsätze sind aufgrund ihrer derzeitigen Ausgestaltung nicht als Steuerungsinstrument geeignet, sodass § 14 Abs. 2 BNatSchG, wie schon seine Vorgängerregelung § 1 Abs. 3 BNatSchG a. F., als verfassungswidriges Agrarprivileg zu qualifizieren ist. Als Lösung für dieses Problem wird eine Konkretisierung der Grundsätze der guten fachlichen Praxis vorgeschlagen.

Die Ineffektivität des Steuerungsinstruments § 5 Abs. 2 BNatSchG wirkt sich i. R. d. Privilegierung bei § 44 Abs. 4 BNatSchG nicht so schwerwiegend aus, wie bei § 14 Abs. 2 BNatSchG, da der Anwendungsbereich von § 5 Abs. 2 BNatSchG i. R. d. § 44 Abs. 4 S. 1 BNatSchG auf rein national geschützte Arten beschränkt ist. Eine Beschränkung des Anwendungsbereiches ergibt sich hier überwiegend durch das Verschlechterungsverbot von unionsrechtlich geschützten Arten, vgl. § 44 Abs. 4 S. 2 BNatSchG. Im Rahmen der Untersuchung wurde hingegen ein anderes Problem erkannt, welches darin besteht, dass sich das Verschlechterungsverbot auf den Erhaltungszustand der lokalen Population einer Art bezieht, obwohl der EuGH in seinem Urteil vom 04.03.2021[1097] nun eindeutig entschieden hat, dass das Fang-, Tötungs- und Zerstörungsverbot nach Art. 12 Abs. 1 lit. a) und c) FFH-RL nicht mit einer nur populationsbezogenen Vorschrift umgesetzt werden kann. Bis zu einer Beseitigung dieses Widerspruchs kann § 44 Abs. 4 S. 2 BNatSchG nicht als Begrenzung für die Privilegierung angewendet werden, sondern es müssen die Legalausnahmen des § 44 Abs. 5 BNatSchG herangezogen werden. Die Lösung besteht schlicht darin, dass der Gesetzgeber § 44 Abs. 4 S. 2 BNatSchG nicht vom Erhaltungszustand einer lokalen Population, sondern von einzelnen Individuen abhängig macht.

Insgesamt kann aus § 14 Abs. 2 und § 44 Abs. 4 BNatSchG folgender Schluss gezogen werden: Im Bundesnaturschutzgesetz können Privilegierung und Privileg anhand ihrer Steuerbarkeit abgegrenzt werden. Während das Privileg eine Verursachergruppe uneingeschränkt bevorzugt, begrenzt die Privilegierung die mit ihr verbundenen Vorteile auf die Ausübung naturverträglicher landwirtschaftlicher Bodennutzung. Naturverträglichkeit kann durch die Grundsätze der guten fachlichen Praxis nach § 5 Abs. 2 BNatSchG oder gewisse unionsrechtliche Vorgaben erreicht werden.

B.   Die GAP – Steuerung der Sonderstellung der Landwirtschaft im Unionsrecht

Das Agrarbeihilfenrecht hat einen anderen Sinn und Zweck als das Ordnungsrecht, da es – wie sich anhand von Art. 39 Abs. 1 AEUV deutlich erkennen lässt – primär die Förderung von ökonomischen Interessen der Landwirtschaft und des Marktes zum Ziel hat. Die Zielerreichung wird nicht durch eine negative Anreizwirkung angestrebt, sondern durch eine positive – „öffentliches Geld für öffentliche Leistungen“.

Aufgrund der immer drängenderen, durch die landwirtschaftliche Bodennutzung verursachten Umweltprobleme, wurden durch die „MacSharry-Reform“ 1992 erstmals Zahlungen von der Einhaltung von Umweltauflagen abhängig gemacht (erste Form von Cross-Compliance-Verpflichtungen). Die Implementierung von Umweltauflagen in das Agrarbeihilfenrecht wird heute durch einen Mix aus Cross-Compliance-Verpflichtungen und Greening-Auflagen bzw. seit dem 21.11.2022 zusammengefasst als Konditionalitäten erreicht. Die Förderung von naturverträglicher Landwirtschaft, die nicht über das hinaus geht, was ohnehin Landbewirtschaftung, die an ökonomischen und ökologischen Zielen ausgerichtet ist, erwartet werden kann, stellt insofern eine „echte“ Beihilfe und damit eine Pri-

---

[1097] EuGH, Urt. v. 04.03.2021 – C-473/19, C-474/19, NuR 2021, 186 [190 Rn. 61].

vilegierung der Landwirtschaft – auch aufgrund der Freistellung vom Verursacherprinzip nach Art. 191 Abs. 2 AEUV – dar. Mag die Ausgestaltung des Agrarbeihilfenrechts im Detail strittig sein, konnten i. R. d. Untersuchung doch einige Vorteile gegenüber dem Ordnungsrecht festgestellt werden. Hervorzuheben sind insbesondere die möglichen Sanktionen bei der Nichteinhaltung von Konditionalitäten sowie die im Einzelnen konkreter formulierten GLÖZ-Standards, vor allem seit dem Inkrafttreten der GAP-Strategiepläne zum 21.11.2022.

C. Vergleich der Privilegierung der Landwirtschaft im Naturschutzrecht mit anderen die Landwirtschaft betreffenden Anforderungen im nationalen Umweltrecht

Rückschlüsse auf die Privilegierung der Landwirtschaft im Naturschutzrecht konnten allein aus den Grundsätzen der guten fachlichen Praxis des Bodenschutzrechtes (§ 17 Abs. 2 BBodSchG), des Düngerechts (§ 3 DüngeG i. V. m. DüV) und denen des Pflanzenschutzrechts (§ 3 Abs. 1 S. 2 PflSchG) auf das Steuerungsinstrument der guten fachlichen Praxis im Bundesnaturschutzgesetz (§ 5 Abs. 2 BNatSchG) gezogen werden.

Den Grundsätzen der guten fachlichen Praxis des Bundes-Bodenschutzgesetzes kam für die Untersuchung eine besondere Bedeutung zu, da sowohl die Privilegierungen (§§ 14 Abs. 2, 44 Abs. 4 BNatSchG) als auch § 5 Abs. 2 BNatSchG direkt auf diese Bezug nehmen. In ihrer Ausgestaltung ähneln die Grundsätze nach § 17 Abs. 2 BBodSchG denen des Naturschutzrechts, d. h. sie bestehen aus vielen unbestimmten Rechtsbegriffen, sind nicht einmal als konkrete Handlungsdirektiven geeignet und nicht selbstständig vollziehbar. Im Ergebnis kommt ihnen ebenso wenig Steuerungswirkung zu wie den Grundsätzen der guten fachlichen Praxis des Bundesnaturschutzgesetzes.

Im Gegensatz dazu kommt den Grundsätzen der guten fachlichen Praxis des Düngerechts (§ 3 Abs. 2 DüngeG) sehr wohl eine Steuerungswirkung zu, sind die Grundsätze der guten fachlichen Praxis doch durch die Düngeverordnung umfassend konkretisiert worden und selbstständig vollziehbar. In einer Gesamtbetrachtung ergab die Untersuchung, dass die Steuerung einer Privilegierung der Landwirtschaft mittels Grundsätzen der guten fachlichen Praxis, die durch eine Verordnung konkretisiert sind, vorzugswürdig gegenüber solchen ist, die keine konkreten Bewirtschaftungsvorgaben enthalten.

Die Grundsätze der guten fachlichen Praxis des Pflanzenschutzgesetzes (§ 3 Abs. 1 S. 2 PflSchG) werden anhand der Bekanntmachung des aktuellen wissenschaftlichen Standes im Bundesanzeiger für die Anwendung konkretisiert, sind als solche aber nicht selbständig durchsetzbar. Wenngleich der Bezug zur Wissenschaft zunächst als vorteilhaft erscheint, bleiben sie dennoch in ihrer konkreten Ausgestaltung und Durchsetzungsmöglichkeit hinter den zum Vergleich herangezogenen Vorschriften der Düngeverordnung zurück.

D. Abweichungsgesetzgebung durch das Bayerische Naturschutzgesetz

Sowohl die Privilegierungen § 14 Abs. 2 und § 44 Abs. 4 BNatSchG als auch § 5 Abs. 2 BNatSchG können durch die Länder aufgrund ihrer Abweichungskompetenz nach Art. 72 Abs. 3 S. 1 Nr. 2 GG inhaltlich auf die landesrechtlichen Besonderheiten angepasst werden, wovon der Bayerische Landesgesetzgeber mit Art. 3 Abs. 4 BayNatSchG dank des Volksbegehrens „Artenvielfalt und Naturschönheit in Bayern – Rettet die Bienen!" umfassend Gebrauch gemacht hat. Die Norm regelt schwerpunktmäßig zwar den Umgang mit Grünland, enthält insgesamt aber umfassende, für die Verwaltungspraxis praktikable und für den einzelnen Landwirt verständliche Verbote. In Kombination mit denen seit Jahrzehnten vorhandenen freiwilligen Agrarförderprogrammen – Kulturlandschaftsprogramm und Vertragsnaturschutzprogramm –, die stetig weiterentwickelt werden, existiert in Bayern eine umfassende Naturschutzgesetzgebung, die Vorbildwirkung für alle anderen Bundesländer haben sollte. Dennoch zeigte die umfassende Bayerische Gesetzgebung, dass die Länder in ihren eigenen Normen nur auf die landesrechtlich dringlichsten – d. h. von der Bevölkerung oder dem Gesetzgeber als solche wahrgenommene – Belange des Naturschutzes eingehen. Eine bundesrechtliche Vollregelung zur Regelung der Privilegierung der Landwirtschaft im Naturschutzrecht wird daher nicht entbehrlich.

E. Ausblick

„Unser Planet ist unser Zuhause, unser einziges Zuhause. Wo sollen wir denn hingehen, wenn wir ihn zerstören?" (Dalai Lama)

Naturschutzauflagen genießen in der Politik keinen allzu großen Stellenwert. Allzu leichtfertig werden diese infolge gesellschaftlichen und wirtschaftlichen Drucks aufgeweicht, was durch den Beschluss der Sonderagrarministerkonferenz des Bundes an die Länder zur Aussetzung von Fruchtwechsel und Flächenstilllegungen (GLÖZ 7 und 8) für das Jahr 2023 deutlich wird.[1098] Die angesprochenen Maßnahmen sollen dazu dienen die Ernährungssicherung durch einen vermehrten Weizenanbau weltweit zu verbessern, da sich diese als Folge des Ukraine-Krieges

---

[1098] Die Länder stimmten der sog. GAP-Ausnahmen-Verordnung mit Beschluss vom 31.08.2022 zu, vgl. BR-Drs. 420/22; diese gilt ausschließlich für das Jahr 2023.

weiter verschlechtert hat.[1099] Ohne den Vorschlag im Rahmen der vorliegenden rechtlichen Untersuchung bewerten zu wollen,[1100] macht dieser doch deutlich, dass ein Steuerungsinstrument für die Privilegierung der Landwirtschaft im Naturschutzrecht in der Form von (einer Gemeinsamen) Agrarpolitik ungeeignet ist. Politik ist schnelllebig. Ein Ausgleich der Interessen zwischen Ökonomie und Ökologie gelingt mit diesem Steuerungsinstrument langfristig nicht. Umso wichtiger ist es, vorhandene naturschutzrechtliche Instrumente weiterzuentwickeln, indem diese effektiver ausgestaltet werden. Für die Privilegierungen der Landwirtschaft im Naturschutzrecht – § 14 Abs. 2 und § 44 Abs. 4 BNatSchG – sind auf Grundlage dieser Konstatierung folgende Szenarien denkbar:

1. Die (Bundes-) Länder machen von ihrer Abweichungskompetenz gem. Art. 72 Abs. 3 S. 1 Nr. 2 GG umfassend Gebrauch, während der Bund die Privilegierungen in ihrer derzeitigen Form beibehält. Die Länder konkretisieren die Grundsätze der guten fachlichen Praxis nach § 5 Abs. 2 BNatSchG mittels eigenständig durchsetzbarer Ge-/Verbote. Dass dies möglich ist, zeigt beispielsweise Art. 3 Abs. 4 BayNatSchG.[1101] Alternativ könnten die Länder mittels umfassender Positiv- und Negativlisten, die auch landwirtschaftliche Tätigkeiten betreffen, von ihrer Kompetenz Gebrauch machen. Der Nachteil dieses Szenarios besteht darin, dass § 14 Abs. 2 BNatSchG weiterhin verfassungswidrig bleibt und § 44 Abs. 4 S. 2 BNatSchG aufgrund seiner Europarechtswidrigkeit nicht anwendbar ist.

2. Der Bund schafft eine umfangreiche Positiv-/Negativliste der Eingriffsregelung, die auch landwirtschaftliche Tätigkeiten betreffen, sodass die übrigen landwirtschaftlichen Nutzungsarten gerechtfertigt privilegiert sind.[1102] Derartige Listen entsprächen zwar der durch die Föderalismusreform möglich gewordenen Vollregelung, sind aber im Hinblick auf § 44 Abs. 4 S. 1 BNatSchG nicht zielführend, da dann i. R. d. Artenschutzrechts nach wie vor ein Privileg in Bezug auf national geschützte Arten besteht.

[1099] Zu den Folgen der Getreidekrise in Afrika https://www.manager-magazin.de/politik/weltwirtschaft/nahrungsmittelmangel-wegen-des-ukraine-kriegs-afrika-droht-eine-hungersnot-a-12d2db68-aaee-4a87-a362-227109f3f669 (zuletzt aufgerufen am 28.01.2023).

[1100] Zum Nutzen der Aussetzung von Flächenstilllegungen vgl. die Kurzanalyse der *Heinrich Böll Stiftung*, https://www.boell.de/de/2022/03/18/getreidekrise-aussetzen-der-eu-flaechenstilllegung-hat-kaum-einfluss-auf-globale (zuletzt aufgerufen am 28.01.2023).

[1101] 5. Kapitel § 16 C. II.

[1102] *Michler/Möller*, NuR 2011, 81.

3. Der Bund konkretisiert § 5 Abs. 2 BNatSchG weiter durch eine „Natur-schutzrechtsverordnung" nach dem Vorbild der Bundeskompensationsord-nung oder der Düngeverordnung und stattet diesen ggf. mit einem abwei-chungsfesten Kern aus.[1103] Vorteile dieser Regelung wären, dass sowohl die Privilegierungen des § 14 Abs. 2 BNatSchG als auch § 44 Abs. 4 S. 1 BNatSchG in Bezug auf nationale Arten effektiv gesteuert werden und folg-lich mit Art. 3 Abs. 1 GG und Art. 20a GG vereinbar wären. Hinzu kommen als positive Effekte, dass bundeseinheitliche Naturschutzstandards für die landwirtschaftliche Bodennutzung bestehen würden, der Bund von seiner als Folge der Föderalismusreform möglich gewordenen Vollregelung umfas-send Gebrauch gemacht hätte und die Länder Option hätten durch weitere Regelungen – z. B. bei einem hohen Grünlandanteil durch konkrete Ge-/Ver-bote in diesem Bereich – auf ihre regionalen Besonderheiten einzugehen.

Aufgrund ihrer vielseitigen Vorteile sollte der Gesetzgeber eine „Naturschutz-rechtsverordnung" schaffen. Ökologische Interessen werden so mit ökonomi-schen Belangen der Landwirtschaft in Einklang gebracht werden. Wie dies der Sachverständigenrat für Umweltfragen bereits vor über 30 Jahren gefordert hat, müssen die vorhandenen Umweltprobleme in der Landwirtschaft in der Gesetz-gebung aufgegriffen werden.[1104] Denn ökonomische Belange haben nur tempo-räre Auswirkungen, ökologische Probleme bleiben aber über Jahrzehnte hinweg bzw. werden dann erst richtig sichtbar.

[1103] So die Beschlussempfehlung des Ausschusses für Umwelt, Naturschutz, Bau und Reaktor-sicherheit (16. Ausschuss), vgl. BT-Drs. 18/12845, S. 7, 14.

[1104] Siehe auch *Schink*, UPR 1991, 201 [201 f.].

Literaturverzeichnis

Agena, Carl-August; Dreesmann, Stefan: Die Umstellung auf ökologischen Landbau als Kompensationsmaßnahme für Eingriffe in Natur und Landschaft, NuR 2009, S. 594 – 608.

Agena, Carl-August: Der Vollzug der landwirtschaftlichen „Grundsätze der guten fachlichen Praxis" nach § 5 Abs. 2 BNatSchG, NuR 2012, S. 297-307.

Asernissen, Konrad: Umsetzung der Nitratrichtlinie durch die Düngeverordnung(en) – Herausforderungen des umweltrechtlichen Verursacherprinzips, AUR 2021, S. 162-171.

Atlantik-Brücke: Die neue Gewinnzone – Wie das Freihandelsabkommen TTIP Europa und Amerika stärkt, Berlin 2016.

Axer, Peter: Entwicklung und Stand des landwirtschaftlichen Bodeneigentums in der Verfassungswirklichkeit, AgrarR Beilage I/2000, S. 4-15.

Axer, Peter: Landwirtschaft und Umweltschutz, DVbl. 1999, S. 1533 – 1544.

Ballschmidt-Boog, Annette; Janssen, Gerold: Erkennen, Bewerten, Abwägen und Entscheiden in Naturschutzrecht und Landschaftsplanung – Zweiter Warnemünder Naturschutzrechtstag 1996 der Universität Rostock, NuR 1998, S. 362-364.

Barotsch, Andreas: Die Kommissionspraxis nach dem Urteil des EuGH in der Rechtssache Altmark - Worin liegt das Neue?, EuZW 2004, S. 295-301.

Baumgarten, Kathrin: Rechtliche Rahmenbedingungen einer naturverträglichen Landnutzung – Dargestellt am Beispiel der Landwirtschaft im naturnahen Feuchtgrünland des Biosphärenreservats „Flusslandschaft Elbe – Brandenburg", Hamburg 2008, zugl. Diss. Univ. Rostock 2007.

Bayerisches Landesamt für Statistik [Hrsg.]: Volksbegehren „Artenvielfalt & Naturschönheit in Bayern" (Kurzbezeichnung „Rettet die Bienen!") vom 31. Januar bis 13. Februar 2019 – Endgültiges Ergebnis, Fürth 2019.

Bayerisches Staatsministerium für Ernährung, Landwirtschaft und Forsten (StMELF): Kulturlandschaftsprogramm (KULAP) – Bayern Landwirtschaft mit anderen Augen sehen – Was unsere Landwirte für die Artenvielfalt und den Klimaschutz tun – und wie sie dabei vom Freistaat unterstützt werden. Ein informativer Einstieg zu Themen, die uns alle bewegen, München 2020; zitiert als: *StMELF*, KULAP, S.

Bayerisches Staatsministerium für Ernährung, Landwirtschaft und Forsten (StMELF): Staatsministerin Michaela Kaniber informiert – Maßnahmepaket zugunsten der Artenvielfalt und Naturschönheiten in Bayern, München 2019.

Bayerisches Staatsministerium für Ernährung, Landwirtschaft und Forsten (StMELF): Entwicklungsprogramm für den ländlichen Raum in Bayern – 2014-2020, München 2015.

Bayerisches Staatsministerium für Umwelt und Verbraucherschutz (StMUV): Bayerisches Vertragsnaturschutzprogramm, München 2015.

Becker, Bernd: Bundes-Bodenschutzgesetz. Mit den Verordnungen der Länder zur Durchführung des Bundes-Bodenschutzgesetzes, Kommentar, Loseblatt, Stand: 2018.

Becker, Ulrich; Hatje, Armin; Schoo, Johann; Schwarze, Jürgen (Hrsg.): EU-Kommentar, 4. Auflage, Baden-Baden 2019; zitiert als: *Bearb.* in: Schwarze – EU-Kommentar, Art. Rn.

Beckmann, Martin; Mann, Thomas; Durner, Wolfgang; Röckinghausen, Marc (Hrsg.): Umweltrecht – Band I, 99. Ergänzungslieferung, Stand: 1. September 2022, München; zitiert als: *Bearb.* in: Landmann/Rohmer, Gesetz, § Rn.

Beckmann, Martin; Mann, Thomas; Durner, Wolfgang; Röckinghausen, Marc (Hrsg.): Umweltrecht – Band II, 99. Ergänzungslieferung, Stand: 1. September 2022, München; zitiert als: *Bearb.* in: Landmann/Rohmer, Gesetz, § Rn.

Berchter, Dirk: Die Eingriffsregelung im Naturschutzrecht – Defizite und Möglichkeiten zur Effektivierung des Gesetzesvollzugs, Baden-Baden 2007; zugl.: Hamburg, Univ., Diss., 2006; zitiert als: *Berchter*, S.

Berghoff, Peter; Steg, Katharina: Das neue Naturschutzgesetz und seine Auswirkungen auf die Naturschutzgesetze der Länder, NuR 2010, S. 17-26.

Bund/Länder-Arbeitsgruppe zur Evaluierung der Düngeverordnung (BLAG DüV): Evaluierung der Düngeverordnung – Ergebnisse und Optionen zur Weiterentwicklung. Abschlussbericht, Braunschweig 2012; zitiert als: *BLAG DüV*, Evaluierung, S.

Borwieck, Karoline: Chemischer Pflanzenschutz und Biodiversität – Verfassungsrechtliche Fragen der Festlegung von flächenbezogenen Anwendungsbestimmungen bei der Zulassung von Pflanzenschutzmitteln, ZUR 2017, S. 387-392.

Brandt, Edmund; Smeddinck, Ulrich [Hrsg.]: Gute fachliche Praxis – Zur Standardisierung von Verhalten, Berlin 2005; zitiert als: *Bearb.*, Titel, in: Brandt/Smeddinck, Gute fachliche Praxis, S.

Breuer, Rüdiger: Gerichtliche Kontrolle der Technik – Gegenpol zu privater Option und administrativer Standardisierung, NVwZ 1988, S. 104-115.

Brunotte, Ernst; Gebhardt, Hans; Meurer, Manfred; Meusburger, Peter; Nipper, Josef (Hrsg.): Lexikon der Geographie in vier Bänden – Erster Band A bis Gasg, Heidelberg/Berlin 2002; zitiert als: Lexikon der Geographie – Band 1, S.

Brunotte, Ernst; Gebhardt, Hans; Meurer, Manfred; Meusburger, Peter; Nipper, Josef (Hrsg.): Lexikon der Geographie in vier Bänden – Zweiter Band Gast bis Ökol, Heidelberg/Berlin 2002; zitiert als: Lexikon der Geographie – Band 2, S.

Buchwald, Konrad; Engelhardt, Wolfgang (Hrsg.): Handbuch für Landschaftspflege und Naturschutz – Schutz, Pflege und Entwicklung unserer Wirt-
schafts- und Erholungslandschaften auf ökologischer Grundlage, Mün-
chen/Basel/Wien 1968.

Bundesministerium für Ernährung und Landwirtschaft (BMEL): Rahmenplan der
Gemeinschaftsaufgabe „Verbesserung der Agrarstruktur und des Küstenschutzes" 2022-2025, Bonn 2022; zitiert als: *BMEL*, Rahmenplan GAK
2022-2025, S.

*Bundesministerium für Ernährung und Landwirtschaft (BMEL); Bundesministe-
rium für Umwelt, Naturschutz und nukleare Sicherheit (BMU) (Hrsg.)*: Nitratbericht 2020 – Gemeinsamer Bericht der Ministerien Umwelt, Naturschutz und nukleare Sicherheit sowie für Ernährung und Landwirtschaft,
Berlin 2020.

Bundesamt für Naturschutz (BfN): Nationaler Vogelschutzbericht 2019 – Annex
A des nationalen Vogelschutzberichts 2019, Bonn 2019.

Bundesamt für Naturschutz (BfN): Agrar-Report 2017 – Biologische Vielfalt in
der Agrarlandschaft, 1. Auflage, Bonn – Bad Godesberg 2017.

Bundesamt für Naturschutz (BfN): Daten zur Natur 2016, Bonn 2016.

Bundesamt für Naturschutz (BfN): Reform der Gemeinsamen Agarpolitik (GAP)
2013 und Erreichung der Biodiversitäts- und Umweltziele, Bonn/Bad
Godesberg 2013.

Bundesamt für Naturschutz (BfN): Grünland-Report – Alles im Grünen Bereich?,
Bonn 2014; zitiert als: *BfN*, Grünlandreport 2014, S.

Bundesamt für Naturschutz (BfN): Natur und Staat. Staatlicher Naturschutz in
Deutschland 1906 – 2006, Bonn/Bad Godesberg 2006; zitiert als: *Bearb.*, in:
BfN, Natur und Staat, S.

Bundesamt für Naturschutz (BfN): Gebietsfremde Arten – Positionspapier des
Bundesamtes für Naturschutz, Bonn 2005.

Bundesministerium für Ernährung und Landwirtschaft (BMEL): Agrarpolitischer
Bericht der Bundesregierung 2019, Berlin 2019.

*Bundesministerium für Ernährung, Landwirtschaft und Verbraucherschutz
(BMELV)*: Gute fachliche Praxis im Pflanzenschutz – Grundsätze der Durchführung, Bonn 2010.

Bundesministerium für Umwelt, Naturschutz und nukleare Sicherheit (BMU): Indikatorenbericht 2019 der Bundesregierung zur Nationalen Strategie zur biologischen Vielfalt, Berlin 2020.

Bundesministerium für Umwelt, Naturschutz und nukleare Sicherheit (BMU):
Umwelt und Landwirtschaft, Dessau-Roßlau 2018.

Bundesministerium für Umwelt, Naturschutz und nukleare Sicherheit (BMU): Die
Evaluierung der GAP-Reform aus Sicht des Umweltschutzes – GAPEval –
Abschlussbericht, Dessau-Roßlau 2019.

Bundesministerium für Umwelt, Naturschutz und nukleare Sicherheit (BMU): Biologische Vielfalt in Deutschland – Rechenschaftsbericht 2017, 1. Auflage, Rostock 2018.

Bundesministerium für Umwelt, Naturschutz und nukleare Sicherheit (BMU): Klimaschutzplan 2050 – Klimapolitische Grundsätze und Ziele der Bundesregierung, Berlin 2016.

Bundesministerium für Umwelt, Naturschutz, Bau und Reaktorsicherheit (BMUB): Nationale Strategie zur biologischen Vielfalt – Kabinettsbeschluss vom 7. November 2007, 4. Auflage, Rostock 2015.

Borwieck, Karoline: Chemischer Pflanzenschutz und Biodiversität – Verfassungsrechtliche Fragen der Festlegung von flächenbezogenen Anwendungsbestimmungen bei der Zulassung von Pflanzenschutzmitteln, ZUR 2017, S. 387-393.

Borwieck, Karoline: Die Tötung des Wolfes zur Abwendung von Übergriffen auf Nutztiere, NuR 2019, S. 21-26.

Brandt, Edmund; Smeddinck, Ulrich (Hrsg.): Gute fachliche Praxis – Zur Standardisierung von Verhalten, Berlin 2005; zitiert als: Brandt/Smeddinck, Gute fachliche Praxis, S.

Bruckmeier, Karl: Umweltberatung in der Landwirtschaft – die Wahrnehmung ökologischer Beratungsaufgaben in der landwirtschaftlichen Offizialberatung der Bundesrepublik Deutschland, Berlin-West 1990.

Bundesamt für Naturschutz (BfN): BfN Grünland-Report: Alles im Grünen Bereich?, Bonn Juli 2014.

Bundesanstalt für Landwirtschaft und Ernährung (BLE); Deutsche Vernetzungsstelle Ländliche Räume (DVS): Das kann der ELER – 30 Beispiele zur Förderung der ländlichen Entwicklung in Deutschland, Bonn 2017; zitiert als: BLE/DVS, 30 Beispiele zur Förderung der ländlichen Entwicklung in Deutschland, S.

Bundesanstalt für Landwirtschaft und Ernährung (BLE); Deutsche Vernetzungsstelle Ländliche Räume (DVS): DVS-Förderhandbuch für die ländlichen Räume – EU- und Bundesprogramme, Bonn 2018.

Burkhard, Werner: Die Landwirtschaftsklauseln im Naturschutzrecht; Entstehungsbedingungen, Kritik und Fortentwicklung, Tübingen 2000, zugl. Diss. Univ. Tübingen 2000.

Burmeister, Joachim H.: Band 2 - Der Schutz von Natur und Landschaft vor Zerstörung – Eine juristische und rechtstatsächliche Untersuchung, Düsseldorf 1988.

Busse, Christian: Ein neues Landwirtschaftsgesetz? – Überlegungen zur „Leipziger Erklärung" des Deutschen Naturschutzrechtstages vom 25.4.2018, NuR 2019, S. 807-813.

Calliess, Christian; Ruffert, Matthias (Hrsg.): EUV/AEUV – Verfassungsrecht der Europäischen Union mit Europäischer Grundrechtecharta, 6. Auflage, München 2022; zitiert als: *Bearb.* in: Calliess/Ruffert, EUV/AEUV, Art. Rn.

Calliess, Christian: Inhalt, Struktur und Vorgaben des Vorsorgeprinzips im Kontext der Gestaltung des Umweltrechts, UTR 2006, S. 89-145.

Colditz, Gabriele: Auen, Moore, Feuchtwiesen – Gefährdung und Schutz von Feuchtgebieten, Basel 1994; zitiert als: *Colditz*, S.

Czybulka, Detlef; Fischer-Hüftle, Peter; Hampicke, Ulrich; Köck, Wolfgang; Martinez, José: Ein Landwirtschaftsgesetz für Deutschland im Zeichen von Umweltschutz und Biodiversität – Notwendigkeit, Funktion und Leitbild, NuR 2021, S. 227-236.

Czybulka, Detlef; Fischer-Hüftle, Peter; Hampicke, Ulrich; Köck, Wolfgang; Martinez, José: Ein Landwirtschaftsgesetz für Deutschland im Zeichen von Umweltschutz und Biodiversität – Zentrale Gesetzesinhalte und Finanzierung, NuR 2021, S. 297-307.

Czybulka, Detlef; Köck, Wolfgang (Hrsg.): Landwirtschaft und Naturschutzrecht – Beiträge des 13. Deutschen Naturschutzrechtstages in Leipzig, Baden-Baden 2019; zitiert als: *Bearb.*, Titel, in: Czybulka/Köck, Landwirtschaft und Naturschutzrecht, S.

Dänicke, Carmen: Energiepflanzenanbau im Umwelt- und Agrarrecht – Umweltauswirkungen des Energiepflanzenanbaus unter besonderer Berücksichtigung des Biogassubstrats Mais und Möglichkeiten einer nachhaltigen Steuerung im Bodenschutz-, Naturschutz- und umweltrelevanten Agrarrecht, Berlin 2014, zugl. Diss. Univ. Trier 2013.

Dauses, Manfred A. (Begr.); Ludwigs, Markus (Hrsg.): Handbuch des EU-Wirtschaftsrechts – Band, Stand: 2022, München; zitiert als: *Bearb.*, in: Dauses/Ludwigs, Handbuch des EU-Wirtschaftsrechts, Buchstabe/Titel Rn.

Deselaers, Josef: Ausgleichsleistungen in Wasserschutzgebieten – nur eine weitere Rechtsunsicherheit?, AgrarR 1988, S. 241-244.

Detterbeck, Steffen: Allgemeines Verwaltungsrecht mit Verwaltungsprozessrecht, 20. Auflage, München 2022; zitiert als: Detterbeck, S.

De Witt, Siegfried; Geismann, Maria: Die naturschutzrechtliche Eingriffsregelung – Ein Leitfaden für die Praxis der Fach- und Bauleitplanung, 2. Auflage, Berlin 2015.

Diepenbrock, Wulf; Ellmer, Frank; Léon, Jens: Ackerbau, Pflanzenbau und Pflanzenzüchtung, 4. Auflage, Stuttgart 2016.

Dombert, Matthias; Witt, Karsten: Münchener Anwaltshandbuch Agrarrecht, 2. Auflage, München 2016; zitiert als: *Bearb.*, in: Dombert/Witt, Agrarrecht, § Rn.

Douhaire, Caroline: Rechtsfragen der Düngung – Eine steuerungs- und rechtswissenschaftliche Analyse vor dem Hintergrund unions- und völkerrechtlicher Verpflichtungen und politischer Zielsetzungen zum Umwelt- und Ressourcenschutz, Dissertation, Berlin 2018.

Douhaire, Caroline: Neues zur Umsetzung der Nitratrichtlinie, ZUR 2019, S. 605-611.

Düsing, Mechthild; Martinez Soria, José (Hrsg.): Agrarrecht (Kommentar), 2. Auflage, München 2016; zitiert als: Düsing/Martinez/Bearb. [Gesetzesabkürzung] § Rn.

Ekardt, Felix; Hennig, Bettina: Chancen und Grenzen von naturschutzrechtlichen Eingriffsregelungen und Kompensationen, NuR 2013, S. 694-703.

Ekardt, Felix; Heym, Andreas; Seidel, Jan: Die Privilegierung der Landwirtschaft im Umweltrecht, ZUR 2008, S. 169-186.

Ekardt, Felix; Seidel, Jan: Düngemittelrecht, Atomrecht und Bodenschutzrecht – lückenlose Anwendungsbereiche? – Zur Uranbelastung von Böden infolge von Düngung, NuR 2006, S. 420-425.

Engelhardt, Dieter; Brenner, Walter (Begr.); Fischer-Hüftle, Peter; Egner, Margrit; Meßerschmidt, Klaus; Mühlbauer; Hermann (Bearb.): Naturschutzrecht in Bayern – mit Kommentar zum Bayerischen Naturschutzgesetz und zum Bundesnaturschutzgesetz, 52. Aktualisierung, Heidelberg 2021; zitiert als: *Bearb.*, in: Naturschutzrecht in Bayern, Art. Rn.

Erbguth, Wilfried; Stollmann, Frank: Zum Anwendungsbereich des Bundes-Bodenschutzrechts, NuR 2001, S. 241-245.

Essing, Hildegard; Louis, Hans Walter: Rechtliche und fachliche Anforderungen and die Bewertung von Eingriffen, NuR 1996, S. 485-492.

Europäischer Rechnungshof: Sonderbericht – Biodiversität landwirtschaftlicher Nutzflächen: Der Beitrag der GAP hat den Rückgang nicht gestoppt, Luxemburg 2020.

Europäische Union: Die Gemeinsame Agrarpolitik – Eine Geschichte mit Zukunft, Luxemburg 2012.

Feindt Peter H.; Krämer, Christine; Früh-Müller, Andrea; Heißenhuber, Alois; Pahl-Wostl, Claudia; Purnhagen, Kai P.; Thomas, Fabian; van Bers, Caroline; Wolters, Volkmar: Ein neuer Gesellschaftsvertrag für die Landwirtschaft – Wege zu einer integrativen Politik für den Agrarsektor, Berlin 2017; zitiert als: Feindt et al., Ein neuer Gesellschaftsvertrag für die Landwirtschaft, S.

Feldhaus, Gerhard: Der Vorsorgegrundsatz des Bundesimmissionsschutzgesetzes, DVbl. 1980, S. 133-139.

Fischer-Hüftle, Peter: Die Landwirtschaftsklauseln im Bundesnaturschutzgesetz, NuR 1981, S. 21-23.

Fluck, Jürgen; Frenz, Walter; Fischer, Kristian; Franßen, Gregor (Hrsg.): Kreislaufwirtschaftsrecht, Abfallrecht und Bodenschutzrecht mit EU-Abfallrecht

(Kommentar), Band 6, Heidelberg; zitiert als: *Bearb.*, in: Fluck/Frenz/Fischer/Franßen, KrWG, AbfR, BodSchR, § Rn.

Frenz, Walter: Handbuch Europarecht – Band 2: Europäisches Kartellrecht, 2. Auflage, Heidelberg 2015.

Frenz, Walter: Handbuch Europarecht – Band 3 : Beihilfe und Vergaberecht, Berlin 2007.

Frenz, Walter: Bundes-Bodenschutzgesetz (BBodSchG) – Kommentar, München 2000; zitiert als: Frenz, BBodSchG, § Rn.

Frenz, Walter: Landwirtschaftlicher Bodenschutz und Agrarreform, NuR 2004, S. 642-649.

Frenz, Walter: Ökologie und gemeinsame Agrarpolitik, NuR 2011, S. 771-774.

Frenz, Walter; Müggenborg, Hans-Jürgen (Hrsg.): BNatSchG (Kommentar), 3. Auflage, Berlin 2021; zitiert als: *Bearb.*, in: Frenz/Müggenborg, BNatSchG, § Rn.

Frohn, Hans-Werner; Schmoll, Friedemann: Natur und Staat. Staatlicher Naturschutz in Deutschland 1906-2006, BfN-Skripten 2006 – Heft Nr. 35; zitiert als: *Bearb.*, in: BfN, Natur und Staat, S.

Garske, Beatrice; Douhaire, Caroline; Ekardt, Felix: Ordnungsrechtliche Instrumente der Phosphor Governance, NuR 2018, S. 73-81.

Gassner, Erich: Zur Verfassungswidrigkeit naturschutzrechtlicher Ersatzzahlungen, DVbl. 2011, S. 1268-1274.

Gassner, Erich; Bendomir-Kahlo, Gabriele; Schmidt-Räntsch, Anette; Schmidt-Räntsch, Jürgen: Bundesnaturschutzgesetz – Kommentar, 2. Auflage, München 2003; zitiert als: *Bearb.*, in: Gassner/Bendomir-Kahlo/Schmidt-Räntsch, BNatSchG, § Rn.

Gassner, Erich; Heugel, Michael: Das neue Naturschutzrecht, München 2010.

Gellermann, Martin: Die „Kleine Novelle" des Bundesnaturschutzgesetzes, NuR 2007, S. 783-789.

Gellermann, Martin: Naturschutzrecht nach der Novelle des Bundesnaturschutzgesetzes, NVwZ 2010, S. 73-79.

Gellermann, Martin; Fischer-Hüftle, Peter: Artenschutz und landwirtschaftliche Bodennutzung, NuR 2019, S. 234-241.

Gellermann, Martin; Schumacher, Jochen: Schützt den Wald! – Das Verfahren „Skydda Skogen" und seine artenschutzrechtlichen Folgen –, NuR 2021, S. 182-185.

Gerlach, B.; Dröschmeister, R.; Langgemach, T.; Borkenhagen K.; Busch, M.; Hauswirth, M.; Heinicke, T.; Kamp, J.; Karthäuser, J.; König, C.; Markones, N.; Prior, N.; Trautmann, S.; Wahl, J.; Sudfeldt, C.: Vögel in Deutschland – Übersichten zur Bestandssituation. DDA, BfN, LAG VSW, Münster 2019; zitiert als: *Gerlach et al.*, Vögel in Deutschland, S.

Giesberts, Ludger; Reinhardt, Michael (Hrsg.): Umweltrecht (Kommentar), 2. Auflage 2018, München 2018; zitiert als: *Bearb.*, in: Giesberts/Reinhardt, Umweltrecht, Gesetz, § Rn.

Ginzky, Harald: 10 Jahre Bundes-Bodenschutzgesetz – Nachsorge hui, Vorsorge pfui!, ZUR 2010, S. 1-2.

Ginzky, Harald: Der Anbau nachwachsender Rohstoffe aus Sicht des Bodenschutzes – Gegenwärtige Rechtslage und Änderungsbedarf, ZUR 2008, S. 188-194.

Glombik, Manfred: Die Landwirtschaft, VR 2014, S. 19-24.

Goetz, Volkmar; Kroeschell, Karl; Winkler, Wolfgang: Handwörterbuch des Agrarrechts Band 2, Berlin 1982; zitiert als: *Bearb.*, in: HAR II, Sp.

Grabitz, Eberhard (Begr.); Hilf, Meinhard; Nettesheim, Martin (Bearb.): Das Recht der Europäischen Union – Band 1, Stand: 77. Ergänzungslieferung, München 2022; zitiert als: *Bearb.*, in: Grabitz/Hilf/Nettesheim, AEUV/ EUV, Art. Rn.

Grimm, Christian; Norer, Roland: Agrarrecht, 4. Auflage, München 2015.

Groepl, Christoph; Windthorst, Kay; von Coelln, Christian: Grundgesetz – Studienkommentar, 5. Auflage, München 2021; zitiert als: *Bearb.*, in: Groepl/Windthorst/von Coelln, StuKo, Art. Rn.

Guckelberger, Annette; Singler, Philipp: Aktuelle Entwicklungen der naturschutzrechtlichen Eingriffsregelung unter besonderer Berücksichtigung von Anlagen für erneuerbare Energien, NuR 2016, S. 1-11.

Gundel, Jörg: Agrarpolitik versus EU-Wettbewerbsrecht: Welche Spielräume hat der Unionsgesetzgeber?, NZKart 2019, S. 302-307.

Haas, Hans-Dieter; Neumair, Simon-Martin; v. d. Knesebeck, Axel (Hrsg.): Die Gemeinsame Agrarpolitik der EU (GAP) vor dem Hintergrund der bevorstehenden EU-Osterweiterung und aktueller Probleme des Welthandels, München 2002; zitiert als: *Bearb.*, in: Die GAP vor dem Hintergrund der bevorstehenden EU-Osterweiterung und aktueller Probleme des Welthandels, S.

Haber, Wolfgang: Landwirtschaft und Naturschutz, Weinheim 2014; zitiert als: *Haber*, S.

Häberle, Peter (Hrsg.); Erbs, Georg (Begr.); Kohlhaas, Max (vorm. Hrsg.): Strafrechtliche Nebengesetze – Band 1, Stand: 242. Ergänzungslieferung, München 2022; zitiert als: *Bearb.*, in: Erbs/Kohlhaas, Gesetz, § Rn.

Hagemann, D.: Überlegungen zum Rechtsbegriff der „Landwirtschaft" nach § 201 BauGB, AgrarR 1987, S. 261-264.

Hansjürgens, Bernd; Lübbe-Wolff, Gertrude (Hrsg.): Symbolische Umweltpolitik, Frankfurt am Main 2000; zitiert als: *Bearb.*, Beitragstitel, in: Hansjürgens/Lübbe-Wolff, Symbolische Umweltpolitik, S.

Härtel, Ines: Düngung im Agrar- und Umweltrecht – EG-Recht, deutsches, niederländisches und flämisches Recht, Berlin 2002, zugl. Diss. Univ. Göttingen 2001.

Härtel, Ines: Zwischen Grundwasserschutz und effizienter Landwirtschaft: zur Umsetzungsproblematik der Nitratrichtlinie, NUR 2019, S. 289-296.

Hansmann, Klaus; Sellner, Dieter [Hrsg.]: Grundzüge des Umweltrechts, 4. Auflage, Berlin 2012; zitiert als: *Bearb.*, in: Hansmann/Sellner, Grundzüge des Umweltrechts, § Rn.

Heger, Martin (Bearb.): Strafgesetzbuch, 30. Auflage, München 2023; zitiert als: *Bearb.*, in: Lackner/Kühl/Heger, StGB, § Rn.

Hendler, Reinhard; Marburger, Peter; Reinhardt, Michael; Schröder, Meinhard [Hrsg.]: Bodenschutz und Umweltrecht – 15. Trierer Kolloqium zum Umwelt- und Technikrecht vom 19. Bis 21. September 1999, Berlin 2000; zitiert als: *Bearb.*, Beitragstitel, S., in: Bodenschutz und Umweltrecht.

Hendrischke, Oliver: „Allgemeine Grundsätze" als abweichungsfester Kern der Naturschutzgesetzgebung des Bundes, NuR 2007, S. 454-458.

Henneke, Hans-Günter: Landwirtschaft und Naturschutz: normative Regelungen eines ambivalenten Verhältnisses im Verfassungs-, Naturschutz-, Flurbereinigungs-, Raumordnungs- und Bauplanungsrecht unter besonderer Berücksichtigung der Landwirtschaftsklauseln im Naturschutzrecht; zugl.: Kiel, Univ., Diss., 1986; Heidelberg 1986; zitiert als: *Henneke*, S.

Herzog, Roman; Scholz, Rupert; Herdegen, Matthias; Klein, Hans H.: Grundgesetz-Kommentar, 98. Lieferung März 2022; zitiert als: *Bearb.*, in: Dürig/Herzog/Scholz, GG-Kommentar, Art. Rn.

Heyl, Katherine; Ekardt, Felix; Roos, Paula; Garske, Beatrice: Digitalisierte Präzisionsdüngung im deutschen Recht: Ökologisch effektive Umsetzung von Farm-to-Fork-Strategie und Umweltvölkerrecht, NuR 2022, S. 837-846.

Hipp, Ludwig; Rech, Burghard; Turian, Günther: Das Bundes-Bodenschutzgesetz mit Bodenschutz und Altlastenverordnung, 1. Auflage, München/Berlin 2000; zitiert als: Bearb., in: Hipp/Rech/Turian, BBodSchG, Teil Rn.

Hoffmann, Jörg: Landwirtschaft und Naturschutz - Alles im Lot?, Naturschutz im Land Sachsen-Anhalt - Biodiversität in der Agrarlandschaft, S. 35-56.

Hoffmann-Riem, Wolfgang; Schmidt-Aßmann, Eberhard; Voßkuhle, Andreas (Hrsg.): Grundlagen des Verwaltungsrechts – Band II: Informationsordnung, Verwaltungsverfahren, Handlungsformen, München 2008; zitiert als: *Bearb.*, in: Hoffmann-Riem/Schmidt-Aßmann/Voßkuhle, Verwaltungsrecht – Band II, § Rn.

Hogenmüller, Daniel; Smeddinck, Ulrich; Tils, Ralf (Hrsg.): Landwirtschaft im Spektrum der Umweltwissenschaften, Baden-Baden 2002; zitiert als: *Bearb.*, in: Hogenmüller et al., Landwirtschaft im Spektrum der Umweltwissenschaften, S.

Holljesiefken, Anke: Die rechtliche Regulierung invasiver gebietsfremder Arten in Deutschland – Bestandsaufnahme und Bewertung, Heidelberg 2007.

Hömig, Dieter (Begr.); Wolff, Heinrich Amadeus (Hrsg.): Grundgesetz für die Bundesrepublik Deutschland – Handkommentar, 13. Auflage, Baden-Baden 2022; zitiert als: *Bearb.*, in: Hömig/Wolff, GG, Art. Rn.

Hötzel, Hans-Joachim: Umweltvorschriften für die Landwirtschaft, Bonn 1986.

Huber, Peter M.; Voßkuhle, Andreas (Hrsg.); v. Mangoldt, Hermann (Begr.): Kommentar zum Grundgesetz – Band 2: Artikel 20 bis 82, 7. Auflage, München 2018; zitiert als: *Bearb.*, in: v. Mangoldt/Klein/Starck, Bd. 2, Art. Rn.

Imbery, Florian; Friedrich, Karsten; Kaspar, Frank; Fleckenstein, Rainer; Lengfeld, Katharina; Bissolli, Peter; Daßler, Jan: Klimatologische Einordnung des Jahres 2021, Offenbach 2022.

Jensen, Nils: Die Privilegierung der Landwirtschaft, Baden-Baden 2021, zugl. Diss. Univ. Göttingen 2019.

Kahl, Wolfgang; Gärditz, Klaus Ferdinand: Umweltrecht, 12. Auflage, München 2021; zitiert als: *Kahl/Gärditz*, Umweltrecht, S.

Kellermann, Kim: Die Zukunft der Landwirtschaft – Konventioneller, gentechnikbasierter und ökologischer Landbau im umfassenden Vergleich, Wiesbaden 2020.

Kerkmann, Jochen; Fellenberg, Frank (Hrsg.): Naturschutzrecht in der Praxis, 3. Auflage, Berlin 2021; zitiert als: *Bearb.*, in: Kerkmann/Fellenberg, Naturschutzrecht in der Praxis, § Rn.

Kimmnich, Otto; Freiherr von Lersner, Heinrich; Storm, Peter-Christoph (Hrsg.): Handwörterbuch des Umweltrechts – HdUR – II. Band: Nachbarrecht – Zweitanmeldung, 2. Auflage, Berlin 1994.

Kley, Max Dietrich; Sünner, Eckart; Willemsen, Arnold (Hrsg.): Festschrift für Wolfgang Ritter zum 70. Geburtstag, Köln 1997; zitiert als: *Bearb.*, in: FS Ritter, S.

Kloepfer, Michael: Umweltrecht, 3. Auflage, München 2004; zitiert als: *Kloepfer*, Umweltrecht (3. Aufl.), § Rn.

Kloepfer, Michael: Umweltrecht, 4. Auflage, München 2016; zitiert als: *Kloepfer*, Umweltrecht, § Rn.

Kloepfer, Michael (Hrsg.): Umweltschutz als Rechtsprivileg, Berlin 2014; zitiert als: Bearb., Titel, S., in: Kloepfer, Umweltschutz als Rechtsprivileg.

Kloepfer, Michael; Rehbinder, Eckard; Schmidt-Aßmann, Eberard: Umweltgesetzbuch Allgemeiner Teil – (Berichte des Umweltbundesamtes), 2. Edition, Berlin 1991.

Knickel, Karlheinz; Janßen, Berthold; Schramek, Jörg; Käppel, Korina: Naturschutz und Landwirtschaft: Kriterienkatalog zur „Guten fachlichen Praxis",

Bonn – Bad Godesberg 2001, zitiert als: *Knickel et al.*, Kriterienkatalog GfP, S.

Knudsen, Ann-Christina L.: Farmers on Welfare – The Making of Europe`s Common Agricultural Policy, Ithaca and London 2009.

Kobes, Stefan: Das Bundes-Bodenschutzgesetz, NVwZ 1998, S. 786-797.

Koch, Hans-Joachim; Hofmann, Ekkehard; Reese, Moritz (Hrsg.): Handbuch Umweltrecht, 5. Auflage, München 2018; zitiert als: *Bearb.*, in: Koch/Hoffmann/Reese, Handbuch Umweltrecht § Rn.

Köck, Wolfgang (Hrsg.): Auf dem Weg zu einem Umweltgesetzbuch nach der Föderalismusreform – Dokumentation des 13. Leipziger Umweltrechts-Symposions des Instituts für Umwelt- und Planungsrecht der Universität Leipzig und des Helmholtz-Zentrums für Umweltforschung - UFZ am 17. und 18. April 2008, Baden-Baden 2008; zitiert als: *Bearb.*, Titel, in: Köck, S.

Köck, Wolfgang: Für ein umweltgerechtes Agrarrecht, ZUR 2018, S. 449-450.

Köck, Wolfgang: Rechtlicher Handlungsrahmen und Instrumente für die Einhaltung der Biodiversität in Kulturlandschaften, NuR 2010, S. 530-538.

Köck, Wolfgang: Auswirkungen des europäischen Artenschutzrechts auf die kommunale Bauleitplanung, ZUR 2006, S. 518-524.

Koenig, Christian: Die neuen EG-beihilfenrechtlichen Kompensationsmaßstäbe in der Daseinsvorsorge – das Altmark Trans-Urteil in der Praxis – „Nettokosten minus Monopolabschlag"?, Betriebsberater 2003, S. 2185-2188.

Krüger, Wolfgang; Haarstrich, Jens: Die Reform der Gemeinsamen Agrarpolitik – die wesentlichen Veränderungen ab 2015, Agrar- und Umweltrecht 2015, S. 129-137.

Lambrecht, Heiner; Trautner, Jürgen (Bearb.): Fachinformationssystem und Fachkonventionen zur Bestimmung der Erheblichkeit im Rahmen der FFH-VP – Endbericht zum Teil Fachkonventionen, Schlussstand Juni 2007. – FuE-Vorhaben im Rahmen des Umweltforschungsplanes des Bundesministeriums für Umwelt, Naturschutz und Reaktorsicherheit im Auftrag des Bundesamtes für Naturschutz – FKZ 804 82 004 (unter Mitarb. Von K. Kockelke, R. Steiner, R. Brinkmann, D. Bernotat, E. Gassner & G. Kaule), Hannover, Filderstadt 2007.

Länderarbeitsgemeinschaft Naturschutzrecht (LANA): Hinweise zu zentralen unbestimmten Rechtsbegriffen des Bundesnaturschutzgesetzes, 2010; zitiert als: *LANA*, Unbestimmte Rechtsbegriffe im BNatSchG, S.

Lau, Marcus: Neues aus Luxemburg zum Artenschutzrecht, NuR 2013, S. 685-690.

Lau, Marcus: Die naturschutzrechtliche Eingriffsregelung (Teil 1), NuR 2011, S. 680-684.

Lau, Marcus: Du sollst nicht stören! – Zum Urteil des EuGH vom 4.3.2021 – C-473/19, C-474/19, NuR 2021, 186, NuR 2021, S. 462-465.

Lausen, Peter: Verminderte N-Intensität im Pflanzenbau – Modell Dänemark, in: Tagung des Verbandes der Landwirtschaftskammern e.V. (VLK) und des Bundesarbeitskreises Düngung (BAD): 100 Jahre Düngerecht – Düngeintensität im Wandel, 2016; zitiert als: *Lausen*, Verminderte N-Intensität im Pflanzenbau – Modell Dänemark, in: VLK/BAD, 100 Jahre Düngerecht, S.

Lieb, Thorsten: Privileg und Verwaltungsakt – Handlungsformen der öffentlichen Gewalt im 18. und 19. Jahrhundert, Frankfurt am Main 2004, zugl. Diss. Univ. Bayreuth 2003.

Linden, Werner: Gewässerschutz und landwirtschaftliche Bodennutzung – Dargestellt am Beispiel der Düngung unter besonderer Berücksichtigung der Nitratproblematik, Heidelberg 1993, zugl. Diss. Universität Trier 1992.

Loll, Carsten: Vorsorgender Bodenschutz im Bundes-Bodenschutzgesetz - § 17 BBodSchG und die gute fachliche Praxis in der Landwirtschaft, Berlin 2002, zugl. Diss., Univ. Frankfurt (Oder).

Lorz, Albert: Naturschutzrecht, München 1985; zitiert als: *Lorz*, §.

Lorz, Albert (Begr.): Naturschutzrecht mit Artenschutz und Europarecht/Internationales Recht, 3. Auflage, München 2013; zitiert als: *Bearb.*, in: Lorz/Konrad/Mühlbauer/Müller-Walter/Stöckel, BNatSchG, § Rn.

Louis, Hans-Walter: Das neue Bundesnaturschutzgesetz, NuR 2010, S. 77-89.

Lütkes, Stefan; Ewer, Wolfgang (Hrsg.): Bundesnaturschutzgesetz (Kommentar), 2. Auflage, München 2018; zitiert als: *Bearb.*, in: Lütkes/Ewer, BNatSchG, § Rn.

Martinez, José (Hrsg.): Die Gemeinsame Agrarpolitik vor neuen Herausforderungen, Baden-Baden 2012; zitiert als: *Bearb.*: Titel, S., in: Martinez, Die Gemeinsame Agrarpolitik vor neuen Herausforderungen.

Martinez, José: Das Greening der Gemeinsamen Agrarpolitik, NuR 2013, S. 690 -694.

Martinez, José: Der normative Ausgleich zwischen Naturschutz und Landwirtschaft, Jahrbuch des Agrarrechts 2013, S. 99-110.

Maunz, Theodor; Dürig, Günter (Begr.): Grundgesetz Kommentar, Band III – Art. 17-28, Loseblattsammlung, München, Stand: 98. EL März 2022; zitiert als: *Bearb.*, in: Dürig/Herzog/Scholz, GG-Kommentar, Art. Rn.

Maurer, Hartmut; Waldhoff, Christian: Allgemeines Verwaltungsrecht, 20. Auflage, München 2020.

Meßerschmidt, Klaus: Bundesnaturschutzgesetz – Kommentar zum Bundesnaturschutzgesetz, Vorschriften und Entscheidungen, 161. Aktualisierung, Heidelberg 2022; zitiert als: BNatSchG/*Meßerschmidt*, § Rn.

Meyer-Bolte, Catharina: Agrarrechtliche Cross-Compliance als Steuerungsinstrument im Europäischen Verwaltungsverbund, 1. Auflage, Baden-Baden 2007, zugl. Diss., 2006, Univ. Osnabrück.

Michler, Hans-Peter; Möller, Frauke: Änderungen der Eingriffsregelung durch das BNatSchG 2010, S. 81-90.

Möckel, Stefan; Köck, Wolfgang; Rutz, Cordula; Schramek, Jörg: Rechtliche und andere Instrumente für vermehrten Umweltschutz in der Landwirtschaft, UBA Texte 42/2014, Dessau-Roßlau 2014.

Möckel, Stefan: Landesrechtliche Regelungsspielräume für ordnungs- und planungsrechtliche Anforderungen an die landwirtschaftliche Bodennutzung, DÖV 2017, S. 192-199.

Möckel, Stefan: Der Gleichheitsgrundsatz – Vorschlag für eine dogmatische Weiterentwicklung, DVBl. 2003, S. 488-496.

Möckel, Stefan: Land- und Forstwirtschaft im Umweltgesetzbuch – Wird der Referentenentwurf den ökologischen Herausforderungen gerecht?, NuR 2008, S. 831-838.

Möckel, Stefan: Landwirtschaft und naturschutzrechtliche Eingriffsgenehmigung – Anwendungsbereich und Verfassungsmäßigkeit der Regelvermutung sowie Erforderlichkeit pauschaler Kompensationspflichten, NuR 2012, S. 225-232.

Möckel, Stefan: Schutz von Dauergrünland vor Umwandlung, Umbruch oder Intensivierung – Teil 2: Ordnungsrecht, NuR 2016, S. 814-823.

Möckel, Stefan: Gute fachliche Praxis, Eingriffsregelung und Landwirtschaft, NuR 2018, S. 742-745.

Möckel, Stefan; Wolf, André: Düngung bleibt weiterhin eine ökologische, rechtliche und politische Herausforderung, NuR 2020, S. 736-746.

Möckel, Stefan: Verbesserte Anforderungen an die gute fachliche Praxis in der Landwirtschaft, ZUR 2014, S. 14-23.

Möckel, Stefan: Verhältnis ordnungs- und beihilferechtlicher Mindestanforderungen im Agrarumweltrecht, ZUR 2016, S. 655-665.

Möckel, Stefan: Novellierungsbedarf beim BNatSchG aus ökologischer und europarechtlicher Sicht, ZUR 2017, S: 195-205.

Monien, Johanna: Prinzipien als Wegbereiter eines globalen Umweltrechts? – Das Nachhaltigkeits-, Vorsorge- und Verursacherprinzip im Mehrebenensystem, Baden-Baden 2014, zugl. Univ. Diss. Bochum 2013.

Müller, Chris: Die gute fachliche Praxis im Pflanzenschutz-, Düngemittel- und Bodenschutzrecht – Ausprägungen und Auswirkungen auf die landwirtschaftliche Bodennutzung, Hamburg 2001, zugl. Univ. Diss. Rostock 2001.

Müller, Chris: Zum Verhältnis von Naturschutz und Landwirtschaft nach dem BNatSchG-Neuregelungsgesetz, NuR 2002, S. 530-537.

Nègre, Francois: Europäisches Parlament – Die Instrumente der GAP und ihre Reformen, 2022.

Niedobitek, Matthias (Hrsg.): Europarecht, 2. Auflage, Berlin/Boston 2020; zitiert als: *Bearb.*, in: Niedobitek, Europarecht, § Rn.

Nowak, Carsten (Hrsg.): Konsolidierung und Entwicklungsperspektiven des Europäischen Umweltrechts, 1. Auflage, Baden-Baden 2015; zitiert als: *Bearb.*, in: Nowak: Konsolidierung und Entwicklungsperspektiven des Europäischen Umweltrechts, S.

Peine, Franz-Joseph: Risikoabschätzung im Bodenschutz, DVBl. 1998, S. 157-164.

Peine, Franz-Joseph: Landwirtschaftliche Bodennutzung und Bundes-Bodenschutzgesetz, NuR 2002, S. 522-530.

Pitschel, Anthea Luisa: Die gute fachliche Praxis – Ein staatliches Steuerungsinstrument im Spannungsfeld zwischen ökonomischen und ökologischen Interessen in der Landwirtschaft, 1. Auflage, Baden-Baden 2021, zugl. Diss. Univ. Göttingen 2020.

Proelß, Alexander: Die Sicherstellung der naturschutzrechtlichen Ausgleichspflicht – Rekultivierungsanordnung und Sicherheitsleistung im immissionsschutzrechtlichen Genehmigungsverfahren, NVwZ 2006, S. 655-660.

Purps, Thorsten: Umweltpolitik und Verursacherprinzip im Europäischen Gemeinschaftsrecht, München 1991, zugl. Diss. Univ. Münster (Westfalen) 1990.

Rademacher, Elisabeth: Änderung des Bayerischen Naturschutzgesetzes durch Volksbegehren und Begleitgesetz, BayVbl. 2019, S. 728-736.

Rehbinder, Eckard: Biodiversitäts- und Klimaschutz in der Landwirtschaft: Reichen die gesetzlichen Rahmenbedingungen, NuR 2011, S. 241-250.

Rehbinder, Eckard; Schink, Alexander (Hrsg.): Grundzüge des Umweltrechts, 5. Auflage, Berlin 2018; zitiert als: *Bearb.*, in: Rehbinder/Schink, Grundzüge des Umweltrechts, § Rn.

Reimer, Franz: Juristische Methodenlehre, 2. Auflage, Baden-Baden 2020.

Sachs, Michael (Hrsg.): Grundgesetz – Kommentar, 9. Auflage, München 2021; zitiert als: Bearb., in: Sachs, Grundgesetz, Art. Rn.

Sachverständigenrat für Umweltfragen (SRU): Für einen flächenwirksamen Insektenschutz – Stellungnahme, Berlin 2018.

Sachverständigenrat für Umweltfragen (SRU): Umweltprobleme der Landwirtschaft – Sondergutachten, Stuttgart/Mainz 1985.

Sachverständigenrat für Umweltfragen (SRU): Stickstoff: Lösungsstrategien für ein drängendes Umweltproblem – Sondergutachten, Berlin 2015.

Sachverständigenrat für Umweltfragen (SRU): Umweltgutachten 2016 – Impulse für eine integrative Umweltpolitik, Berlin 2015.

Sachverständigenrat für Umweltfragen (SRU): Umweltgutachten 1987, Stuttgart/Mainz 1987.

Sacksofsky, Eike: Wettbewerbliche Probleme der Entsorgungswirtschaft, WuW 1994, S. 320-322.

Sanden, Joachim; Schoeneck, Stefan: Bundes-Bodenschutzgesetz – Kurzkommentar, Heidelberg 1998; *Bearb.*, in: Sanden/Schoeneck, BBodSchG, § Rn.

Sanden, Joachim: Umweltrecht, Baden-Baden 1999; zitiert als: *Sanden*, S.

Schäfer, Matthias: Wörterbuch der Ökologie, 5. Auflage, Heidelberg 2012; zitiert als: *Schäfer*, S.

Schäffer, Andreas; Filser, Juliane; Frische, Tobias; Gessner, Mark; Köck, Wolfgang; Kratz, Werner; Liess, Matthias; Nuppenau; Ernst-August; Roß-Nickoll, Martina; Schäfer, Ralf; Scheringer, Martin: Der stumme Frühling – zur Notwendigkeit eines umweltverträglichen Pflanzenschutzes. Diskussion Nr. 16, Nationale Akademie der Wissenschaften – Leopoldina, Halle (Saale) 2018.

Scheidler, Alfred: Die naturschutzrechtliche Eingriffsregelung im BNatSchG 2010, UPR 2010, S. 134-141.

Schink, Alexander: Die naturschutzrechtliche Eingriffsregelung in der Vorhabenzulassung und der Bauleitplanung – Gemeinsamkeiten und Unterschiede, NuR 2017, S. 585-594.

Schink, Alexander: Umweltrechtliche Beschränkungen ordnungsgemäßer Landwirtschaft – Geltendes Recht und Entwicklungstendenzen, UPR 1991, S. 201-210.

Schiwy, Peter: Deutsches Pflanzenschutzrecht – Kommentar zum Pflanzenschutzgesetz und Rechtssammlung mit internationalen Bestimmungen, Loseblattausgabe, 69. Ergänzung 2019, Hüth 2003; zitiert als: *Schiwy,* Deutsches Pflanzenschutzrecht, Gesetz, § Rn.

Schlacke, Sabine (Hrsg.): GK-BNatschG, 2. Auflage, Köln 2017; zitiert als: *Bearb.*, in: GK-BNatSchG, § Rn.

Schlacke, Sabine: Umweltrecht, 8. Auflage, Baden-Baden 2021; zitiert als: *Schlacke*, Umweltrecht, S.

Schmidt, Reiner; Müller Helmut: Einführung in das Umweltrecht, 6. Auflage, München 2001.

Schmidt, Reiner; Müller Helmut: Grundfälle zum Umweltrecht, JuS 1985, S. 694-699.

Schmidt, Maximilian; Sailer, Frank: Doch keine Erleichterungen im Artenschutzrecht?, ZNER 2021, S. 154-161.

Schmidt, Thomas G., Röder Norbert; Dauber, Jens; Klimek, Sebastian; Laggner, Andreas; de Witte, Thomas; Offermann, Frank; Osterburg, Bernhard: Biodiversitätsrelevante Regelungen zur nationalen Umsetzung des Greenings der Gemeinsamen Agrarpolitik der EU nach 2013, Braunschweig 2014.

Schmidt-Siegmann, Carolin: Die naturschutzrechtliche Eingriffsregelung in der baden-württembergischen Verwaltungspraxis, Univ. Diss., Freiburg i. Brsg., 2008.

Schumacher, Jochen; Fischer-Hüftle, Peter (Hrsg.): Bundesnaturschutzgesetz – Kommentar mit Umweltrechtsbehelfsgesetz und Bundesartenschutzverordnung, 3. Auflage, Stuttgart 2021; zitiert als: *Bearb.*, in: Schumacher/Fischer-Hüftle, BNatSchG, § Rn.

Schur, Gerd: Umweltverhalten von Landwirten, Frankfurt/Main/New York 1990.

Seibold, Sebastian; Gossner, Martin M.; Simons, Nadja K.; Blüthgen, Nico; Müller, Jörg; Ambarli, Didem; Ammer, Christian; Bauhus, Jürgen; Fischer, Markus; Habel, Jan C.; Linsenmair, Karl Eduard; Nauss, Thomas; Penone, Caterina; Prati, Daniel; Schall, Peter; Schulze, Ernst-Detlef; Vogt, Juliane; Wöllauer, Stephan; Weisser, Wolfgang W.: Arthropod decline in grasslands and forests is associated with drivers at landscape level, Nature 2019, S. 671-674.

Sellner, Dieter: Zum Vorsorgegrundsatz im Bundesimmissionsschutzgesetz, NJW 1980, S. 1255-1261.

Smeddinck, Ulrich: Good Practice: Gute fachliche Praxis im englischen Umweltrecht – Oder: die Zukunft der Regulierung?, NuR 2005, S. 634-640.

Sodan, Helge (Hrsg./Bearb.); Haratsch, Andreas; Schenke, Ralf P.; Leisner, Walter Georg; Schmahl, Stefanie (Bearb.): Grundgesetz, 4. Auflage, München 2018; zitiert als: *Bearb.*, in: Sodan, Grundgesetz, Art. Rn.

Sparwasser, Reinhard; Engel, Rüdiger; Voßkuhle, Andreas: Umweltrecht – Grundzüge des öffentlichen Umweltschutzrechts, 5. Auflage, Heidelberg 2003.

Sparwasser, Reinhard; Wöckel, Holger: Zur Systematik der naturschutzrechtlichen Eingriffsregelung, NVwZ 2004, S. 1189-1195.

Steiner, Udo; Brinktrine, Ralf (Hrsg.): Besonderes Verwaltungsrecht, 9. Auflage, Heidelberg 2018; zitiert als: *Bearb.*, in: Besonderes Verwaltungsrecht, § Rn.

Stockmann, Reinhard; Meyer, Wolfgang; Gaus, Hansjörg; Urbahn, Julia; Kohlmann, Uwe: Nachhaltige Umweltberatung: Evaluation eines Förderprogramms der Deutschen Bundesstiftung Umwelt, Opladen 2001; zitiert als: *Stockmann et al.*, Umweltberatung, S.

Storm, Peter-Christoph: Täter oder Opfer? – Zum Verhältnis von Landwirtschaft und Umweltpflege, NuR 1986, S. 8-12.

Streinz, Rudolf: Europarecht, 11. Auflage, Heidelberg 2019.

Streinz, Rudolf (Hrsg.); Michl, Walther: EUV/AEUV – Vertrag über die Europäische Union – Vertrag über die Arbeitsweise der Europäischen Union –

Charta der Grundrechte der Europäischen Union, 3. Auflage, München 2018; zitiert als: *Bearb.*, in: Streinz, EUV/AEUV/GRCh, Art. Rn.

Strothmann, Torsten: Bewerten im Naturschutzrecht – untersucht am Beispiel der naturschutzrechtlichen Eingriffsregelung, Univ., Diss. Kassel, 2018.

Terhechte, Jörg Philipp (Hrsg.): Verwaltungsrecht der Europäischen Union, 1. Auflage, Baden-Baden 2011; zitiert als: *Bearb.*, in: Terhechte, EU-VerwR (1. Aufl.), § Rn.

Terhechte, Jörg Philipp (Hrsg.): Verwaltungsrecht der Europäischen Union, 2. Auflage, Baden-Baden 2022; zitiert als: *Bearb.*, in: Terhechte, EU-VerwR (2. Aufl.), § Rn.

Tilch, Horst; Arloth, Frank (Hrsg.): Deutsches Rechtslexikon – Band 2: G-P, 3. Auflage, München 2001.

Tracy Michael: Government and Agriculture in Western Europe 1880-1988 – Third Edition, 3. Auflage, New York 1989.

Trurnit, Christoph: Vorfeldmaßnahmen bei Versammlungen, NVwZ 2012, S. 1079-1083.

Ulonska, Hans-Jürgen: Bodenkundliche Daten im Spannungsfeld von Wissenschaft und Vollzug – Probleme und Lösungsansätze, DS 2021, S. 316-321.

Umweltbundesamt (Hrsg.); Koch, Hans-Joachim; Krohn, Susan (Bearb.): Das Naturschutzrecht im Umweltgesetzbuch – den Auftrag der Föderalismusreform erfüllen, Berlin 2008; zitiert als: *Koch/Krohn*, in: UBA – Naturschutz im Umweltgesetzbuch, S.

Umweltbundesamt: Berichterstattung unter der Klimarahmenkonvention der Vereinten Nationen und dem Kyoto-Protokoll 2021 – Nationaler Inventarbericht zum Deutschen Treibhausgasinventar 1990-2019, Dessau-Roßlau 2021.

Umweltbundesamt: Klimaschutzplan 2050 der Bundesregierung – Diskussionsbeitrag des Umweltbundesamtes, Dessau-Roßlau 2016.

Versteyl, Ludger-Anselm; Sondermann, Wolf Dieter: Bundes-Bodenschutzgesetz, München 2002; zitiert als: *Bearb.*, in: Versteyl/Sondermann, BBodSchG, § Rn.

Von der Groeben, Hans; Schwarze, Jürgen (Hrsg.): Kommentar zum Vertrag über die Europäische Union und zur Gründung der Europäischen Gemeinschaft – Band 1: Art. 1 – 53 EUV, Art. 1 – 80 EGV, 6. Auflage, Baden-Baden 2003; zitiert als: *Bearb.*, in: von der Groeben/Schwarze, Art. Rn.

Von Mutius, Albert; Henneke, Hans-Günther: Die Landwirtschaftsklausel im Naturschutzrecht, BayVbl. 1983, S. 545-551.

Wachendorf, Michael; Bürkert, Andreas; Graß, Rüdiger (Hrsg.): Ökologische Landwirtschaft, Stuttgart 2018.

Weber, Werner; Schoenichen, Walther: Das Reichsnaturschutzgesetz vom 26. Juni 1935 (RGBl. I S. 821) und die Verordnung zur Durchführung des

Reichsnaturschutzgesetzes vom 31. Oktober 1935 (RGBl. I S. 1275) nebst ergänzenden Bestimmungen mit ausführlichen Erläuterungen, Berlin-Lichterfelde 1936.

Weisz, Christoph: Organisation und Ideologie der Landwirtschaft, Vierteljahreshefte für Zeitgeschichte, S. 192-199.

Welte, Erwin; Timmermann, Friedel: Düngung und Umwelt, Oktober 1985.

Werner, Burkhard: Die Landwirtschaftsklauseln im Naturschutzrecht: Entstehungsbedingungen, Kritik und Fortentwicklung, Tübingen 2000; zugl. Tübingen, Univ., Diss., 2000.

Wissenschaftlicher Beirat für Agrarpolitik, Ernährung und gesundheitlichen Verbraucherschutz beim Bundesministerium für Ernährung und Landwirtschaft (WBAE): Für eine gemeinwohlorientierte Gemeinsame Agrarpolitik der EU nach 2020: Grundsatzfragen und Empfehlungen – Stellungnahme, Berlin 2018.

Wolf, Rainer: Die Regulation landwirtschaftlicher Nutzungen durch Recht und Schutz der Biodiversität – Teil 1: Rechtliche Grundlagen und Anforderungen des Agrarumweltrechts, S. 131 – 142.

Wolf, Rainer: Entwicklungslinien und Bilanz des Naturschutzrechts, NuR 2013, S. 1-12.

Wurz, Annemarie; Grass, Ingo; Tscharntke, Teja: Hand pollination of global crops – a systematic review, Basic and Applied Ecology 2021, S. 299 – 321; zitiert als: *Wurz et al.*, Hand pollination of global crops, S.

Aus unserem Verlagsprogramm:

Nina Pfeiffer
Das exekutive Normsetzungsermessen als Phänomen zwischen Verwaltungsermessen und gesetzgeberischer Gestaltungsfreiheit?
– Eine Untersuchung unter Einbezug der Coronaverordnungen –
Hamburg 2024 / 524 Seiten / ISBN 978-3-339-13834-7

Lena Larissa Steinmayer
Der neue Informationsbestand des BKA
Veränderungen durch das Gesetz zur Neustrukturierung des Bundeskriminalamtgesetzes
Hamburg 2021 / 320 Seiten / ISBN 978-3-339-12106-6

Natalia Babiak
Die rechtsetzende Funktion des schlichten Parlamentsbeschlusses
Hamburg 2021 / 532 Seiten / ISBN 978-3-339-12074-8

Alexander Lang
Die zeitlich befristeten Sonderregelungen zu Flüchtlingsunterkünften im BauGB
Notwendigkeit, Entstehungsgeschichte, Ziele, Konsistenz, Gültigkeit, Kritik, Alternativen, Reformbedarf
Hamburg 2019 / 570 Seiten / ISBN 978-3-339-11362-7

Robert Tietze
Altersgeld für Bundesbeamte
Das Altersgeldgesetz
Hamburg 2019 / 326 Seiten / ISBN 978-3-339-10870-8

Jakob Michael Stasik
Staatszielbestimmung im Grundgesetz zugunsten des Sports?
Hamburg 2017 / 336 Seiten / ISBN 978-3-8300-9558-3

Heinrich Amadeus Wolff
Das Schichtplanmodell der bayerischen Vollzugspolizei im Lichte der europäischen Arbeitszeitrichtlinie
Hamburg 2016 / 212 Seiten / ISBN 978-3-8300-9184-4

Michael Brand
Das deregulierte vereinfachte Baugenehmigungsverfahren nach bayerischem Recht
Prüfungsumfang und Sachbescheidungsinteresse
Hamburg 2015 / 596 Seiten / ISBN 978-3-8300-8418-1

VERLAG DR. KOVAČ

FACHVERLAG FÜR WISSENSCHAFTLICHE LITERATUR

Postfach 57 01 42 · 22770 Hamburg · www.verlagdrkovac.de · info@verlagdrkovac.de